Tratamiento digital de imágenes

DISEÑO Y CREATIVIDAD

TÍTULO DE LA OBRA ORIGINAL:
Digital imaging. Essential skills

RESPONSABLE EDITORIAL:
Eugenio Tuya Feijoó

TRADUCCIÓN:
José Ignacio Mora Luque

ILUSTRACIÓN DE CUBIERTA:
Mario Durrieu - Walter Tiepelmann

REALIZACIÓN DE CUBIERTA:
Gracia Fernández - Pacheco

Tratamiento digital de imágenes

Mark Galer
Les Horvat

ANAYA MULTIMEDIA

Authorized translation from the English language edition,
entitled Digital Imaging: Essential Skills 2nd Edition by Mark Galer and Les Horvat.
This edition is published by arrangement with Elsevier Ltd,
The Boulevard, Langford Lane, Kidlington, OX5 1GB, England.

Edición española:

© EDICIONES ANAYA MULTIMEDIA (GRUPO ANAYA, S.A.), 2003
Juan Ignacio Luca de Tena, 15. 28027 Madrid
Depósito legal: M-27.272-2003
ISBN: 84-415-1556-5
Printed in Spain
Imprime: T. G. Peñalara, S. A.

AGRADECIMIENTOS

Entre todos los que nos ayudaron a que este libro fuera posible, queremos expresar nuestro agradecimiento a:

- El personal y los estudiantes de la RMIT University de Melbourne, por su apoyo, amistad, y su aportación ilustrativa.

- A nuestras respectivas familias: Dorothy, Matthew y Teagan; Sue, Nikki, Cameron y Dannika; por su amor, su apoyo y su incesante comprensión bajo la presión de nuestras largas ausencias.

CRÉDITOS DE LAS IMÁGENES

Paul Allister; Lizette Bell; Kata Bayer; Andrew Boyle; Andrew Butler; Sussana Check; Saville Coble; James Cowie; Racheal Dere; Amanda De Simone; Catherine Dorsen; Zarah Ellis; Hok Loong. Goh; Shaun Guest; Ari Hatzis; Itti Karuson; MiAe Jeong; Seok-Jin Lee; Benedikt Partenheimer; Hugh Peachey; Ta Nguyen; Nick Richards; Justin Ridler; Raphael Ruz; Andrew Rocco; Rhiannon Slatter; Nicole Savrinidis; Brad Temple; Sandra Walker; Zac Watt.

El resto de imágenes e ilustraciones de los autores.

ÍNDICE DE CONTENIDOS

Introducción

El diseño gráfico digital está revolucionando el mundo de la fotografía. Casi todo lo que hemos visto impreso se ha creado utilizando tecnologías digitales. La participación digital se extiende desde un nivel básico, un simple retoque de las imágenes de las noticias, hasta los montajes fotográficos manipulados y preconcebidos que utiliza normalmente la industria publicitaria. Este libro se dirige a estudiantes de fotografía y diseño que quieran utilizar el cuarto oscuro digital en lugar del cuarto oscuro tradicional para crear sus ilustraciones creativas. La información, actividades y tareas incluidas proporcionan las técnicas básicas necesarias. Las pautas del tema aseguran un enfoque de aprendizaje comprensible y muy estructurado, ofreciendo apoyo y orientación tanto a los estudiantes como a los profesores. Hay que hacer especial énfasis en útiles consejos prácticos y en las actividades para poder maximizar las oportunidades para la producción de imágenes creativas.

ADQUISICIÓN DE LAS TÉCNICAS

La primera mitad del libro se centra en una comprensión básica de los principios esenciales del diseño gráfico digital. Se pone especial énfasis en las técnicas básicas necesarias para conseguir una captura digital y una producción de gran calidad. Este libro desarrolla la capacidad del estudiante para enfrentarse a áreas tan confusas como la resolución y el control sobre la tonalidad y el color. Adobe Photoshop 5.0, 6.0 y 7 se sitúan a la cabeza de esta industria.

Sin embargo, este libro no es un manual de Photoshop. Las pautas se centran en toda la cadena del diseño gráfico, desde la captura hasta la impresión. Se intenta emplear la terminología más simple posible, utilizando sólo los términos de uso común entre los profesionales. Este libro tampoco es específico para una sola plataforma (se han utilizado versiones de Photoshop tanto para PC como para Mac).

Paul Allister.

APLICACIÓN DE LAS TÉCNICAS

La segunda mitad del libro se dedica a realizar una aplicación práctica de las técnicas digitales y los conceptos que se tratan en la primera mitad. Al principio se cubren los retoques, para introducir algunas prácticas de trabajo básicas y para permitir a los estudiantes optimizar la calidad de sus futuras ilustraciones creativas. A esto le sigue una guía sobre las técnicas de montaje práctico, para concluir con unas pautas sobre la manipulación digital y la preparación de las imágenes para la Web. En cada una de las pautas prácticas se realizan tareas creativas para permitir que los estudiantes se expresen y expresen sus ideas a través de la aplicación del diseño y la técnica apropiada.

INTRODUCCIÓN PARA LOS PROFESORES

Este libro trata de ser una introducción al diseño gráfico digital para los estudiantes de fotografía y/o diseño. El énfasis se ha centrado en un enfoque práctico del tema y en la aplicación de las técnicas básicas. Las actividades y tareas son de lo más variadas, pero evitan que los estudiantes tengan que utilizar un equipo muy amplio y caro. En este libro se hace referencia continuamente al software de edición de imágenes Adobe Photoshop, ya que es la industria estándar, y toda la información es compatible con las versiones 5.0, 6.0 y 7. La versión Adobe Photoshop LE funciona a menudo con escáneres de mejor calidad y contiene muchas de las características de la versión 5.

Un enfoque de aprendizaje estructurado

Las pautas de estudio fotográfico que contiene este libro ofrece un enfoque de aprendizaje estructurado que dará a los estudiantes un esquema de las técnicas de diseño gráfico digital, al igual que las técnicas básicas para la creatividad y comunicación personal. Las pautas de estudio funcionan como un medio de aprendizaje independiente para ayudar a crear esa técnica. A los estudiantes se les anima a investigar sobre el diseño gráfico digital, tanto en el mundo del arte como en el mundo comercial, antes de intentar realizar las tareas creativas en las posteriores pautas de estudio. Esta investigación debería mantenerse como una agenda visual.

Flexibilidad y motivación

Las tareas creativas contienen cierta flexibilidad, ya que los estudiantes tienen la oportunidad de elegir tema. De este modo el estudiante se dedica a sus intereses individuales, mientras que a su vez dirige su trabajo hacia criterios específicos. Este enfoque le ofrece al estudiante la oportunidad de desarrollar su propia motivación. Se prevé que los profesores presentarán y negociarán los temas adecuados con los estudiantes. Asimismo, se controlará el progreso de cada estudiante realizando reuniones de grupo y tutorías personales.

Los estudiantes tendrán que estar preparados para demostrar las técnicas que han aprendido en las anteriores pautas de estudio, siempre y cuando se considere apropiado.

Ejecución del programa

Los estudiantes de diseño gráfico digital dedicarán al programa de estudio que contiene el libro entre 4 y 6 horas a la semana durante dos años académicos. El programa que contiene el libro puede combinarse con *Fotografía de ubicación* y *Fotografía de estudio* (también disponibles en la colección) para realizar un programa práctico más amplio para el estudiante de fotografía.

Contenido del CD-ROM

Este libro incluye un CD-ROM con las imágenes del libro, así como consejos y referencias sobre temas relacionados con el diseño gráfico digital.

INTRODUCCIÓN PARA LOS ESTUDIANTES

Las pautas de estudio que seguirá en este curso le ayudarán a aprender los aspectos técnicos y creativos del diseño gráfico digital. Las actividades y ejercicios de revisión le proporcionan el esquema de las tareas creativas que se encuentran en la segunda sección del libro. Estas actividades construirán las técnicas básicas necesarias para realizar con seguridad el diseño gráfico digital, desde la captura de la imagen hasta su impresión.

Actividades y tareas

Si completa todas las actividades, ejercicios de revisión y tareas que se indican en las pautas, obtendrá un conocimiento completo del proceso de diseño gráfico digital. Las pautas también tratarán muchos asuntos claves que los estudiantes de diseño gráfico digital suelen confundir y comprender mal. El proceso fomentará una comprensión que reforzará y facilitará la expresión creativa. En las tareas tendrá la libertad de expresarse visualmente y mostrar las técnicas que ha aprendido en las pautas de estudio anteriores. El diseño gráfico digital es un proceso que puede aprenderse como una serie de pasos. Una vez que aplique ese conocimiento a nuevas tareas, aprenderá a ampliar las posibilidades creativas más allá de las que se pueden crear con tecnologías análogas más antiguas. La información y la experiencia que obtendrá le proporcionarán un rico esquema para todas sus futuras necesidades de diseño gráfico.

Cómo utilizar las pautas de estudio

Las pautas de estudio se han diseñado para ofrecerle apoyo durante su trabajo de diseño gráfico digital. En la primera página de cada capítulo encontrará una lista de los propósitos y objetivos, mostrando las técnicas que se abarcarán y cómo pueden realizarse. Las actividades se realizarán únicamente cuando haya leído y comprendido el capítulo. Si tuviera alguna duda, consulte a su profesor. Al final de cada sección hay ejercicios de revisión que deberían realizarse para determinar hasta qué punto se ha asimilado la información.

Las técnicas

Adquirir las técnicas básicas para comunicarse de forma efectiva y creativa lleva algún tiempo y motivación. Estas técnicas deberían practicarse varias veces, hasta que se conviertan en un conocimiento de trabajo práctico y no simplemente en una comprensión básica. Familiarícese con las técnicas de cada apartado y aplíquelas a las siguientes pautas si lo considera apropiado.

CONTENIDO DEL CD-ROM

Este libro incluye un CD-ROM que contiene las imágenes que aparecen en el libro y otras utilidades relacionadas con el diseño digital. En el Apéndice C encontrará información ampliada sobretodos sus contenidos.

INVESTIGACIÓN Y RECURSOS

Para obtener el máximo rendimiento de cada tarea, utilice las actividades que se incluyen en las pautas como punto de partida para su investigación y trabajo práctico. Sólo se dará cuenta de todo su potencial creativo observando varias imágenes de diferentes fuentes. Los artistas y los diseñadores encuentran su inspiración de varios modos, pero la mayoría admite que también se dejan influir por otros trabajos que han visto y admirado. Además, es esencial que el estudiante tenga alguna comprensión del contexto en el que puede residir su arte. La investigación de otros artistas y profesionales importantes es un paso crucial en este proceso.

Cómo comenzar

Si le han pedido que cree una ilustración digital como parte de una tarea, comience por coger y fotocopiar imágenes y técnicas que sean relevantes para el tema. Esta colección de imágenes actuará como un recurso valioso en su futuro trabajo. Tomando diferentes elementos de esas imágenes, como por ejemplo la técnica de diseño gráfico de una y el diseño de otra, además de la implantación de sus propias ideas, no está copiando el trabajo de otra persona, sino utilizándolo como inspiración para su propia expresión creativa. Hablando de estas ideas con otros estudiantes, amigos o miembros de su familia, o con un profesor, clarificará su pensamiento y desarrollará sus propias ideas.

Este libro es una traducción del libro original en inglés. Podrá visitar su página web en la dirección, *www.photoeducationbooks.com.*

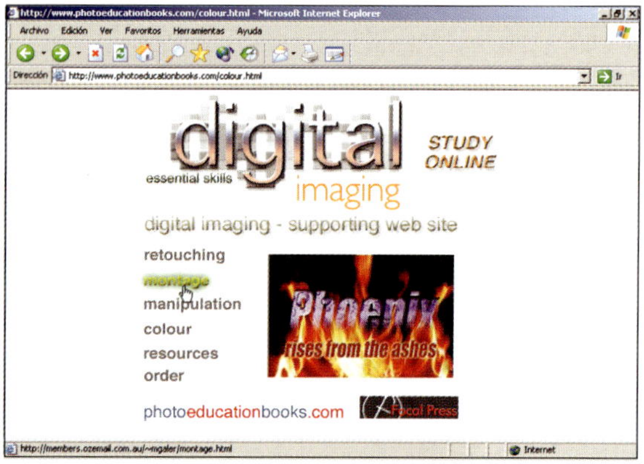

Página Web del original en inglés.

Seleccionar los recursos

Cuando esté buscando imágenes para su investigación, intente ser muy selectivo, y utilice sólo fuentes de gran calidad. No todas las fotografías que hay impresas están bien diseñadas o son adecuadas para su uso. Son buenas fuentes de diseño gráfico digital revistas y publicaciones de gran calidad, libros de fotografía y de diseño, la Web y exposiciones de diseño gráfico digital. Puede que sea necesario visitar varias bibliotecas para encontrar el material apropiado o pedir prestado revistas usadas a los amigos y familiares. Además, échele un vistazo a la prensa local para ver las exposiciones que haya en los museos de su alrededor.

EL PROCESO DE TRABAJO

La estructura y la naturaleza de su trabajo de diseño gráfico tiene que crearse según un número de importantes principios y enfoques.

Agenda visual

Esta agenda es su documento de todos los estímulos que le han podido influenciar o le han ayudado a formar una idea. En su forma más simple, puede ser un álbum de recortes o de garabatos personales. Sin embargo, sería de más ayuda si la agenda visual contuviera detalles relacionados con una preocupación de estilo y contexto, además de un desarrollo de su capacidad para criticar imágenes con inteligencia. Debería incluir aspectos de diseño, composición, forma e iluminación que serían aplicables a cualquiera de las artes visuales.

La agenda visual debería contener:

- Una colección de trabajos de fotógrafos, artistas, escritores, poetas, compositores y productores de películas relacionados con sus estudios de diseño gráfico.
- Bocetos de ideas para las imágenes.
- Un conjunto de imágenes que ilustren técnicas específicas relacionadas con su trabajo.
- Apuntes breves que expliquen y desarrollen cada entrada de la agenda.

Investigación

- En su agenda visual, demuestre cómo ha desarrollado sus ideas y ha perfeccionado las técnicas que ha estado utilizando en cada tarea. Debe presentarse de forma clara, de un modo organizado, para que aquél que evalúe su trabajo pueda ver el desarrollo creativo y técnico de la composición final.

- Haga comentarios breves de las imágenes que ha observado y cómo le han influido. Fotocópielos e inclúyalos en su investigación.

Presentación

La presentación de su trabajo puede influir en su nota final.

- Asegúrese de que todas las imágenes digitales estén recortadas cuidadosamente y que no muestren más píxeles de los debidos.

- Si procede, asegúrese de que los elementos horizontales o verticales están corregidos.

- Organice todo el trabajo impreso cuidadosamente y etiquételo correctamente.

Dónde guardar el trabajo

Es mejor estandarizar su carpeta de trabajos para mantener una apariencia y un estilo.

- Las tareas deberían guardarse en una carpeta ligeramente más grande que el resto de los trabajos.

- La película debería almacenarse en hojas de archivos, en un lugar seco y sin polvo.

- Los archivos digitales deberían copiarse en un CD o guardarlos en un disco extraíble y almacenarlos en un lugar apartado de aparatos magnéticos que pudieran borrar los datos.

INFORMACIÓN BÁSICA

El equipo básico necesario para realizar este curso es un ordenador que tenga instalado Adobe Photoshop versión 5, 6 o 7. La versión Photoshop LE es una versión económica del software y se incluye (sin coste extra) en muchos escáneres de películas y en algunos escáneres planos de mayor calidad. También puede obtener-se la versión completa de proveedores del software a un precio muy reducido. LE significa "Edición Limitada", ya que muchas características que son esenciales para la edición comercial de imágenes no se encuentran en esta versión. Las industrias de diseño y fotografía suelen utilizar ordenadores de Apple Macintosh, pero muchos utilizan ordenadores PC compatibles con IBM como una alternativa más eficaz. Cuando abra Photoshop observará algunas diferencias en la interfaz, pero todas las características y herramientas son idénticas. Este libro se puede utilizar tanto con ordenadores compatibles con IBM u ordenadores de Apple Macintosh.

Dónde guardar el trabajo

Puesto que el diseño gráfico digital implica archivos de gran tamaño, es aconsejable que disponga de un aparato para guardarlos con gran capacidad, como por ejemplo un disco Zip extraíble del ordenador (véase plataformas y unidades de salida). Se aconseja utilizar estos discos como copia de seguridad o como un lugar para guardarlos; para asegurar un rendimiento óptimo, mueva el archivo de la imagen a una carpeta del escritorio o al disco duro antes de abrirlo con Photoshop.

Evite poner aparatos magnéticos, como por ejemplo los discos Zip, en contacto directo con otros aparatos magnéticos, como por ejemplo teléfonos móviles, reproductores portátiles de música o incluso los altavoces de su ordenador.

Comandos

A través de los menús y submenús se puede acceder a los comandos del ordenador, que permitirán al usuario modificar archivos digitales. Los comandos que se utilizan en este libro aparecen como una jerarquía, siendo el menú principal el que aparece primero, y a continuación, el submenú o el comando, como por ejemplo Menú principal>Comando o Submenú>Comando. El comando necesario para abrir el cuadro de diálogo del tamaño de imagen se indicaría del siguiente modo: Edición>Ajustes de imagen> Tamaño de imagen.

Métodos abreviados de teclado

Muchos de los comandos a los que se puede acceder a través de los menús y submenús pueden también ser accesibles a través de métodos abreviados. Un método abreviado es la acción de pulsar dos o más teclas del teclado para ejecutar un comando (en lugar de hacer clic en el comando u opción en un menú). Los métodos abreviados aceleran el proceso del diseño gráfico digital y merece la pena aprender los ejemplos que aparecen en el libro. Si tiene alguna duda, utilice el menú hasta que se familiarice con las combinaciones de teclas (el método abreviado aparecerá al lado del comando).

NOTA: LOS MÉTODOS ABREVIADOS DE TECLADO SE INDICAN PARA MAC Y PC.

Vamos a ver un ejemplo: El método abreviado para pegar objetos y texto en casi todas las aplicaciones es la combinación **Comando/Control-V**. En Macintosh hay que pulsar la tecla **Comando** y a continuación la tecla **V**, mientras que en un PC hay que pulsar la tecla **Control** y la tecla **V**.

CAPÍTULO 1

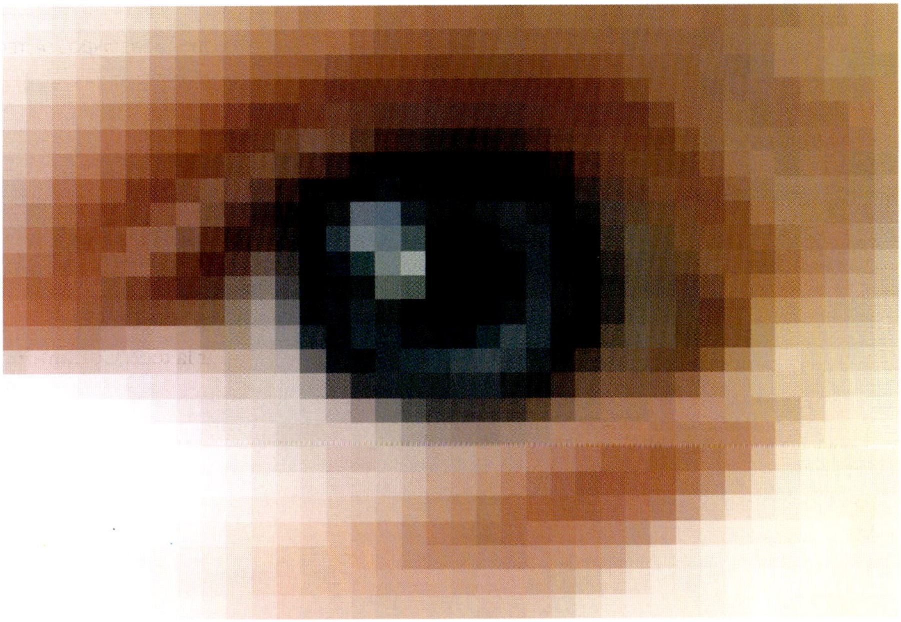

Mark Galer.

PROPÓSITOS

- Ofrecer un recurso independiente de teoría sobre el diseño gráfico digital.
- Desarrollar una comprensión de la teoría en la que se basa la estructura del diseño gráfico digital.
- Desarrollar el conocimiento y la comprensión sobre los procesos técnicos y los procedimientos implicados en la producción de una impresión digital.

OBJETIVOS

- Exponer una comprensión de la teoría sobre el diseño gráfico digital incluyendo:
  - El modo de la imagen.
  - El formato y el tamaño del archivo.
  - La resolución.

INFORMACIÓN BÁSICA SOBRE EL DISEÑO GRÁFICO DIGITAL

Capítulo 1. Información básica sobre el diseño gráfico digital

INTRODUCCIÓN

El término fotografía digital se utiliza para describir imágenes que se han capturado con cámaras digitales o fotografías que se han escaneado para crear datos de imágenes digitales. El término también describe el procesamiento de los datos de las imágenes digitales en los ordenadores y la producción de copias o impresiones digitales (en papel o plástico) a partir de estos datos.

La fotografía digital está revolucionando no sólo el proceso de la fotografía, sino también el modo en el que vemos la fotografía como un medio de comunicación visual. Este nuevo medio fotográfico ofrece a los individuos nuevas posibilidades para realizar una expresión más creativa, la mejora de la imagen y su manipulación.

Comienzos de la era digital

Esta guía pretende poner los cimientos del conocimiento digital práctico. Para los estudiantes será útil complementar esta información con otras guías específicas sobre el equipo y los programas de ordenador a utilizar. La información que proporcionan estas guías adicionales, aunque tiene gran valor, puede ser redundante, puesto que en este período de evolución digital salen a la venta con frecuencia nuevos equipos y programas.

El tono continuo de un objeto (sin cambios bruscos en el brillo).

Diez píxeles, cada uno con un tono o nivel diferente para describir el anterior.

Píxeles y niveles

Una imagen digital es aquella en la que la imagen se construye a partir de píxeles (elementos de imagen) en lugar de granos de haluro de plata. Los píxeles son cuadrados y están colocados en filas horizontales y verticales formando una cuadrícula. Cada píxel de la cuadrícula tiene el mismo tamaño y tiene el mismo color y brillo, es decir, el tono no varía de un lado del píxel al otro.

En la figura anterior, los diez píxeles, cada uno con un tono diferente, se utilizan para describir el tono continuo. A cada tono diferente se le denomina nivel, y tiene asignado un valor numérico, por ejemplo, de 0 a 9.

En una imagen digital típica existen 256 niveles diferentes o tonos distintos para crear una suave transición desde lo oscuro a lo claro. Si los píxeles son lo suficientemente pequeños, cuando se imprime la imagen el espectador no verá diferencias en el tono, tendrá la sensación de ver un tono continuo.

TAMAÑO DEL ARCHIVO

Las imágenes digitales suelen crearse utilizando mucha información o datos. Estos datos se necesitan para registrar las sutiles variaciones en el color y/o tono de la imagen u objeto original. El sencillo lenguaje binario de los ordenadores y las complejidades visuales de una imagen fotográfica dan lugar a que el archivo ocupe un gran tamaño. Estos datos ocupan mucha memoria del ordenador para poder mostrar, imprimir o guardar la imagen. El archivo de texto de este libro puede guardarse sin problemas en un disquete, mientras que sólo se podría guardar una pequeña porción de la imagen de la portada en un disquete de las mismas características.

Unidades de memoria

8 bits	=	1 byte
1024 bytes	=	1 kilobyte
1024 kilobytes	=	1 megabyte
1024 megabytes	=	1 gigabyte

Capacidad de almacenamiento de los discos

Disquete	=	1,4 megabytes
Disco Zip	=	100 ó 250 megabytes
CD	=	Entre 600 y 700 megabytes
Disco Jaz	=	1 gigabyte

Bits, Bytes, kilobytes y megabytes

El dígito binario o bit es la base del lenguaje del ordenador. Un bit es capaz de realizar dos instrucciones y puede describir un píxel en dos tonos (0 ó 1, negro o blanco). Dos bits pueden realizar cuatro instrucciones (00, 11, 01 y 10); 8 bits (a veces llamado byte) pueden registrar 256 valores posibles (2x2x2x2x2x2x2x2), mientras que 24 bits pueden registrar 16,7 millones de valores posibles para cada píxel (que se suelen utilizar para grabar los datos en las imágenes digitales a color).

Hay 1024 bytes en un kilobyte (KB) y 1024 kilobytes constituyen un megabyte (MB). El archivo digital de la imagen que se utiliza en la portada de una revista satinada puede exceder de 20 MB. Se necesita mucha información para poder imprimir una imagen a color. Por suerte, los archivos pueden comprimirse (reducir su tamaño en la memoria) para que se puedan guardar, y es posible guardar un archivo de imagen de gran tamaño en un disquete. Sin embargo, almacenar archivos grandes en disquetes, aunque es posible, no es práctico. Para almacenar y transferir archivos de imágenes grandes de forma conveniente y rápida suelen utilizarse discos duros extraíbles (como por ejemplo, el económico disco Zip realizado por Iomega™).

Actividad 1

Busque un archivo de imagen digital e identifique el tamaño del archivo cuando la imagen está cerrada.

Abra la misma imagen digital utilizando un software de edición de imágenes e identifique el tamaño del archivo cuando lo abra (diríjase a Tamaño del documento, situado debajo de la ventana del documento, o seleccione Tamaño de imagen, situado en el menú Imagen). Normalmente, el tamaño del archivo suele ser más grande cuando la imagen está abierta. Si éste es el caso de la imagen que ha abierto, es porque el archivo se comprime antes de cerrarse.

MODOS Y CANALES

La información sobre el color y el tono de los píxeles de una imagen digital puede describirse utilizando un número de diferentes modos; por ejemplo, una imagen en blanco y negro puede capturarse en modo mapa de bits o escala de grises. En una imagen de mapa de bits, cada píxel de la cuadrícula es blanco o negro (no hay tonos grises). Este modo es adecuado para escanear dibujos compuesto por líneas o texto. El modo escala de grises se utiliza para aquellas imágenes que tienen que interpretarse como un tono continuo.

Escala de grises

Las fotografías en blanco y negro (tono continuo) se capturan o escanean en lo que se denomina escala de grises. A cada píxel de una imagen en escala de grises se le asigna uno de los 256 tonos o niveles existentes entre el negro y el blanco. Estos 256 niveles permiten una suave gradación entre la claridad y la sombra, simulando el tono continuo que se consigue con la fotografía convencional creada por granos de haluro de plata. A la imagen en escala de grises suele denominarse imagen de 8 bits (véase "Profundidad del bit").

Canales RGB		R	V	A
Colores	Rojo:	255	0	0
	Verde:	0	255	0
	Azul:	0	0	255
	Cian:	0	255	255
	Magenta:	255	0	255
	Amarillo:	255	255	0
	Negro:	0	0	0
	Blanco:	255	255	255
	Gris intermedio	127	127	127

RGB

Una imagen a todo color puede formarse a partir de los tres colores primarios de la luz, el rojo, verde y azul o RGB (*Red*, *Green*, *Blue*). Todos los colores del espectro visible pueden crearse variando las cantidades relativas de rojo, verde y azul claro. La información de los tres colores primarios en una imagen RGB se separa en canales. Cada canal en una imagen RGB se suele dividir en 256 niveles. Una imagen de color RGB con 256 niveles por canal tiene la capacidad de asignar cualquiera de los 16,7 millones de colores diferentes a un píxel en concreto (256 x 256 x 256). Las imágenes a color suelen capturarse o escanearse en el modo de color RGB, y estos colores son los mismos que se utilizan para ver las imágenes en el monitor del ordenador. Un píxel de color puede describirse según los niveles de rojo, verde y azul; por ejemplo, un píxel rojo puede tener los valores Rojo 255, Verde 0 y Azul 0; un píxel amarillo puede tener los valores Rojo 255, Verde 255 y Azul 0 (mezclando el rojo y el verde se forma el amarillo); y un píxel gris puede tener los valores Rojo 127, Verde 127 y Azul 127.

NOTA: CMYK ES EL MODO DE COLOR QUE UTILIZAN LAS IMPRENTAS, Y UTILIZA LOS COLORES CIAN, MAGENTA, AMARILLO Y NEGRO. LAS IMÁGENES RGB SÓLO DEBERÍAN CONVERTIRSE EN CMYK SI SE HA RECIBIDO ESPECIFICACIONES DE UN ESPECIALISTA DEL SERVICIO DE IMPRESIÓN.

PROFUNDIDAD DEL BIT

Cada píxel de una imagen de 8 bits se describe en uno de los 256 tonos o colores posibles. Cada píxel de una imagen de 24 bits se describe en uno de los 16,7 millones de tonos o colores posibles. Cuanto mayor sea la profundidad del bit de la imagen, mayor será la calidad del color o tono. Una imagen de 8 bits (8 bits de datos por píxel) suele ser suficiente para producir una imagen en blanco y negro con buena calidad que reproduce la mayoría de las variaciones de tono, mientras que se necesita una imagen de 24 bits (8 bits por 3 canales) para obtener una impresión a color de buena calidad de un archivo digital de tres canales RGB. Aquellas imágenes con una mayor profundidad del bit necesitan más datos o memoria en el archivo de la imagen. Las imágenes en escala de grises ocupan un tercio del tamaño que ocupan las imágenes RGB (tienen las mismas dimensiones de píxeles y tamaño de impresión, pero un tercio de información o datos).

Imagen RGB, 256 niveles por canal (24 bits).

256 niveles (8 bits).

Escanear y editar en profundidades de bits que exceden los 8 bits por canal

La mayoría de escáneres que se utilizan trabajan con una profundidad de 30 bits o más. Aunque pueden distinguir entre más de 16,7 millones de colores (aumentando de este modo la fidelidad del color del archivo), normalmente sólo transfieren al software de edición 24 bits de los datos recogidos.

Los escáneres de mayor calidad pueden escanear a 16 bits por canal (48 bits). En Photoshop, es posible editar una imagen utilizando 16 bits por canal en lugar de 8. Las correcciones de imágenes suelen restringirse a los ajustes de color y tonos. El tamaño del archivo de la imagen digital se duplica y la variedad de características de edición se limita. Los profesionales suelen utilizar este modo de edición de imágenes para realizar retoques de gran calidad (véase el apartado "Edición de imágenes de 16 bits" del capítulo "Retoques y ajustes de imagen").

TONO, SATURACIÓN Y BRILLO

Cuando describimos y analizamos el color en el dominio digital, es esencial utilizar la terminología apropiada. La terminología que se suele utilizar pertenece a la percepción humana. Cada color puede describirse por su tono, saturación y brillo (HSB). Estos términos describen las tres características fundamentales del color.

- **Tono**. Es el nombre del color, por ejemplo, rojo, naranja o azul. A todos los colores se les puede asignar una localización y un número (un grado entre 0 y 360) en el círculo cromático estándar.

- **Saturación**. Es la pureza o fuerza de un color; por ejemplo, cuando el rojo se mezcla con gris, sigue siendo rojo, pero menos saturado. A todos los colores se les puede asignar un valor de saturación entre 0% (gris) y 100% (completamente saturado). La saturación aumenta a medida que el color se mueve desde el centro hasta el borde en el círculo cromático estándar.

- **Brillo**. Es la claridad u oscuridad relativa del color. A todos los colores se les puede asignar un valor de brillo comprendido entre 0% (negro) y 100% (blanco).

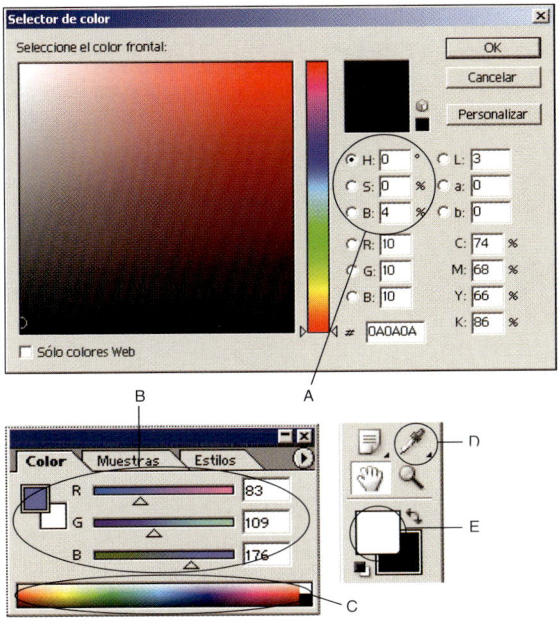

A. Control del tono, saturación y brillo.

B. Desplazadores RGB y valores de los colores RGB.

C. Escalera de color para seleccionar rápidamente el color.

D. Cuentagotas para tomar una muestra de color.

E. Muestra del color frontal.

Crear y tomar muestras del color

Se pueden realizar diferentes colores mezclando los colores primarios (rojo, verde y azul), variando sus proporciones e intensidad. Cuando se mezclan dos colores primarios, se forma un color secundario (cian, magenta o amarillo). Los colores primarios (RGB) y secundarios (CMY) son colores complementarios. Dos colores primarios combinados forman un color secundario, y dos colores secundarios combinados crean un primario.

En las imágenes digitales, se puede tomar una muestra del color seleccionando la herramienta Cuentagotas en la paleta de herramientas. Coloque la herramienta sobre el color que quiera y haga clic con el ratón. El color aparecerá en la muestra del color frontal, en la paleta de herramientas, y en la muestra del color frontal, en la paleta de color. Haga doble clic en la muestra del color frontal de la paleta de herramientas para que aparezca toda la información sobre el color en el selector de color.

COLOR Y LUZ

Color aditivo

Los colores aditivos primarios de la luz son el Rojo, el Verde y el Azul o RGB. Si se mezclan dos de estos colores primarios, se forma uno de los tres colores secundarios: el Magenta, el Cian o el Amarillo.

NOTA: SI SE MEZCLAN LOS TRES COLORES PRIMARIOS DE LA LUZ EN PROPORCIONES IGUALES, SE CREA LUZ BLANCA.

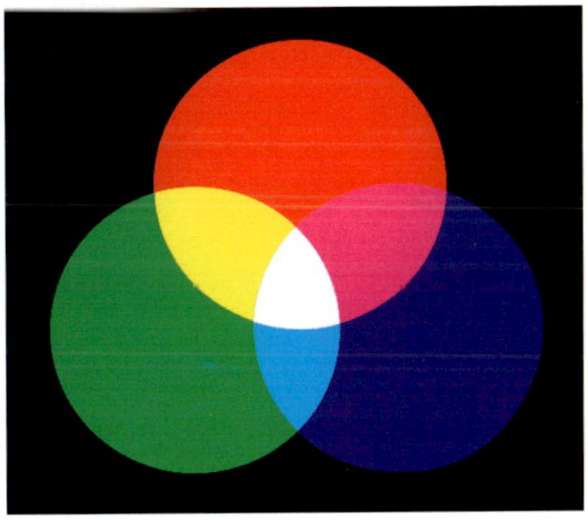

RGB, color aditivo.

Color sustractivo

Los tres colores sustractivos secundarios de la luz son el Cian, Magenta y Amarillo o CMY. Si se mezclan dos de estos colores secundarios, se crea uno de los tres colores primarios: Rojo, Verde o Azul. Si se mezclan los tres colores secundarios de la luz en proporciones iguales, se crea el negro o ausencia de luz.

CMY, color sustractivo.

Actividad 2

Abra los archivos RGB.jpg y CMYK.jpg del CD-ROM adjunto y observe los canales para ver cómo se crearon utilizando Photoshop. Utilice la información de la paleta para medir los valores del color.

Tono, saturación y brillo

Aunque la mayoría de las imágenes digitales se capturan en RGB, a veces es un modelo de color difícil o delicado para algunos aspectos de la edición del color. Photoshop permite editar la información del color de una imagen digital utilizando el modelo HSB.

Tono, Saturación y Brillo o HSB (*Hue*, *Saturation*, *Brightness*) es un modelo alternativo para la edición de imagen que permite al usuario editar el tono, la saturación o el brillo de forma independiente a las otras dos.

HSB, tono, saturación y brillo.

Actividad 3

Abra las imágenes Hue.jpg, Saturation.jpg y Brightness.jpg. Utilice la información de la paleta para analizar los valores del color de cada barra.

Percepción del color

Nuestra percepción del color cambia y depende de varios factores. Percibimos el color de forma diferente según cambien las condiciones de la exposición. Dependiendo de los tonos que rodeen al tono que estamos evaluando, puede verse más oscuro o más claro. Nuestra percepción de un tono concreto también depende de las condiciones de iluminación y de los colores o tonos adyacentes al color que estamos evaluando.

Percepción del color.

Actividad 4

Evalúe los tonos y los colores de la imagen situada al margen. Describa los cuadrados grises de la parte superior de la imagen teniendo en cuenta su tonalidad. Describa las barras rojas situadas en la parte inferior de la imagen teniendo en cuenta el tono, la saturación y el brillo.

Gama de color

La gama de color varía dependiendo de la calidad del papel y de los colorantes que se utilicen (tintas, tóner, tintes, etc.). Las imágenes impresas tienen una gama de color más pequeña que las diapositivas o los monitores, y hay que tener en cuenta todo esto antes de imprimir. En la imagen que aparece al margen, los colores fuera de la gama se ocultan bajo un tono gris. Estos colores no pueden imprimirse utilizando las tintas CMYK predeterminadas de Photoshop.

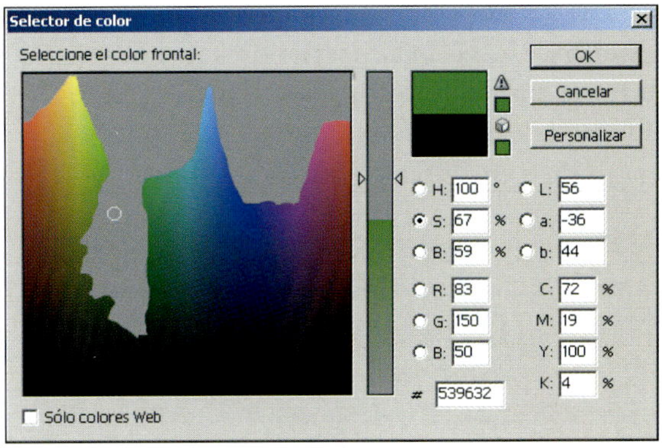

Colores fuera de la gama de color.

CONTROL DEL COLOR

Hay que tomar en consideración el asunto relacionado con la obtención de un color consistente, desde el original hasta su exposición en un monitor para su posterior reproducción impresa (véase el capítulo Control del color). La variedad de aparatos y materiales utilizados para capturar, exponer y reproducir un color impreso tiene un profundo efecto en el resultado final. La imagen de la derecha se ha utilizado para hablar de los espacios de color en el capítulo "Gestión de flujo de trabajo".

Logo que aparece en la actividad 3 del capítulo "Gestión de flujo de trabajo".

Actividad 5

1. Configure las paletas de Photoshop en su configuración predeterminada: **Ventana>Restaurar ubicaciones de paleta** (Photoshop 6); **Ventana>Espacio de trabajo>Restaurar ubicaciones de paleta** (Photoshop 7) o **Archivo>Preferencias>General>Restaurar ubicaciones de paleta a predeterminados** (Photoshop 5). Abra un archivo de imagen digital.

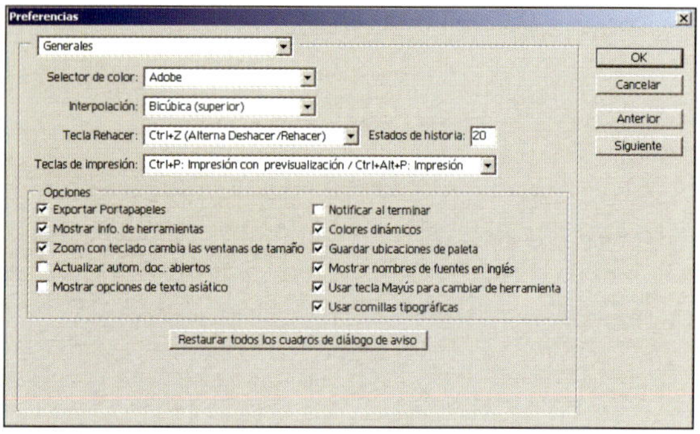

2. Haga doble clic en la herramienta Mano para cambiar el tamaño de la imagen para que encaje en la pantalla.

3. Haga clic en la herramienta Zoom en la paleta de herramientas para seleccionarla (al hacer doble clic en la herramienta Zoom de la paleta de herramientas configurará la imagen al 100 por 100).

4. Haga clic en el área de la ventana de la imagen que contenga el detalle que desea ampliar. Continúe haciendo clic para aumentar el zoom (observe que el zoom aparece tanto en la barra del título de la ventana de la imagen como en la esquina inferior izquierda de la ventana de la imagen).

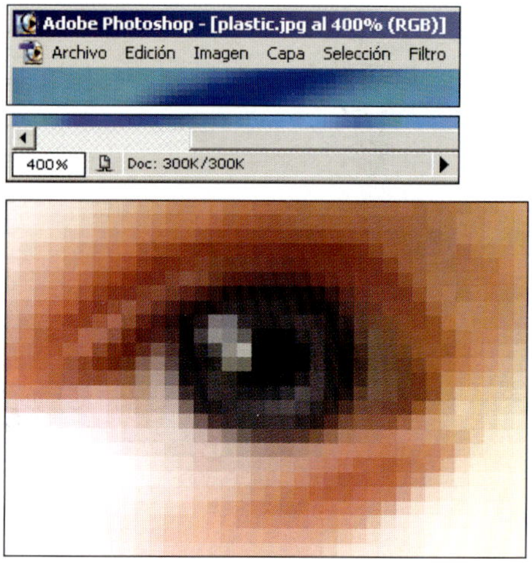

Con un zoom del 400 por 100 debería poder ver la estructura de los píxeles de la imagen. Aumente el zoom hasta el 1200 por 100 (para reducir el zoom, haga clic en la imagen con la herramienta Zoom pulsando a la vez la tecla **Opción/Alt** en el teclado).

5. Haga clic en la herramienta Mano y a continuación arrastre dentro de la ventana de la imagen para mover la imagen hasta un área de interés (variedad de píxeles).

6. Haga clic en el Cuentagotas en la paleta de herramientas para conocer la información de un píxel en concreto.

7. Haga clic en varios píxeles manteniendo el zoom en la imagen.

8. Observe la información del color en la paleta de color (observe cómo el color del píxel selecciona-

do aparece también en la muestra del color frontal en la paleta de herramientas).

9. La información del color aparece con valores numéricos en los canales rojo, verde y azul. Estos valores pueden alterarse moviendo los desplazadores que aparecen debajo de la escalera de color o escribiendo un valor nuevo en el cuadro que aparece al lado de la escalera.

   Arrastre los desplazadores o escriba otros números para crear sus propios colores.

FORMATOS DE LOS ARCHIVOS

Cuando se captura una imagen a través de una cámara o de un escáner, tiene que guardarse o memorizarse en un formato de archivo. Si consideramos la información binaria como si se tratara de la comunicación, el formato del archivo se puede comparar con el lenguaje o el vehículo para esta comunicación. La información sólo se puede leer y comprender si el software reconoce el formato. Las imágenes pueden guardarse en varios formatos. Los tres formatos que se utilizan con más frecuencia son:

- JPEG (`.jpg`): Siglas de *Joint Photographic Experts Group*.
- TIFF (`.tif`): Siglas de *Tagged Image File Format*, Formato de Fichero de Imagen con Etiquetas.
- Photoshop (`.psd`): Documento de Photoshop.

JPEG. Es el método de compresión más utilizado en la actualidad para la compresión de imágenes fotográficas con tono continuo destinadas a la Web o para guardarlas cuando se dispone de un espacio limitado. JPEG utiliza una compresión con pérdidas (se sacrifican datos y calidad de la imagen para conseguir tamaños de archivos más pequeños cuando los archivos de imagen permanecen cerrados). El usuario puede controlar la compresión. Un alto nivel de compresión conlleva una imagen de muy baja calidad y el archivo ocupa un espacio reducido. Un bajo nivel de compresión conlleva imágenes con una mayor calidad, pero el tamaño que ocupa el archivo es también mayor. Se recomienda utilizar el formato JPEG sólo cuando se ha completado la edición de la imagen.

Primer plano del detalle de un archivo de imagen que se ha comprimido utilizando la mayor calidad de imagen en el cuadro de opciones de JPEG.

Primer plano del detalle de un archivo de imagen que se ha comprimido utilizando la menor calidad de imagen en el cuadro de opciones de JPEG. Observe que los artefactos aparecen como bloques.

TIFF. Método utilizado para la compresión de imágenes destinadas para su publicación (revistas, libros, etc.). Tiff utiliza una compresión sin pérdida (no pierde datos ni calidad de la imagen), llamada compresión LZW. Aunque conserva la calidad de la imagen, la compresión LZW apenas comprime el tamaño de las imágenes.

Photoshop. Un formato predeterminado utilizado por el software de procesamiento de imágenes más conocido. Una imagen compuesta de capas puede guardarse como documento de Photoshop. Un documento de Photoshop suele mantenerse como archivo maestro, y a partir de éste se producen los demás archivos dependiendo de las necesidades de la unidad de salida.

10 píxeles por pulgada.

20 píxeles por pulgada.

RESOLUCIÓN

Las imágenes digitales se construyen a partir de elementos de imagen cuadrados o píxeles. Si se aumenta el número total de píxeles en una imagen cuando se escanea o se captura, aumenta tanto la calidad de la imagen como el tamaño del archivo.

La resolución es lo que determina el tamaño con el que deben aparecer los píxeles en la imagen impresa final. Cuanto mayor sea la resolución, más pequeños serán los píxeles y mayor será la nitidez de la imagen. La resolución se estipula en píxeles por pulgada o ppp.

NOTA: PUESTO QUE LOS ESTADOS UNIDOS ES EL PAÍS QUE DOMINA EL CAMPO DE LA FOTOGRAFÍA DIGITAL, SE SUELEN UTILIZAR LAS MEDIDAS EN PULGADAS EN LUGAR DE EN CENTÍMETROS. UNA PULGADA EQUIVALE A 2,54 CENTÍMETROS.

Veamos un ejemplo: Si un sello de 1 x 1 pulgada se escanea a 10 ppp, la imagen digital tendrá un total de 100 píxeles (10 x 10 = 100). Si la imagen se muestra al mismo tamaño que la original, la resolución de salida se estipulará a 10 ppp, y cada píxel medirá 1/10 de una pulgada.

Si el mismo sello se escanea a 20 ppp, la imagen ahora tendrá 400 píxeles (20 x 20 = 400). Si se muestra o se imprime al mismo tamaño, cada píxel tendrá ahora sólo 1/20 de una pulgada.

Si se aumenta la resolución, aumentará la calidad de la imagen hasta que la unidad de salida la limite. Si la resolución excede de la que necesita la impresora para producir una calidad óptima, esta resolución extra se pierde (véase el apartado "Resolución de salida").

La resolución puede ser confusa. Si se comprende ahora, evitará confundirse más tarde. La resolución es esencial para comprender la calidad de una imagen digital. La calidad se define por la resolución en el momento de escanearse (obteniendo el número de píxeles óptimo) y en el momento de la impresión (reproduciendo los píxeles en el tamaño óptimo para la impresora).

Tamaño de la imagen

Una imagen digital puede cuantificarse de los siguientes modos:

- Dimensiones de los píxeles y tamaño del archivo (por ejemplo, 800 x 600).
- Resolución de salida (por ejemplo, 200 ppp o píxeles por pulgada).
- Dimensiones de salida (por ejemplo, 6 x 4 pulgadas).
- Color o profundidad del bit (por ejemplo, 24 bits).

Dimensiones de los píxeles

Cuando se escanea o captura una imagen, a la imagen digital se le distribuye un número de píxeles o elementos de imagen que describen la imagen u objeto; por ejemplo, si su escáner se configura para que escanee a 100 ppp y la imagen que va a escanear tiene 4 x 6 pulgadas (10 x 15 cm aprox.) de tamaño, el archivo resultante medirá 400 x 600 píxeles. Estos píxeles se situarán en una cuadrícula. El ancho y alto de la cuadrícula puede medirse por el número de píxeles asignados a la fila. Este ancho y alto darán a la imagen sus dimensiones en píxeles (por ejemplo, 400 x 600). Una imagen con dimensiones de píxeles fijos pueden mostrarse de varios tamaños físicos, desde una impresión pequeña hasta un cartel muy grande. Un píxel no tiene un tamaño fijo. El tamaño del píxel depende del tamaño de salida, es decir, los píxeles aumentan o disminuyen su tamaño cuando aumenta o disminuye el tamaño de salida de un mismo tamaño del archivo; por ejemplo, los píxeles de una imagen impresa a 100 ppp son el doble de grandes que los de una imagen impresa a 200 ppp. Puesto que la resolución de salida disminuye, los píxeles aumentan su tamaño.

La resolución de salida utilizada para realizar la impresión determina el tamaño del píxel.

Cuando la resolución es muy baja, los píxeles se vuelven visibles y se dice que la impresión está pixelada. Si la resolución es de 1 ppp, cada píxel medirá 1 x 1 pulgada. Al aumentar la resolución de salida, los píxeles disminuyen su tamaño hasta que se vuelven invisibles al ojo humano. Al aumentar más la resolución de la capacidad de la impresora, se aumenta el tamaño del archivo y la dimensión de los píxeles, pero no la calidad de la impresión (véase "Resolución de salida").

104 píxeles de ancho a 30 ppp.

104 píxeles de ancho a 60 ppp.

Cambiar el tamaño de impresión a partir del mismo archivo

La resolución disminuye a medida que el tamaño de impresión aumenta (los píxeles se expanden demasiado).

Ejemplo: Una impresión de 4 x 5 pulgadas se escanea a 60 ppp. Si esta imagen digital se aumenta hasta 8 x 10 pulgadas, la resolución disminuirá hasta 30 ppp. Tanto la imagen de tamaño original como la que se ha agrandado contienen el mismo número de píxeles, pero la calidad de la imagen más grande parece ser menor.

NOTA: CUANDO SE VAYA A IMPRIMIR UNA IMAGEN SE NECESITA UNA RESOLUCIÓN MÍNIMA DE 150 PPP PARA PREVENIR LA PIXELACIÓN.

Resolución de salida

Aunque la salida es el último paso en el proceso digital, tiene que considerarse antes de escanear o capturar la imagen. Cuando se escanea o se captura una imagen es esencial saber el tamaño y dónde se va a imprimir la imagen. Esta información es esencial para asegurar la máxima calidad posible de su imagen final, manteniendo el tamaño más pequeño posible.

Si la resolución es demasiado alta, el tratamiento del archivo será lento. Si la resolución o el tamaño del archivo es muy pequeño, la imagen final tendrá una calidad baja. Si la resolución del archivo es muy baja, los píxeles de la imagen se visualizarán y se dirá que la imagen está pixelada.

Si la impresión que se quiere realizar es muy grande, por ejemplo, más grande que un A2, la resolución podría ser más baja sin perder nitidez en apariencia. Las impresiones muy grandes suelen verse desde lejos y, por tanto, necesitan una resolución de salida menor. Las preguntas que hay que plantearse antes de escanear una imagen son:

- **¿Cuál es el fin de la imagen digital?**

  La resolución del escaneado depende de para qué se utilizará la imagen digital. Por ejemplo, las impresiones realizadas a partir de archivos digitales requieren una resolución mucho mayor que un archivo de imagen para mostrarlo en la Web. Las imágenes digitales realizadas con impresoras de gran calidad requieren una resolución de escaneado mayor que las imágenes realizadas con impresoras de menor calidad.

- **¿Cuál es la resolución de imagen óptima que necesita la impresora que va a utilizar?**

  Realice algunas pruebas de impresión. La resolución de imagen óptima es aquella en la que si se realiza algún aumento de la resolución de la imagen, no provoca una mejora de la calidad.

Puntos por pulgada

Las impresoras colocan o transfieren la tinta al papel en puntos y no en cuadrados. Las impresoras de mayor calidad ponen más puntos de tinta por pulgada de papel. Por tanto, las impresoras definen la calidad o resolución de la unidad de salida en puntos por pulgada y no en píxeles por pulgada. La resolución de la imagen (medida en píxeles por pulgada) suele ser mucho menor que la resolución de la unidad de salida utilizada para imprimir la imagen, es decir, cada píxel se define por más de un punto de tinta.

Aunque existe cierta relación entre puntos por pulgada y píxeles por pulgada, no deberían confundirse durante la fase de impresión; por ejemplo, una impresora de chorro de tinta de 720 puntos por pulgada necesita una imagen con una resolución máxima de sólo 240 ppp (un archivo digital RGB tamaño A4 con una resolución de 720 ppp excedería los 143 MB).

Interpolación

Si una imagen digital se captura con un número fijo de píxeles, la imagen se limita tanto en el tamaño como en la calidad. Con un software se puede aumentar el número de píxeles, permitiendo así un aumento del tamaño o resolución. Para aumentar el número total de píxeles se necesita una interpolación. Se crean nuevos píxeles a partir de la información que se obtiene de los píxeles existentes. Estos nuevos píxeles se insertan entre los ya existentes, causando una pérdida general en la calidad. Si hay que aumentar una imagen para que encaje en un cierto formato o en las especificaciones de una impresora, debería reducir la imagen (reducir el número de píxeles), en lugar de aumentarla.

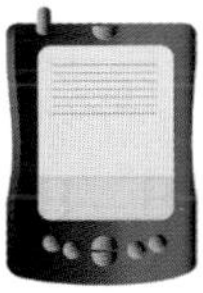

NOTA: EVITE AUMENTAR EL NÚMERO TOTAL DE PÍXELES EN UNA IMAGEN DIGITAL SIEMPRE QUE SEA POSIBLE.

Del original a la impresión digital (un ejemplo)

Impresión de 4 x 6 pulgadas. Escaneada a 400 ppp.

Película de 35 mm. Escaneada a 1800 ppp.

Escáner.

Archivo digital

- Dimensiones en píxeles: 1600 x 2400.
- Tamaño del archivo RGB: 11 Megabytes.
- Tamaño del archivo en escala de grises: 3,67 Megabytes.

Ajustes en Photoshop

- Diríjase a Imagen>Tamaño de imagen.
- Cambie la resolución a 220 ppp.
- Cambie el tamaño de impresión a 7 x 10,5 pulgadas.

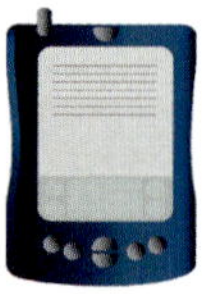

NOTA: MANTENGA LAS DIMENSIONES DE LOS PÍXELES.

Salida

Imagen impresa en papel tamaño A4* a 720 dpi (resolución de la imagen 220 ppp).

*Se recomienda utilizar papel estucado.

Imagen A4

CÓMO CALCULAR LA RESOLUCIÓN DE IMAGEN PARA LA UNIDAD DE SALIDA

La resolución de la imagen que se necesita para crear una copia depende de la unidad de salida que se vaya a utilizar, el aumento que se realice y la calidad que necesite el individuo.

Un método que se utiliza con frecuencia para calcular la resolución óptima de la imagen que puede utilizar una impresora de chorro de tinta o láser es dividir la resolución de la unidad de salida por el factor 3, por ejemplo, 720 dpi dividido entre 3 = 240 ppp. Si su ordenador tiene problemas con el tamaño del archivo resultante, es posible aumentar este factor a 4. La calidad continuará siendo relativamente buena, pero disminuirá considerablemente el tamaño del archivo con el que va a trabajar.

Si pretende enviar archivos de imágenes para su impresión comercial, consulte la impresora antes de crear el archivo de imagen digital inicial. Es muy importante evitar aumentar el tamaño del archivo para contener la resolución que requiere la impresora (véase "Interpolación"). Si se va a utilizar una procesadora, la impresora puede proporcionarle la frecuencia de la pantalla en líneas por pulgada. Si le ocurriera esto, debería multiplicar esta cifra por el factor 2, por ejemplo 133 lpp por 2 = 266 ppp.

REQUISITOS DE RESOLUCIÓN DE IMÁGENES DE ALGUNAS UNIDADES DE SALIDA DE IMPRESIÓN

- **Chorro de tinta y láser:** Divida la resolución de salida por el factor 3.
- **Sublimación de tinte:** La resolución de la imagen es la misma que la resolución de salida indicada.
- **Procesadora:** Multiplique la frecuencia de la pantalla por el factor 2.

Formato de los archivos de salida

Cuando se imprime directamente mediante impresoras de chorro de tinta y láser desde el software procesador de imágenes, se puede utilizar cualquiera de los formatos que soporte el software, como por ejemplo Photoshop, TIFF, JPEG, etc. Si se va a importar el archivo a un software procesador de texto o de autoedición (DTP), el archivo tendrá que guardarse como TIFF o JPEG. Si el archivo de imagen se va a imprimir comercialmente, el formato estándar es TIFF (sin capas). Asegúrese de que tanto el archivo DTP como todos los archivos de imagen utilizados en ese archivo estén todos juntos en una carpeta para que el impresor pueda encontrarlos fácilmente.

Si se va a enviar una imagen adjunta a un e-mail, el archivo debería guardarse como JPEG, sin espacios en el nombre del archivo y acabado con la extensión `.jpg`. El archivo debería guardarse sin iconos ni previsualizaciones para reducir el tamaño del archivo. Seleccione Edición>Preferencias>Manejo de archivo>Prev. imagen>Preguntar antes de guardar. Si se necesita velocidad de transferencia, habría que considerar una compresión alta (calidad de imagen baja). Los archivos que ocupan mucho tamaño suelen transferirse de forma muy lenta mediante un módem. Si el archivo de imagen se va a utilizar en una página Web, debería utilizarse de nuevo el formato JPEG. Para reducir el tiempo que tarda en descargarse la página Web que contiene la imagen, hay que realizar una compresión elevada.

Un formato de archivo que se está utilizando cada vez más para transferir archivos DTP a las impresoras es el *Portable Document Format* (Formato de documento portable) o PDF. Este formato puede crearse y verse con el software Adobe Acrobat.

Ejercicios de revisión

1. ¿Cuántos niveles se utilizan para describir la información sobre el color o tono en una imagen de 8 bits?

   (a) 127.

   (b) 8.

   (c) 1024.

   (d) 256.

   (e) 16,7 millones.

2. ¿Qué dos colores primarios de la luz hay que combinar para crear el color amarillo?

   (a) Magenta y cian.

   (b) Rojo y verde.

   (c) El amarillo es un color primario.

   (d) Azul y verde.

3. ¿Qué es un color totalmente saturado?

   (a) Un color primario puro.

   (b) Rojo y verde.

   (c) Un color puro sin ningún porcentaje de gris.

   (d) El blanco.

4. ¿Cuál es el formato de archivo que se suele utilizar para guardar imágenes para autoedición que van a imprimirse comercialmente?

   (a) PSD.

   (b) Mapa de bits.

   (c) RGB.

   (d) TIFF.

   (e) JPEG.

5. Una imagen que mide 4 x 6 pulgadas se escanea a 300 ppp. La imagen no se modifica, y se mantiene el tamaño del archivo mientras que la resolución de salida se cambia a 150 ppp para cumplir con los requisitos de la unidad de salida. ¿Cuáles serán las dimensiones físicas (en pulgadas) de la imagen cuando se imprima?

   (a) 16 x 24 pulgadas.

   (b) 8 x 12 pulgadas.

   (c) 2 x 3 pulgadas.

   (d) El mismo tamaño.

6. ¿Qué imagen mostrará los píxeles más grandes cuando se imprima?

   (a) Una imagen con una resolución de salida de 100 ppp.

   (b) Una imagen con una resolución de salida de 200 ppp.

   (c) Una imagen impresa con 300 dpi.

   (d) Una imagen impresa con 100 dpi.

7. ¿Cuál es la resolución de imagen óptima aproximada para una impresora de chorro de tinta de 720 dpi?

(a) 240 ppp.

(b) 720 ppp.

(c) 360 lpp.

(d) 1440 dpi.

(e) 240 dpi.

8. ¿Cuál sería la extensión correcta para una imagen fotográfica destinada a la Web que mostrará la imagen con la ilusión del tono continuo?

(a) .tif.

(b) .JPEG.

(c) .jpg.

(d) .pdf.

(e) .gif.

CAPÍTULO 2

Les Horvat.

PROPÓSITOS

- Desarrollar una comprensión de los principios en los que se basan los mecanismos de la captura digital.
- Crear un recurso para las comparaciones objetivas entre cámaras digitales.
- Reconocer cuándo es la captura digital la mejor opción para capturar una imagen.

OBJETIVOS

- Investigar y evaluar las opciones disponibles en los aparatos de captura digital, incluyendo:
    - Cámaras de gama alta.
    - Cámaras Megapíxel.
    - Respaldos de escaneado.
    - Cámaras automáticas.

CAPTURAS DIGITALES

Capítulo 2. Capturas digitales

INTRODUCCIÓN

La capacidad para realizar cualquier manipulación digital requiere una captura de los datos de la imagen y, a continuación, introducirlos en un sistema en el ordenador. Esto puede conseguirse utilizando cualquiera de los siguientes métodos:

- Una cámara digital para la captura inicial, y a continuación transferir los datos a un ordenador a través de un enlace o de una tarjeta de memoria.

- Una cámara tradicional utilizando una película fotográfica, y más tarde escanear la imagen y transferir los datos a un ordenador.

Aunque ambos métodos tienen como resultado un archivo de datos parecido, que representa la imagen vista por la cámara y por el fotógrafo, en realidad producen datos con diferencias importantes. Para comprender estas diferencias, examinemos en primer lugar los procesos implicados.

Las cámaras tradicionales y las imágenes escaneadas como aparatos de captura

Cualquier imagen procedente de una película mostrará las características generales de la emulsión de esa película concreta, que son grano, tonalidad, color y nitidez.

Cuando se escanea esta imagen, estas características concretas se recubren con otras características (o limitaciones) que pertenecen al hardware o software encargado de escanear la imagen. El archivo de imagen será, por tanto, una combinación de todos estos atributos, con lo cual el "ruido", artefactos o datos que no pertenecen a la imagen, formarán parte de la información. El grado o importancia de estos datos que no pertenecen a la imagen varían dependiendo de los aparatos utilizados (película, cámara o escáner), aunque puede tener una influencia visible en el aspecto final.

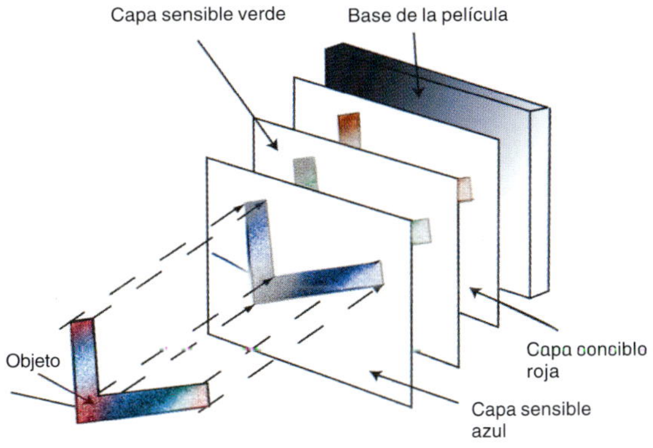

Captura de una película mostrando la formación de haluro de plata en capas sensibles al tinte.

Cámaras digitales como aparatos de captura

Un archivo de imagen creado por una cámara digital evita la fase del revelado, y como resultado de este simple proceso se produce un archivo de datos mucho más preciso. Aunque las cámaras digitales tienen sus propios problemas, sobre todo relacionados con la resolución (véase "Tipos de sensores de imagen") y la gama de tonos, estos archivos de datos contienen una información más clara.

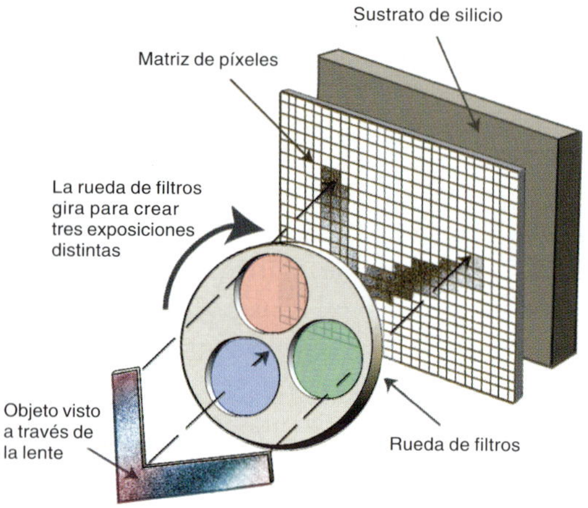

Captura digital mostrando la formación de una imagen dentro de una matriz de píxeles (véase "Matriz de disparos múltiples").

Método digital vs. método tradicional

Una cuestión importante que hay que considerar es la elección del método utilizado para crear la información digital que represente nuestra imagen. ¿En qué punto una captura es mejor que la otra? Recuerde que la manipulación digital puede realizarse mediante una cámara de película y escaneando posteriormente la imagen. Aunque la captura digital siempre producirá un archivo más puro y limpio, es crucial recordar que las películas fotográficas tienen ciertas ventajas. Aparte de una diferencia importante en el precio (compárese el coste de la cámara digital, más la batería, los aparatos para almacenar las imágenes, etc., con una cámara de las mismas características con película), también hay que considerar la capacidad que tienen las películas para actuar como un medio barato y conveniente para almacenar los archivos. Los archivos digitales tienen que guardarse de alguna manera, y aunque el coste de este proceso está disminuyendo rápidamente (sobre todo con la llegada de las regrabadoras de CD), el almacenaje y la duración de los archivos digitales aún implica el uso de una tecnología en cierto modo inmadura.

Las películas como lugar de almacenamiento

Por otro lado, la durabilidad y la facilidad de almacenamiento de la película tiene un pedigrí científicamente probado. La facilidad con la que se puede insertar una película nueva en una cámara mientras que el carrete ya gastado se guarda en un bolsillo tiene que compararse con la necesidad y la inconveniencia de descargar los archivos de una cámara digital, o al menos, con tener una colección de tarjetas de memoria bastante caras. Hay que tener en cuenta estas consideraciones a la hora de comparar la captura de película fotográfica con la captura digital.

FORMACIÓN DE IMÁGENES

Para poder comprender las diferencias existentes entre la captura digital y la captura de películas (análoga) junto con las consecuencias de estas diferencias, tenemos que examinar cómo se ha formado la imagen con cada método.

Cámaras convencionales (utilizando película)

En una cámara tradicional, la luz pasa por la lente y llega a la emulsión de la película, con una exposición ajustada por la apertura u obturador de la cámara. La película de color se compone de una serie de capas sensibles que contienen cristales de haluro de plata. La exposición a la luz produce una estimulación y un movimiento posterior de las partículas cargadas, produciendo la formación de una imagen latente en la forma de montones de plata metálica. En las películas de color, estos montones se amplifican y se hacen visibles sustituyéndose la plata metálica con tintes de color y produciendose granos de película de color.

Durante la exposición, cada capa de la película responde sólo a una porción de rojo, verde y azul del espectro que se combinan para producir la luz blanca. Cuando se ve la imagen resultante, la combinación de las motas de tintes de color o granos con cada capa es la que produce la imagen a todo color. La película es la encargada de controlar en mayor medida las características de la imagen final. Un cambio de película producirá no sólo cambios en la sensibilidad (o velocidad de la película), sino también en el color, la tonalidad, granos, etc.

NOTA: CON UNA CÁMARA TRADICIONAL SE PUEDE UTILIZAR LA MISMA UNIDAD PARA GRABAR IMÁGENES CON CARACTERÍSTICAS MUY DIFERENTES, SIMPLEMENTE, CAMBIANDO LA PELÍCULA.

Película con grano grueso.

Película de grano fino con tonos suaves.

Cámaras digitales (utilizando sensores de imagen)

Como ocurre con las cámaras tradicionales, una cámara digital utiliza una lente para enfocar la luz y una apertura y obturador para controlar la exposición. Sin embargo, en lugar de una película, la luz entra en un sensor de imagen compuesto por una serie de áreas sensibles a la luz, normalmente conocidos como píxeles. Cada píxel está conectado electrónicamente a un procesador que puede medir la estimulación eléctrica que ha recibido el píxel. Estos píxeles, al igual que el haluro de plata en las películas, sólo registran intensidad de luz y no color. El color se crea colocando los píxeles de manera selectiva o alternando secuencias para grabar los componentes rojo, verde o azul de la luz blanca.

La naturaleza del sensor de imagen, no como ocurre en la cámara que utiliza película fotográfica, está integrada en la cámara. Es decir, todas las características del sensor transmitidas a la imagen son fijas y no se pueden cambiar, a no ser que se cambie la cámara. Por tanto, la tonalidad, la interpretación del color y la nitidez son una firma fija del aparato. Estas diferencias se observan sobre todo en las cámaras de gama amplia (o caras), donde los respaldos intercambiables digitales o de película ofrecerían, teóricamente, alguna flexibilidad.

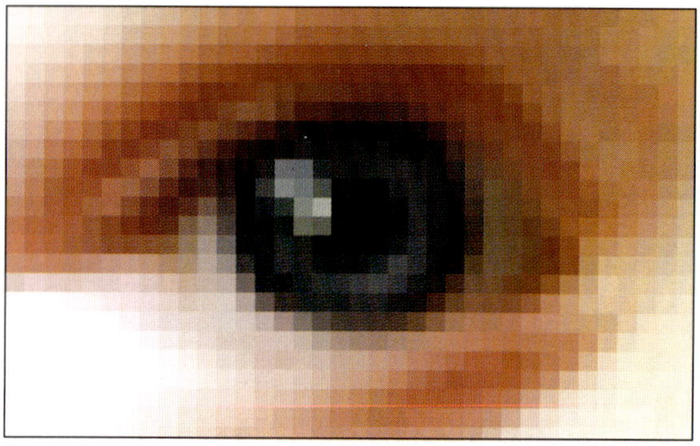

Cambios de la intensidad de luz que han capturado los píxeles (ponga el libro a una distancia razonable para distinguir la imagen).

NOTA: AL CONTRARIO DE LO QUE OCURRE CON LAS CÁMARAS DE PELÍCULA, LAS CARACTERÍSTICAS DE LA IMAGEN GRABADA SE DETERMINAN POR LOS SENSORES UTILIZADOS Y FORMAN PARTE DE LA CÁMARA.

Cuando un píxel se expone a una luz con una intensidad creciente, produce un aumento lineal correspondiente en la carga eléctrica. Esta carga se amplifica y se mide, y produce un tono o nivel gris correspondiente. Este nivel se representa con un número, por lo que puede almacenarse como información digital y, por tanto, se puede manipular fácilmente en un ordenador.

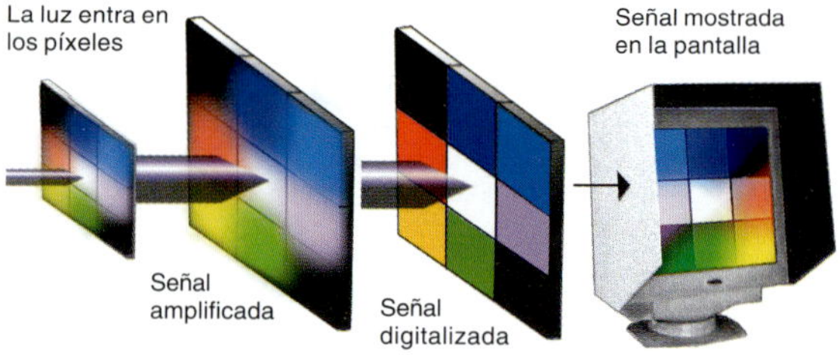

Conversión de la luz desde análogo a digital.

CARACTERÍSTICAS DEL SENSOR DE IMAGEN

A pesar del tipo de sensor de imagen que utilice la cámara, suelen tener las siguientes características:

- Los píxeles tienen un tamaño y una forma regular.
- Los píxeles se encuentran en un diseño de cuadrícula.
- Los píxeles están en una única capa.
- Los píxeles en los sensores estándar (véase "Sensores de color") registran únicamente el brillo, no el color.
- El tamaño de la matriz suele ser más pequeño que el formato de película equivalente.

Debido a estas características, las imágenes creadas por sensores suelen tener estos atributos:

- Los píxeles no se solapan (sí se solaparían con las motas de tintes de las capas que contienen las películas), por lo que la imagen generada por píxeles no pierde ninguna información.

- La forma regular del píxel en una matriz organizada es más eficaz que la naturaleza aleatoria de los granos de la película fotográfica.

- Se necesitan tres píxeles para producir un único color; por tanto, el número de píxeles tiene que dividirse por tres para determinar la resolución de los píxeles reales de un sensor.

- Puesto que la matriz suele ser más pequeña que el formato de película equivalente y aunque una cámara digital puede parecerse a un sistema de 35 mm, es probable que el ángulo de visión o la ampliación de las lentes no sean equivalentes. Esta diferencia puede indicarse midiendo la relación de aspecto.

NOTA: PARA CALCULAR LA RELACIÓN DE ASPECTO DE UNA CÁMARA, SÓLO TIENE QUE DIVIDIR EL NÚMERO DE PÍXELES DE ANCHO POR EL NÚMERO DE PÍXELES DE ALTO. POR EJEMPLO, LA CÁMARA CANON POWERSHOT S10 TIENE UNA RESOLUCIÓN DE 1600 X 1200 PÍXELES. SU RELACIÓN DE ASPECTO SERÍA DE 1,33:1. EL PAPEL FOTOGRÁFICO DE 8X10" TIENE UNA RELACIÓN DE 1,25:1. LA IMAGEN DE LA DERECHA MUESTRA EL EFECTO QUE PODRÍA RESULTAR.

La diferencia en la relación de aspecto (si lo comparamos con el de una cámara convencional) puede surgir a la hora de reducir la imagen para su impresión. Para entenderlo, considere el significado de relación de aspecto: relación métrica entre el alto y el ancho de la imagen. Por ejemplo, un cuadrado tiene una relación de aspecto de 1:1, mientras que una película de 35 mm tiene una relación de aspecto de 1,5:1 (1,5 veces más ancho que alto). La mayoría de los sensores se encuentran entre los dos y, por tanto, a menudo es necesario elegir entre cortar parte de la imagen o reducir el tamaño de la imagen impresa para que encaje en el papel.

TIPOS DE SENSORES DE IMAGEN

Ya sea en una cámara o en un escáner, la mayoría de los sensores de imagen se componen de chips de dispositivos de carga acoplada (CCD) o semiconductor complementario de óxido de metal (CMOS), aunque están empezando a surgir sensores más nuevos capaces de capturar el color.

Una imagen capturada utilizando un sensor CCD en una cámara digital SLR de Kodak.

La lucha de los sensores

Durante cerca de treinta años, la tecnología relativamente madura de los sensores CCD ha dominado el mercado de los sensores de imagen, primero en las videocámaras, y más recientemente como chip gráfico en las cámaras de fotogramas (aunque el elevado precio de su proceso de producción tan especializado ha impedido su aceptación). El novedoso chip gráfico CMOS ofrece la ventaja de ser mucho más barato gracias a unos medios de producción más sencillos, además de por las economías de escala producidas, ya que el tipo de chip CMOS constituye la columna vertebral de la mayoría de ordenadores personales.

Otra ventaja de los sensores CMOS es la capacidad que tiene el chip de diseñarse de modo que también controle otros aspectos de la cámara, como por ejemplo el reloj interno, el obturador o la exposición. El resultado es una cámara mucho más simple y potencialmente más barata que necesita menos chips para que funcione. Entre los aspectos negativos, el chip CMOS produce más ruido que el CCD y necesita mecanismos sofisticados para reducir este problema a niveles aceptables.

Cómo crea el sensor una imagen

No importa cuál sea el tipo de sensor, los píxeles de silicio que componen la matriz de luz sensible registran la cantidad de luz que entra acumulando una carga eléctrica, que se mide y se convierte en información digital en forma de número.

NOTA: CUANTO MAYOR SEA EL NÚMERO, MAYOR SERÁ LA CANTIDAD DE LUZ QUE ENTRA EN EL PÍXEL.

Sensores de color

Hasta hace relativamente poco, los sensores de imagen sólo podían ver en blanco y negro, es decir, no podían diferenciar el color. Sin embargo, Foveon, una empresa que ha estado al frente de la tecnología de chips sensores, ha comenzado a distribuir, gracias a la empresa National Semiconductors, un sensor de 3,53 millones de píxeles, capaz de diferenciar colores en la captura. Esto significa que se puede comparar, debido a su técnica de captura, a los sensores existentes con 7 millones de píxeles o más (véase "Cómo funcionan los sensores de imagen").

La principal diferencia entre este sensor y otros tipos de sensores de imagen es que cada píxel está diseñado para recibir los tres colores básicos de la luz en lugar de sólo uno. En otras palabras, en lugar de separar las imágenes en colores distintos y distribuirlos en varios píxeles, este sensor captura las diferentes longitudes de onda de la luz midiendo la profundidad de penetración de los fotones de luz en la superficie del píxel.

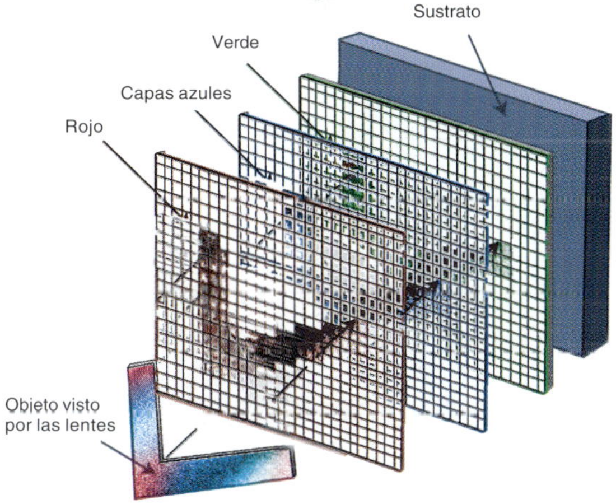

El sensor de color digital X3 de Foveon.

Esto se consigue colocando tres fotodetectores, uno encima del otro, en cada píxel, cada uno diseñado para capturar un color distinto: uno para las longitudes de onda rojas, otro para las longitudes de onda azules y otro para las longitudes de onda de la luz verdes. Este método es muy parecido al modo en el que las películas convencionales registran el color y, por tanto, es el primer proceso de captura digital que imita satisfactoriamente las capturas basadas en películas fotográficas. Como resultado, no sólo se utilizan menos píxeles para una resolución dada, sino que también hay una menor pérdida de luz, permitiendo de ese modo una captura con menos ruido en condiciones donde hay escasez de luz.

CÓMO FUNCIONAN LOS SENSORES DE IMAGEN CONVENCIONALES

Al igual que se pueden utilizar distintos chips para realizar los sensores, existen tres tipos principales para configurar los sensores de imagen. Cada uno tiene como resultado distintos modos de funcionamiento y tienen ciertas ventajas y desventajas dependiendo de su uso.

Matriz lineal

Estos sensores se configuran como una matriz de píxeles que leen o escanean la información al pasar por encima del área de la imagen. Cada matriz contiene tres filas paralelas de píxeles cubiertos de forma independiente con filtros rojos, verdes y azules, permitiendo una lectura RGB completa desde cualquier punto una vez que las tres filas hayan pasado por la imagen una vez. Esta tecnología, aunque realiza imágenes de una calidad excelente con una gran resolución, tiene algunas limitaciones:

- Cualquier vibración del motor provocará aparición de bandas.
- Si hay variaciones en la salida de luz o color durante la exposición, también se producirán apariciones de banda.
- El tiempo de exposición puede ser elevado, puesto que la imagen se escanea línea a línea.
- La cámara o aparato debe estar fijo.
- El objeto tiene que estar completamente inmóvil y no debe cambiar durante la exposición.

Por ejemplo, si se hace una foto a una jarra de cerveza, podría haber problemas con este tipo de sensor, puesto que las burbujas se estarían moviendo y la espuma iría desapareciendo poco a poco.

NOTA: LOS SENSORES DE MATRIZ LINEAL REPRESENTAN UNA TECNOLOGÍA PROBADA, PERO APARTE DE LAS CÁMARAS DE RESPALDO DE GAMA ALTA, TIENEN UNA GRAN UTILIZACIÓN EN LOS ESCÁNERES CONVENCIONALES.

Matriz de disparo múltiple

Estos sensores, también conocidos como de tipo área, utilizan tres exposiciones distintas realizadas consecutivamente con filtros rojos, verdes y azules a través de una matriz completa de píxeles. Ofrecen una resolución muy alta, puesto que cada píxel registra la sensibilidad roja, verde y azul, en lugar de permitir que la resolución sea igual al número total de píxeles de la matriz. Sin embargo, esta tecnología tiene las siguientes limitaciones:

- Si se produce una variación en la luz de salida durante la exposición, puede provocar un desequilibrio de color.
- Una mala alineación del filtro puede causar colores alternativos.
- El objeto tiene que estar completamente inmóvil, al igual que la cámara.

Este tipo de matriz suele encontrarse en cámaras de estudio de gama alta, como por ejemplo un respaldo removible utilizado para fotografiar productos y otro tipo de naturaleza muerta con una iluminación controlada. Algunos ejemplos de este tipo de cámara de respaldo son:

- CMOS PRO de Vision Limited.
- Volare de Leaf.

Matriz de disparo simple

Utiliza complejos métodos de filtración para capturar todo el espectro de luz utilizando los modelos de los píxeles adyacentes. El color final de la imagen se consigue calculando el promedio de la información de los píxeles de alrededor utilizando una interpolación. Este método tiene las siguientes limitaciones:

- La calidad del color no es tan precisa o pura como los tres sistemas de exposición.
- Los detalles de alto contraste estarán rodeados de colores alternativos.
- Los modelos de filtros pueden causar efectos moiré (líneas onduladas) en elementos con diseños muy precisos.
- La resolución real es un tercio del número de píxeles que contiene la matriz, puesto que cada píxel sólo registra un color concreto.

Incluso con las limitaciones de la matriz, éste es el tipo de sensor más utilizado en las cámaras digitales. El motivo es muy simple. No sólo es el más barato de producir, puesto que no necesita filtros o motores de precios elevados, sino que es la única tecnología que permite capturas instantáneas. En otras palabras, este tipo de matriz permite fotografiar objetos en movimiento, al igual que a objetos que cambiarán con el tiempo.

Retrato realizado con una cámara de matriz.

Actividad 1

Vaya a una tienda especializada en fotografía y coja folletos informativos de cámaras digitales. Como alternativa, puede pedir información similar a través de pedidos por e-mail o Internet.

Determine el tipo de sensor de imagen que utiliza cada cámara y cuál es la resolución real en píxeles de cada una.

TIPOS DE CÁMARAS DIGITALES

Una vez que hemos examinado cómo se puede crear una imagen digital, consideremos ahora los distintos tipos de cámaras digitales de las que disponemos. El método más simple para categorizar las cámaras digitales es por su precio: precio moderado, caras y muy caras. Sin embargo, con las mejoras de la tecnología y la velocidad con la que se producen, no cabe la menor duda de que los precios de todos los tipos de cámaras digitales se están reduciendo a pasos agigantados. Por tanto, tiene más sentido discutir los tipos de cámaras digitales según sus características y los usos que se les pueden dar.

Cámaras digitales de gama alta

Este grupo de cámaras se divide en dos categorías: las que se han diseñado principalmente como una cámara de respaldo que encaja en los sistemas de cámaras de formato medio o gran formato (véase "Tipos de sensores de imagen") y las que son cámaras en sí. El estilo de cámara de respaldo lo utilizan los fotógrafos profesionales, en los que la calidad de la imagen es el criterio más importante. Estas unidades son muy caras, pero en un estudio, su precio puede compensarse debido a la flexibilidad, la inmediatez y el ahorro en películas fotográficas y procesamiento.

Respaldos digitales removibles

Hasta hace poco, la mayoría de respaldos digitales utilizaban un sistema de matriz lineal o de disparo múltiple para lograr una calidad que fuera comparable a la que se podía obtener con las películas. Sin embargo, la última generación de respaldos de película son de la variedad de disparo simple, y pueden producir imágenes con una resolución de hasta 16 megapíxeles. Una cámara de este tipo es la Kodak DCS Pro Back Plus, adecuada para las cámaras de formato medio y capaz de crear un archivo de 48 MB con una exposición instantánea en su sensor CCD de 4 k por 4 k. Este tipo de respaldo digital fija el punto de referencia en la persecución de capturas digitales de alta gama, aunque a un precio considerable.

Kodak DCS Pro back.

Phase One Powerphase FX.

Cámaras digitales de calidad profesional

Este grupo de cámaras digitales tienen un diseño más parecido a las cámaras de 35 mm, adaptadas para contener el sensor de imagen, la pantalla LCD y el hardware asociado.

Un ejemplo de este tipo de cámara es la Fuji FinePix S2 Pro, que tiene un sensor CCD de 6,17 megapíxeles y utiliza una montura de objetivo Nikon F. Esta cámara en concreto utiliza una matriz de píxeles construida de forma especial que, en lugar de tener una forma rectangular, es octogonal. Esto permite a Fuji afirmar que las imágenes que captura esta cámara pueden interpolarse con más de 12 megapíxeles, produciendo archivos de imágenes nítidas y muy detalladas.

Fuji FinePix S2 Pro.

De las mismas características es la Kodak DCS 760, que utiliza un sensor real de 6 megapíxeles para producir imágenes capturadas en ráfagas de 24 disparos a intervalos de 1,5 imágenes por segundo. Permite la captura de objetos en movimiento, por lo que es apta para la fotografía deportiva. Al igual que la versión de Fuji, esta cámara también se basa en un cuerpo de cámara Nikon.

Kodak DCS 760.

La cámara Canon EOS 1D se basa en un cuerpo de Canon. Esta unidad de 4 megapíxeles, una de las más rápidas disponibles, puede realizar hasta 21 imágenes consecutivas a una velocidad de 8 imágenes por segundo, y está diseñada para permitir a los profesionales utilizar sus propias lentes, debido a que el tamaño de su sensor se aproxima al de la película de 35 mm.

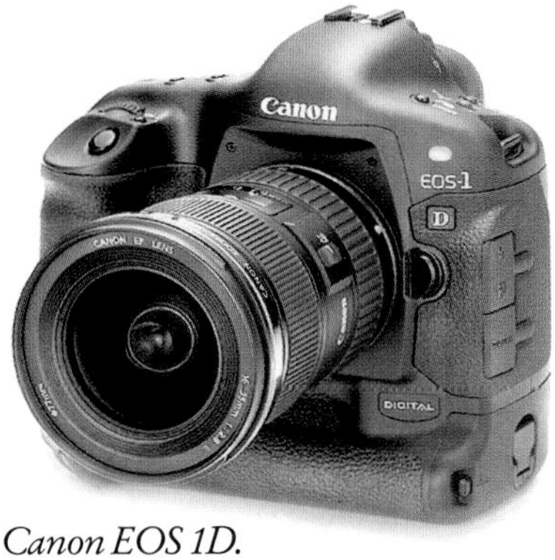

Canon EOS 1D.

Otra de las grandes ventajas de este tipo de cámaras es su control creativo, ya que casi todas las características de la cámara funcionan del mismo modo que sus homólogas basadas en películas fotográficas. Sin embargo, su elevado precio restringe su uso, pero aquellos que puedan utilizarla se verán beneficiados. Podrán producir imágenes de calidad fotográfica apropiadas para reproducirlas en el tamaño que se desee.

Cámaras digitales de formato medio y gran formato

Como se ha mencionado en la sección anterior, la mayoría de las cámaras digitales se basan en los cuerpos de 35 mm de las cámaras de película convencionales. Sin embargo, no son las únicas posibilidades disponibles.

Sinar, los realizadores de cámaras de gran formato, ha creado una cámara digital diseñada específicamente para que pueda adaptarse a todas las cámaras de respaldo de escaneado. Esta cámara, la Sinerback, tiene un obturador LCD incorporado que actualiza la imagen hasta siete veces por segundo en un monitor, y se ha diseñado para utilizarse como unidad independiente o unidad que se integra con una cámara de visión Sinar.

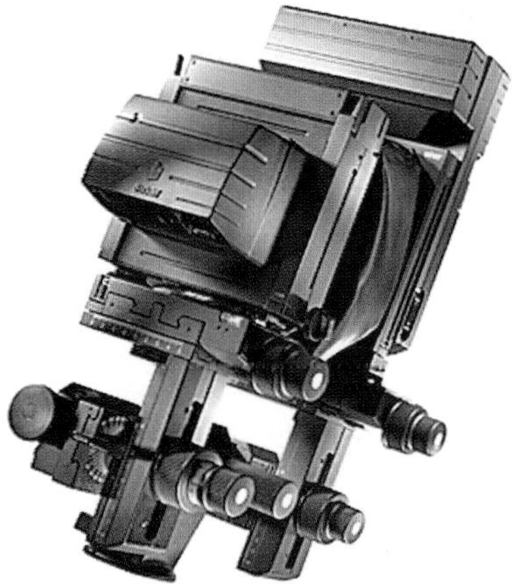

La cámara Sinarback con respaldo digital y cámara de visión.

También merece especial atención la primera cámara digital de formato medio y con disparo único creada por Hasselblad en asociación con la empresa Foveon de Silicon Valley. Esta cámara, conocida como DFinity, incorpora un sensor de 12 megapíxeles agrupados en tres sensores de 4 megapíxeles cada uno.

Hasselblad DFinity.

En el interior de la cámara hay un prisma para separar los colores, diseñado para dividir la luz en sus componentes rojo, verde y azul, cada uno enfocado en uno de los grupos de sensores de 2k por 2k. Esto permite que la captura sea más pura que en las cámaras de disparo único y con filtro en mosaico, y como consecuencia, se crean menos artefactos. La cámara se ha diseñado especialmente para su uso en estudio y se controla desde un teclado con un monitor que actúa como visor.

Resolución del sensor de imagen

Un desarrollo importante para las cámaras digitales es la introducción del sensor CMOS de gran resolución. Aunque, como se ha mencionado anteriormente en este capítulo (véase "La lucha de los sensores"), los sensores CMOS han reducido el precio de las cámaras digitales gracias a su inherente proceso de producción más barato, la calidad de imagen que se produce con estos sensores no se puede comparar con la calidad que produce el chip CCD. Sin embargo, la empresa Foveon Inc. ha dado a conocer el primer sensor de imagen basado en CMOS con 16 megapíxeles, cuya resolución y calidad coincide con los mejores sensores CCD. El desarrollo de este chip ha supuesto un paso de gigante en la búsqueda de mejores cámaras digitales y más baratas, y en los próximos años se encontrarán en muchos aparatos. Esto supondrá un gran efecto no sólo en los sistemas de gama amplia, sino también en el volumen de megapíxeles en el mercado de cámaras fotográficas.

Cámaras con múltiples megapíxeles

Este grupo es el más denso dentro del desarrollo de cámaras digitales, y es el que está cambiando la naturaleza de la fotografía común. Estas cámaras son muy fáciles de usar, a menudo incluyen lentes de zoom y un control de exposición automático, y produce imágenes capaces de imprimirse en calidad fotográfica con un tamaño de 8 x 10". Se están haciendo un hueco entre los fotógrafos entusiastas que quieren introducirse en la era digital. Estas cámaras tienen sensores que aumentan de tamaño rápidamente; la mayoría tiene más de tres o cuatro megapíxeles.

A pesar de que cada vez son más asequibles, todavía tienen un precio superior a sus equivalentes cámaras de película. Entre este tipo de cámaras se encuentra la Olympus C-4040, la Minolta Dimage 7i y la Canon G2; pero cada día surgen nuevos modelos que cada vez tienen más características y son más baratas.

Minolta Dimage 7i.

Canon G2.

Olympus Camedia C-4040.

Cámaras digitales con nivel de entrada

Estas cámaras suelen ser completamente automáticas, con objetivos focales fijos (o con un zoom limitado) y una resolución comprendida entre los dos y tres megapíxeles. Son adecuadas para realizar imágenes fotográficas con un tamaño de hasta un A5, y se suelen utilizar para Internet. Incluso aunque este grupo de cámaras digitales es más caro que sus versiones de película fotográfica equivalente, son muy asequibles y cada día lo son más. La comodidad de poder transmitir imágenes electrónicamente o, al menos, ver los resultados de su creatividad al momento, son ventajas que están fomentando la rápida aceptación de esta tecnología.

Fuji FinePix 2600Z.

Nikon Coolpix 885.

Cámaras de vídeo digitales

Aunque tenemos en mente que el vídeo y la fotografía son dos áreas muy diferentes y sin relación, la tecnología está fomentando una relación entre ambas hasta el punto de que la propia cámara es capaz de capturar ambos tipos de imágenes. Las videocámaras más modernas digitalizan cada imagen cuando se captura, por tanto, es posible seleccionar imágenes concretas de la cinta de vídeo y utilizarlas como imágenes fotográficas. Puesto que las videocámaras disparan entre 25 y 30 imágenes por segundo, puede imaginarse la variedad de imágenes que tiene para elegir: un motor de facto para capturar la acción más rápidamente.

Un inconveniente de este tipo de cámaras es la resolución de las imágenes, que suele ser menor que la de una cámara fotográfica fija. Sin embargo, también puede grabar sonido, con lo que podrá realizar apuntes o comentarios para seguir el rastro a sus disparos. Algunas aplicaciones, como PhotDV de Digital Origin, permiten transformar vídeo en imágenes fijas ideales para su uso en páginas Web, como por ejemplo imágenes sueltas, panorámicas de 360 grados o incluso imágenes GIF animadas.

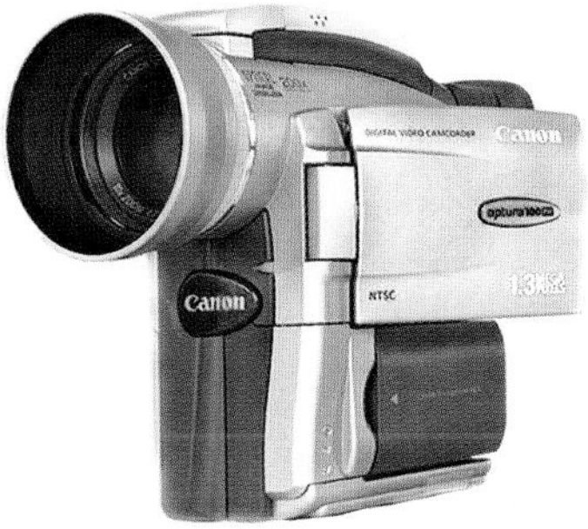

Cámara de vídeo digital Canon Optura 100MC.

Para complicar más las cosas, muchas cámaras digitales pueden capturar vídeos cortos además de imágenes. Añada a esto la capacidad para capturar también sonido y la cámara multifunción es definitivamente la tecnología venidera. Algunos ejemplos de este tipo de cámaras todo en uno son los modelos de Sony Cybershot o los de Canon, aunque la lista aumenta rápidamente.

Sony Cybershot DCSF 707.

Sin embargo, no cabe duda de que, a medida que evolucione esta tecnología, la facilidad de uso y la flexibilidad de este tipo de cámaras asegurará, sin duda, que estos híbridos sean cada vez más populares.

Actividad 2

De la información que buscó para la Actividad 1, haga una lista con la información que tenga de cada cámara y decida a qué categoría pertenecen.

Considere bajo qué circunstancias o tipo de uso sería más apropiada cada cámara digital. Haga una lista con las posibles actividades fotográficas y decida si es apropiada o no.

Además, determine el precio de cada cámara y opine qué cámara es la opción más efectiva teniendo en cuenta su precio.

CÓMO ELEGIR UNA CÁMARA DIGITAL

Anteriormente hemos estudiado uno de los aspectos más importantes de las cámaras digitales (además de su precio), concretamente el sensor de imagen y su relación con la resolución. Sin embargo, ¿qué otras características hay que tener en cuenta al comparar cámaras digitales? A medida que surgen nuevas cámaras, la lista de especificaciones y características parece aumentar, y no siempre el consumidor obtiene una información que pueda comprender fácilmente. Por tanto, ¿cuáles son los aspectos más importantes a tener en cuenta en una cámara digital?

Medios de almacenamiento extraíbles

Cuanto mayor sea la capacidad de almacenamiento de la cámara, mayor será el número de imágenes que puedan realizarse sin tener que descargar los archivos. Piense en esto como algo similar a cambiar un carrete cuando se han gastado todas las fotos. La mayoría de las cámaras utilizan un modo de almacenamiento que puede leerse directamente en el ordenador a través de un cable o a través de una tarjeta de memoria extraíble. Las tarjetas de memoria más utilizadas son las tarjetas PCMCIA y Flash media. En este momento, hay varios formatos diferentes para Flash media que están luchando por el dominio:

- Las tarjetas CompactFlash.
- Las Memory sticks.
- La memoria SD (Secure Digital).

Las dos últimas tienen un tamaño más pequeño y, además, ofrecen un medio seguro para el intercambio de datos. Esto supone una serie de consecuencias para los futuros medios de almacenamiento, no sólo para las cámaras, sino también para los reproductores de sonido y otros aparatos como por ejemplo los sistemas de seguridad del hogar y los sistemas de navegación de los automóviles.

Las tarjetas de memoria varían en tamaño, capacidad y precio, pero, por desgracia, no pueden intercambiarse. Si su ordenador no tiene incorporado un lector de tarjetas concreto, puede conectar un lector externo a través de un cable. Algunos de los lectores de tarjetas más recientes pueden incluso leer varios formatos, por lo que se pueden descargar las tarjetas a un ordenador directamente desde la cámara con facilidad.

Kodak DX3500.

Una introducción más reciente que se está introduciendo en las cámaras de uso doméstico (principalmente a nivel de entrada) es el uso de un soporte múltiple. Esto simplifica el proceso de transferir las imágenes que están listas para su impresión o para su posterior transmisión a un ordenador.

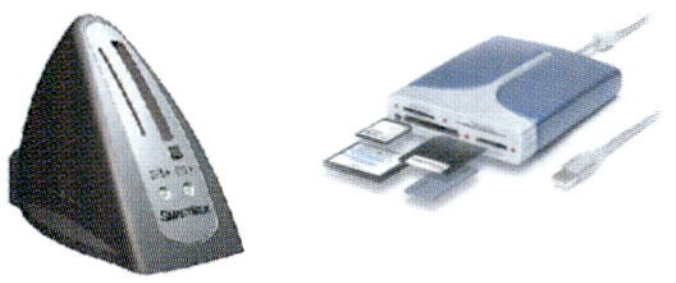

Lectores de tarjeta Smart Disk y OmniFlash.

La interfaz del ordenador

Aparte de utilizar tarjetas de almacenamiento extraíbles, es de primordial importancia la facilidad con la que los archivos puedan transferirse al ordenador a través de un enlace directo, sobre todo para los archivos de imagen más grandes. La propia interfaz controlará la velocidad de transferencia de archivos y tiene que ser compatible con el hardware del ordenador. Los tipos de interfaz más importantes son:

- **Puerto de serie**. Es el más lento; suele ser estándar en la mayoría de los PC, pero no existen en los Mac.
- **ADB**. Parecido al puerto de serie, aunque normalmente sólo se encuentran en los Mac más antiguos.
- **Puerto SCSI**. Velocidad de transferencia rápida, pero no suele encontrarse en los PC estándar o en los Mac más nuevos.
- **Puerto USB**. Velocidad de transferencia rápida; disponible en los ordenadores Mac y PC más modernos.
- **Puerto Firewire**. Es el que transfiere los datos más rápidamente, aunque sólo se suele encontrar en los sistemas de gama amplia y en los iMac.

La velocidad y la flexibilidad de transferencia de archivos son una consideración importante en lo que se refiere al flujo de trabajo, puesto que el número de imágenes y el tamaño de los archivos puede aumentar rápidamente.

Mientras que la propia película fotográfica supone un medio de almacenamiento natural, para archivar las imágenes digitales, en primer lugar, hay que descargarlas, realizar un tipo de álbum para su organización y, por último, grabarlas en un CD. Hay que mencionar que se están desarrollando rápidamente nuevas opciones de interfaz, como por ejemplo el soporte múltiple mencionado anteriormente. Algunas cámaras digitales disponen de conexiones para mostrar las imágenes en una televisión, mientras que las combinaciones cámara/impresoras permiten imprimir imágenes sin la necesidad de disponer de un ordenador, simplemente acoplando el medio de almacenamiento de imágenes en la impresora.

Objetivos

Mientras que algunas cámaras digitales vienen equipadas con los mismos (o muy parecidos) objetivos que las cámaras de películas, el nuevo diseño de los cuerpos de las cámaras a veces permite otras innovaciones, como por ejemplo las lentes rotativas. También son útiles los objetivos de zoom óptico, normalmente de mayor calidad que el zoom digital (que utiliza la electrónica en lugar de la óptica para crear una imagen más grande), mientras que los objetivos fijos o intercambiables permiten realizar fotografías bajo las condiciones de luz más extremas.

Nikon Coolpix 995

Fuente de alimentación

Las pilas alcalinas son las más baratas, pero se agotan enseguida y no son recargables. Como resultado, una cámara que confía en este tipo de fuente de alimentación, a largo plazo puede resultar cara e inconveniente. Las pilas recargables varían entre las de efecto memoria NiCd hasta las de mejor rendimiento NiMH, las de mayor duración pero también las más caras LiOn, o las más recientes MnLi. Es muy importante disponer de un adaptador de corriente que permita conectar las pilas a la red cuando éstas estén vacías.

Calidad de la imagen

Este aspecto crítico de cualquier cámara digital no depende exclusivamente del número de píxeles que tenga el sensor, sino también del modo en que se crea la imagen a color (véase "Tipos de sensores"). A este respecto, es importante observar la resolución real de píxeles en lugar de la resolución interpolada. La cifra de la resolución interpolada puede conducir a error, puesto que confía en la creación de los datos de los píxeles a través de algoritmos pensados al azar en la cámara, en lugar de confiar en la información que lee del objeto.

Fuji FinePix S602.

Además de la resolución de los píxeles, la profundidad del bit de cada píxel es una medida de los tonos de gris que cada píxel puede distinguir. Una profundidad de 8 bits equivale a 256 tonos diferentes, y es lo normal para imágenes a todo color, pero una cifra más elevada (10 o incluso 12 bits) producirá un aumento de la calidad de la imagen. Esta profundidad del bit tiene en cuenta las pérdidas sufridas en cualquier proceso de manipulación de los datos.

NOTA: UNA IMAGEN A TODO COLOR SE CREA POR LA ADICIÓN DE LOS COMPONENTES DE LA LUZ, ROJO, VERDE Y AZUL, Y POR TANTO, UNA PROFUNDIDAD DE COLOR DE 8 BITS CREA UNA IMAGEN DE COLOR DE 24 BITS (8 X 3).

Avances de los sensores

El último gran avance en la tecnología de los sensores promete ser un precursor de una nueva era en el diseño de cámaras digitales. El último sensor creado por la empresa Foveon es un chip que puede registrar los tres colores que componen la luz de cualquier píxel de la matriz. Captura el color midiendo la profundidad de penetración de los fotones de luz en la superficie del sensor, que está compuesto de tres capas fotosensibles (en cierto modo como una película fotográfica). Con este sensor es posible que se haya llegado al comienzo de la película digital.

La Sigma SD9 es la primera cámara que utiliza el nuevo chip de Foveon.

Paquete de software

Como mínimo se incluirá el software para controlar la toma, vista previa y el almacenamiento de las imágenes. Sin embargo, algunas cámaras también incluyen un histograma que muestra los tonos de la imagen, una utilidad de descarga o incluso un software de manejo, como por ejemplo Live Pix, Photostitch o Photoshop Elements. Aun sin saber si va a acabar utilizando este software o no, es una buena idea comparar el precio de estas aplicaciones en relación con el precio total de la cámara.

¿Cuáles son mejores, las cámaras digitales o las cámaras de película fotográfica?

La resolución es relativa. Incluso las cámaras con una resolución de más de 16 megapíxeles no pueden compararse con las películas de 35 mm que cuentan con aproximadamente 25 megapíxeles, o con el ojo humano, que tiene alrededor de 120 megapíxeles.

Por tanto, ¿es verdad que una imagen digital es mejor que una imagen realizada en una película fotográfica?

Las cámaras de respaldo digital de gama alta que utilizan una tecnología de matriz de escaneado pueden producir imágenes con una elevada resolución y fidelidad. Sin embargo, debido a la naturaleza del mecanismo del escáner, el objeto tiene que permanecer completamente inmóvil (véase "Tipos de sensores de imagen"). Además, el tamaño de los archivos es muy elevado y, por tanto, se necesita un cable conectado a un ordenador para descargarlos. Las cámaras de captura instantánea, que están en su mejor momento, están luchando en esta comparación. Aunque se están produciendo continuas mejoras, es muy difícil que coincida la fidelidad y la comodidad de la película fotográfica.

El precio de las cámaras de película en relación con las cámaras digitales, sin mencionar el precio y el tiempo que se necesita para guardar las imágenes, aún inclina la balanza a favor de las cámaras de película.

Cámara de respaldo digital Phase One Ligthphase sobre la cámara de formato medio Hasselblad.

En lo que se refiere al presente, si existe la necesidad de ver las imágenes al instante, transmitirlas electrónicamente o se necesitan para crear publicidad en la Web, la balanza se inclinaría a favor de las cámaras digitales.

Nadie sabe sobre qué lado se inclinará la balanza en los próximos años.

Actividad 3

1. Haga una lista con las actividades fotográficas apropiadas para la captura digital y explique su razonamiento.

2. Haga una lista parecida para las capturas realizadas con película fotográfica y compárela con la anterior. Recuerde considerar los aspectos económicos de ambos métodos de captura, sin olvidar que el método digital cada vez es más barato y su calidad está mejorando rápidamente.

3. Busque en Internet algunas de las tecnologías más nuevas que están surgiendo, así como aquellas que están a punto de entrar en funcionamiento, sobre todo las ventajas que se están produciendo en el diseño de los sensores. Considere también las soluciones de almacenamiento disponibles en el mercado y la facilidad de transferir los archivos digitales desde la cámara al ordenador o a la impresora.

Ejercicios de revisión

1. Una imagen a color registrada en una película fotográfica se compone de:
   (a) Una serie de haluros de plata agrupados al azar que parecen de color cuando les da la luz.
   (b) Capas de puntos de tinte agrupadas que forman un grano.
   (c) Agujeros microscópicos a través de los cuales se combina una serie de capas de color para formar el color.
   (d) Grupos de puntos de color que cuando se ven desde la dirección adecuada aparecen como puntos de tinte de muchos colores.
2. Una imagen digital se registra por:
   (a) Una serie de ceros y unos formados por los modelos de píxeles.
   (b) Capas de píxeles, activadas o no, que representan un punto de un color concreto.
   (c) Una serie de píxeles que representan el color midiendo su resistencia a la corriente eléctrica.
   (d) Grupos de píxeles sensibles a la luz que responden a distintas intensidades de luz debido a un aumento en la carga eléctrica.
3. ¿Qué es un CMOS y un CCD?
   (a) Tipos de baterías de la cámara.
   (b) Sensores de imágenes.
   (c) Aparatos de almacenamiento.
   (d) Puertos de conexión del ordenador.
4. ¿Cuál es la ventaja de una matriz de disparo único frente a una matriz de disparos múltiples?
   (a) La captura de la imagen es instantánea.
   (b) La captura de la imagen es de mayor calidad.
   (c) La imagen se almacena automáticamente.
   (d) La descarga de la imagen es más rápida.
5. Los medios de almacenamiento extraíbles son útiles para las cámaras digitales porque:
   (a) Los fotógrafos pueden guardar notas de las fotografías que han realizado.
   (b) Se puede proteger la información de identificación personal.
   (c) La información de exposición programada puede transferirse de una cámara a otra.
   (d) Los archivos de imágenes pueden guardarse y descargarse más tarde.
6. ¿Cuál es el enlace más rápido para transferir archivos?
   (a) SCSI.
   (b) Puerto de serie.
   (c) USB.
   (d) Firewire.
7. La resolución interpolada es:
   (a) Una fórmula matemática de información del píxel para aumentar la resolución.
   (b) Un tercio de la resolución real del sensor.
   (c) La mayor resolución que ofrece la mejor calidad de imagen.
   (d) La resolución que coincide con la relación de aspecto de los formatos de las películas fotográficas.

GALERÍA

Zac Watt.

Les Horvat.

Les Horvat.

Les Horvat.

Saville Coble.

Hugh Peachey.

CAPÍTULO 3

Les Horvat.

PROPÓSITOS

- Desarrollar una comprensión de los soportes físicos disponibles en el campo del diseño gráfico digital.
- Elegir las salidas digitales más apropiadas.
- Comprender las opciones disponibles para escanear imágenes.

OBJETIVOS

- Investigar y evaluar los distintos soportes físicos disponibles en el campo del diseño gráfico digital, incluyendo:
- Monitores.
- Escáneres.
- Discos de almacenamiento.
- Impresoras.

PLATAFORMAS Y UNIDADES DE SALIDA

Capítulo 3. Plataformas y unidades de salida

INTRODUCCIÓN

Hoy día, la selección de las plataformas del ordenador no define en sí la elección del software de diseño. Es cierto decir que un software se ha diseñado específicamente para PC o Mac; no obstante, el programa Adobe Photoshop funciona en ambas plataformas. Aunque la mayoría de los profesionales prefieren Mac, la principal diferencia entre estos dos sistemas es la gestión del color. Por este motivo, si va a utilizar una plataforma de PC es mejor utilizar Windows 98 o posterior en lugar de cualquier otro sistema operativo anterior (véase el capítulo 5 "Gestión del color").

Requisitos del sistema

Dependiendo de la calidad de los componentes que constituyen un ordenador, podremos decir que un sistema es bueno o no. Por tanto, estudiemos con detalle cada uno de los componentes principales.

Monitor

En muchos sentidos, el monitor puede considerarse como el núcleo de todo sistema de diseño. Algunos de los aspectos que hay que considerar son el tamaño, la calidad y la fiabilidad del color que pueda mostrar la pantalla. Pantalla inmobiliaria es el término utilizado para referirse a la cantidad de espacio utilizable en el campo de visión. Esta área está influida no sólo por el tamaño físico del monitor, sino también por el espacio que ocupan las paletas y otros controles del software.

Monitor LaCie Electron Blue de 19".

Por este motivo, muchos profesionales utilizan dos monitores, uno para las paletas y demás herramientas y otro exclusivo para la imagen. Esto puede parecer extraño pero, en realidad, siempre que se pueda conectar una segunda tarjeta de vídeo a la placa madre del ordenador, hay que tomar en cuenta esta opción, puesto que el segundo monitor no tiene que tener la misma calidad que la unidad principal, y la alternativa de un solo monitor más grande puede ser extremadamente cara.

Monitor Mitsubishi Diamond View 1770.

Además del monitor, la elección de una tarjeta de vídeo y la memoria de vídeo también determinarán la calidad y la velocidad con la que aparezcan los trazos en la pantalla.

En general, en el área de los visualizadores, hay que decir que se obtiene lo que se paga y, a la larga, su presupuesto será el que determine las mejores opciones para sus necesidades.

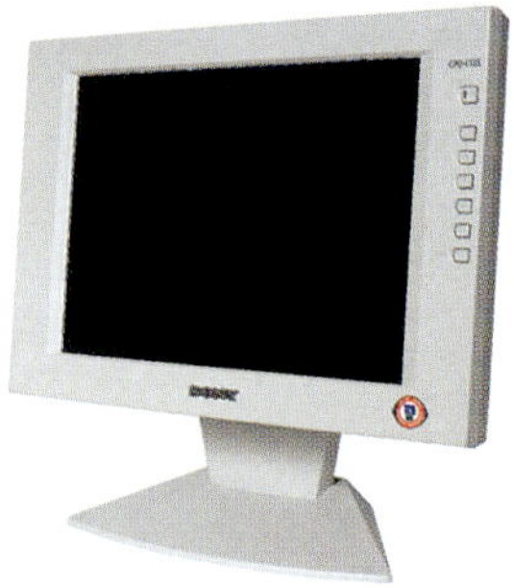

Monitor de pantalla plana Sony CPDL 133.

Memoria

Para poder editar y manipular imágenes se necesita mucha memoria RAM (*Random Access Memory*). Algunas aplicaciones como Photoshop utilizan de tres a cinco veces el tamaño del archivo en la memoria RAM para que funcione correctamente. En otras palabras, una imagen de 20 MB necesitará aproximadamente 100 MB de la memoria RAM. De lo contrario, funcionará muy lentamente, puesto que sustituye la memoria del disco virtual del disco duro en lugar de la memoria RAM disponible. Añadir más memoria RAM al sistema supone un medio bastante costoso para aumentar la velocidad en general.

Procesador

La velocidad de un software como Photoshop y cómo funciona en el sistema dependerá de varias consideraciones, no sólo de la cantidad de memoria RAM disponible. La velocidad con la que el procesador del ordenador pueda realizar cálculos, el número de cálculos que pueda realizar a la vez, la velocidad en la transferencia de datos y el número de procesadores que hay en el sistema tendrán un gran efecto en el rendimiento. En la mayoría de los casos, los procesadores de gran velocidad serán mucho más caros que aquellos que son un poco más lentos; por tanto, a no ser que sea un gran profesional de diseño digital que utilice el ordenador para producir ganancias, no es aconsejable adquirir un ordenador que tenga el procesador más rápido existente.

Disco duro

El precio de los discos duros se han reducido en los últimos años casi tan rápido como ha aumentado su capacidad. Esto es muy importante para el diseño digital, puesto que el disco duro tiene tres funciones principales y todas ellas pueden consumir mucho del espacio disponible:

- **Espacio del disco virtual**. Como se ha mencionado anteriormente, el espacio de trabajo extra que utiliza una aplicación, al no tener suficiente con la memoria RAM disponible (entre tres y cinco veces el tamaño del archivo), se crea en el disco duro. Si el archivo es muy grande, habría de ser considerado.

- **Capacidad de almacenamiento**. Descargar los archivos de la cámara, escanear las fotografías originales o simplemente guardar las imágenes manipuladas (aunque sólo sea temporalmente) consumirá mucho espacio del disco. Además, durante el proceso de edición y manipulación de la imagen, es conveniente guardar varias versiones del archivo que contiene la imagen (véase el apartado "Guardar, guardar y guardar" del capítulo 8).

- **Software**. Los días del software de tamaño reducido han acabado. En el entorno actual de los ordenadores, tanto el sistema operativo como la mayoría de las aplicaciones son muy voluminosos y ocuparán un espacio considerable.

Todo esto nos conduce a pensar en la importancia de tener un disco duro de gran capacidad, sobre todo a la hora de elegir un sistema que se enfrente a las necesidades futuras. Sin embargo, como ocurre con la velocidad del procesador, cuanto más grande y rápido sea el disco duro, costará mucho más que uno un poco más pequeño. Elija un disco apropiado para sus necesidades, pero recuerde también que se puede añadir un segundo disco duro más tarde. De hecho, algunos usuarios configuran dos discos duros en su sistema, por lo que habrá uno con más espacio para utilizarse como disco virtual. Esta opción hace que el ordenador no se cuelgue cuando el software del ordenador se está ejecutando y dispone de muy poco espacio en la memoria o en el disco virtual.

ALMACENAMIENTO EXTERNO

Existen varios métodos para aumentar la capacidad de almacenamiento, ofreciendo a su vez una mayor flexibilidad al usuario. Cuando se trabaja con imágenes digitales se necesita una capacidad para transferir archivos con facilidad, desde la unidad de entrada al ordenador o a la unidad de salida, además de archivar finalmente las imágenes una vez finalizadas. También será necesario crear galerías para almacenar las imágenes de forma conveniente. Existen diferentes opciones para el almacenamiento externo, cada una con sus propias ventajas y desventajas, por lo que merece la pena estudiarlas con detenimiento.

Conjunto de discos externos

También conocido como RAID (*Redundant Array of Independent Disks*, Matriz redundante de discos independientes), este tipo de disco duro externo se compone de una matriz o conjunto de discos y suele encontrarse en sistemas de gama alta. Un disco RAID permite dividir una gran cantidad de información en pequeños segmentos, cada uno almacenado en un disco distinto. Así que, por ejemplo, si la matriz se compone de cinco discos, el archivo de datos se divide en cinco bloques. La ventaja es que este almacenamiento múltiple se produce simultáneamente y, por tanto, el archivo original tarda mucho menos en escribirse en el disco. Esto supone un valor obvio en los grandes archivos que se utilizan en ambientes de trabajo profesional donde los archivos compuestos de varias capas pueden llegar a ocupar varios cientos de megabytes.

Otro tipo de disco RAID puede almacenar varias copias del mismo archivo en varios discos a la vez. Esto crea un sistema de almacenamiento mucho más seguro, cuya importancia es crucial en sistemas de datos más críticos; si se daña una versión o falla el disco duro, puede utilizarse otra de las versiones guardadas.

Cintas magnéticas

Creadas en un principio como un tipo de cinta de audio, este tipo de almacenamiento conocido como DAT (Cinta de audio digital) tiene la forma de una cinta de casete. Se ha convertido en un medio de almacenamiento o de copia de seguridad popular, principalmente debido a su reducido precio. Algunas unidades pueden albergar hasta 80 GB de información (comprimida) en un único casete. La única desventaja de este tipo de aparato es el tiempo que se tarda en encontrar archivos concretos, puesto que la cinta tiene que rebobinarse de forma secuencial.

Disco extraíble DAT con cintas.

Regrabadoras de CD y DVD

Los CD y DVD grabables se están convirtiendo en uno de los medios de almacenamiento más barato disponibles, sobre todo gracias a los precios cada vez más bajos de las grabadoras de CD y de los CD vírgenes. Puesto que los datos sólo se pueden grabar una vez en un CD o DVD, son más apropiados para guardar imágenes finalizadas que no requieran más manipulaciones.

Medios removibles

Este tipo de almacenamiento consta de diferentes formatos que, por desgracia, no son compatibles. Sin embargo, puesto que cada uno necesita un controlador específico, siempre y cuando se disponga de los medios de conexión al sistema (véase el apartado "La interfaz del ordenador" del capítulo 2), no hay que tener en cuenta la compatibilidad. Estas unidades tienen la forma de pequeños discos duros extraíbles dentro de un cartucho de plástico que se introducen en la respectiva unidad del disco.

Disco ZIP para puerto USB.

Disco Jaz para puerto USB.

Los tipos de medios removibles más comunes son los discos Zip de Iomega de 100 MB y 250 MB, los discos Jaz de Iomega de 2 GB, los discos Imation Super de 120 MB y los discos Castlewood Orb de 2,2 GB.

Disco Castlewood Orb.

Actividad 1

Las unidades de almacenamiento varían en precio, velocidad y flexibilidad, dependiendo de su diseño.

1. Realice una lista de los aparatos disponibles en su zona, incluyendo cintas, discos extraíbles, CD y DVD. Averigüe los precios de las unidades de disco para cada tipo de almacenamiento y el precio de los medios vírgenes (recuerde apuntar la información que puede guardarse en ellos).

2. Haga una tabla que compare el precio por MB de cada sistema. Asegúrese de incluir el precio total de la instalación inicial.

3. En la tabla, incluya la velocidad de transferencia de datos de cada sistema. Distinga cuál es el mejor aparato recomendado para sus propósitos.

LOS ESCÁNERES COMO UNIDADES DE ENTRADA

Si se utiliza la película como método de captura, para poder realizar posteriores manipulaciones o incluso transmisiones de esa imagen electrónicamente, es necesario escanear esa imagen. Existen varios tipos de escáneres, cuya elección depende de la calidad requerida y del presupuesto del que se disponga.

Escáneres de tambor

Es el escáner de gama alta que utilizan las preprensas y las imprentas para producir la separación del color. Estos escáneres utilizan tubos fotomultiplicadores o PMT (*PhotoMultiplier Tube*) para lograr la mayor calidad y nitidez posible. Su precio es muy elevado y se consideran como el punto de referencia de la calidad de escaneado.

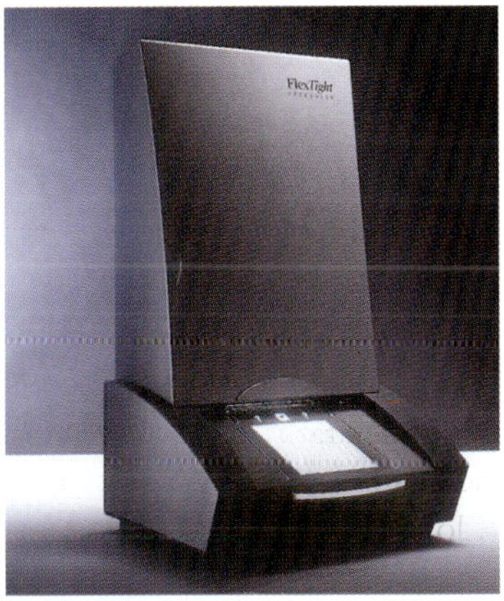

Imacon Flextight II

Escáneres de película

Estos escáneres están especialmente indicados para escanear formatos de película desde los 35 mm hasta las 5 x 4 pulgadas y su precio varía considerablemente dependiendo de la calidad. Pueden competir con los escáneres de tambor en cuanto a la calidad de la impresión, no en cuanto a su velocidad. Por tanto, pueden ser una buena elección cuando se utilicen bajo circunstancias que no requieran un rápido rendimiento.

Kodak RFS 3600.

Escáneres planos de escritorio

Es el tipo de escáner más común y apropiado para escanear tanto arte de reflexión como películas. La calidad de estos escáneres varían según su nivel de entrada, desde los de bajo precio (pero de gran valor) hasta los de gama alta, y se presentan como la alternativa a los escáneres de tambor, sobre todo para utilizarlos con el arte de reflexión.

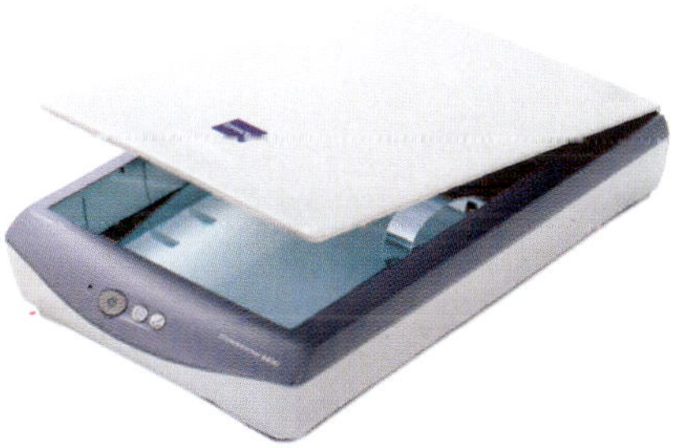

Escáner Epson Perfection Series.

Puesto que los escáneres planos utilizan una matriz de sensores en movimiento para digitalizar la imagen, hay que tener en cuenta en su diseño la presencia de ruido, un rango dinámico y una consistencia de luz, al igual que ocurre con las cámaras digitales (véase "Tipos de sensor" en el capítulo 2).

TRABAJOS DE UN ESCÁNER PLANO DE ESCRITORIO

Los escáneres planos son los más utilizados como unidades de escritorio y pueden utilizarse en varias situaciones. Hasta hace poco, la mayoría de estos escáneres utilizaban sensores CCD, aunque ahora también se utilizan sensores CIS (*Contact Image Sensors*), sustituyendo las grandes trayectorias ópticas de las unidades anteriores. La iluminación la proporciona una fila de emisores de luz LED situados muy cerca del cristal, permitiendo de este modo que los escáneres sean tan finos como los ordenadores portátiles.

Microtek ScanMaker 4700.

Los precios de este grupo de escáneres varían enormemente, dependiendo de su construcción y del propósito para el que se diseñan. En general, la calidad de todos los escáneres planos aumenta rápidamente a la vez que su precio disminuye. Sin embargo, hay que tener en cuenta una serie de criterios para evaluar y comparar estos escáneres.

Profundidad de muestreo

El índice de muestreo o profundidad del bit (véase capítulo 2) es una cifra que puede resultar dudosa cuando se estudian los escáneres. Mientras que sólo se necesitan 8 bits (ó 256 pasos para cada canal de RGB) para producir una imagen a todo color, muchos escáneres cuentan con 10, 12, 14 ó incluso 16 bits. Además de contar con escáneres que tienen 24 bits de color (8 x 8 x 8), hay algunos que cuentan hasta con 48 bits (16 x 16 x 16). Sin embargo, no es seguro que las impresiones o el arte de reflexión tengan tal riqueza de tonos que se puedan medir o discutir con estos pasos extra.

¿Cuál es el valor que se necesita para decir que la profundidad del bit es alta?

Si todo lo que necesita para conseguir una imagen a todo color es 24 bits, ¿qué ocurre con los pasos extra? ¿Simplemente se pierden? Por desgracia, la respuesta no está muy clara. Algunas prácticas de ingeniería comunes utilizan el sobremuestreo, es decir, crean más datos de los que se necesitan para evitar así el ruido. Esto es parte del trabajo interno de un escáner, y se aplica simplemente para obtener un resultado con el menor ruido posible. Sin embargo, aparte de este sobremuestreo, la separación de tonos extra que pueda determinar una profundidad del bit alta es muy útil para diferenciar colores casi imperceptibles, sobre todo en las sombras oscuras y en las luces más extremas. Sin embargo, hay que mencionar que esta información extra es sumamente sutil, quizás apenas ni se note, y seguramente no tenga mucha repercusión en la intensidad total de la exploración o no sea tan importante como la consistencia del propio mecanismo del escáner. Por tanto, aunque pueda tener gran valor una profundidad elevada, es posible que el beneficio visible no sea muy importante.

NOTA: SI EL SOFTWARE DE EDICIÓN DE IMÁGENES PUEDE TRABAJAR CON LA IMAGEN ESCANEADA CON 16 BITS SIN UNA TRANSFORMACIÓN, LA INFORMACIÓN EXTRA ES BASTANTE VALIOSA COMO MÉTODO PARA EVITAR UNA PÉRDIDA DE DATOS EN EL PROCESO DE EDICIÓN (VÉASE EL CAPÍTULO SIGUIENTE).

Resolución

Los fabricantes de escáneres ofrecen algunas veces una cifra de resolución que, en realidad, es una resolución de interpolación (véase capítulo 2) en lugar de una resolución óptica. La interpolación es un medio por el que el software asociado con el escáner trata de inventar valores entre los píxeles reales escaneados. Aunque la interpolación de este software suele tener una aplicación muy sofisticada, la salida suele ser una ligera moderación de la exploración. Como consecuencia, puede malinterpretarse, ya que la resolución óptica sólo tiene valor cuando se realizan comparaciones entre escáneres.

Área de escaneado óptimo

La mayoría de escáneres planos de escritorio tienen pequeñas anomalías en el mecanismo de escaneado cuyas consecuencias son áreas de escaneado irregulares en la pantalla del escáner. Estas irregularidades pueden afectar sobre todo a grandes áreas con un tono homogéneo, y se muestran como bandas oscuras o claras o borrones. Algunas veces, los filos de la ventana del escáner son los más afectados.

Actividad 2

Puesto que casi siempre la imagen original que se va a escanear es más pequeña que el tamaño de la ventana, tiene sentido determinar dónde se encuentra el área óptima de la ventana, es decir, dónde se encuentra el mejor lugar para colocar la imagen original.

1. Coja un trozo de papel en blanco y recórtelo con las dimensiones exactas de la ventana del escáner. Si el escáner tiene una referencia de calibración sobre la que no se deben colocar las imágenes originales, asegúrese de dejarlo vacío.

2. Configure la resolución a 100 ppp, zoom al 100 por 100 y escanee el papel en blanco.

3. Abra el archivo con Photoshop y seleccione Imagen>Ajustar>Ecualizar para exagerar las diferencias en la tonalidad de la exploración. Examine el área más limpia que tenga un tono uniforme. Ésta es la mejor región para escanear la imagen original.

4. Haga una plantilla con una cartulina negra con un hueco que corresponda con esta región. Utilícela cuando realice algún escaneado.

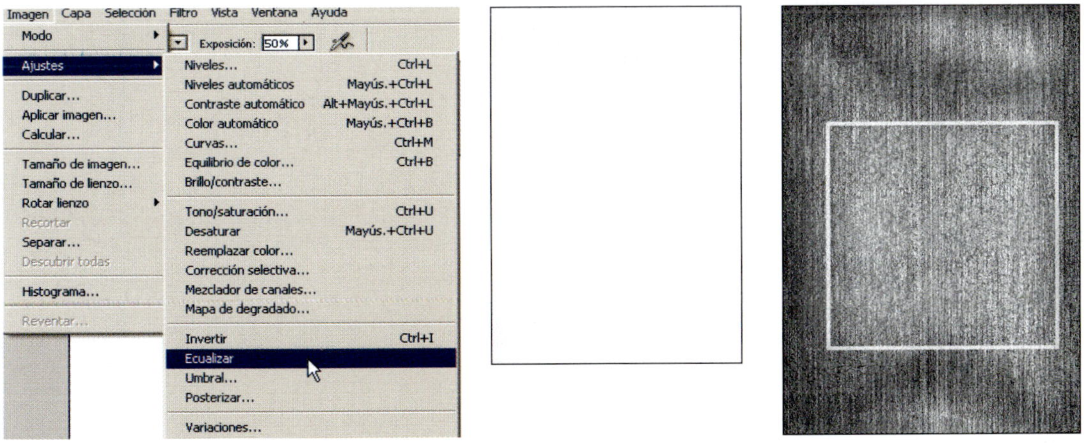

Exploración del papel blanco.

LAS IMPRESORAS COMO UNIDADES DE SALIDA

Puede que sea cierto decir que la imagen impresa es el resultado que más comúnmente se requiere para todos los tipos de fotografía. Aunque la imagen original se tome de forma digital o con una película fotográfica (sin resistirse a las nuevas áreas de reproducción electrónica como la Web), la mayoría de fotógrafos aún suelen querer una imagen impresa en sus manos para verla. La tecnología ha cambiado rápidamente en el área de impresoras digitales y se puede disponer de unas pocas opciones. La elección, como siempre, dependerá de su propósito y del precio.

Impresoras de sublimación de tinte

La sublimación es un proceso donde un sólido se convierte en gas sin pasar por su fase líquida; por ejemplo, el hielo seco. En impresión, la sublimación describe las tintas que, una vez que se han calentado, se convierten en gas y se adhieren a una superficie. Las impresoras de sublimación de tinte utilizan una cinta transferible formada por una película plástica impregnada con tinte cian, magenta, amarillo y a veces también negro, que se calienta gracias a miles de elementos capaces de producir variaciones de temperatura; de este modo, atraviesan esa cinta y se transfiere a la superficie.

Los tintes se convierten en vapor al calentarse y se adhieren al papel estucado. La ventaja de este proceso es la elevada calidad de la imagen, debido a la riqueza del tono y a la carencia de granos. Además, las imágenes se pueden transferir a otras superficies como telas, cerámica, etc., volviendo a calentar y a reactivar los tintes de sublimación. Sin embargo, debido a la composición de la cinta, el coste de la impresión suele ser muy elevado.

Impresora de sublimación de tinte Kodax XS 8650.

Impresoras de cera térmica

Este proceso es muy parecido a los tintes de sublimación, ya que se basa en el calor. La diferencia se produce porque en este caso el tinte se suspende en una cinta impregnada en cera y se aplica a un papel estucado especial tras aplicarle un poco de calor, con lo que se consigue que la cera se derrita. La imagen final se compone de pequeños puntos de cera de color. Las ventajas de esta impresora son el brillo que se consigue en los colores y la velocidad relativa a la que se puede realizar la impresión. Los inconvenientes son la necesidad de un papel especial y el modelo del punto que produce la imagen.

Impresoras láser a color

Las impresoras láser, que utilizan una tecnología parecida a las fotocopiadoras, aplican un tóner de color a un tambor a través de un haz de color. Este tambor se carga electroestáticamente para admitir los tóner y, a continuación, se transmiten al papel y el calor los funde. Las ventajas de este método son que las impresoras pueden ser muy rápidas y no necesitan un papel especial. Aunque está mejorando, por desgracia la calidad de la impresión no es tan elevada como las de otras impresoras, aunque este tipo es muy útil para una impresión preliminar en el entorno de un trabajo comercial.

Impresoras fotográficas digitales

En lugar de tintas, esta familia de impresoras utiliza la luz para exponerse directamente en el papel fotográfico. Unidades como la Durst Lambda, Kodak Pegasus e Ilford Lightjet utilizan un haz de luz creado por luces LED o láser para exponerse en un papel sensible a la luz o una película para iluminación posterior. El resultado es un tono más estable, muy intenso y continuo, sin ningún grano inherente o algún punto visible. Aunque estas impresoras son muy caras, su precisión, intensidad y velocidad hacen que se estén introduciendo rápidamente en laboratorios comerciales donde los ahorros en el coste de la mano de obra hace que la inversión de este capital merezca la pena.

Impresora Durst Lambda 130.

Impresoras digitales híbridas

Al igual que las impresoras digitales mencionadas anteriormente, las impresoras de la serie Fuji Pictrography utilizan luz en lugar de tinta. Sin embargo, en lugar de exponerla directamente en papel fotográfico, estas impresoras exponen un papel transmisor sensible a la luz que se transfiere al papel, produciendo una impresión con un tono continuo que tiene el aspecto y el tacto de una fotografía. Aunque no son tan versátiles como las impresoras fotográficas digitales, son mucho más baratas y más viables para entornos de trabajo más pequeños.

Grabadoras de películas fotográficas

Aunque la impresión de una grabadora de películas es una película transparente o negativa, no deja de ser una impresora. Sin embargo, en lugar de exponer la luz directamente desde el archivo digital al papel, este aparato la expone en una película. Esta película fotográfica se realiza de modo normal. La utilidad originaria de estos aparatos era crear diapositivas para realizar presentaciones. Sin embargo, la tecnología se ha adaptado para que también se puedan realizar impresiones de gran formato en películas. El precio de este tipo de impresión es bastante elevado y, debido a la continua mejora de las tecnologías de impresión digital, es dudoso que se vuelva de nuevo a una impresión fotográfica basada en películas.

Impresoras de chorro de tinta

Esta categoría de impresoras se ha beneficiado de unas mejoras tecnológicas en los últimos años y se han convertido en el tipo de impresoras más comunes. Aunque existen varias técnicas para transmitir la tinta a la superficie del papel, la técnica más común es el método piezoeléctrico. Este método utiliza un tipo de cristales que se pueden expandir o contraer según se aplique el voltaje. La vibración que producen los cristales hace que se pulverice un volumen concreto de tinta en el papel. Hoy en día se utilizan diferentes tipos de familias de impresoras de chorros de tinta, cada una de las cuales se utiliza para un propósito concreto.

Impresoras de chorro de tinta de escritorio

Este grupo de impresoras ha revolucionado la accesibilidad y la calidad de la impresión digital. Con un precio moderado, las impresoras de fabricantes como Epson, Hewlett Packard y Canon pueden producir impresiones con calidad fotográfica en varios tipos de papel. Aunque las impresoras tienen un precio moderado, son los bienes consumibles (el papel y la tinta) los que hacen que el precio de la impresión sea elevado. Algunas impresoras utilizan seis tintas en lugar de las cuatro que suelen utilizar, al añadir la tinta magenta claro y cian claro, con lo que se producen gradaciones más suaves y reflejos más puros. Aunque estas impresoras no son excesivamente rápidas, la comodidad y la calidad de las impresiones han hecho que las impresoras de chorro de tinta de escritorio haya encontrado un hueco entre muchos de los sistemas de diseño digital de hoy.

Impresoras de chorro de tinta de carro ancho

Forman un grupo de impresoras de chorro de tinta que se especializan en la producción de grandes impresiones tipo pancarta. Estas impresoras se están volviendo muy populares para propósitos comerciales, donde se necesitan anuncios fuera de serie o carteles para la publicidad. Aunque no tienen la misma resolución que sus primas, las impresoras de escritorio, en la mayoría de los ejemplos las impresiones son para verse a una distancia lejana, por lo que no se advierten los puntos. Las impresiones no suelen mostrarse durante mucho tiempo, por lo que no hay que preocuparse demasiado por el almacenamiento de estas imágenes.

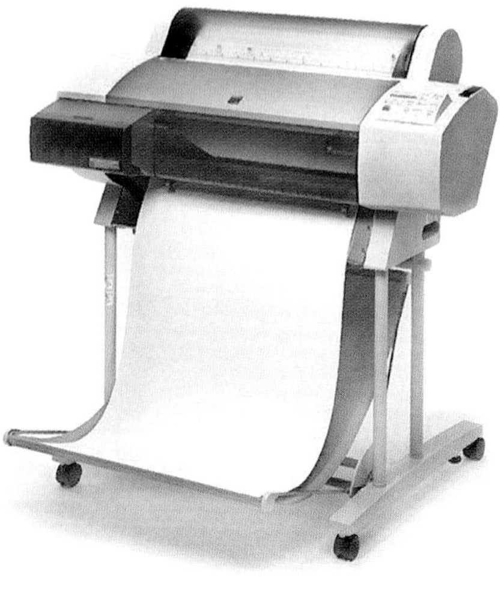

Epson Stylus Pro 9600.

Impresoras de chorro de tinta Giclée

A este tipo de impresora de chorro de tinta se le denominó Giclée, ya que es una palabra francesa que significa pulverización. Derivada de la impresora de chorro de tinta Iris, que se utilizó en un principio en la producción de ensayos para la impresión a cuatro colores, este estilo de impresora es conveniente para su impresión en papel de acuarela, siendo adecuada para reproducciones de alta calidad, obras de arte originales, obras nuevas o reproducciones de gran calidad. Impresas en papel de acuarela o en lienzos con tintas especiales, estas impresiones tienen las características de tono continuo y la saturación de color de las obras de arte originales. De hecho, con posteriores adornos del artista, pueden convertirse en verdaderas obras de arte. La impresora se compone de un tambor giratorio por el que se pulveriza la tinta a través de un capilar atravesando lentamente la superficie. Por cada capilar pasan gotas microscópicas de tinta cian, magenta, amarillo o negro. Aunque lleva un tiempo considerable producir una sola impresión, la calidad y la precisión de sus resultados son tales que las impresiones Glicée se exponen en museos y galerías de arte de todo el mundo. Los avances en tintas archivales y en las combinaciones de papel hacen que este método de impresión ocupe un lugar de respeto en los círculos del arte.

Plataformas y unidades de salida

Ejercicios de revisión

1. Pantalla inmobiliaria es un término que se utiliza para describir:
   (a) El número de monitores existente entre los que se puede elegir el mejor modelo.
   (b) El tamaño total del monitor.
   (c) El tamaño que ocupan las paletas y las barras de herramientas en la pantalla.
   (d) El área que no ocupan las paletas, para poder ver la imagen en el ordenador.
2. ¿Cuál es el nombre que se utiliza para describir la memoria que utiliza Photoshop cuando se agota la memoria RAM?
   (a) Disco virtual.
   (b) Disco duro.
   (c) Memoria de vídeo.
   (d) Caché.
3. RAID es:
   (a) Una serie de discos duros que se completan de forma secuencial para aumentar la capacidad.
   (b) Una serie de disquetes que se van sumando hasta el equivalente de un disco duro.
   (c) Una combinación de chips de memoria RAM para almacenar los datos de forma permanente.
   (d) Una serie de discos duros que se utilizan para acelerar el almacenamiento de datos dividiendo los datos en unidades más pequeñas y guardándolos a la vez.
4. De los siguientes aparatos, ¿cuál no es un aparato de almacenamiento extraíble?
   (a) Jaz.
   (b) Zip.
   (c) CIS.
   (d) Super Disk.
5. ¿Cuáles de los siguientes escáneres sería el más apropiado para crear una transparencia de gran formato?
   (a) El escáner plano de escritorio.
   (b) El escáner de película.
   (c) El escáner de tambor.
   (d) El escáner de mano.
6. La resolución interpolada se refiere a:
   (a) La resolución que excede de la que se necesita para la impresión final.
   (b) La resolución que se necesita para imprimir una imagen para que no se vean los píxeles.
   (c) La resolución del soporte físico multiplicada por la profundidad del bit.
   (d) La resolución que se obtiene mediante el cálculo que realiza el software para que desaparezcan los píxeles.
7. Las regrabadoras de CD se han convertido en un efectivo medio de almacenamiento que, sin embargo, tiene una limitación. Esta limitación es:
   (a) Que los discos sólo se pueden escribir una vez.
   (b) Son muy caros.
   (c) Sólo pueden almacenar pequeños paquetes de información.
   (d) Se deterioran cuando se exponen a la atmósfera.

8. ¿Cuáles de las siguientes impresoras no imprimen utilizando tinta o tintes?

(a) Las impresoras láser a color.

(b) Las impresoras Giclée.

(c) Las impresoras fotográficas digitales.

(d) Las impresoras de cera térmica.

9. ¿Cuáles de las siguientes impresoras no imprime con un tono continuo?

(a) La grabadora de películas.

(b) La impresora de chorro de tinta de carro ancho.

(c) La impresora digital híbrida.

(d) La impresora fotográfica digital.

CAPÍTULO 4

Sandra Walker.

PROPÓSITOS

- Ofrecer un recurso independiente de la información técnica.
- Desarrollar una comprensión de los procedimientos implicados en el escaneado de imágenes fotográficas.
- Desarrollar un conocimiento y una comprensión de los ejercicios de control que se pueden realizar sobre la estructura de la imagen digital.

OBJETIVOS

- Capturar imágenes digitales teniendo en cuenta:
  - La resolución.
  - El modo de la imagen.
  - El formato del archivo y el tamaño de la imagen de salida.
  - La corrección y el control de la imagen.

CÓMO ESCANEAR Y AJUSTAR UNA IMAGEN

Capítulo 4. Cómo escanear y ajustar una imagen

INTRODUCCIÓN

Es esencial que la información que se capture durante el proceso de escaneado sea lo más fiel al original posible. Se debería capturar el rango tonal completo de la imagen original (desde la sombra más oscura hasta el detalle de iluminación más claro). Se debería grabar el color de forma precisa (no se debería advertir un color dominante). La información que se pierda no puede sustituirse más tarde (con o sin la varita mágica).

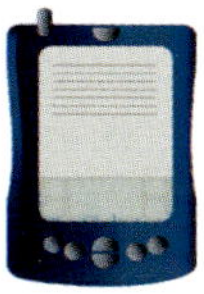

NOTA: PARA AUMENTAR LA CALIDAD DE LA IMAGEN DIGITAL FINAL, UTILICE UNA IMAGEN ORIGINAL QUE TENGA GRAN CALIDAD Y REALICE ALGUNAS PRUEBAS PARA CONSEGUIR EL MEJOR ESCANEADO POSIBLE DE LA IMPRESIÓN O PELÍCULA.

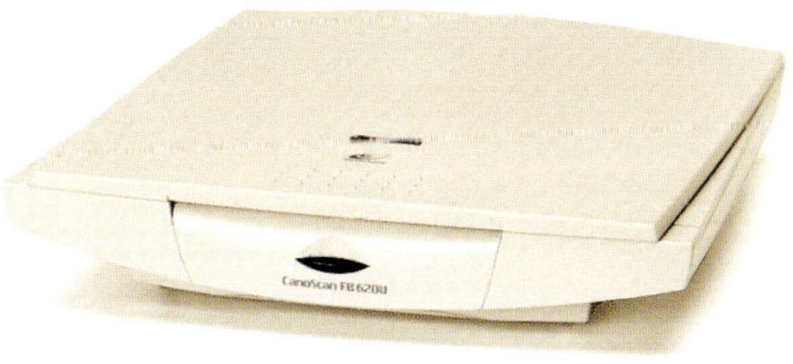

Preparación del escaneado

Una buena imagen escaneada:

- Tendrá los píxeles suficientes para el tamaño de imagen requerido y para la unidad de salida (véase el apartado "Cómo calcular la resolución de imagen para la unidad de salida" del capítulo 1).
- Capturará el rango completo de los detalles de iluminación y sombra de la imagen original (véase el apartado "Cómo ajustar la tonalidad y el color" de este capítulo).
- Tendrá los mismos colores que la imagen original (véase el apartado "Eliminar un color dominante" de este capítulo).

Para asegurar un buen escaneado es necesario:

- Conocer el tamaño del archivo y/o la resolución del escaneado (véase el apartado "Resolución del escaneado", también en este capítulo).
- Que la imagen original sea nítida y que la pantalla del escáner esté limpia.
- Conocer los controles del software del escáner.

PROCEDIMIENTO DEL ESCANEADO

Los siguientes pasos son necesarios en el proceso de escaneado:

1. Coloque la imagen original correctamente dentro del área de escaneado del escáner.
2. Abra el software de edición de imágenes.
3. Diríjase a Archivo>Importar/Obtener>Twain.
4. Seleccione el modo de escaneado: reflectante (impresión) o transmisión (películas).
5. Seleccione el modo de imagen adecuado (RGB o Escala de grises).
6. Seleccione la opción Destramado (si dispone de ella) si la imagen a escanear proviene de una revista o libro.
7. Realice una vista previa de la imagen.

8. Reajuste el original si es necesario (haga otra vista previa si realiza este paso).
9. Defina el área de escaneado utilizando la herramienta de marcado.
10. Seleccione la resolución del escaneado y su tamaño hasta que se consiga el tamaño de archivo requerido.
11. Ajuste la iluminación, las sombras y los medios tonos utilizando los controles adecuados.
12. Ajuste el balance de color utilizando los controles adecuados
13. Seleccione Escanear.
14. Compruebe la efectividad del escaneado evaluando la información disponible mediante los niveles en el software de diseño gráfico.

Cómo evaluar una imagen escaneada utilizando el software de edición de imagen.

Iluminación

LA ILUMINACIÓN CON DETALLE Y TEXTURA NO DEBERÍAN EXCEDER DEL NIVEL 245 (CUALQUIER NIVEL MÁS CLARO SE REGISTRARÁ COMO SI FUERA PAPEL BLANCO).

Sombras

LAS SOMBRAS CON DETALLE Y TEXTURA NO DEBERÍAN EXCEDER DEL NIVEL 10 (CUALQUIER NIVEL MÁS OSCURO SE REGISTRARÁ COMO UN NEGRO SÓLIDO).

Medios tonos

UN MEDIO TONO COMPLETAMENTE DESATURADO EN UNA IMAGEN DE COLOR TENDRÁ EL NIVEL 110 EN TODOS SUS CANALES. SI LOS CANALES NO TIENEN UN VALOR SIMILAR, INDICA QUE EL TONO NO ESTÁ COMPLETAMENTE DESATURADO. HABRÁ UN COLOR DOMINANTE.

RESOLUCIÓN DEL ESCANEADO

En muy pocos casos la resolución del escaneado será la misma que la que necesitará para imprimir su imagen. Si va a crear una impresión más grande que la imagen original que está escaneando, la resolución del escaneado será mayor que la resolución de salida; por ejemplo, un negativo de 35 mm tendrá que escanearse con más de 1200 ppp si se necesita una impresión a color en un A4 de 150 ppp (véase el apartado "Resolución" en el capítulo 1). Si la impresión que necesita es más pequeña que la imagen original, la resolución de escaneado será menor que la resolución de salida.

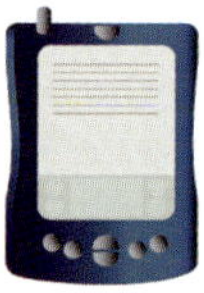

NOTA: CUANTO MÁS PEQUEÑA SEA LA IMAGEN ORIGINAL, MAYOR SERÁ LA RESOLUCIÓN DEL ESCANEADO.

Para determinar el tamaño del archivo y la resolución que se necesita cuando se escanea un negativo, una transparencia o una impresión, tiene que saber lo siguiente:

- El tamaño y el modo de la imagen final que necesita. Por ejemplo, un A4 en RGB, un A3 en Escala de grises, etc.
- La resolución óptima de la imagen que necesita la impresora (proporcional a, pero no la misma, que los puntos por pulgada de la impresora). Por ejemplo, 240 ppp es la resolución óptima para una impresora a chorro de tinta de 720 dpi (véase el apartado "Cómo calcular la resolución de imagen para la unidad de salida" del capítulo 1).

Tamaño y modo	Resolución óptima que necesita la unidad de salida			
	72 ppp (calidad borrador)	150ppp	200ppp (calidad buena)	300ppp (calidad óptima)
A3, RGB	2,86 M	12,44 M	22,20 M	49,80 M
A3, Escala de grises	1,98 M	4,14 M	7,40 M	16,60 M
A4, RGB	1,43 M	6,22 M	11,10 M	24,90 M
A4, Escala de grises	0,49 M	2,07 M	3,70 M	8,30 M
A5, RGB	733 K	3,11 M	5,52 M	12,50 M
A5, Escala de grises	245 K	1,04 M	1,84 M	4,14 M

Si sabe cuál es el tamaño de imagen, el modo y la resolución que necesita para realizar su impresión final, puede realizar lo siguiente:

- Crear un archivo simulado en el software procesador de imágenes. Seleccione Archivo>Nuevo. Introduzca las especificaciones (tamaño, modo y resolución). Esto le dará un tamaño de archivo que puede apuntar cuando realice el escaneado. A continuación, se descarta el archivo simulado. Simplemente, aumente la resolución del escaneado para obtener el tamaño de archivo apropiado.

- Multiplique el cambio proporcional del tamaño (desde el original hasta el tamaño de salida que necesita) por la resolución que necesita la impresora; por ejemplo, si se necesita un tamaño de salida de 8 x 10 de un original de 4 x 5, las dimensiones se han doblado (x 2). Si la impresora necesita una resolución de 150 ppp, el original tiene que escanearse a 300 dpi (2 x 150 = 300).

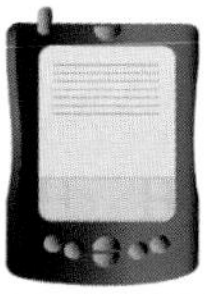

NOTA: SI NO ESTÁ SEGURO, ESCANEE SIEMPRE CON UNA RESOLUCIÓN LIGERAMENTE MÁS ALTA O CON UN TAMAÑO DE ARCHIVO MÁS GRANDE.

CÓMO AJUSTAR LA TONALIDAD Y EL COLOR

El método más simple y más básico para cambiar el aspecto de una imagen digital es a través de los controles de brillo y contraste. Aunque son fáciles de ajustar, a menudo sacrifican detalles e información en los tonos de iluminación y/o sombra. Las aplicaciones para escanear y editar las imágenes que permiten ajustar las éstas mediante niveles y curvas permiten al fotógrafo aumentar el control sobre las características del tono de la imagen sin sacrificar detalles. La opción Niveles ofrece un mayor control sobre el brillo y el contraste, mientras que la opción Curvas es más sofisticada, pero también la más difícil de dominar.

El software para escanear

Es preferible el software que le permite realizar ajustes utilizando niveles y/o curvas al software que únicamente le permite realizar controles de tono utilizando el contraste y el brillo. Este software hay que comprarlo, ya que los escáneres suelen incluir un software más simple. Aunque ofrecen un gran valor por su precio, normalmente es el software el que limita el control y la calidad final.

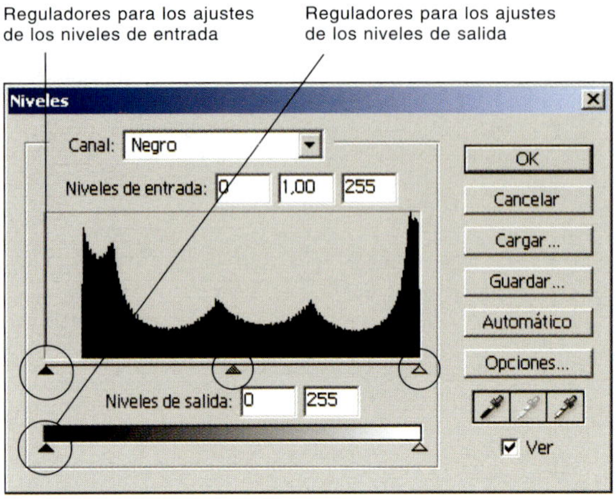

Niveles.

Histogramas

Un histograma es parecido a un gráfico de barras y muestra el número relativo de píxeles para cada uno de los 256 niveles. Los reguladores que aparecen en el histograma se utilizan para modificar los tonos o niveles de sombra, medios tonos e iluminación.

La primera acción que se debe realizar cuando se abra una imagen en el software de edición de imágenes es la de comprobar el histograma, que muestra la cantidad de píxeles que tiene cada uno de los 256 niveles. El histograma debería mostrar siempre (salvo en circunstancias excepcionales) que los píxeles se han distribuido en todos y cada uno de los 256 niveles. La imagen digital también debería mostrar los detalles presentes en la iluminación más clara y en las sombras más oscuras que contiene la imagen original. Si se han perdido estos detalles, se debería escanear la imagen por segunda vez ajustando el brillo y el contraste o haciendo uso de los ajustes que ofrecen los niveles y curvas.

Niveles

Una vez que se haya escaneado la imagen original, suele ser necesario ver el histograma para comprobar que se han capturado detalles suficientes en todos los niveles durante el proceso de escaneado. Los factores que degradarán la imagen digital final son un contraste excesivo o insuficiente y un color dominante excesivo. En Photoshop, seleccione Imagen>Ajustes>Niveles.

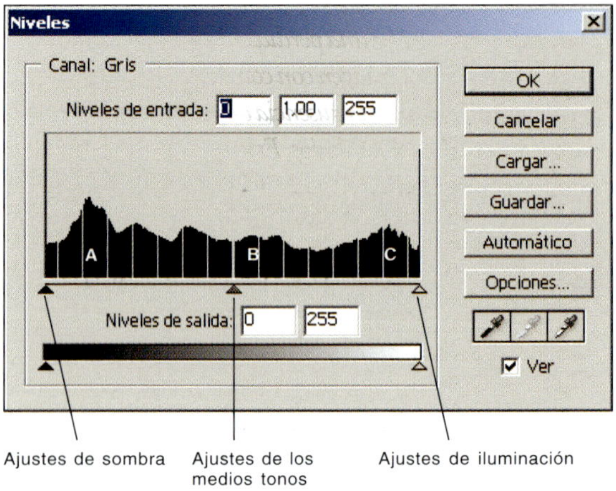

La imagen original y el histograma resultante que se produce tras un escaneado efectivo captura los detalles de iluminación y sombra. Observe la cantidad de picos que representan a los píxeles asignados a cada uno de los 256 niveles desde 0 (negro), en la izquierda, a 255 (blanco), en la derecha. Las letras A, B y C en el histograma corresponden a los tonos A, B y C de la imagen.

Cómo escanear y ajustar una imagen

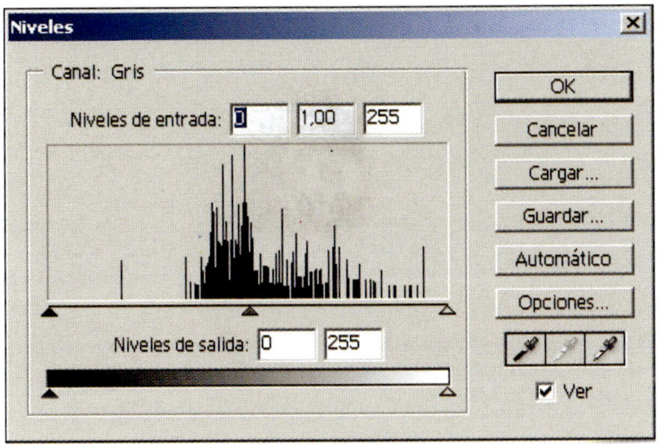

Esta imagen muestra una pérdida de sombras oscuras y una iluminación clara (imagen con contraste bajo). El histograma confirma la ausencia de píxeles asignados en los niveles más altos y más bajos. Esto se podía haber rectificado en la fase de escaneado configurando los valores **Iluminación** *y* **Sombra** *a la imagen (véase apartado "Cómo corregir un escaneado con poca calidad").*

Esta imagen muestra una pérdida de detalles en los tonos de sombra e iluminación con respecto a la imagen original. El histograma muestra una insuficiencia de píxeles en los medios tonos. Esto se puede rectificar durante el escaneado alterando los tonos de iluminación y sombra mediante el ajuste **Curvas** *(véase apartado "Cómo corregir un escaneado con poca calidad").*

Ajustes de los niveles

Ajustar los niveles utilizando un software puede aumentar considerablemente la calidad visual de una imagen. Sin embargo, las imágenes digitales con la mejor calidad se producen a partir de los archivos digitales (capturados con una cámara digital o un escáner) que tienen un gran rango dinámico. Este rango dinámico depende de una exposición correcta con la cámara y/o un escaneado cuidadoso.

La iluminación más clara con detalles no debería exceder el nivel 245, y las sombras con un detalle visible deberían estar por encima del nivel 10 (esto se puede comprobar utilizando la paleta de información). No todas las imágenes tienen que tener un punto blanco y otro negro (véase la imagen de abajo).

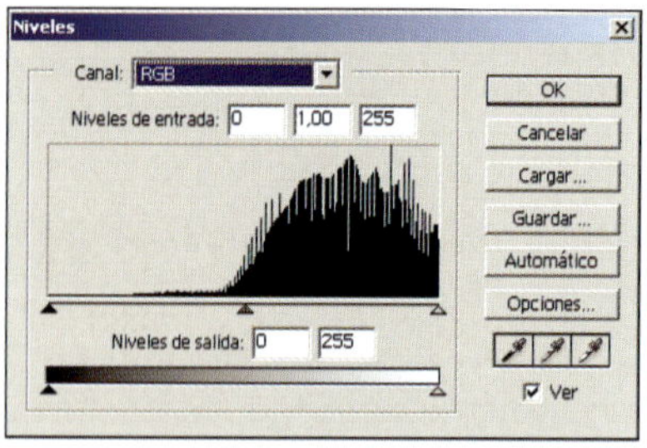

Imagen de tonos altos e histograma.

Una imagen de tonos altos con pocos píxeles en los medios tonos y sombras. Algunos de los niveles más bajos muestran una ausencia completa de píxeles. Por tanto, el regulador de sombra se debería mover hacia la derecha para aumentar los tonos, aunque de este modo se perdería el efecto de la imagen de tonos altos.

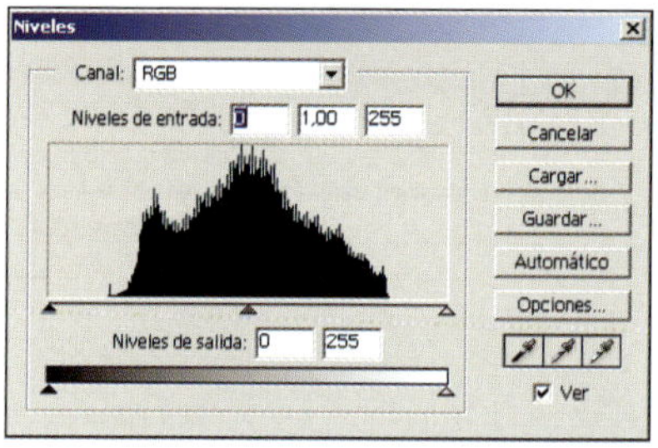

Imagen con contraste bajo e histograma.

Esta imagen con contraste bajo se debe a un escaneado con poca calidad y, por tanto, el rango dinámico resultante es estrecho. El rango dinámico puede mejorarse utilizando los reguladores, aunque se prefiere repetir el escaneado o realizar un escaneado con 16 bits por canal.

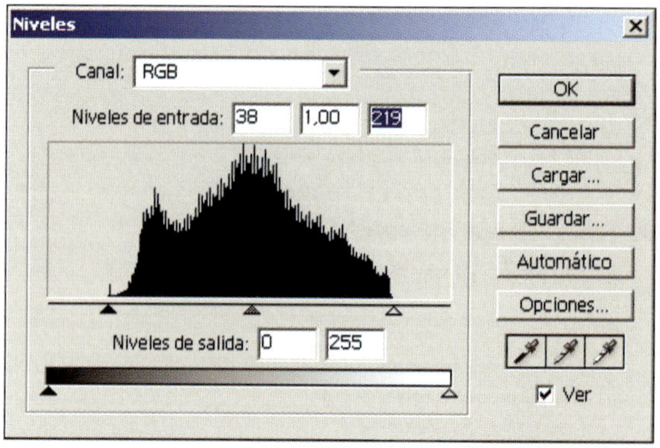

Mejora del rango tonal utilizando los reguladores.

Para mejorar un rango dinámico estrecho utilizando el software de edición de imágenes, haga clic y arrastre los reguladores de blanco y negro hasta los primeros niveles que muestren píxeles. Si se mueve el regulador central se aclararán u oscurecerán los medios tonos.

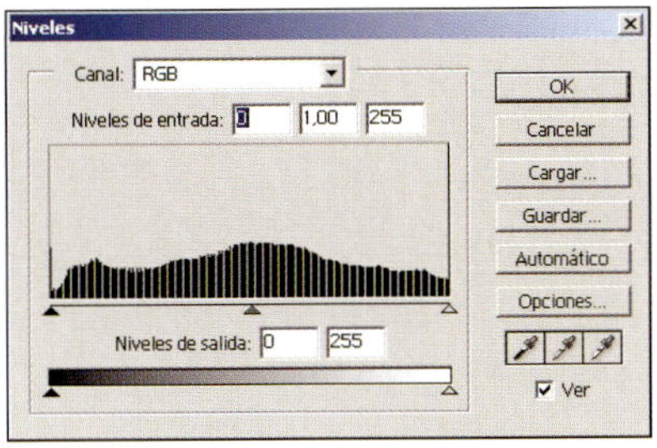

Resultado final

Los resultados de los ajustes muestran una imagen con un rango de tonos más extenso y un contraste mayor. Sin embargo, el software no puede sustituir la información que se ha perdido en la iluminación y en la sombra. El histograma indica que hay niveles con información perdida.

Curvas

Curvas es una herramienta de ajuste que permite el mayor control sobre las características de los tonos y el color. La utilización de la herramienta **Curvas** es muy útil debido a la flexibilidad que proporciona. Las curvas permiten al usuario aislar un rango estrecho o ancho de los valores de los píxeles en cualquier punto entre el 0 y el 255 mientras que **Niveles** sólo permite realizar ajustes utilizando la iluminación, las sombras y los medios tonos. La herramienta **Brillo/contraste** permite realizar cambios en todos los píxeles de la imagen. Por ejemplo, si se utiliza el comando **Brillo** para oscurecer una imagen, cada píxel de la imagen o selección disminuye en 20 niveles. Las variaciones de los tonos en niveles por debajo de 20 se perderán, mientras que los 20 niveles más bajos se configurarán en 0. Si se utilizan las curvas para realizar el mismo ajuste, se conservarán estas variaciones tonales.

El cuadro de diálogo de Curvas

Cuando se abre el cuadro de diálogo de **Curvas**, un gráfico representa las características de los tonos de la imagen (aparece una línea diagonal de 45 grados en una cuadrícula). El eje horizontal del gráfico representa los niveles actuales de los píxeles (entrada), mientras que el eje vertical representa el cambio en los valores de los píxeles (salida). La línea recta diagonal indica que los valores de entrada y salida son los mismos.

En la parte superior del cuadro de diálogo hay un menú expansible que permite modificar canales concretos por separado o todos juntos.

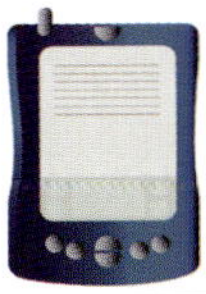

NOTA: UTILICE EL CANAL PRINCIPAL RGB PARA REALIZAR CAMBIOS EN EL TONO, Y LOS CANALES ROJO, VERDE Y AZUL PARA CORREGIR LA PÉRDIDA DE COLOR.

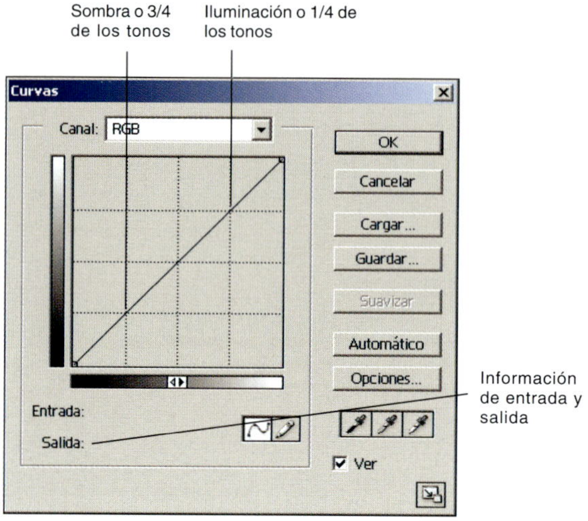

Curvas.

*Pulse la tecla **Opción/Alt** del teclado para acceder al botón **Restaurar**. Haga doble clic en los iconos del Cuentagotas para configurar un valor de salida.*

El gráfico o curva puede volver a su posición inicial pulsando la tecla **Opción/Alt** y haciendo clic en el botón **Restaurar**. La cuadrícula de la gráfica puede cambiarse de una cuadrícula de 4 x 4 hasta una cuadrícula de 10 x 10 haciendo clic dentro del cuadro de la cuadrícula a la vez que se pulsa la tecla **Opción/Alt**.

Los colores o tonos negro, blanco y gris pueden seleccionarse haciendo clic en las herramientas del Cuentagotas (véase el apartado "Valores meta" del capítulo 8).

Cómo corregir un escaneado con poca calidad

Si se ha perdido información durante el proceso de escaneado, la imagen se debería escanear de nuevo en lugar de corregirla utilizando el software de edición de imagen. Los detalles que se han perdido no pueden sustituirse con iluminación y sombras. Utilizar el software de edición de imagen para corregir una gran pérdida de color provocará un rango de tonos limitado. Si, de lo contrario, se vuelve a configurar los puntos blancos y negros, se limitará el extenso rango tonal de los medios tonos.

Tonalidad

Si el escaneado inicial muestra un contraste insuficiente (no se han registrado píxeles en los niveles más altos o bajos) o un contraste excesivo, se puede realizar una serie de acciones en esta fase.

- Brillo y contraste.
- Cuentagotas blanco y negro.
- Cuentagotas de sombra e iluminación.
- Ajustes de niveles y curvas.

Cómo ajustar la tonalidad utilizando los Cuentagotas blanco y negro

Se pueden asignar puntos negros y blancos (0 y 255) en la vista previa de la imagen en la fase de escaneado. Hay que tener mucho cuidado a la hora de asignar un punto negro o blanco en el tono más oscuro o más claro de la imagen (que se ha seleccionado según la imagen original). Se puede seleccionar un punto blanco del borde de un papel blanco en una impresión o del punto más claro, como por ejemplo una fuente de luz o una reflexión de luz dentro del área de la imagen. Se puede seleccionar un punto negro del filo de una película o de la sombra más oscura de la imagen.

Cómo ajustar la tonalidad utilizando los Cuentagotas de sombra e iluminación

La capacidad de seleccionar puntos de sombra e iluminación permite al usuario asignar los tonos más oscuro y más claros dentro de la imagen que requiere los detalles (normalmente, 8-10 y 245). Esto requiere que el usuario estudie la imagen original antes de que se escanee, puesto que es posible que no se vea en la vista previa de la imagen.

El software Epson Twain, que se muestra a la derecha, permite al usuario seleccionar los puntos de iluminación (A) y de sombra (B). Estos puntos pueden ajustarse (aclarar u oscurecer) utilizando los reguladores. Estos puntos se pueden medir de nuevo cuando se abra la imagen en el software de edición. El regulador gamma se utiliza para controlar los medios tonos, mientras que el regulador umbral se utiliza únicamente cuando se escanea en blanco y negro.

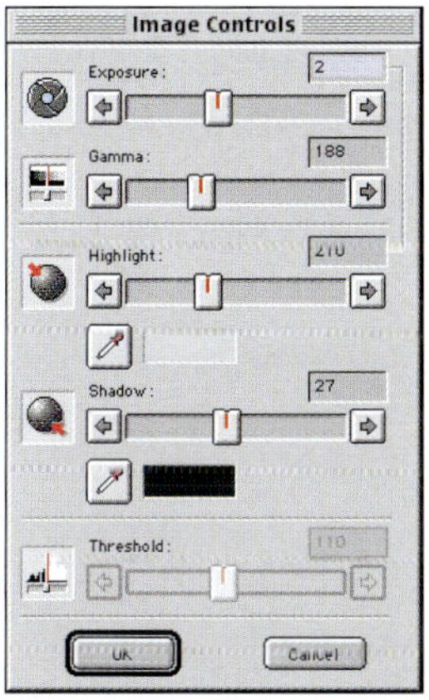

Cómo ajustar la tonalidad utilizando las curvas y los niveles

Si al escanear una imagen se muestra un contraste bajo o excesivo, este problema se puede controlar modificando los ajustes de Niveles o Curvas (si se disponen de ellos) en la fase inicial. Véase el apartado "Ajustes de los niveles".

En el diagrama de la derecha se puede observar la forma típica de una curva cuya intención es la de reducir el contraste bajando el brillo de la iluminación y aclarando los tonos más oscuros. Los tonos de sombra o 3/4 se han aumentado para mostrar los detalles, mientras que se han bajado los tonos de iluminación o 1/4.

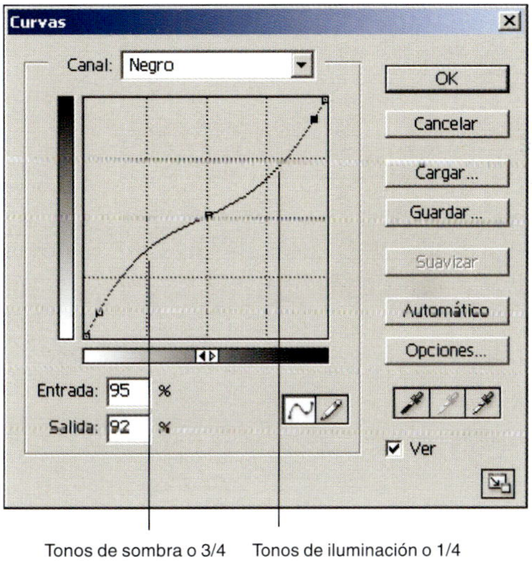

NOTA: SI LOS TONOS DE SOMBRA O DE ILUMINACIÓN SE MUEVEN DEMASIADO, PUEDE PRODUCIRSE UNA POSTERIZACIÓN.

El software de escaneado Epson Twain ofrece curvas predeterminadas a las que se puede acceder a través de un menú emergente. Los valores estándar que se utilizan son:

- Iluminación: 245.
- 1/4 Tono: 192.
- Medios tonos: 128.
- 3/4 Tono: 64.
- Sombra: 8.

A la derecha se muestran unos ejemplos de curvas predeterminadas que aumentan o disminuyen el contraste de una imagen escaneada.

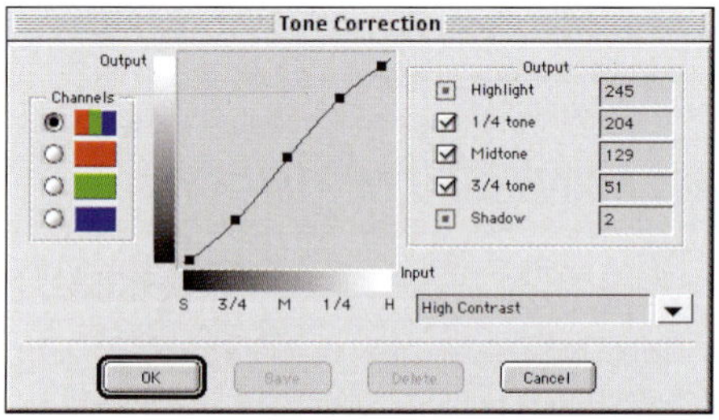

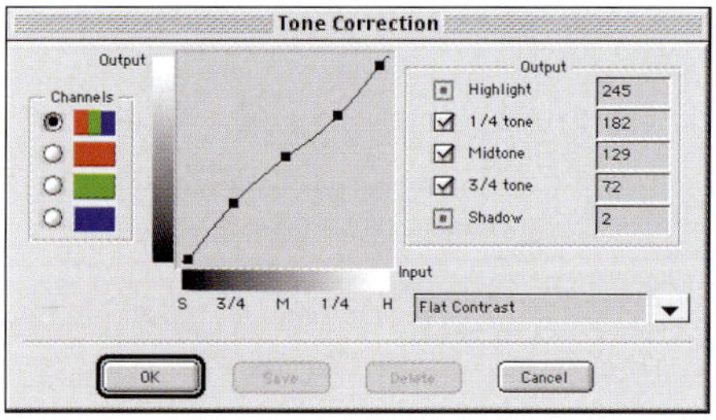

Actividad 1

Utilice un escáner plano o un escáner de películas para escanear una fotografía original que tenga un rango tonal extenso, desde tonos de sombras oscuras hasta tonos de iluminación claros (pruebe con 600 x 400 píxeles a 72 ppp).

Abra esta imagen con su software de edición de imágenes y describa los detalles de sombra e iluminación comparándola con la imagen original.

Mida los tonos de iluminación y sombra para ver el nivel que se ha asignado a cada uno en el proceso de escaneado.

Observe el histograma que ilustra el número total de píxeles en cada uno de los 256 niveles.

Mueva los reguladores de sombra, medios tonos e iluminación, y guarde los efectos de cada uno en la tonalidad de la imagen.

Explique las diferencias entre los efectos que se han creado al mover los reguladores de entrada y salida.

Cómo eliminar un color dominante

Si la imagen escaneada muestra un color dominante al verse en el software de edición de imagen, puede eliminarse en la fase de escaneado. Esto se puede controlar utilizando los canales individuales en el ajuste Curvas, moviendo un objetivo dentro de una rueda de color, de una intensidad del balance de gris (Epson Twain) o haciendo clic con un Cuentagotas gris en un tono neutral o completamente desaturado en la vista previa de la imagen.

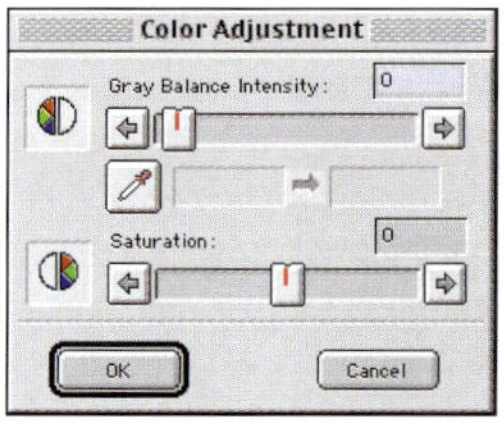

Controles de ajuste de color de la Epson Twain. Haga clic con el cuentagotas en un tono neutral desaturado y mueva el regulador a la derecha.

Incluya una tarjeta gris para analizar el color. Los niveles deberían mostrar: R:110; G:110; B:110.

Incluir una tarjeta gris en la imagen escaneada.

Se puede incluir una tarjeta gris fotográfica en el área de escaneado para ayudar a la corrección del color en la fase de escaneado. La tarjeta gris puede colocarse en una esquina de la imagen original utilizando un escáner plano, quitándola posteriormente una vez haya completado su propósito. Si se dispone de los niveles al escanear la imagen, la tarjeta gris debería tener unos niveles aproximados de 110 en todos los canales. El software Epson Twain utiliza un regulador de intensidad del balance de gris. Esto requiere la selección de un tono neutral dentro del área de la imagen utilizando el Cuentagotas. Se utilizará ese regulador para eliminar el color dominante de la imagen.

El trozo gris debería tener unos niveles aproximados de 110 en todos los canales.

Incluir una tarjeta gris en la imagen

Si se va a utilizar un escáner de película para capturar las imágenes de una película de 35 mm, se puede incluir la tarjeta en uno de los fotogramas cuando se vaya a disparar (asegúrese de que esta tarjeta gris tenga la misma luz que la que se utilizó para iluminar el objeto en el resto de la película). Si se disponen de los niveles, estos deberían tener un valor aproximado de 110 en todos los canales.

TAMAÑO DE LA IMAGEN

Antes de que se realice algún retoque o aumento, hay que ajustar el tamaño de la imagen según la unidad de salida (la resolución de escaneado se tendrá que cambiar por la resolución de salida). Seleccione Imagen>Tamaño de imagen. Esto hará que se consiga una calidad óptima de la imagen y una velocidad de realización en el ordenador. El tamaño de la imagen se describe de tres modos:

- Dimensiones en píxeles (el número de píxeles determina el tamaño del archivo en kilobytes).
- Tamaño del documento (dimensiones de salida en pulgadas o centímetros).
- Resolución (medida en píxeles por pulgada o ppp).

Si se altera algún tamaño afectará a los demás: por ejemplo, si se aumenta el tamaño del documento, bajará la resolución o aumentará la dimensión en píxeles y el tamaño del archivo. El tamaño de la imagen se suele cambiar por los siguientes motivos:

- Se cambia la resolución para que coincidan todas las necesidades de la impresora.
- Se cambian las dimensiones del documento de salida para que reúna las necesidades de la visualización.

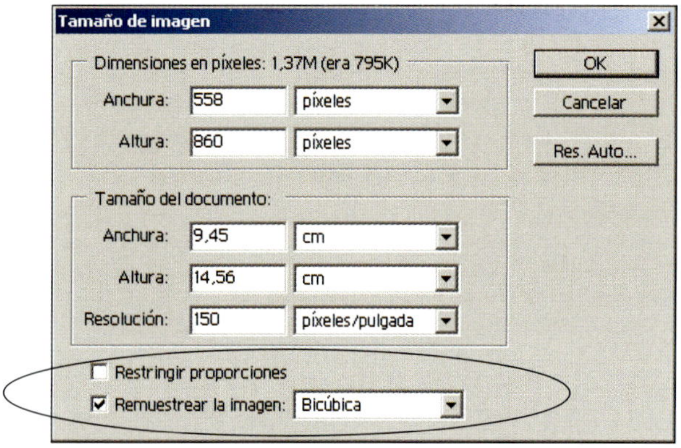

Opciones **Remuestrear imagen** *y* **Bicúbica** *seleccionadas. La interpolación producirá un aumento de las dimensiones del píxel y del tamaño del archivo.*

Opciones del tamaño de imagen

Cuando se cambia el tamaño de una imagen, se puede tomar la decisión de mantener las proporciones de la imagen y/o las dimensiones en píxeles. Se pueden controlar de los siguientes modos:

- Si se selecciona **Restringir proporciones**, se relacionan las dimensiones proporcionales entre el ancho y alto de la imagen. Si se altera uno, el otro se ajusta de forma automática y proporcional. Si no se selecciona esta opción, se puede ajustar el ancho o alto de forma independiente del otro, con lo cual se puede crear una imagen distorsionada.
- Si se selecciona **Remuestrear imagen**, cuando se ajusten las dimensiones o la resolución de la imagen, el tamaño del archivo aumentará o disminuirá para adaptarse a los cambios. Se añaden o se eliminan píxeles. Si no se selecciona, el tamaño del documento y la resolución están relacionados. Si se cambia el ancho, alto o la resolución, se cambiarán los otros dos. Las dimensiones en píxeles y el tamaño del documento permanecen constantes.

REMUESTREO

Se remuestrea una imagen cuando se cambian sus dimensiones en píxeles (y el tamaño del archivo resultante). Es posible cambiar el tamaño del documento o la resolución sin que esto afecte a las dimensiones en píxeles (véase el apartado "Resolución" del capítulo 1). El remuestreo se produce cuando las dimensiones en píxeles de la captura o documento original no coincide con las necesidades del documento (tamaño y resolución).

El submuestreo disminuye el número de píxeles y borra información de la imagen. Para aumentar el número total de píxeles o remuestreo se necesita Interpolación (se añade nueva información basándose en los valores de color de los píxeles existentes).

Imagen escaneada con una resolución adecuada.

Efectos de un remuestreo excesivo.

Un remuestreo excesivo puede producir una calidad de imagen baja. La imagen comenzará a hacerse borrosa y sin enfoque. Evite la necesidad de hacer un remuestreo escaneando la imagen con una resolución lo suficientemente alta o limitando el tamaño del objeto. Si aplica el filtro **Máscara de enfoque** a una imagen que se ha remuestreado en exceso, puede enfocar una imagen borrosa.

Remuestreo bicúbico

Si remuestrea una imagen para que aumente el tamaño del documento, la calidad visual disminuirá. Si se produce esto, es necesario utilizar la opción **Bicúbica** en las preferencias de remuestreo y limitar el aumento hasta el doble del tamaño original para minimizar la pérdida de calidad. Utilice la máscara de enfoque después del remuestreo para restringir la cantidad de remuestreo que se ha realizado en una sola imagen. Si el software permite al usuario recortar, cambiar el tamaño y rotar la imagen a la vez, habría que utilizar esta opción siempre y cuando fuera posible.

RECORTAR

Se puede rotar, recortar y remuestrear una imagen en una sola acción. Recorte hasta un tamaño y una resolución específicos para optimizar el tamaño del archivo y configurar la resolución del escaneado a la resolución del documento.

Película de 35 mm.

Impresión de 4 x 6 pulgadas.

Una resolución de escaneado de 1800 ppp para una película de 35 mm y de 4000 ppp para impresiones de 4 x 6 pulgadas tiene como resultado un archivo de 11 MB de tamaño.

Un tamaño del documento de 10,5 x 7 pulgadas y una resolución de 220 ppp tiene como resultado un archivo de 10,2 MB de tamaño.

Actividad 2

1. Escanee una fotografía para obtener un archivo con un tamaño ligeramente inferior a 11 megabytes.

2. Haga clic en el icono Recortar para mostrar sus opciones. Si utiliza la versión 5, haga doble clic en el icono para mostrar la paleta de opciones y seleccione Tamaño de imagen fijo junto con las unidades de medida que quiera en las opciones.

3. Introduzca valores para el tamaño y la resolución de su imagen (introduzca en para pulgadas o cm para centímetros, detrás de la unidad de medida cuando use Photoshop 6 y 7).

4. Arrastre el marco de recorte sobre la imagen para seleccionar el área recortada. Una vez que se suelte el botón del ratón, aparece el marco de recorte con cuatro reguladores.

5. Ajuste el marco de recorte arrastrando los reguladores: rote el marco arrastrando el icono de flecha curvada que aparece cuando se coloca el puntero del ratón cerca de un regulador de esquina.

6. Pulse la tecla **Intro/Retorno** para aprobar la selección y **Esc** para cancelar.

NOTA: PARA RECORTAR UNA IMAGEN CON UNAS MEDIDAS PRECISAS, UTILICE LA RELACIÓN DE ASPECTO. POR EJEMPLO, UNA IMPRESIÓN DE 8 X 10 PULGADAS TIENE UNA RELACIÓN DE ASPECTO DE 4:5, MIENTRAS QUE UN NEGATIVO DE 35 MM TIENE UNA RELACIÓN DE ASPECTO DE 2:3. SI LA RELACIÓN DE ASPECTO DEL TAMAÑO DE SALIDA FIJO NO SE AJUSTA A LA RELACIÓN DE ASPECTO DE LA CAPTURA O DOCUMENTO ORIGINAL, EL RESULTADO SERÁ UNA PÉRDIDA CON RESPECTO A LA IMAGEN ORIGINAL.

EXPERIMENTOS CON NIVELES Y CURVAS

Se pueden utilizar niveles y curvas para controlar las características del tono y el color (contraste y brillo de los tonos seleccionados y su tono relativo) en una imagen. De este modo, se puede optimizar o manipular la imagen en el monitor y en la impresión.

Actividad 3

A continuación realizaremos un experimento práctico sencillo utilizando Photoshop para que comprenda el control que tienen los niveles y curvas sobre las características de los tonos.

1. Abra un archivo nuevo con modo color RGB de 450 píxeles de alto y 600 píxeles de ancho. En el menú Archivo seleccione Nuevo (**Comando/Control-N**).

2. En la paleta de herramientas, configure el color frontal y el color de fondo en negro y blanco.

3. Haga clic en el icono Degradado de la paleta de herramientas para visualizar las opciones de degradado (haga doble clic sobre el icono si utiliza Photoshop 5 para visualizar estas opciones). Asegúrese de que está seleccionado el 100% de opacidad y degradado desde color frontal a color de fondo. Comenzando a partir de la izquierda de la imagen, arrastre el cursor hasta la derecha del área de la imagen. Esto creará un degradado de negro a blanco (0 a 255).

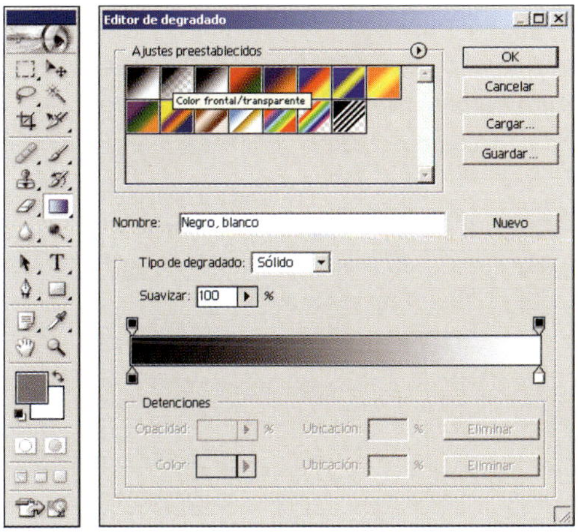

4. Seleccione la mitad superior de la imagen utilizando la herramienta Marco rectangular. Del menú Imagen, seleccione Ajustes> Posterizar. Escriba 9 en el cuadro Niveles y active la casilla Ver (escriba varios números en el cuadro de niveles para observar los diferentes efectos). Haga clic en **OK** para aplicar los nueve tonos al área seleccionada.

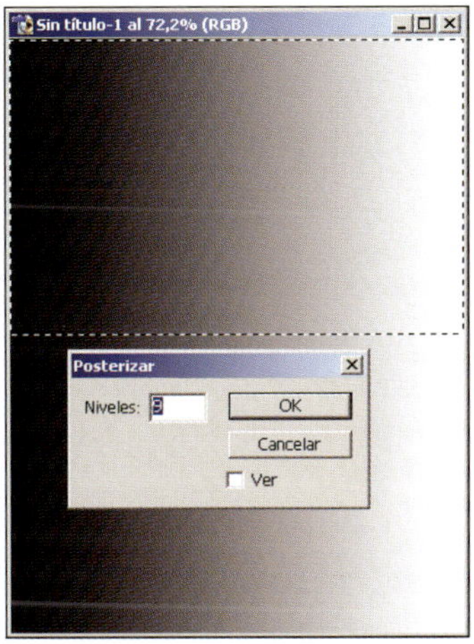

5. El rango tonal de la sección superior del degradado se reduce de 256 niveles a 9. Cuando ajustemos las características de los tonos utilizando los niveles y curvas, será más fácil identificar y medir los cambios que con la porción de la imagen que continúa con los 256 niveles.

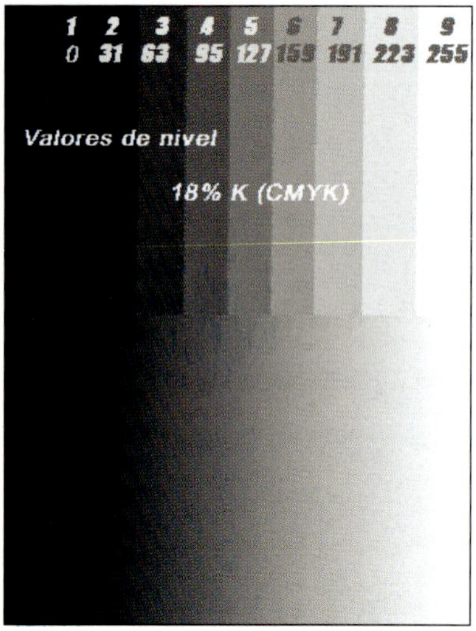

Niveles específicos de estos nueve tonos. Los tonos de esta escalera de color digital nos recuerdan a los valores tonales que utilizan los fotógrafos en su sistema de zona.

6. Del menú Imagen, seleccione Ajustes> Niveles. Los niveles muestran nueve picos muy altos para indicar la gran cantidad de píxeles que tienen estos nueve tonos creados para la escalera de color. Arrastre los reguladores de iluminación y de sombra hacia el centro para ver los efectos en los tonos de iluminación y sombra de la escalera de color. Deslice el regulador central para un lado y para otro. A continuación, arrastre los reguladores de salida y observe los efectos en los tonos de iluminación y de sombra. Estos reguladores de salida reducen el contraste de la imagen, mientras que los reguladores de entrada lo aumentan.

7. Del menú Ventana seleccione Información. Mueva el cursor al medio tono central y observe los niveles en la información del RGB (127). Si los tres canales indican 127, éste es el medio tono digital. Un tono en un archivo en escala de grises sólo dará un porcentaje de una lectura de negro en la paleta de información, mientras que no dará ninguna información específica referente a su nivel concreto.

NOTA: SI SE ESCANEA UNA TARJETA GRIS FOTOGRÁFICA CON PRECISIÓN, SE REGISTRARÁ UN NIVEL DE 110 EN CADA UNO DE LOS TRES CANALES.

8. Seleccione **Cancelar** para cerrar la paleta o pulse la tecla **Opción/Alt** y pulse **Restaurar** para colocar los niveles a su estado original.

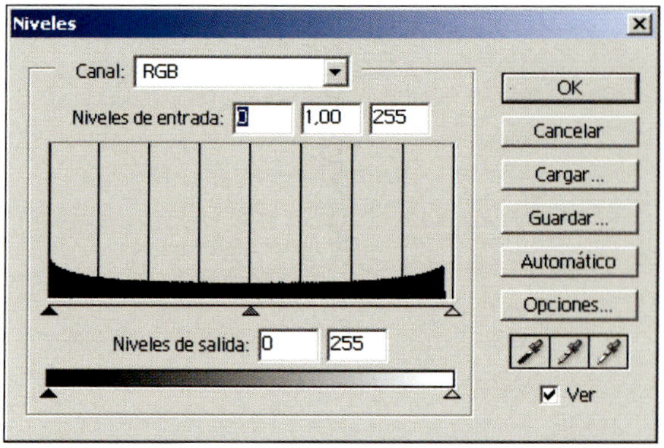

La paleta Niveles.

La opción Niveles *es parecida a un gráfico, y muestra el número relativo de píxeles para cada uno de los 256 niveles. Los reguladores situados debajo de los niveles pueden utilizarse para modificar los tonos de sombra, los medios tonos (gamma) y los tonos de iluminación.*

Las herramientas Cuentagotas negro y blanco pueden fijar puntos negros y blancos en la imagen; por ejemplo, haga clic en el tono más oscuro de la imagen con el Cuentagotas negro para colocarlo en el nivel 0. la herramienta Cuentagotas gris, situada en el centro, se utiliza para eliminar el color dominante de los tonos seleccionados en las imágenes a color.

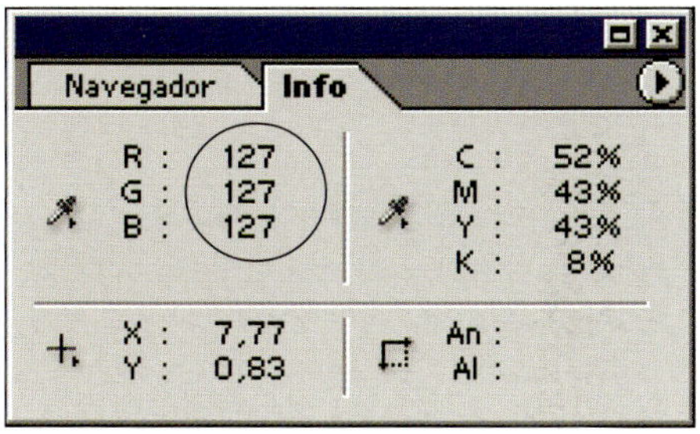

La paleta Información.

Actividad 4

1. Abra la escalera de color que creó para la actividad anterior. Abra el cuadro de diálogo Curvas del submenú Imagen>Ajustes. Haga clic en la línea diagonal para añadir un punto de ajuste. Haga clic en este punto de ajuste y arrástrelo para crear una curva. Si añade más puntos de ajuste adicionales a la línea se creará una variedad de curvas de diferentes formas. Intente crear una curva en forma de S utilizando dos puntos de ajuste. Observe los efectos tanto en la escalera de color como en el degradado. Pulse la tecla **Opción/Alt** y haga clic en **Restaurar** para colocar la curva en su configuración original.

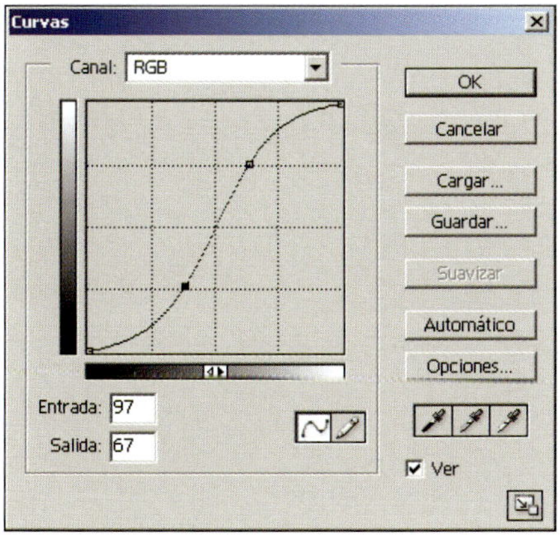

2. Mueva el cursor hacia diferentes tonos en la escalera de color y haga clic para observar los puntos correspondientes que ocupan esos tonos en la escala de curvas. Seleccione un punto en la curva que corresponda a un tono de sombra oscuro, como por ejemplo el tono 3.

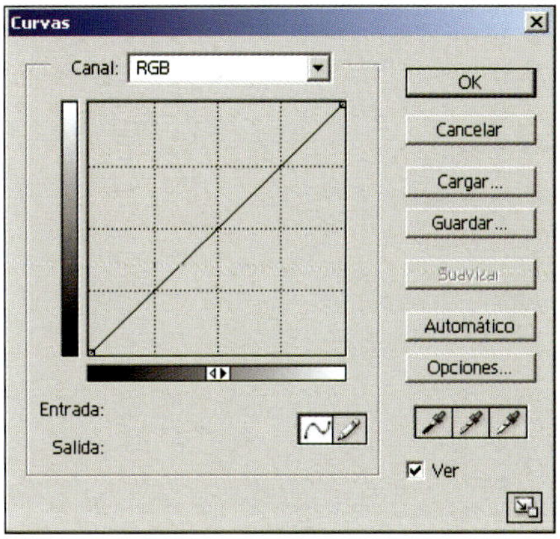

3. Haga clic en la curva para seleccionar un tono de iluminación claro (tono 7). Mueva este punto hacia arriba o hacia abajo para aclarar u oscurecer el tono seleccionado. Observará que el punto de ajuste del tono de sombra no se mueve. Esta técnica de aislamiento de tonos que no se ajustan se llama trazabilidad. Si hace clic en el punto de ajuste de iluminación, podrá observar el cambio de nivel en el cuadro de salida situado en la esquina inferior izquierda del cuadro de diálogo de las curvas.

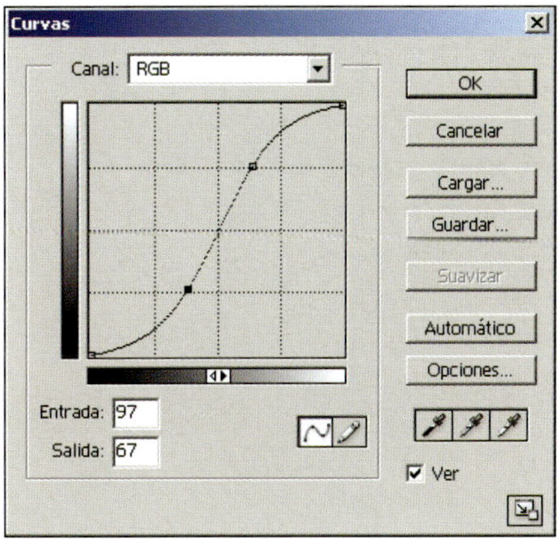

4. Ahora utilice las curvas en una imagen en escala de grises con 256 niveles. Seleccione un rango estrecho de tonos e intente ajustarlos utilizando la técnica de trazabilidad. Si no puede ajustarlos de forma efectiva, pruebe seleccionando un área más pequeña del área total de la imagen utilizando las herramientas de selección y procediendo a continuación a utilizar los ajustes de las curvas. Las curvas tendrán efecto sólo sobre los píxeles de la selección.

NOTA: CUANDO UTILIZA PHOTOSHOP ES POSIBLE REALIZAR CAMBIOS A LOS NIVELES Y CURVAS DE UNA IMAGEN O DE PARTE DE UNA IMAGEN UTILIZANDO UNA CAPA DE AJUSTE (VÉASE EL APARTADO "CAPAS" DEL CAPÍTULO 8).

Ejercicios de revisión

1. Un medio tono completamente desaturado en una imagen a color:

   (a) Registrará 0 en todos los canales de color.

   (b) Registrará 0 en los valores HSB.

   (c) Registrará 110 en todos los canales de color.

   (d) Tendrá un valor gamma de 1.0.

2. Se necesita una impresora a chorro de tinta de A4 de gran calidad para un negativo de 35 mm. ¿Cuál de los siguientes procedimientos producirá un archivo digital óptimo para las necesidades de la unidad de salida?

   (a) Hacer coincidir la resolución del escaneado con la resolución de la unidad de salida.

   (b) Utilizar una resolución de escaneado que produzca un tamaño de archivo que exceda los 11 MB.

   (d) Dividir la resolución de la unidad de salida por el factor 3 para encontrar la resolución del escaneado.

3. ¿Cuál es la resolución de imagen óptima que necesita una impresora a chorro de tinta de 720 dpi?

   (a) 720 ppp.

   (b) 720 dpi.

   (c) 360 ppp.

   (d) 240 ppp.

4. ¿Cuál es el propósito de crear un archivo simulado en el software procesador de imágenes antes de realizar el escaneado?

   (a) Proporcionar un lienzo para la imagen escaneada.

   (b) Identificar la resolución de salida correcta.

   (c) Identificar la resolución de escaneado correcta.

   (d) Identificar el tamaño de archivo apropiado.

5. ¿Cuál es la desventaja de utilizar los controles de ajuste de imagen Brillo y Contraste?

   (a) No permite el control del gamma.

   (b) Puede producir una pérdida de datos de la imagen.

   (c) No se pueden controlar los niveles de sombra.

   (d) No hay ninguna desventaja.

6. ¿Qué controla el regulador gamma cuando se utiliza el ajuste Niveles?

   (a) Valores de medio tono.

   (b) El brillo del monitor.

   (c) El contraste de la imagen.

   (d) La calidad de la impresión del documento.

7. ¿Cuál de las siguientes opciones no se puede realizar utilizando la característica de ajustes de imagen Curvas?

   (a) Ajustar los valores de iluminación y sombra de forma independiente.

   (b) Corregir el color dominante de la imagen.

   (c) Aumentar o disminuir la saturación del color independientemente del brillo.

   (d) Aumentar o disminuir el contraste.

8. ¿Cuál es el propósito de la trazabilidad utilizando la característica de ajustes de imagen Curvas?

   (a) Fijar un rango de tonos seleccionado para que no se puedan modificar con la característica Curvas.

   (b) Seleccionar un rango de tonos para que se puedan modificar utilizando la característica Curvas.

   (c) Medir los valores de color de un rango de píxeles de la imagen.

   (d) Crear puntos de ajuste movibles para crear una curva en forma de S.

GALERÍA

Seok-Jin Lee.

Cómo escanear y ajustar una imagen

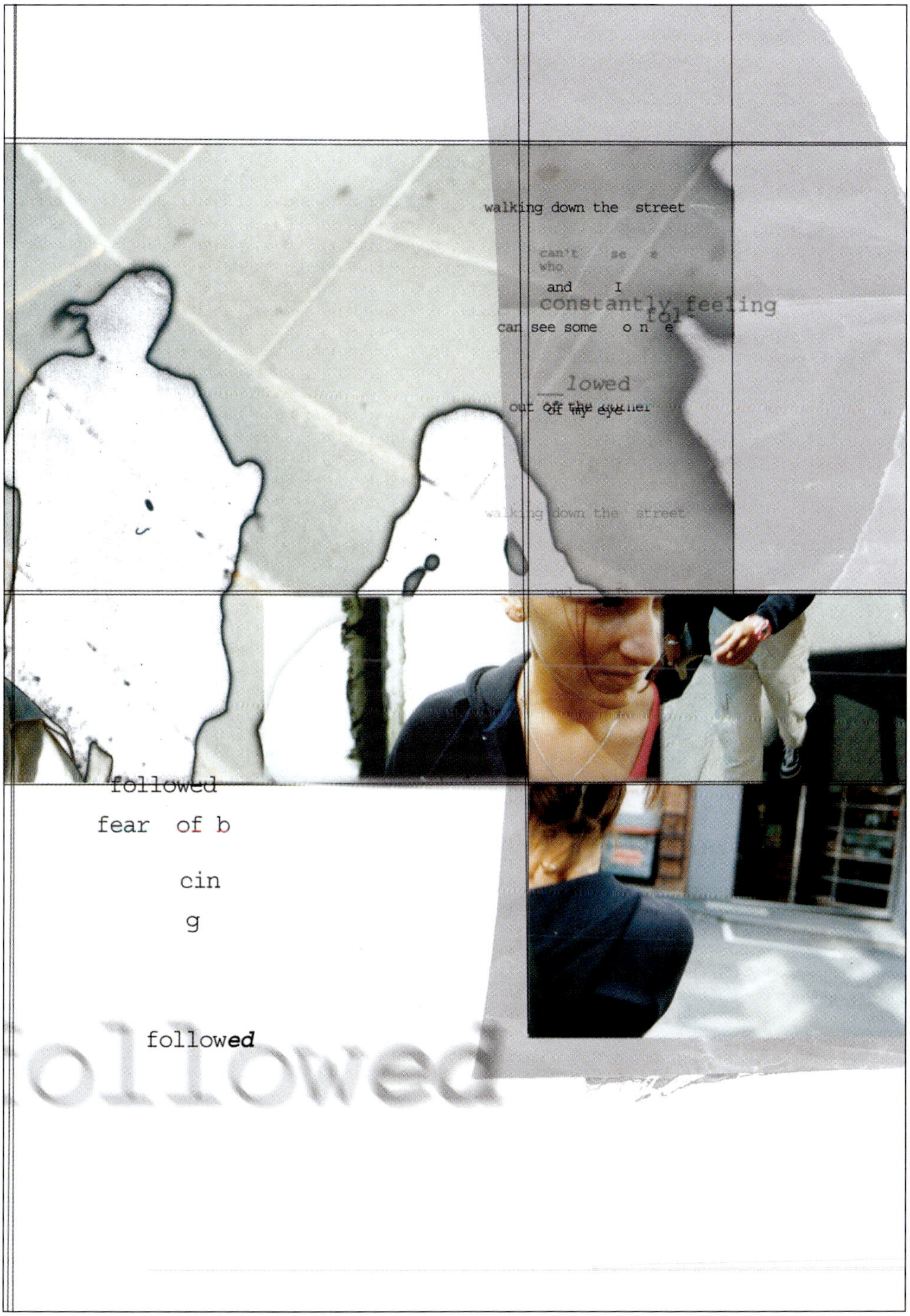

Andrew Boyle.

CAPÍTULO 5

Les Horvat.

PROPÓSITOS

- Desarrollar una preocupación y una comprensión de los asuntos relacionados con la gestión del color.
- Desarrollar una comprensión de cómo se forma el color y cómo se define en el medio digital.
- Comprender cómo mejorar el grupo de trabajo que controla el color.

OBJETIVOS

- Investigar las diferentes formas de cómo se define el color, tanto con luz como con tintas. Registrar las observaciones y descubrimientos.
- Analizar y evaluar de forma crítica sus descubrimientos e intercambiarlos con sus compañeros.
- Crear un archivo personal para el documento y probarlo para facilitar el control posterior del color.

GESTIÓN DEL COLOR

Capítulo 5. Gestión del color

INTRODUCCIÓN

Como se observó en el primer capítulo, los tres aspectos principales del color son el tono, la saturación y el brillo. Sin embargo, las percepciones del color varían de una persona a otra, y también se ven afectadas por la experiencia individual. Para añadir más complejidad a un tema ya de por sí subjetivo, los distintos medios que utilizamos para reproducir el color, a través de aparatos mecánicos y electrónicos, tienen limitaciones importantes que podrían alterar el color real producido.

¿Qué es la gestión del color?

Esta es una pregunta que suele conducir a confusión y malentendidos, por lo que es conveniente comenzar con una definición de tres términos importantes:

- **Gestión del color**. Es la adopción de un sistema en el que todos los aparatos de la cadena utilizados para crear una imagen a color están conectados para producir un color previsible y consistente.

- **Sistema de control del color (CMS, *Colour Management System*)**. Es la calibración y el perfilado de los aparatos de entrada y salida para que la imagen a color impresa sea una interpretación precisa de la imagen y consistente con lo que se ve en el monitor. Algunos ejemplos de aparatos de entrada son los escáneres y las cámaras digitales, mientras que las unidades de salida incluyen al monitor, la impresora y la editorial que ha impreso este libro.

- **Módulo de control del color (CMM, *Colour Management Module*)**. Es el software que define las manipulaciones matemáticas con las que se realizan las conversiones de color. Algunos de los fabricantes que realizan CMM son Kodak, Apple, Agfa y Adobe.

El grado de sofisticación del CMS elegido para cualquier entorno de trabajo dependerá de muchos factores, como el coste, la transportabilidad y la complejidad de la puesta en práctica. En este capítulo examinaremos una serie de opciones que nos ofrecerán soluciones satisfactorias para grupos de trabajo de color predecibles.

De la visualización en la pantalla a la impresión.

¿QUÉ ES UN ESPACIO DE COLOR?

Existen dos métodos distintos para crear un rango de color. El primer método se realiza utilizando la luz, y el segundo utilizando pigmentos, tintes o tintas. Un espacio de color es un mapa de todos los colores que podemos observar cuando utilizamos un método concreto para crear ese color en el primer lugar. Este espacio de color se suele representar gráficamente para intentar indicar qué colores pueden verse y cuáles se salen de ese espacio concreto. De hecho, es posible crear un rango de colores más extenso mezclando luz que mezclando tintes o tintas. Para complicar aún más las cosas, los colores finales dependen de las diferentes tintas empleadas, los distintos modos de aplicar esa tinta y los diferentes papeles en los que se puede imprimir.

Color RGB

Aunque nuestra percepción de los colores se basa en cómo los objetos se reflejan y absorben las diferentes partes del espectro, podemos mezclar diferentes haces de luz para producir nuevos colores. Este método de producción del color se conoce como color RGB y se compone de los colores primarios rojo, verde y azul. De hecho, la luz roja, verde y azul pueden añadirse en varias combinaciones y cantidades para producir todos los colores posibles (de aquí el término color aditivo). Visto desde otro punto de vista, la luz blanca es simplemente una combinación de las mismas cantidades de rojo, verde y azul, y de hecho, se puede dividir en sus respectivos componentes utilizando un prisma. Por tanto, a este espacio de color aditivo se conoce como color RGB.

NOTA: LA LUZ ROJA, VERDE Y AZUL MEZCLADAS EN PROPORCIONES IGUALES CREAN LA LUZ BLANCA.

Actividad 1

1. Coja tres linternas del mismo tipo y tamaño y asegúrese de que las pilas están cargadas y que las bombillas sean del mismo tipo y voltaje.

2. Utilizando tres filtros de color rojo, verde y azul, coloque uno en cada una de las linternas. (Los filtros de tres colores son tonos exactos del color seleccionado y se pueden encontrar en cualquier establecimiento dedicado a la venta de cámaras. Si no puede conseguir estos filtros, bastará con cualquier gel de filtro, aunque los resultados no serán tan precisos.)

3. En un cuarto oscuro, dirija cada linterna hacia un sitio y coloque la luz roja al lado de la verde sobre una pantalla o una pared blanca, ajustando los haces para que sólo se solapen la mitad de cada uno. Apunte el color que aparece en el medio.

4. Apague la linterna verde, y dirija la luz azul por debajo del haz rojo, solapándola por la mitad. Apunte el color que aparece en el área solapada.

5. A continuación, encienda de nuevo la linterna verde. (Los haces de luz deberían estar colocados para que la luz azul forme una intersección con los haces rojo y verde y que los tres colores se crucen en el medio.) ¿Cuál es el color que aparece en el área donde se cruzan los tres haces de luz?

6. Analice los factores que puedan influir en la exactitud de este experimento.

NOTA: ESTE MÉTODO DE CREACIÓN DE COLOR ADITIVO, UTILIZANDO TRES PROYECTORES, FUE EL PRIMERO QUE SE UTILIZÓ EN LA CREACIÓN DE LAS PRIMERAS IMÁGENES A COLOR.

Color CMYK

Como se explicó anteriormente, la alternativa a la mezcla de luz para crear color es la mezcla de las tintas. Sin embargo, hay que comprender que los tintes y las tintas de color tienen color debido a la acción que ejerce la luz sobre ellos. En otras palabras, sin luz no habría color. Considere esta pregunta: en una habitación oscura, ¿no existe el color o simplemente no puede verlo el espectador? Cada tinta absorbe o sustrae la luz de todos los colores excepto el color de la tinta, que se refleja de nuevo al espectador (de aquí el término color sustractivo). Los tres colores sustractivos primarios son el cian, el magenta y el amarillo.

TINTA CIAN: ABSORBE LA LUZ AMARILLA Y MAGENTA PERO REFLEJA LA LUZ CIAN.

TINTA MAGENTA: ABSORBE LA LUZ CIAN Y AMARILLA PERO REFLEJA LA LUZ MAGENTA.

TINTA AMARILLA: ABSORBE LA LUZ CIAN Y MAGENTA PERO REFLEJA LA LUZ AMARILLA.

NOTA: CUANDO SE MEZCLAN LAS TINTAS CIAN, MAGENTA Y AMARILLA EN PROPORCIONES IGUALES EN UN PAPEL BLANCO, TEÓRICAMENTE SE ABSORBE TODA LA LUZ, POR LO QUE LA PÁGINA SE VUELVE NEGRA.

Sin embargo, en la práctica, cuando imprimimos imágenes a color, en lugar de confiar en la mezcla de las tintas para que produzcan el negro, se suele utilizar una tinta negra. Esto se debe a que:

- La tinta negra es más barata que las tintas de color.
- Las fórmulas de las tintas de los colores sustractivos primarios (cian, magenta y amarillo) no son completamente exactas en la reflexión de sólo un tercio del espectro, por lo que el negro que producen al mezclarse a menudo es un color marrón oscuro.
- El papel se seca más rápido, puesto que se le ha aplicado menos tinta.

NOTA: CON LA ADICIÓN DEL NEGRO COMO CUARTA TINTA, ESTE ESPACIO DE COLOR SUSTRACTIVO SE CONOCE COMO CMYK, DONDE, PARA EVITAR LA CONFUSIÓN DE B (*BLUE*, AZUL) EN EL COLOR RGB, SE HA UTILIZADO LA LETRA K, QUE ES LA ÚLTIMA LETRA DE LA PALABRA *BLACK* (NEGRO).

Además, una capa equitativa de tintas CMY (que crean un tono gris en el papel) puede sustituirse con una cantidad de tinta negra. Esta técnica de sustitución de tinta tiene dos variantes: UCR, Eliminación del color subyacente (*Under Colour Removal*), o GCR, Sustitución del componente gris (*Gray Component Replacement*). Ambas pueden utilizarse dependiendo del proceso de impresión utilizado. Sin embargo, hay que observar que no todos los colores en un espacio de color RGB pueden reproducirse en un espacio CMYK. De hecho, los colores que se producen por la combinación de tintas son menos exactos que los que se pueden crear mezclando la luz, por ejemplo, en un monitor donde los colores se crean quemando fósforos rojos, verdes y azules en la pantalla. Ninguno de estos métodos es capaz de producir el rango de colores que pueden percibir nuestros ojos al igual que nuestros ojos no pueden percibir el espectro completo de luz. Por ejemplo, los extremos del espectro infrarrojos y ultravioletas no son visibles al ojo. Vivimos en un mundo lleno de color, pero nuestra percepción de ese color no sólo está restringida, sino que cuando intentamos representar ese color en un entorno impreso, ¡simplemente realizamos una aproximación!

Los pintores y el color sustractivo

Merece la pena desviarse un poco para examinar un área de confusión común concerniente al color. Simplemente, hemos establecido que un sistema de color aditivo, que utiliza la luz, tiene como colores primarios el rojo, verde y azul. Además, un sistema de color sustractivo, que utiliza tintas y tintes, tiene como colores primarios el cian, magenta y amarillo. Por tanto, ¿por qué nos suelen decir en las clases de dibujo en el colegio que los colores primarios para pintar son el rojo, el azul y el amarillo? ¡Esto no es un sistema sustractivo! La respuesta a esta pregunta yace en el hecho de que lo que se suele utilizar como pintura roja es un rojo/magenta muy oscuro y el azul suele ser cian oscuro. Si utilizáramos pinturas magentas puras y cian puras, se podría crear un rango de color mucho más extenso. La falta de exactitud de estas pinturas se demuestra con el color marrón chocolate (como se puede confirmar tras limpiar una clase de preescolar tras una clase de dibujo) que se obtiene al mezclarlos.

Actividad 2

Las tintas que se utilizan en el proceso de impresión suelen aplicarse a gran velocidad, con prensas de rodillo muy grandes. Es importante que, como parte de este proceso, cuando las tintas se apliquen al papel coincidan. De lo contrario, aparecería una imagen doble. Para que esto no suceda, se suelen imprimir cruces de registro en áreas de la superficie del papel que posteriormente se recortarán o doblarán. Además, a la vez que se aplica cada color, se suele imprimir una muestra de la tinta.

1. Coja una caja de cereales y abra la solapa inferior. Observe si hay algún color impreso en las solapas dobladas. ¿Cuántos colores hay?

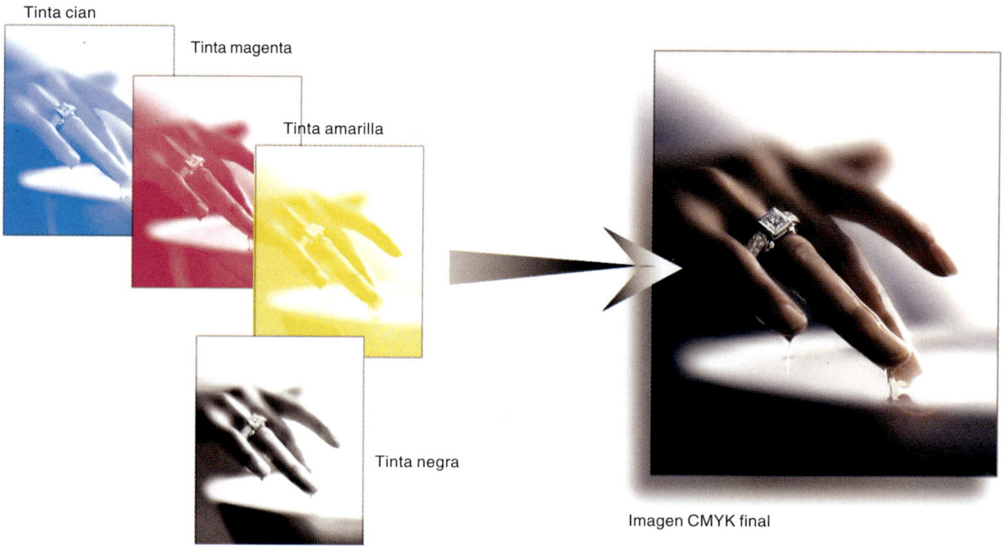

2. Busque una caja con un logo grande o un esquema de color como parte de su diseño (sería ideal un paquete con colores plateados o dorados). Abra las solapas y busque las muestras de color. ¿Hay más de las que esperaba? Conociendo las deficiencias de los cuatro procesos de impresión a color, ¿puede dar una explicación sobre esos colores extra?

3. Observe las áreas que hay alrededor de los colores. ¿Tienen asociados algún número? ¿Qué significan esos números?

GAMA DE COLOR

Mientras que cada espacio de color depende del aparato utilizado para crearlo, algunos espacios pueden representar más colores que otros. Sin embargo, como se explicó anteriormente, ninguno puede coincidir con los colores que perciben nuestros ojos (o los que existen en el mundo).

El rango de colores que existe en un espacio de color se conoce como la gama de color de ese espacio. En el diagrama que se muestra a continuación, la gama de color se reduce a medida que vamos bajando desde la imagen original hasta la representación impresa de esa imagen.

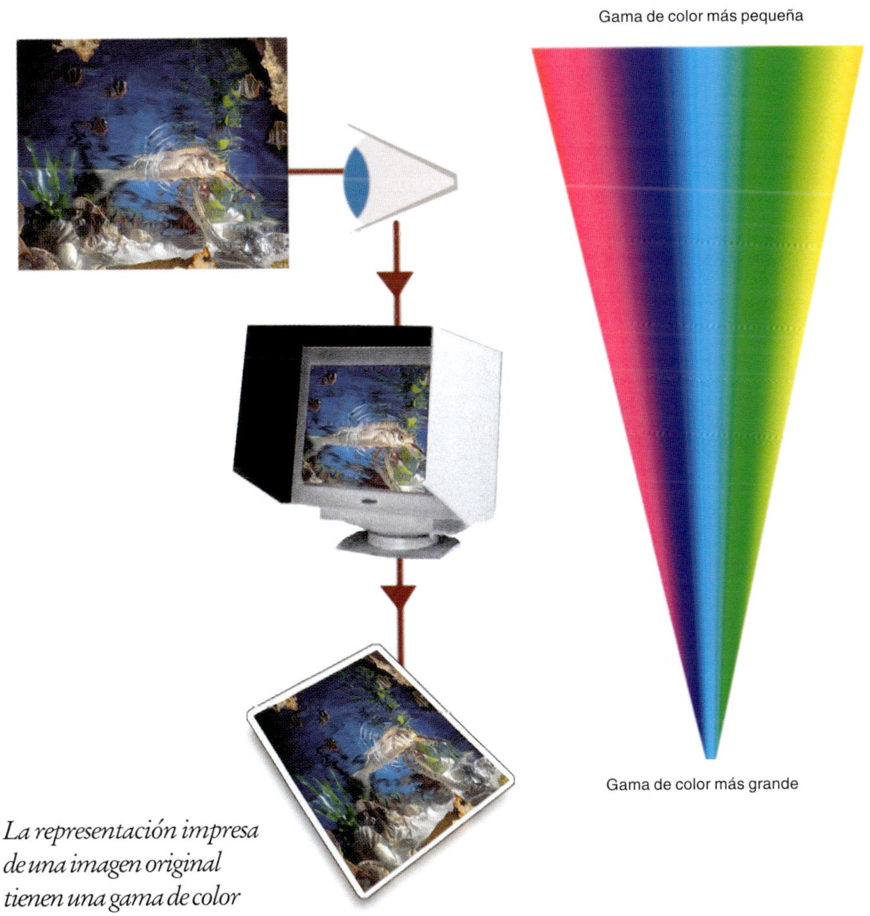

La representación impresa de una imagen original tienen una gama de color más pequeña.

Algunas de las secciones del espectro electromagnético que emite el sol no pueden percibirse con el ojo humano. Cuando un espacio concreto (en este caso, el espacio de color de nuestro ojo) no puede definir un color concreto, se dice que está fuera de la gama. El espacio de color basado en tintas/tintes sustractivos, el espacio CMYK, tiene el número más grande (o la cantidad más grande) de colores fuera de la gama. Por este motivo, cualquier imagen de color impresa será una aproximación tanto de la imagen que se mostraba en el monitor como de la que existe en nuestro propio mundo.

¿Cómo se relaciona el RGB con el CMYK?

La porción visible del espectro de luz puede reproducirse combinando los primarios aditivos, rojo, verde y azul, variando su cantidad. Cierto es que los colores primarios sustractivos, cian, magenta y amarillo, creados por la absorción y la reflexión de secciones del espectro, también se pueden crear mezclando combinaciones de luz roja, verde y azul. Éste es el caso, como demuestra la siguiente tabla, que indica la relación entre los dos conjuntos de colores primarios.

Tabla 5.1.
Colores primarios aditivos y sustractivos y su relación. Al opuesto de cada color se le suele llamar su color complementario.

Colores	Forman	Opuesto
Rojo y Verde	Amarillo	Azul
Rojo y Azul	Magenta	Verde
Verde y Azul	Cian	Rojo

Independencia con respecto al aparato

Mientras que los espacios de color RGB y CMYK dependen de los atributos físicos de los aparatos que se han utilizado para crearlos, la propia luz puede medirse de forma precisa y con consistencia. Por tanto, también es posible medir el color que produce la luz de modo preciso y predefinido. Como consecuencia, varios espacios de color RGB más pequeños pueden definirse como un subgrupo del propio espacio RGB. Esto significa que estos espacios de color contienen la mayoría (aunque no todos) de los colores posibles del espacio de color RGB. Algunos de los más utilizados son sRGB, Adobe RGB, Colormatch RGB y Bruce RGB.

Estos espacios de color son independientes a los aparatos, puesto que pueden definirse y medirse completamente sin depender de cualquier soporte lógico que pueda utilizar, o incluso que haya podido crearlos en un principio. Esta capacidad de reproducir los colores de forma independiente al aparato es la base de cualquier sistema de gestión del color, permitiendo los mapas de colores de un espacio a otro.

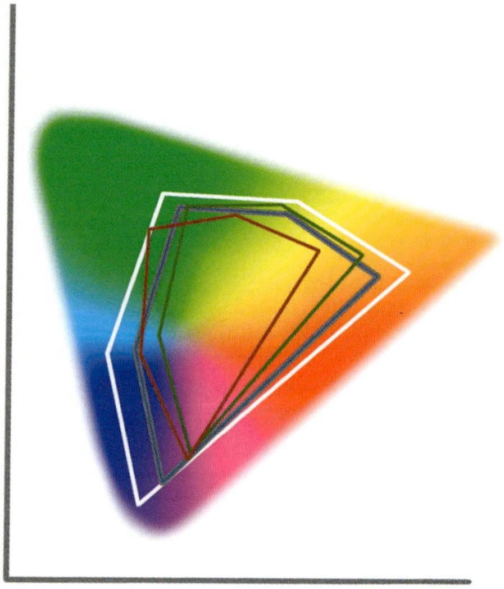

Este diagrama muestra la teoría sobre el espacio de color de luz basándose en el modelo de la Comisión internacional de la iluminación CIE (Comission Internationale de l'Eclairage). Dentro de este diagrama se muestra el espacio de color RGB (mostrado con una línea blanca), y dentro de esta área, aparecen varios espacios de color RGB reales.

Dependencia con respecto al aparato

No como ocurre con los espacios de color RGB basados en la luz, los que confían en la aplicación de tintas no son tan fáciles de medir y controlar. Algunas de las variables que pueden afectar a la reproducción del color cuando se utilizan tintas o tintes son:

- Las características del papel *stock* para la absorción de la tinta.
- La textura y viscosidad de la tinta.
- La cantidad de tinta aplicada a la superficie.
- La composición de las tintas.
- Los métodos de aplicación utilizados para colocar la tinta en la superficie.
- El color y composición del papel.
- La textura de la superficie del papel.

Todas estas variables tendrán un impacto sobre el color del documento finalizado. Como resultado, se dice que los espacios de color CMYK son dependientes de los aparatos, ya que cada impresora producirá un espacio de color (o un mapa de colores posibles) que diferirá en mayor o menor medida con otra impresora. Como resultado, un espacio de color CMYK se define según cada impresora, y no se aplica necesariamente a otra impresora distinta.

Debido a esta relación con cada impresora, para que los colores sean exactos, cualquier archivo convertido a CMYK tendrá que imprimirse en el tipo de impresora que definió el espacio CMYK utilizado. Por este motivo, es importante no guardar archivos digitales en formato CMYK, a no ser que se imprima en una impresora conocida. Aun así, es conveniente guardar otra versión en RGB.

¿Qué es un perfil?

Puesto que cada impresora reproduce el color de forma ligeramente diferente, para que cualquier CMS sea útil el hardware tiene que calibrarse y hay que crear un perfil exacto. Un perfil es un conjunto de medidas matemáticas que define la reproducción del color para un aparato concreto. Con un sistema calibrado adecuadamente, los perfiles interactúan para asegurar que cada bit de datos coincide con el aparato para obtener el resultado esperado. A menudo se le suele llamar WYSIWYG, "lo que ve es lo que obtiene", una consecuencia que supone la necesidad ideal para todos los documentos de diseño gráfico digital. Ahora, como resultado de nuestra comprensión de los espacios de color y los perfiles, podemos ver qué significa gestión del color de modo más sofisticado. La siguiente frase nos da una definición más precisa.

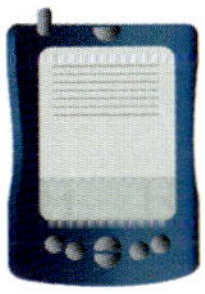

NOTA: GESTIÓN DEL COLOR O GRUPO DE TRABAJO DEL COLOR ES LA TRADUCCIÓN DE UN ARCHIVO DESDE UN ESPACIO DE COLOR A OTRO, UTILIZANDO EL PERFIL ASOCIADO CON EL APARATO DENTRO DE ESE GRUPO DE TRABAJO.

CONCEPTOS DE COLOR EN LA PRÁCTICA

Hemos visto los diferentes aspectos del color y cómo se relacionan para la construcción y la representación de imágenes. Aunque este tema puede ser en sí bastante complicado y confuso, es esencial que se obtenga un conocimiento de lo más básico. La siguiente actividad se ha diseñado para reforzar estos conocimientos básicos de modo práctico.

Actividad 3

1. Haga clic en la paleta de color frontal y abra el selector de color.

2. Deslice el regulador de color a lo alto de la gama, que debería ser rojo. Mueva el círculo de selección a la parte superior derecha de la ventana del selector, seleccionando de este modo un color rojo fuerte. Asegúrese de que está seleccionado el botón de opción H (Tono) situado a la derecha de la ventana.

RECUERDE QUE EL MONITOR ES UN APARATO RGB, ES DECIR, PRODUCE LA IMAGEN MEZCLANDO LA LUZ; POR TANTO, HAY DISPONIBLE UN RANGO DE COLORES MÁS AMPLIO.

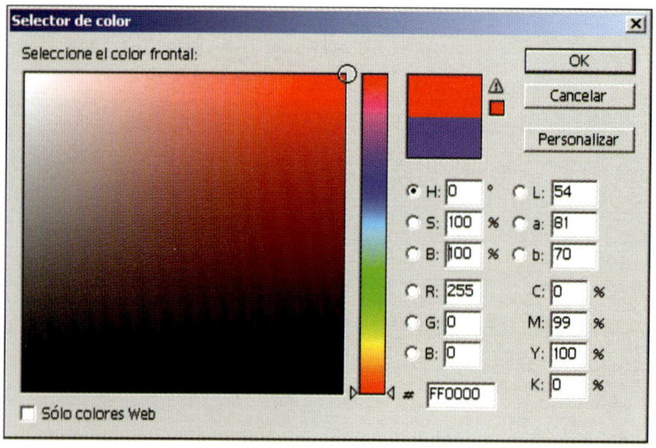

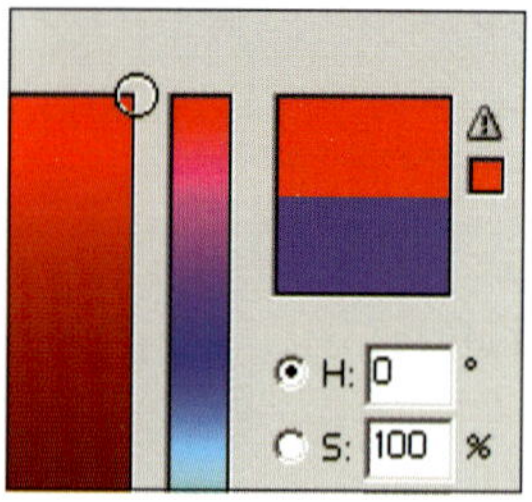

3. Examine el detalle situado a la derecha del selector de imagen. Las dos columnas de números se refieren a los valores del color elegido de tres modos distintos. En otras palabras, se está describiendo el color según tres espacios de color distinto. El primero es HSB, o tono, saturación y brillo (véase el apartado "Color" del capítulo 1). Además, también está RGB, CMYK y, por último, LAB. Este espacio de color (a veces también conocido como CIELab) es el espacio que describe todos los colores de forma teórica. Y como tal, es el espacio más grande que podemos definir.

4. Apunte los valores de los cuadros RGB y CMYK. La cantidad de negro es cero, indicando que el color es puro, es decir, no se ha añadido gris. Además, el cian también es cero, como se esperaba, puesto que el rojo se compone de amarillo y magenta. En el dominio RGB, observamos que el rojo puro no contiene verde o azul adicional, de nuevo como esperábamos.

5. Haga clic en el círculo de selección y muévalo por la ventana de selección. Observe cómo el rojo se vuelve más oscuro, ya que se le añade más negro. Asimismo, el tono se vuelve menos puro, ya que se define con cantidades adicionales de verde y azul (en RGB) o cian (en CMYK). Mueva el círculo de selección y observe los valores en RGB y CMYK mientras que el color cambia.

Actividad 4

1. Vaya a **Archivo>Nuevo** y cree un archivo nuevo con una resolución de 75 ppp y un tamaño de 295 x 295 píxeles. Utilizando el color rojo de la actividad previa, rellene el archivo con este color, utilizando el comando del menú **Edición>Rellenar**.

2. A continuación, seleccione la herramienta de selección elíptica y dibuje una selección circular dentro del área de la imagen. A continuación, seleccione la herramienta Degradado en el cuadro de herramientas y haga clic en la ventana de degradado que aparece debajo de la barra de menú. Debería aparecer el editor de degradado.

Gestión del color

3. Seleccione un degradado tipo arco iris y aplíquelo dentro del área seleccionada arrastrando una línea desde la parte superior del círculo hasta la parte inferior. El círculo debería completarse con un arco iris de colores.

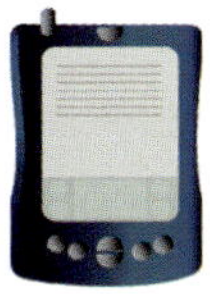

NOTA: EL RESULTADO FINAL DEBERÍA SER UN CÍRCULO DE COLORES VIVOS DENTRO DE UN COLOR DE FONDO ROJO.

4. Guarde este archivo y repita el paso 2, esta vez utilizando el color verde puro y el color azul puro como color de fondo. Guarde los dos archivos.

5. Dibuje una selección circular en cada archivo y rellénelo con un gradiente de arco iris.

6. En cada archivo, cree una ventana nueva para el archivo seleccionando Vista>Vista nueva y seleccionando a continuación Vista>Ajuste de prueba>Espacio de trabajo CMYK en Photoshop 6 o Vista>Vista previa>CMYK en Photoshop 5.0/5.5. Realice una vista previa con cada uno de los archivos, tanto con las versiones CMYK como con RGB en la pantalla a la vez y compárelos. ¿Qué le ocurre a los colores en la vista previa de CMYK? ¿Cuáles son los más afectados? ¿Qué indica esto sobre CMYK como espacio de color?

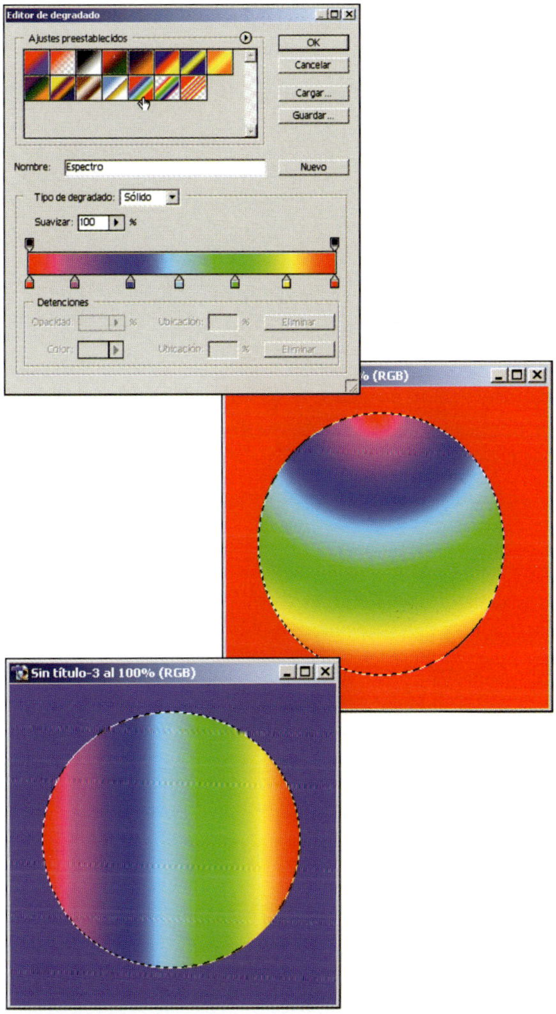

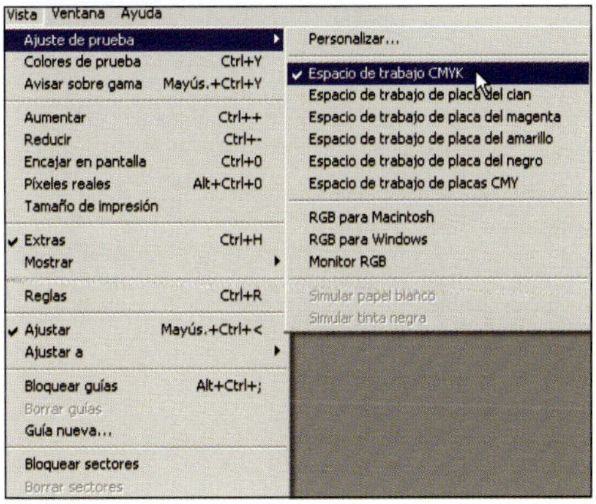

CÓMO APLICAR LA GESTIÓN DEL COLOR

Cualquier entorno donde se tiene que aplicar una gestión del color, requerirá como prioridad principal una calibración de los aparatos que se están utilizando. De estos aparatos, el monitor es quizás el más crítico, puesto que cualquier juicio subjetivo relacionado con una imagen dependerá del monitor y de cómo muestre la imagen. Si el monitor no está calibrado, es como si estuviera observando una imagen con cristales tintados, e incluso sin saber de qué color es el tinte.

Cómo calibrar el monitor

Aunque todos los monitores funcionan en un espacio RGB, cada monitor se comporta de un modo ligeramente distinto dependiendo de su diseño mecánico y electrónico. Además, el color del monitor cambia con el tiempo, en pequeños períodos, mientras que la unidad se calienta y se estabiliza también en períodos más largos, a medida que pasan los años. Por este motivo, para mantener un color exacto en un monitor, tiene que calibrarse con frecuencia, pero tan sólo si ha estado conectado por lo menos media hora. Antes de calibrarlo, hay que examinar el entorno y hay que realizar una serie de pasos simples.

- Elimine el resplandor y los reflejos de muros o ventanas cercanas.
- Construya una visera con cartulina negra y colóquela sobre el monitor para reducir el resplandor. Esta visera debería sobresalir por lo menos 30 cm de la parte superior del monitor.
- Reduzca la luz de la habitación para que no domine al monitor.
- Asegúrese de que la iluminación de la habitación sea consistente. Si fuera necesario, quite algunas bombillas o conecte todas las luces.
- Utilice una iluminación lo más neutral posible. Esto también es muy importante para ver documentos impresos.
- Quite el papel tapiz del escritorio del monitor si tiene colores llamativos, ya que puede interferir con la percepción visual de los colores.

Cómo varían los sistemas de ordenador

Por desgracia, existen diferencias en el modo en el que los Mac y los Pc utilizan el color. En Macintosh, CMS se conoce como ColorSync, y viene incorporado en el sistema operativo y está disponible en aplicaciones diseñadas para usarlo. Este nivel de sistema de software es uno de los motivos por el que los profesionales del diseño gráfico prefieren los Mac. En una plataforma de Windows, el CMS se conoce como ICM, y utiliza la misma base que ColorSync para controlar la reproducción del color. Se puede utilizar como nivel de sistema a partir de Windows 98, y conlleva menos diferencias en el modo en el que se reproduce el color en un PC y en un Mac que en el pasado.

Cómo calibrar el software

Este método es el menos complejo de mejorar e implica el uso de software como Adobe Gamma (disponible con Photoshop tanto para plataformas de Mac como de Windows). A este software se accede a través del panel de control e incluye la calibración del punto blanco, el contraste, el brillo y la gama del monitor. El archivo resultante se guarda como un archivo ICC (Consorcio internacional del color, *International Color Consortium*), la aplicación estándar para la descripción de perfiles.

Actividad 5

Aunque este tipo de software explica al usuario todo el proceso paso a paso, en realidad se necesita un poco de práctica para ser exactos en su configuración, puesto que confían en evaluaciones subjetivas. Por este motivo, es conveniente preguntar a un amigo con experiencia durante la instalación. Asegúrese también de que el monitor ha estado encendido durante al menos media hora, para que se haya estabilizado.

1. Abra Adobe Gamma seleccionando **Archivos de programa>Archivos comunes> Adobe>Calibration** en Windows o **Menú Apple>Paneles de control** en Mac OS. (Los usuarios de Windows 95 y NT no pueden incorporar el perfil resultante en el nivel de sistema, por lo que se recomienda a los usuarios de PC que utilicen Windows 98 o superior.)

2. Una vez que abra el panel de control de Gamma, le preguntarán si quiere utilizar el método **Paso a paso** (asistente), o simplemente el panel de control. En la primera opción se explican todos los pasos, así que seleccione esta opción. El paso siguiente le permite cargar un perfil ICC para describir las características del monitor. El perfil que se ofrece en primer lugar es el perfil estándar que trae el monitor, por lo que esta opción predeterminada suele ser un buen punto de comienzo.

3. A continuación, tendremos que realizar algunos cambios al brillo y contraste. Utilizando los controles del monitor, ajuste el contraste a su valor más alto. Después, ajuste el brillo para que sólo se vea el cuadrado interior. (Debido a las configuraciones de fábrica que pueden variar de un monitor a otro, este paso puede ser difícil de lograr; por tanto, elija el ajuste más cercano posible.)

4. En la siguiente pantalla hay que seleccionar los fósforos que utilice su monitor. Para determinar estas configuraciones, consulte el manual del monitor o elija entre los dos tipos más comunes: Trinitron o P22-EBU. Cualquier tubo fabricado por Sony (que se suelen incluir en muchos monitores de Apple) utiliza Trinitron, mientras que Mitsubishi, Hitachi y Radius utilizan un tubo Diamondtron que utiliza fósforos P22-EBU. Recuerde que todos los tubos envejecen y alteran sus características con el tiempo, por lo que es posible que no coincidan estas configuraciones con las actuales.

5. Para ajustar los gamma del monitor, asegúrese de que no esté seleccionado el cuadro de diálogo Ver sólo gama única. Seleccione el valor 2.2 o 1.8, dependiendo del sistema que tenga, Windows o Mac OS. A continuación ajuste los reguladores que aparecen debajo de cada cuadro para definir el resultado. Para realizar este paso, aléjese un poco del monitor y entrecierre los ojos hasta que las líneas de los cuadros exteriores comiencen a desaparecer. Esto permitirá una mejor combinación con el tono interior.

6. A continuación, se determinará el punto blanco. Asegúrese de completar el paso 5 de forma precisa o este paso también se verá afectado. Puesto que los fósforos del monitor cambian con el tiempo, habrá que elegir el punto blanco actual; por tanto, seleccione la opción Medir para Punto blanco del hardware.

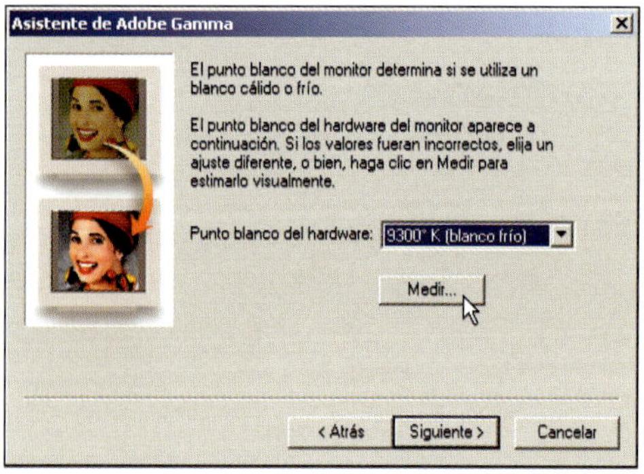

7. El Punto blanco ajustado es la configuración que quiere que utilice el monitor para mostrar las imágenes. Este punto blanco puede ser como blanco cálido (5000°K) o luz del día (6500°K). Sin embargo, en la práctica es aconsejable elegir Igual que Hardware, ya que selecciona la configuración que determinó en el paso 6, evitando de este modo cualquier truncamiento del rango dinámico del monitor.

8. Finalice y guárdelo, después de seleccionar entre las opciones Antes o Después para determinar los cambios que se han producido. (Si lo considera necesario, empiece de nuevo para ajustar otras configuraciones.) Asegúrese de guardar el perfil con un nuevo nombre, como por ejemplo `ConfiguraciónActualMonitor`. Éste será ahora el perfil que utilice el sistema y defina el espacio del monitor.

NOTA: NO PULSE LOS BOTONES DEL BRILLO O CONTRASTE DEL MONITOR DESPUÉS DE LA CALIBRACIÓN, YA QUE CUALQUIER ALTERACIÓN INTERFERIRÁ CON EL PERFIL CREADO.

Calibración del hardware

Sin lugar a duda, el método más exacto de calibrar un monitor es utilizando un hardware, conocido como colorímetro, que se coloca en la pantalla gracias a una ventosa y que mide la luz roja, verde y azul emitida.

El software asociado construye un perfil basándose en cualquier variación que se produzca de los valores esperados. Este enfoque elimina todos los márgenes de error que se pueden producir utilizando un método subjetivo como Adobe Gamma. Aunque la utilización de un colorímetro es más complicado y caro que el software de calibración, los precios han disminuido en los últimos años y estas aplicaciones cada vez son más fáciles de usar. Algunos monitores más sofisticados incluyen métodos de calibración incorporados. Estos monitores especiales son más caros que la mayoría de los visualizadores de nivel de entrada, pero pueden calibrarse con el paso del tiempo y, por tanto, ofrecen un rendimiento sin precedentes.

Los colorímetros X-Rite y Colorvision, utilizados para calibrar el monitor acoplándose al monitor.

NOTA: SI NO SE CALIBRA UN MONITOR, NO SE GARANTIZA QUE LOS COLORES QUE SE MUESTRAN EN LA PANTALLA SEAN UNA VERDADERA REPRESENTACIÓN DE LA IMAGEN.

¿Cómo se utiliza el perfil del monitor?

El propósito de la gestión del color es el de producir impresiones consistentes y esperadas, pero el tipo de sistema que tenemos que ejecutar depende de nuestras necesidades concretas. La solución menos compleja es la de un sistema cerrado: el ordenador conectado a un aparato de entrada, como puede ser un escáner o una cámara digital, y a una unidad de salida, como una impresora a chorro de tinta. En este sistema, los archivos de imagen sólo se transferirán de uno de estos aparatos a otro, por lo que no importa si nuestros perfiles no son exactos (en lo que se refiere a aplicaciones aceptadas estándar), siempre y cuando funcionen correctamente dentro del circuito cerrado. Este sistema es muy fácil de instalar y, si no supone ningún problema la necesidad de utilizar servicios de escaneado o impresión, es un método muy funcional para conseguir resultados consistentes.

NOTA: ÉSTE ERA EL ÚNICO TIPO DE GESTIÓN DEL COLOR QUE EXISTÍA ANTES DE QUE SE INTRODUJERAN LOS SOFTWARE QUE PODÍAN TRABAJAR CON PERFILES ICC.

La alternativa al sistema anterior se basa en perfiles ICC. Estos perfiles se añaden a las imágenes, por lo que los datos de las imágenes se van ajustando mientras que se transfiere de un aparato a otro, un sistema de gestión del color abierto y universal.

GALERÍA

Justin Ridler.

Hock Loong Goh.

Seok-Jin Lee.

Les Horvat.

CAPÍTULO 6

Les Horvat.

PROPÓSITOS

- Ofrecer un recurso de información técnica sobre los grupos de trabajo del color.
- Desarrollar una comprensión de los procedimientos implicados en la producción de documentos impresos que coincidan con las expectaciones de color.
- Desarrollar un conocimiento sobre los modos en los que la gestión del grupo de trabajo puede influir en el color.

OBJETIVOS

- Investigar una serie de gestiones del grupo de trabajo utilizando los aparatos de entrada y salida disponibles.
- Analizar y evaluar la efectividad de los grupos de trabajo mejorados e intercambiar ideas y opiniones con otros estudiantes.
- Respuesta personal. Producir una serie de documentos digitales que demuestren que se han investigado las consecuencias de los grupos de trabajo.

GESTIÓN DEL GRUPO DE TRABAJO

CAPÍTULO 6. GESTIÓN DEL GRUPO DE TRABAJO

INTRODUCCIÓN

El propósito de una gestión del grupo de trabajo del color es intentar conseguir un aparato que represente de forma precisa los colores representados en otro aparato, o quizás incluso el color del documento original. Como mencionamos en el capítulo anterior, hay muchos motivos para que se produzcan inconsistencias en la reproducción del color. Distintos aparatos representan el color de forma diferente, dependiendo de si son aparatos RGB o CMYK, si usan tinta o luz para fabricar el color. Además, cada aparato puede producir su propio rango de colores, algunos con una gama de color más extensa y otros con una gama más restringida (véase el apartado "Gama de colores" del capítulo 5).

Cómo poner en práctica un grupo de trabajo

Para poder configurar un sistema de gestión del color viable que produzca resultados consistentes (en realidad, crear una gestión del grupo de trabajo) se necesita realizar uno o ambos de los siguientes pasos:

- **Calibrar los aparatos.** Estas calibraciones hay que realizarlas de vez en cuando, ya que todos los aparatos cambian con el paso del tiempo (véase apartado "Cómo calibrar el monitor", capítulo 5). La calibración asegura que todos los aparatos se ajustan a un estado o condición establecida. Observe que no es lo mismo que un estado predeterminado.

- **Creación de perfiles de los aparatos.** Un perfil es una firma de un aparato concreto que describe las capacidades del color de ese aparato. Esto le permite al software (tanto ColorSync en Mac como ICM en PC), junto con un CMM, convertir el color entre espacios de color dependientes al aparato y espacios de color independientes al aparato. Esta ejecución de un grupo de trabajo basado en un perfil permite una consistencia, incluso si se mueve un archivo de una cadena de aparatos a otra, siempre y cuando la nueva cadena de aparatos también utilice perfiles basados en ICC.

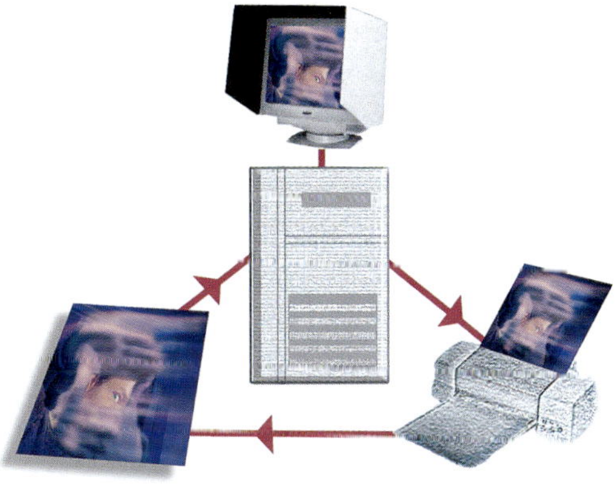

Un sistema de circuito cerrado.

UTILIZAR UN GRUPO DE TRABAJO CON UN SISTEMA DE CIRCUITO CERRADO

Ésta es la ejecución más simple de un grupo de trabajo del color, que confía en poder coincidir con todos los aparatos dentro de un circuito de hardware cerrado. Este método es apropiado para aquellos que:

- Operan con una aplicación que no incluye opciones sobre la gestión del color, como por ejemplo Photoshop LE.

- Operan con un entorno completamente controlado, donde todas las entradas y salidas se regulan con el hardware que forma el circuito del grupo de trabajo. Para que este sistema sea completamente efectivo, los archivos se crearán únicamente con los aparatos de entrada del circuito, como por ejemplo un escáner o una cámara digital.

Actividad 1

1. Diríjase a **Edición>Ajustes de color** y seleccione una de las opciones por defecto de pre-impresión del menú **Ajustes**. Esto hará que Adobe RGB (1998) se configure como el espacio de trabajo. Para más información sobre este tema, véase el apartado "¿Qué significa espacio de trabajo de color?", en este capítulo.

2. Seleccione un archivo RGB que tenga un gran rango de colores y tonos (su imagen meta), asegurándose de que incluya sutiles sombras de gris y color piel. Véase el apartado "Misión" al final de este capítulo para producir una imagen de este tipo. (A veces los escáneres o las impresoras incluyen archivos de esta clase.

3. Imprima el archivo con la impresora adjunta al sistema y no ajuste ningún color o tono con el *driver* del software. Coloque la impresión bajo unas condiciones de iluminación neutral lo más cerca posible del monitor y, utilizando Adobe Gamma, ajuste la configuración para la gama del monitor (al igual que hizo en la actividad 5 del capítulo anterior), para que el monitor muestre la imagen lo más parecida posible al documento impreso. Asegúrese de que no está seleccionada la opción **Ver sólo gama única** para que se puedan realizar ajustes independientes en cada color.

4. Guarde el archivo creado con un nombre adecuado, como `ImpresiónMonitor`. Este perfil ha ajustado ahora el monitor para que muestre al archivo lo más parecido posible con la impresión. (Utilice este perfil del monitor como vista previa para ver el aspecto de la imagen cuando se utilice la impresora del sistema para realizar la impresión.)

5. A continuación, coja la impresión y escanéela con el escáner adjunto al sistema. Altere la configuración del escáner con el software que incluye el aparato hasta que el archivo escaneado que se muestra en el monitor se parezca lo más posible al archivo original y a la impresión. Guarde esta configuración del escáner con un nombre apropiado y asegúrese de utilizarla para todos los escaneados.

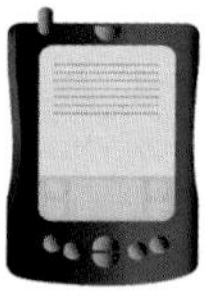

NOTA: EL SISTEMA SE HA CALIBRADO PARA QUE SE PUEDA OBTENER UN RESULTADO WYSIWYG. SIN EMBARGO, ESTO NO QUIERE DECIR QUE LOS COLORES SEAN LOS CORRECTOS; DE HECHO, LA CALIDAD DEPENDERÁ DE LA CALIDAD DE LOS APARATOS, SOBRE TODO PORQUE TANTO EL MONITOR COMO EL ESCÁNER SE HAN CONFIGURADO PARA QUE COINCIDAN CON LAS LIMITACIONES DE LA IMPRESORA.

CÓMO UTILIZAR LOS PERFILES EN UNA GESTIÓN DEL GRUPO DE TRABAJO

En un sistema de gestión del color de circuito cerrado, puesto que todas las variables de entrada, visualizadores y salida dependen de una serie de aparatos limitados, el resultado final puede controlarse y ser predecible. Sin embargo, si en cualquier fase se utiliza otro aparato externo al circuito, como por ejemplo otro escáner u otra impresora, no se podrán predecir los resultados. Este es el momento en el que se necesita un proceso de gestión del color más formalizado. Este sistema, basado en perfiles ICC reconocidos universalmente, permite que los archivos se muevan de un sistema o aparato a otro con una previsión asociada. Una aplicación como Photoshop puede ayudarle en la creación de este enfoque universal que confía no sólo en los ajustes visuales y subjetivos del color de las impresiones, sino también en los perfiles ICC que controlan los cambios necesarios para conseguir una consistencia.

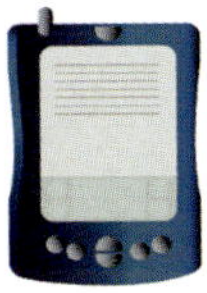

NOTA: COMO LA IMAGEN PASA DE UN APARATO A OTRO, SE AJUSTA SEGÚN EL CMS A TRAVÉS DE SU PERFIL ASOCIADO, POR LO QUE LA IMAGEN SE MUESTRA DE FORMA CONSISTENTE EN TODOS LOS HARDWARE DE LA CADENA.

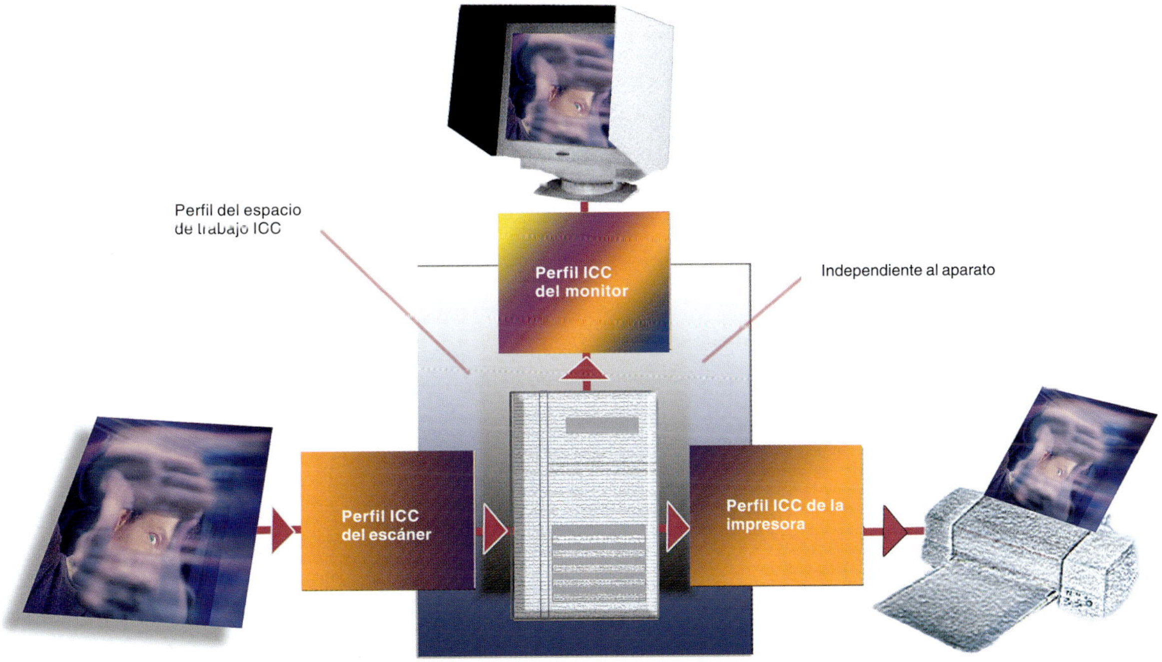

Perfiles aplicados a través del grupo de trabajo.

Etiquetado

Al calibrar el monitor dentro del sistema (a través de una aplicación o de un hardware) se produce la creación de un perfil ICC único. Como cada monitor tiene sus propias características (y perfil), los valores RGB idénticos se muestran un tanto distinto en cada sistema. Se mostrarán distintos a no ser que el perfil concreto se introduzca en el propio archivo de imagen. Por tanto, el sistema podría ajustar los valores RGB para que se muestren de forma idéntica en ambos monitores. Este proceso se conoce como etiquetado y se mantiene como un paso automático en muchas de las versiones de software de edición de imágenes disponibles. Sin embargo, etiquetar la imagen con el perfil del monitor significaría que sería necesario realizar cambios constantes a los datos de la imagen para que ésta se pudiera transferir de un sistema a otro. Aquí, el espacio de trabajo es muy importante.

¿Qué significa espacio de trabajo del color?

Como se explicó en el apartado anterior, cada monitor reproduce los colores a su modo, dentro de su espacio de color RGB. Puesto que cada monitor es ligeramente distinto, si este espacio de color del monitor (caracterizado por su perfil) se etiqueta con la imagen, se producirían cambios en los datos de la imagen cada vez que el archivo se muestre en un monitor diferente. Cuantas más veces se mueva el archivo hacia delante o hacia atrás entre los distintos sistemas, más se alterará el archivo; esto provocará un potencial más grande para la pérdida de información. Por tanto, parece ser que etiquetar el perfil del monitor según la imagen no es una solución total para mantener un color consistente, puesto que se puede producir una degradación del color cuando el archivo pase de un sistema a otro.

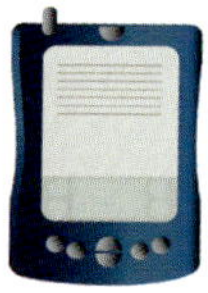

NOTA: LA SOLUCIÓN A ESTE PROBLEMA ES NO INTRODUCIR EL PERFIL ACTUAL DEL MONITOR QUE HA UTILIZADO EL SISTEMA, SINO UN PERFIL RGB CON UN ESPACIO DE TRABAJO PREDEFINIDO.

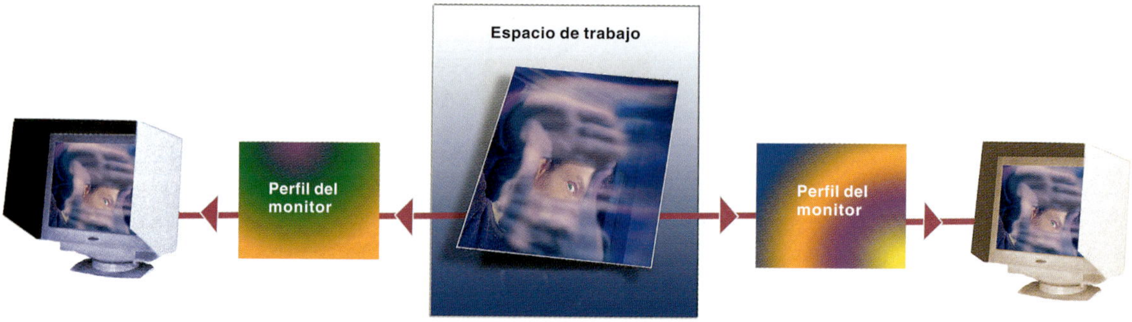

Una imagen mostrada en dos monitores, cada una ajustada según su propio perfil.

Este espacio de trabajo se define con precisión, y lo que es más importante, es independiente al aparato. Esto significa que cualquiera de los dos sistemas que funcionen en el mismo perfil del espacio de trabajo no necesitará realizar cambios a los datos de la imagen actual, sólo a los datos de la exposición de la imagen. Éste es un gran avance en la gestión del color, por lo que ahora, sea cual sea la plataforma o el hardware que se utilice, se asegura una independencia del color de la imagen RGB.

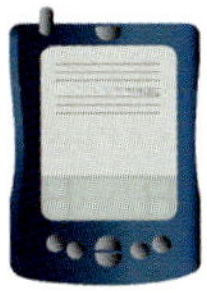

NOTA: EN LA PRÁCTICA, EL PERFIL DEL MONITOR DETERMINA CÓMO SE MUESTRA LA IMAGEN EN LA PANTALLA MIENTRAS QUE EL ESPACIO DE TRABAJO DEL COLOR DETERMINA LOS DATOS DE COLOR RGB ACTUALES DE LA IMAGEN. LOS PERFILES DEL MONITOR SE SUELEN INCLUIR EN APLICACIONES COMO PHOTOSHOP Y EN EL SISTEMA OPERATIVO.

Actividad 2

1. Abra una imagen RGB que tenga un gran rango de colores.

2. Seleccione Imagen>Modo>Asignar perfil. Asegúrese de que la opción Ver está seleccionada, haga clic en Perfil y seleccione cualquier perfil de monitor que haya en la lista. Haga clic en **OK**.

3. Observe cómo cambia el color de la imagen cuando se selecciona el nuevo perfil. Los cambios pueden compararse simplemente seleccionando o no la opción Ver. Observe cómo este cambio no tiene una naturaleza necesariamente uniforme, pero afecta a unos colores más que a otros.

Cómo seleccionar el espacio de trabajo

Photoshop incluye una serie de espacios de color RGB (aparte de espacios de monitores específicos) como alternativas que se pueden seleccionar como un espacio de trabajo del color. Cada uno tiene sus propias características que hay que explicar.

- **Apple RGB**. Se basa en el monitor de 13 pulgadas de Apple y es el espacio por defecto más antiguo.
- **sRGB.** Es un espacio de monitor restringido más apropiado para aplicaciones Web.
- **CIE RGB.** Se basa en el modelo de color CIE.
- **Adobe RGB (1998)**. Conocido anteriormente como SMPTE-240M, proporciona una gama bastante amplia para imprimir trabajos de producción en RGB y CMYK. Es el espacio elegido por muchos profesionales que trabajan en la impresión.
- **Wide gamut RGB.** Es un espacio muy grande que cubrirá todas las posibilidades RGB, pero incluye muchos colores que no se pueden imprimir.
- **NTSC.** Es el estándar de la TV.
- **PAL/SECAM.** Es el estándar de la TV europea.
- **ColorMatch RGB.** Es un estándar que se basa en un monitor utilizado para la preimpresión. Tiene una gama de color un poco más pequeña que el espacio Adobe RGB.
- **Monitor RGB.** Es el espacio asociado con el perfil creado para su monitor. Utilice este espacio sólo si no se necesita una gestión del color más amplia, como por ejemplo en configuraciones de circuitos cerrados.

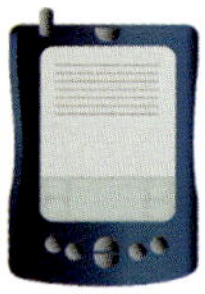

NOTA: EN PHOTOSHOP, EL ESPACIO DE COLOR PREDETERMINADO ES SRGB, QUE DEBIDO A SU GAMA DE COLOR RESTRINGIDA NO ES ADECUADO PARA EL TRABAJO DE IMPRESIÓN. POR TANTO, ES IMPORTANTE CAMBIAR EL ESPACIO DE TRABAJO A UNO MÁS AMPLIO QUE SEA MÁS APROPIADO PARA LA IMPRESIÓN, COMO POR EJEMPLO ADOBE RGB (1998). PHOTOSHOP 6 Y 7 CONFIGURARÁN ESTA OPCIÓN COMO PREDETERMINADA AUTOMÁTICAMENTE SI CAMBIA Ajustes EN LA VENTANA Ajustes de color A CUALQUIERA DE LOS PREDETERMINADOS A LA IMPRESIÓN. VÉASE EL PASO 2 DEL APARTADO "CÓMO CONFIGURAR UN SISTEMA BASADO EN EL PERFIL ICC".

Analogía del espacio de color

Para que tenga sentido la teoría sobre una gestión del grupo de trabajo del color, es esencial comprender las diferencias entre un espacio del monitor y un espacio de trabajo y tener claro cómo se utiliza cada uno. Para clarificar este concepto, considere la siguiente analogía:

El espacio de trabajo puede ser considerarse como una gran caja de lápices de colores y el espacio de color como un trozo de papel.

Cuanto más grande sea la caja de lápices, menos problemas tendremos para reproducir los colores de una escena. Sin embargo, si tenemos muy pocos lápices en la caja, no se podrán reproducir algunos colores. Además, si el rango de lápices es demasiado grande, es posible que dejemos algunos incluso sin utilizar. El papel que elijamos, o más concretamente, el color del papel que elijamos determinará exactamente qué lápices necesitaremos para reproducir cada color. En esta analogía, una gran caja de lápices equivale a un espacio de trabajo con una escala de colores grande, mientras que el vehículo que muestra nuestra imagen (el papel sobre el que utilizamos los lápices) equivale a nuestro espacio del monitor.

Actividad 3

Imagínese que es un artista gráfico cuya tarea es la de copiar en papel el logotipo de una empresa. Esta empresa, llamada Spectrum Enterprises, tiene un logo que contiene un arco iris de color con un cuadrado blanco. Le han dado una caja con 20 lápices de color (su espacio de trabajo) y una hoja de papel blanco (su espacio del papel).

1. Coja los lápices de color y copie el logo en un papel blanco, lo más exacto posible.

2. A continuación, coja un papel amarillo y, con los mismos lápices de color, copie el logo de nuevo. Observe que esta vez ha tenido que utilizar un lápiz blanco para hacer el cuadrado del centro, aunque no ha necesitado el lápiz de color amarillo. En otras palabras, para reproducir el logo con exactitud, tiene que utilizar distintos lápices de color cuando cambia el color del papel. Si esto se expresara según una expresión matemática o perfil, se podría decir que se tiene que aplicar un perfil del papel para que se seleccionen los lápices adecuados para que el logo se pueda reproducir correctamente en el papel amarillo. Por tanto, hay que considerar que cada vez que cambie el color del papel, hay que utilizar un perfil del papel, aunque se estén utilizando los mismos lápices.

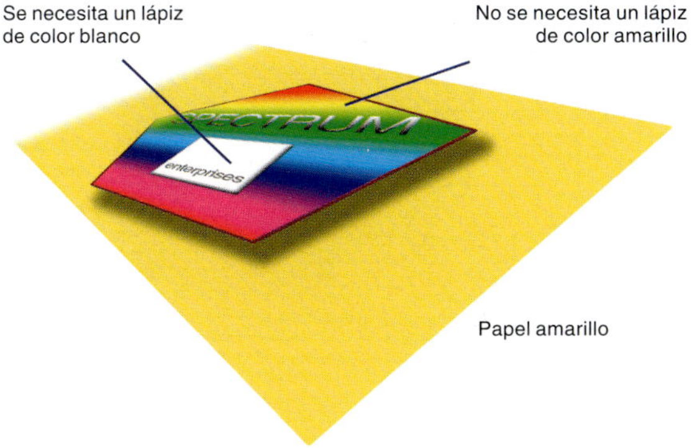

3. Esta vez pruebe a dibujar el logo sólo con tres lápices. Inténtelo de nuevo con el papel amarillo. Observe cómo, cuando se reduce el número de lápices de colores, no importa qué papel utilicemos, no se puede reproducir adecuadamente. Está claro que estos tres lápices componen un espacio de trabajo que es demasiado pequeño para dibujar el logo. La relación entre el papel (espacio de exposición) y los lápices (espacio de trabajo) es aparente.

NOTA: EN EL DISEÑO GRÁFICO DIGITAL, EL ESPACIO DE EXPOSICIÓN ES EL ESPACIO DEL MONITOR Y EL ESPACIO DE TRABAJO ES EL ESPACIO RGB ASIGNADO A TRAVÉS DE LA CONFIGURACIÓN DEL COLOR.

CÓMO CONFIGURAR UN SISTEMA BASADO EN EL PERFIL ICC

Para configurar un grupo de trabajo que sea compatible con la normativa aceptada universalmente se necesitan perfiles ICC. Esto permite una gestión del color que le dará resultados impredecibles, sin importar los aparatos que se utilicen en el proceso. Para configurar este sistema se necesita realizar una serie de pasos. Cada paso del proceso tiene que seguirse cuidadosamente y, una vez ejecutado, las configuraciones del sistema no deberían alterarse de forma arbitraria. El obstáculo más grande para una gestión del color adecuada es la falta de comprensión del sistema que tienen algunos usuarios que alteran uno o más aspectos de su sistema, rompiendo de este modo la cadena del proceso. Para los usuarios de Photoshop LE el único paso posible es el paso 1, ya que esta versión no dispone de una gestión del color.

Paso 1: Calibrar el monitor

Como se describió en el apartado anterior, hay que calibrar el monitor para que la representación de la imagen en la pantalla sea precisa. Aunque se puede trabajar utilizando los valores actuales que indica la paleta de información, la creación de imágenes es una actividad subjetiva que confía en constantes juicios de estética y, sin duda, es importante poder ver la imagen correctamente en la pantalla.

Paso 2: Configurar Photoshop

La configuración de Photoshop es uno de los pasos más importantes para la creación de un color predecible. A este respecto, se han realizado cambios significativos desde las versiones más antiguas de Photoshop (por ejemplo, antes de la versión 6), por lo que se justifica tener que pagar por una actualización. Además de fijar varios aspectos de funcionalidad, Photoshop 6 cambia el modo en el que se han configurado y aplicado los espacios de trabajo. El cambio más importante fue que, a diferencia de Photoshop 5, donde todos los documentos abiertos tenían que tener el mismo espacio de trabajo, a partir de Photoshop 6 el color específico del documento (perfiles codificados dentro de los propios archivos) permitió la visualización correcta de varios documentos a la vez, sin tener en cuenta el espacio de trabajo que configuró el usuario. Esta característica es importante cuando se combinan dos o más imágenes, sobre todo si tienen su origen en diferentes fuentes, evitando así conversiones innecesarias de un espacio a otro.

Elegir un espacio de trabajo

Aunque la elección de un espacio de trabajo para asegurar una visualización correcta de una imagen no es tan crítica como lo era con Photoshop 5 (puesto que las versiones posteriores incorporan un color específico del documento), la elección del espacio de trabajo apropiado se debería basar en las necesidades y en las intenciones del usuario. Por ejemplo, si la mayoría de las creaciones de imágenes son para la Web, se recomienda el espacio sRGB, ya que tiene una gama que suelen tener casi todos los monitores de PC. Asimismo, si las imágenes son para su impresión, sería más apropiado un espacio como Adobe (1998) o ColorMatch, ya que su gama es más amplia que la de sRGB. Si el espacio de color elegido es muy grande, como por ejemplo Wide gamut RGB, no se imprimirán muchos colores, por lo que las imágenes que tengan un aspecto magnífico en el monitor podrá desilusionar cuando se impriman. En el espacio CMYK, la elección del espacio de trabajo tiene un comportamiento definido, ya que esto afectará el modo en el que una imagen se imprimirá cuando se envíe a una impresora específica.

Ajustes de color

Uno de los cuadros de diálogo más ricos en información de Photoshop es Ajustes de color, que se puede encontrar en Edición> Ajustes de color. Aunque a primera vista puede parecer un poco sobrecogedor, el hecho de que la mayoría de opciones disponibles estén agrupadas es, en realidad, un beneficio. Además, Adobe ha creado una serie de configuraciones previas para que sea más fácil tomar decisiones. Si se selecciona la casilla Modo avanzado, aparecerán dos secciones más.

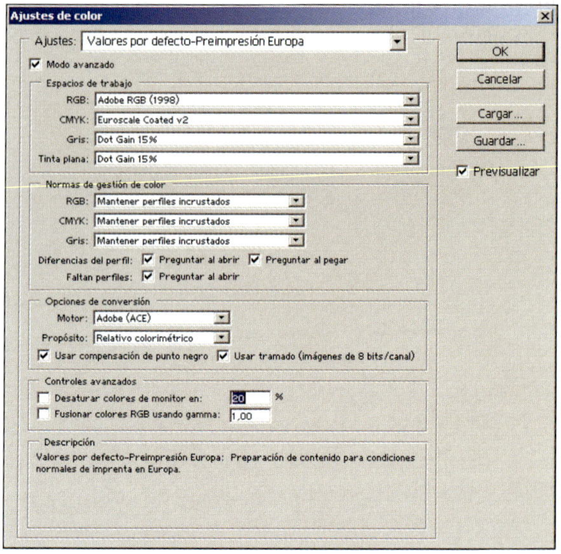

La primera sección es un menú emergente titulado Ajustes, donde se almacenan varias configuraciones preinstaladas. En realidad, este menú controla las configuraciones en las otras áreas del cuadro de diálogo, por lo que se puede seleccionar la opción que se necesite de este menú, y las demás elecciones se elegirán automáticamente.

La segunda sección se titula Espacios de trabajo y desde aquí se accede a los espacios de color RGB independientes al aparato. Utilizado principalmente para documentos impresos, Adobe EGB (1998) es una elección apropiada (véase el apartado Cómo seleccionar el espacio de trabajo). Observe que la opción Monitor RGB también está disponible, pero no se recomienda como espacio de trabajo puesto que esto restringirá los archivos a las características de su monitor (véase el apartado ¿Qué significa espacio de trabajo del color?).

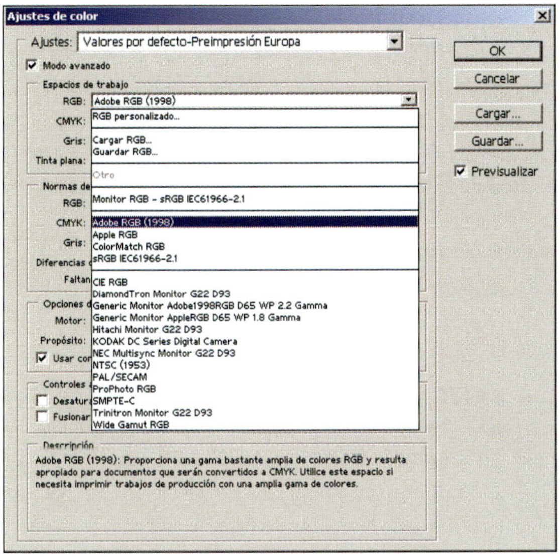

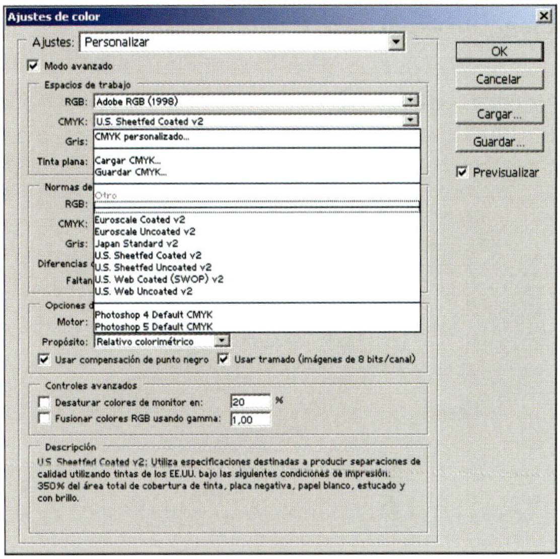

Espacio de trabajo CMYK

Puesto que CMYK es un espacio de color dependiente del aparato (puesto que se define según las propiedades de la impresora) ésta es la elección del espacio que afectará al modo en el que un archivo CMYK se imprima en una prensa o impresora PostScript. Photoshop dispone de una serie de configuraciones previas en la sección Ajustes mencionadas anteriormente que se ocupan de seleccionar la elección CMYK apropiada por nosotros. Por tanto, si por ejemplo sus impresiones son para preimpresiones europeas, japonesas o norteamericanas, seleccione el ajuste predeterminado adecuado y aparecerá el espacio CMYK adecuado automáticamente. Sin embargo, también se pueden realizar estas elecciones de forma individual, sobre todo si se necesita una impresión específica para una impresora conocida (véase el apartado "CMYK avanzado" en el capítulo siguiente).

Unas palabras sobre las impresoras a chorro de tinta

Como mencionamos anteriormente, un espacio definido RGB se crea utilizando luz y un espacio CMYK se crea utilizando tintas o tintes. Por tanto, ¿por qué muchas impresoras a chorro de tinta se etiquetan como aparatos RGB y necesitan archivos RGB en la impresión para obtener los mejores resultados?

La respuesta a esta pregunta yace en la naturaleza del espacio CMYK. Puesto que convertir un archivo RGB a CMYK es dependiente al aparato y dependerá de la configuración utilizada, para evitar complicaciones a nivel de entrada, impresoras a chorro de tinta como por ejemplo la serie Epson, permiten que el *driver* que la impresora lleva incorporado convierta el archivo a CMYK. De este modo, la impresora siempre está utilizando la mayor cantidad de información posible (a través de un espacio RGB más grande) para imprimir la imagen. El resultado es que estas impresoras de precio módico pueden producir impresiones fotográficas de gran calidad sin que el usuario tenga que tener mucho conocimiento sobre el color.

Impresora a chorro de tinta Epson 1290.

NOTA: DEBIDO A QUE LA MAYORÍA DE LAS IMPRESORAS A CHORRO DE TINTA TIENEN ESTA CARACTERÍSTICA, LA ELECCIÓN DEL ESPACIO DE TRABAJO CMYK SELECCIONADO NO TIENE NINGUNA CONSECUENCIA, PUESTO QUE, DE TODOS MODOS, LA IMPRESORA NECESITARÁ LOS ARCHIVOS DE DATOS RGB. LOS ESPACIOS DE TRABAJO CMYK SÓLO TIENEN RELEVANCIA CUANDO LOS ARCHIVOS SE MANDAN A UN APARATO CMYK, COMO POR EJEMPLO UNA PRENSA DE IMPRESIÓN.

Normas de gestión de color

En este apartado las elecciones tomadas determinan cómo se comporta Photoshop cuando las imágenes del sistema provienen de fuentes externas. Éste es un aspecto complicado de Photoshop, y las versiones anteriores a Photoshop 6.0 tratan este tema de forma completamente diferente, por lo que para evitar confusión nos centraremos sólo en Photoshop 6.0 y 7.0. Photoshop ofrece tres normas alternativas:

- Sin activar. Utilice esta opción sólo si la intención es la de no usar ninguna gestión de color con Photoshop. No se recomienda este ajuste a no ser que tenga un grupo de trabajo cerrado. Aun así, en el momento en el que se transfiera un archivo a otro sistema, la imagen tendrá un aspecto diferente. Los valores numéricos de los colores no se alterarán, pero significarán otra cosa según sean los ajustes.

- Mantener perfiles incrustados. Este ajuste proporciona la mayor flexibilidad cuando se trata con archivos de varias fuentes. Una imagen con un perfil etiquetado se abre en su propio espacio de trabajo sin tener en cuenta el espacio de trabajo que tenga configurado el ordenador. La visualización de la imagen se ajustará con el perfil del monitor en uso, por lo que tendrá el aspecto intencionado, y una vez que se edite se guardará con su perfil original. Si el archivo no tiene un perfil codificado, se guardará sin ninguno. Sin embargo, todas estas opciones pueden alterarse si las opciones Preguntar al abrir y Preguntar al pegar están seleccionadas o no. Esto es recomendable porque permite realizar elecciones donde la opción predeterminada establecida por la norma elegida no es la apropiada. Por ejemplo, si el archivo original no tiene un perfil incrustado, puede abrirse con el espacio de trabajo del perfil etiquetado al archivo.

- Convertir a escala de grises de trabajo. Este ajuste le da preferencia automáticamente a su espacio de trabajo seleccionado y convierte todos los archivos entrantes para que se etiqueten con ese perfil. No es necesario ver el archivo correctamente en el monitor, y sólo será su grupo de trabajo preferido si formara parte de una situación de trabajo controlada en la que es muy poco probable que sus archivos se transfieran a otros sistemas. En concreto, es muy poco probable que quiera un perfil de archivo CMYK entrante convertido, ya que es más probable que se defina para el aparato en el que se va a imprimir.

Gestión del grupo de trabajo

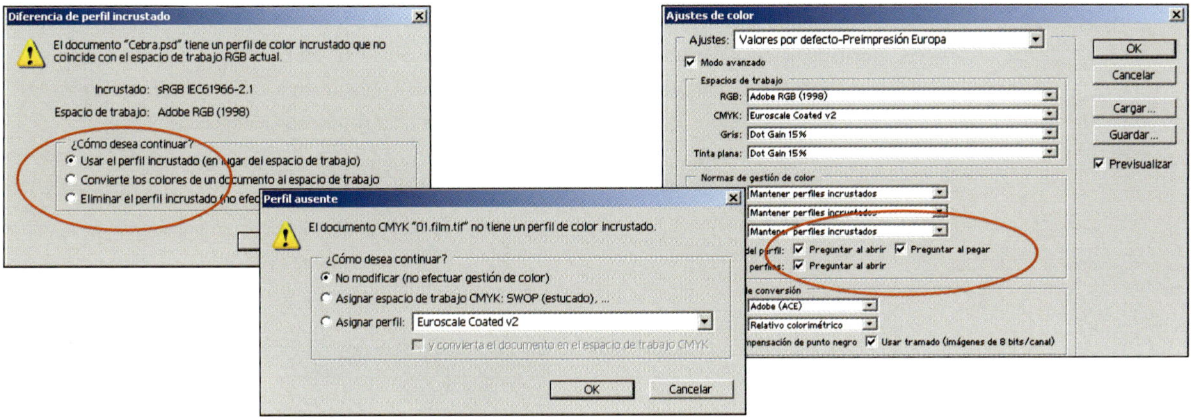

Paso 3: Calibrar el escáner

Como ocurre con cualquier hardware, un escáner funcionará dentro de su propio espacio de color. Por tanto, dentro de una gestión de grupo de color será necesario codificar el espacio de color del escáner para que la imagen se pueda visualizar correctamente en el sistema al que se va a importar. Cuando esto se produce, la imagen en el monitor debería ser lo más parecida posible al original. Sin embargo, si el escáner no está calibrado adecuadamente, el perfil codificado a la imagen no proporcionará una información precisa al sistema y la imagen no tendrá un aspecto correcto. Por este motivo, es esencial calibrar adecuadamente el escáner. Existen muchas aplicaciones que ayudan con esta tarea, como por ejemplo EZColor, GretagMacbeth, X-Rite, etc.

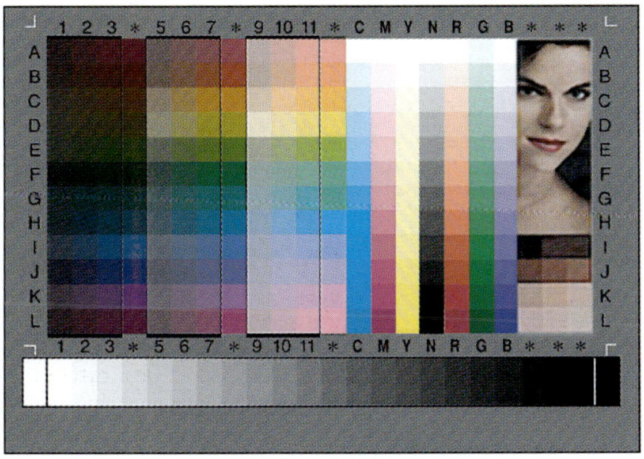

Una guía de referencia del color (a menudo llamada IT8) que suele venir incluida en el software o escáner, se escanea con todas las configuraciones establecidas por defecto. Este objetivo de referencia está disponible tanto en versión impresa como en transparencia, cada una con su archivo de referencia correspondiente con los valores esperados. La versión escaneada se compara mediante la calibración del software con este archivo de referencia, creando un perfil.

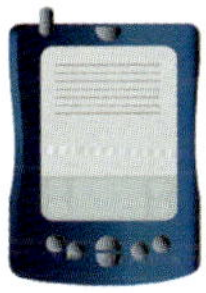

NOTA: ASEGÚRESE DE QUE EL ARCHIVO SE HA GUARDADO EN LA CARPETA ADECUADA PARA QUE PHOTOSHOP PUEDA UTILIZARLO. EN WINDOWS DEBERÍA ESTAR EN WINDOWS>SISTEMA>CARPETA DE COLOR Y EN MAC EN LA CARPETA PERFILES DE COLORSYNC, DENTRO DE LA CARPETA SISTEMA.

Paso 4: Calibrar la impresora

La producción del perfil de la impresora se crea de nuevo con un software diseñado específicamente para este propósito, y a menudo puede formar parte de la calibración utilizada para calibrar el escáner o incluso el monitor. Se pueden utilizar dos métodos:

- Utilizar un espectrofotómetro, un instrumento que mide directamente los colores impresos para determinar los valores de un documento impreso en el aparato a calibrar. A continuación, estos valores se comparan con los valores originales, de forma similar a la calibración del escáner y se construye el perfil correspondiente.

- Utilizar un escáner para escanear el documento impreso y realizar comparaciones con los valores conocidos con el software de calibración.

NOTA: RECUERDE INHABILITAR TODAS LAS GESTIONES DE COLOR DE LA IMPRESORA DURANTE ESTE PROCESO.

El último método, aunque es más barato (ya que no utiliza un hardware muy caro), es menos preciso, puesto que confía en la calibración del escáner y su perfil asociado. Entre otros factores limitadores se incluyen la textura y la reflexión del papel de prueba. De nuevo el perfil se almacena en la carpeta para que pueda acceder Photoshop u otra aplicación de diseño gráfico.

MISIÓN: CREAR UN DOCUMENTO DE IMAGEN

El propósito de esta misión es la de crear una imagen de prueba para imprimirla y ver sus intenciones. Esta imagen debería guardarse como documento de referencia para calibrar cualquier aparato de su grupo de trabajo.

1. Seleccione cuatro imágenes que tengan un buen rango de color y tonos. Es esencial que por lo menos una imagen contenga detalles de iluminación y de sombra. Además, una imagen debería contener el color de la piel. Si no dispone de estas imágenes en archivos digitales, hay que escanearlas a 300 ppp en un tamaño A5.

2. Utilice la escalera de color de la Actividad 2 del capítulo 4 y guárdelo con un nombre apropiado. Cree otra escalera de color como la anterior, pero esta vez con 12 pasos.

3. Seleccione todo el archivo con **Seleccionar>Todo** y cópielo en otra capa cinco veces. El resultado final será seis capas con la misma escalera de color de grises.

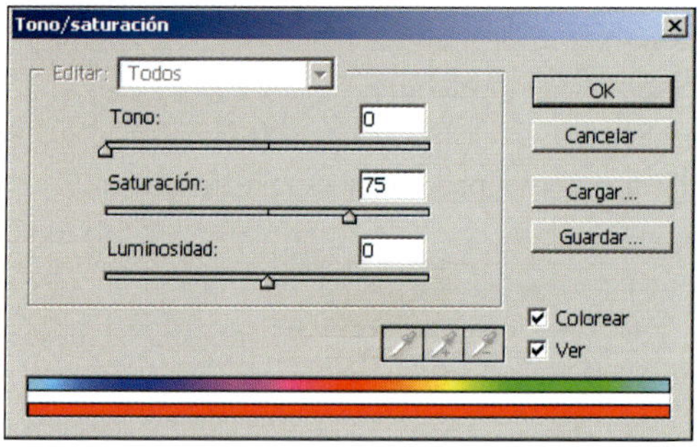

4. Seleccione **Imagen>Ajustes>Tono/saturación** y haga clic en la opción **Colorear**. La capa activa debería ser roja.

5. Repita este proceso con cada capa. Activando cada capa, mueva el regulador de Tono hasta que se creen las escaleras de color verde, azul, amarillo, magenta y cian, además del rojo. Los valores de Tono que hay que utilizar son: 100 para verde, 225 para azul, 55 para amarillo, 315 para magenta; y 200 para cian. (Si al amarillo, magenta y cian se le añade un valor de saturación de 90, funcionará mejor.)

Gestión del grupo de trabajo

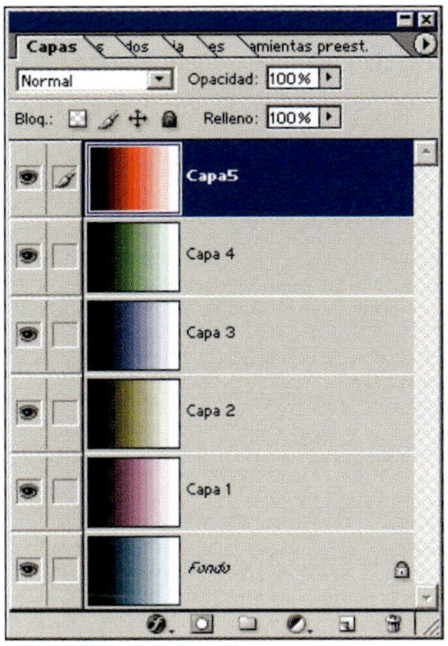

6. Active cada capa y, utilizando la herramienta Mover, arrástrela hasta que la capa aparezca por debajo. Cuando todas las capas muestren una tira, el resultado debería ser una escalera de color de seis pasos. Rote el lienzo si lo considera necesario para que encaje mejor en su imagen compuesta, acople las capas y guárdela.

7. Añada esta escalera de color a las cuatro imágenes junto con el paso negro y blanco que creó anteriormente. Utilizando la herramienta Texto añada las letras CMYBGR en la parte superior y en la inferior de la escalera para identificar las barras correspondiente. (Seleccione el blanco o el negro para el color del texto.)

8. Asegúrese de que el tamaño de la imagen final cabe en un A4 y guarde el archivo una vez que haya acoplado las capas. Guarde el archivo en un disco y guarde todos los espacios de color y los detalles del perfil. Ésta debería ser la copia principal del archivo. Esta imagen compuesta se puede utilizar para futuras pruebas de color en las impresiones.

9. Cree una carpeta para archivar las pruebas utilizando este documento de imagen. Registre todos los detalles del espacio de color, perfil, papel *stock* y grupo de trabajo en el reverso de cada carpeta. Esta carpeta será su libro de trabajo sobre gestión del color, y se debería crear con una biblioteca de resultados de las pruebas.

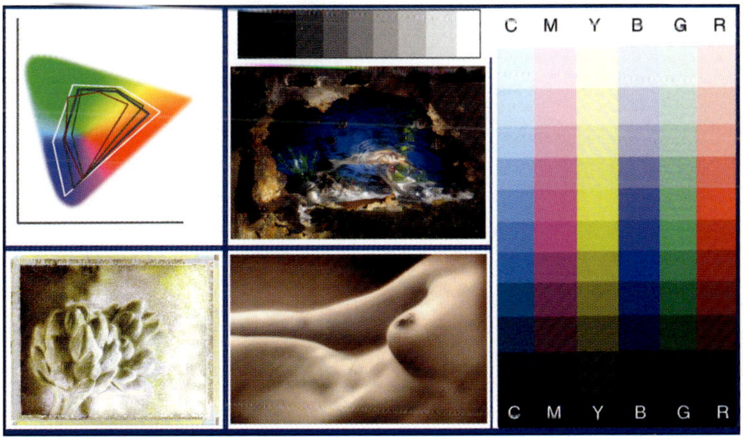

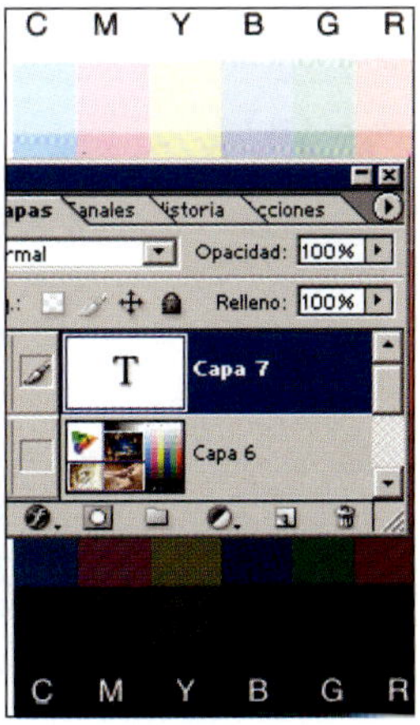

Ejercicios de revisión

El siguiente ejercicio se refiere a este capítulo y al capítulo anterior.

1. ¿Qué es un CMS o Sistema de gestión del color?
   (a) Un medio por el que los colores que no se pueden imprimir se eliminan de la imagen.
   (b) Un sistema de control del color basado en los colores que se pueden ver en un monitor de 15 pulgadas.
   (c) Un sistema de gestión del color basado en aparatos de calibración y creación de perfiles.
2. Un espacio de color es:
   (a) Un mapa de colores definido matemáticamente.
   (b) La diferencia entre los colores que podemos ver y los colores que no podemos ver.
   (c) La relación entre las definiciones del color del hardware y de la aplicación.
3. Una gama de color es:
   (a) Un grupo de colores definidos por el sistema operativo.
   (b) El rango de colores disponible en un espacio de color concreto.
   (c) Los colores que no se pueden reproducir en un espacio de color concreto.
4. ¿Cuáles de los siguiente no es un espacio de color dependiente al aparato.
   (a) US Web Coated (SWOP).
   (b) Epson Stylus Photo 1290.
   (c) ColorMatch RGB.
   (d) Flextight Scanner II.
5. ¿Cuál es el papel del perfil en la gestión del color?
   (a) Permite la traducción de una imagen de un espacio de color a otro.
   (b) Define los colores que no se reproducirán en el proceso de impresión.
   (c) Permite mostrar únicamente en el monitor aquellos colores que percibe el ojo humano.
6. Hay que calibrar el monitor porque:
   (a) Sin la calibración, consumirá más electricidad.
   (b) Un monitor no calibrado sólo mostrará aquellos colores que pueden imprimirse.
   (c) Los juicios subjetivos relacionados con la imagen mostrada serán poco precisos.
7. El hardware encargado de la calibración del monitor utilizando un colorímetro mide:
   (a) La velocidad a la que el color se interpreta en el monitor.
   (b) La luz roja, verde y azul que emiten los fósforos del monitor.
   (c) La cantidad de luz roja, verde y azul que se reflejan de la pantalla cuando la luz blanca ilumina su superficie.
8. Un circuito cerrado en la gestión del color es útil porque:
   (a) Permite imprimir imágenes sin ninguna pérdida de color.
   (b) Los aparatos del circuito pueden coincidir para proporcionar resultados predecibles.
   (c) Si los aparatos son del mismo fabricante, el color será predecible.

GALERÍA

Les Horvat.

Justin Ridler.

Lizette Bell.

Les Horvat.

CAPÍTULO 7

PROPÓSITOS

- Ofrecer un recurso de información técnica referente a la preprensa y a la impresión.
- Desarrollar una comprensión de los procedimientos implicados en la impresión de una imagen digital.
- Desarrollar un conocimiento y una comprensión sobre el control que se puede ejercer en la traslación de una imagen a un papel.

OBJETIVOS

- Imprimir archivos de imágenes digitales conociendo:
  - Los perfiles ICC.
  - Los propósitos de interpretación.
  - Los espacios de color independientes al aparato.
  - Las vistas previas de las impresiones de prueba.

IMPRESIÓN Y PREPRENSA

Capítulo 7. Impresión y preprensa

INTRODUCCIÓN

Por muchos motivos, incluso cuando los métodos electrónicos para la visualización de las imágenes que se utilizan actualmente están adquiriendo importancia, la impresión final de la imagen fotográfica continuará imprimiéndose en un papel o sustrato parecido. Tanto si se ha conseguido a través de la prensa utilizando técnicas de reproducción mecánica como si se ha hecho utilizando aparatos de impresión, el resultado final debería cumplir con las expectativas, lo que significa que tiene que haber una gestión del grupo de trabajo del color.

NOTA: ES MEJOR GUARDAR TODOS LOS ARCHIVOS DE IMÁGENES EN UN ESPACIO INDEPENDIENTE AL APARATO, COMO POR EJEMPLO EN RGB, INCLUSO SI OCURRE UNA POSTERIOR CONVERSIÓN PARA SU IMPRESIÓN. ESTO ASEGURARÁ LA MÁXIMA FLEXIBILIDAD EN FUTURAS UTILIZACIONES.

Impresiones de prueba

Una de las ventajas de Photoshop a partir de la versión 6 es la capacidad que tiene para realizar pruebas de la impresión que se espera de un aparato concreto. Puesto que Photoshop 5.5 no funcionaba en un espacio de color específico del documento, no podía probar un archivo RGB en absoluto, e incluso tenía problemas para realizar pruebas con los archivos CMYK.

NOTA: UNA PRUEBA ES UNA SIMULACIÓN DE LA IMPRESIÓN COMO SI FUERA UNA VISTA PREVIA EN LA PANTALLA.

Uno de los modos más apropiados que se pueden utilizar es ver qué aspecto tendrá la imagen en un monitor de Mac o Windows. Puesto que cada uno utiliza diferentes configuraciones de gama, la imagen tendrá diferentes densidades y contrastes. Esta prestación es muy útil cuando se crean imágenes para la Web, ya que tienen que verse bien sin importar qué sistema se va a utilizar para su visualización. (Véase el apartado "Imágenes para la Web".)

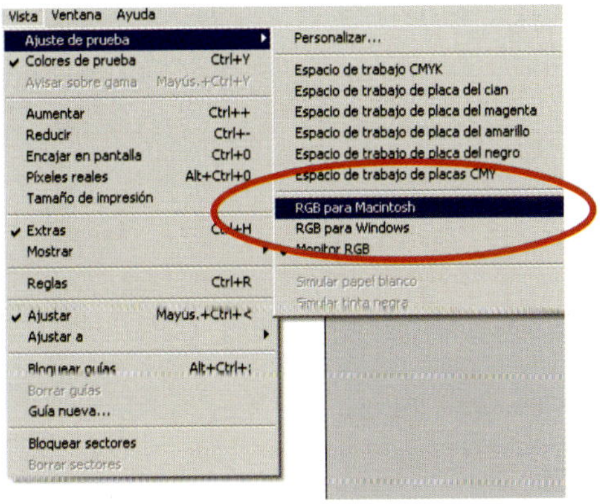

Cuando se prepara una imagen para su impresión, en lugar de imprimir el archivo, la opción de prueba permite que esta imagen se muestre tal y como se verá una vez impresa. Si hubiera que realizar cambios, es más conveniente y consume menos tiempo determinarlos en la vista previa en lugar de en la propia impresión.

NOTA: LA PRUEBA SÓLO SERÁ BUENA DEPENDIENDO DEL PERFIL DE ESE APARATO, Y DEPENDE TAMBIÉN DE LA PRECISIÓN DE LA CALIBRACIÓN DEL MONITOR.

Cuándo utilizar las pruebas

Las pruebas pueden ser útiles tanto en una gestión de grupo de trabajo con perfil ICC como en grupos de trabajo de circuito cerrado.

- Si se utiliza un grupo de trabajo basado en un perfil, Vista>Ajuste de prueba permite utilizar el archivo que representa la impresora para el proceso de prueba. Esto puede indicarle si surgirán problemas de color cuando se imprima en ese aparato concreto. En el archivo original se podrán realizar ajustes puntuales e incluso globales (ajustando una capa) hasta que la vista previa coincida con la imagen original.

- Si se utiliza un grupo de trabajo basado en un circuito cerrado, elegir un espacio de monitor que se haya configurado específicamente para que coincida una única impresión en el circuito permite realizar una vista previa del aspecto que tendrá la imagen cuando se imprima en esa impresora. (Más información en el apartado "Utilizar un grupo de trabajo con un sistema de circuito cerrado", capítulo 6.)

Impresión del circuito cerrado en un aparato RGB

Este método de impresión se basa en el perfil de monitor adaptado que se creó en el apartado "Utilizar un grupo de trabajo con un sistema de circuito cerrado" del capítulo 6, utilizado como vista previa de la impresión.

1. Abra la imagen que quiera imprimir. Seleccione Vista>Ajuste de prueba y seleccione el perfil del monitor adaptado que se creó para que coincidiera con la impresión del documento de prueba del capítulo anterior. Este perfil debería aparecer al final de la lista si lo guardó anteriormente; de lo contrario, seleccione Vista>Ajuste de prueba>Personalizar y selecciónelo del menú emergente.

2. Seleccione Vista>Colores de prueba para alterar el aspecto de la imagen para reproducir (mediante una prueba) el aspecto que tendrá la imagen impresa. Esto no etiqueta al archivo con un perfil nuevo, simplemente cambia el modo en el que se muestra el archivo.

3. A continuación cree una capa de ajuste seleccionando Capa>Nueva capa de ajuste. Seleccione uno de los métodos disponibles (Curvas, Niveles, Tono/saturación, etc.) dependiendo de los cambios que necesite. Aplique un ajuste adecuado al archivo para que coincida con la apariencia de la impresión. No acople esta capa de ajuste; en su lugar, guárdela con un nombre que sugiera que se necesita para la impresión. En realidad, es posible que tenga más de una capa de ajuste, o juego de capas relacionados con más de una impresora.

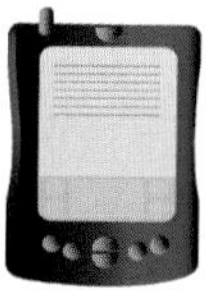

NOTA: LA IMAGEN, CON LA CAPA DE AJUSTE ACTIVA Y LA VISTA CONFIGURADA EN Colores de prueba, DEBERÍA PARECERSE A LA IMAGEN SIN NINGÚN AJUSTE ACTIVO Y LA VISTA CONFIGURADA AL PERFIL NORMAL DEL MONITOR.

4. Envíe el archivo a la impresora con la capa de ajuste activa e imprima sin alterar ninguna configuración de los colores de la impresora. (Recuerde desactivar Vista>Colores de prueba cuando se complete la impresión.)

IMPRESIÓN DE LA GESTIÓN DE COLOR EN UN APARATO RGB

1. Seleccione Archivo>Impresión con previsualización y seleccione Mostrar más opciones.

Impresión y preprensa

2. Haga clic en **Salida**, que controla algunos de los atributos que organizan la impresión y seleccione **Gestión de color** del menú emergente.

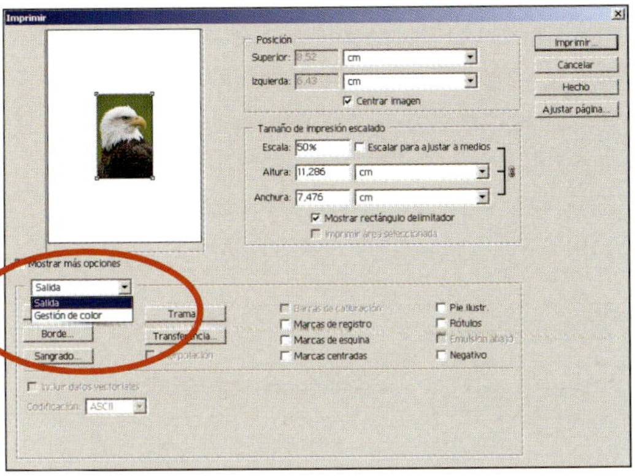

3. **Espacio de origen** nos da la posibilidad de elegir entre el perfil etiquetado en el archivo o el perfil ICC seleccionado en la configuración CMYK en **Ajustes de color.** Puesto que vamos a imprimir en un aparato que requiere datos RGB, deberíamos utilizar el perfil etiquetado en el documento; por tanto, seleccione **Documento.**

4. **Espacio de impresión: Perfil** nos permite elegir cómo vamos a aplicar la gestión del color desde Photoshop hasta la impresora. Disponemos de tres elecciones:

   • Si se selecciona **Igual que origen**, se envían los datos a la impresora sin realizar conversiones adicionales, diciéndole a Photoshop que no gestione el color del documento.

   • Si se selecciona **Gestión de control PostScript/de impresora**, se envían a la impresora el archivo junto con el perfil del espacio de origen seleccionado, permitiendo que la impresora gestione el color. Es conveniente utilizar esta opción si la impresora no dispone de perfil, puesto que los resultados exactos de la conversión de color pueden variar dependiendo de las capacidades que tengan cada impresora.

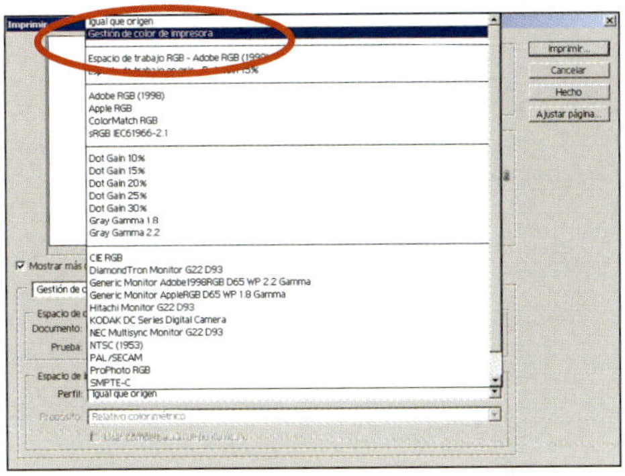

   • Si se selecciona un perfil de la lista que coincida con el perfil de la impresora, el archivo se enviará con el espacio de color de la impresora, proporcionando un resultado más exacto, siempre y cuando el perfil de la impresora sea preciso. Con este enfoque, al archivo no se le aplica ningún cambio; la configuración de la impresora aplica el perfil al vuelo.

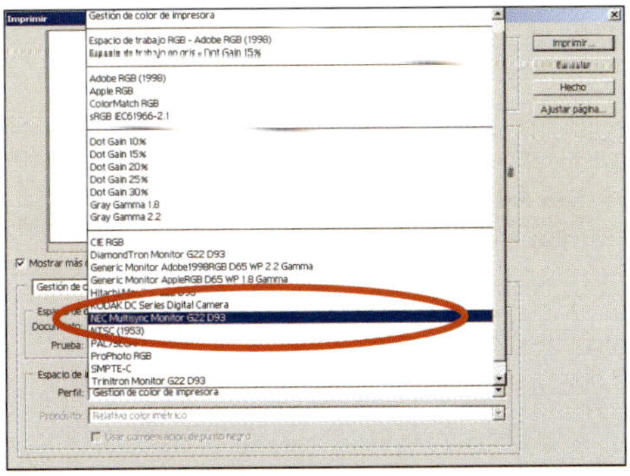

Elegir un propósito de interpretación

Convertir colores a un espacio de color distinto suele implicar un ajuste de los colores para adaptarlos a la gama del espacio de color de destino. La base del propósito de interpretación es cómo se definen esos ajustes.

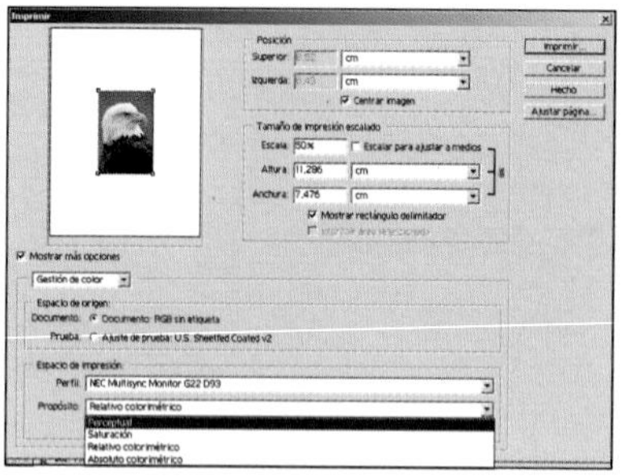

- **Perceptual.** Suele ser la elección para imágenes de fotografías. Este propósito mantiene la relación visual entre los colores como los percibe el ojo humano, pero comprime toda la gama de color para que se ajuste al espacio de color del documento.

- **Saturación.** Este propósito crea colores vivos a expensas de colores precisos. Es más adecuado para gráficos comerciales.

- **Relativo colorimétrico.** Este propósito cambia aquellos colores del espacio de color que están fuera de la gama con relación al espacio de color del documento. Por ejemplo, el papel blanco se compara con el monitor blanco. El resultado es que, en el espacio del documento sólo se recortan aquellos colores de origen que están fuera de la gama. A veces se prefiere este propósito para las imágenes (y es el ajuste predeterminado de Photoshop); sin embargo, los colores RGB extremos se pueden cambiar cuando se convierten a CMYK y pueden necesitar ajustes manuales.

- **Absoluto colorimétrico.** Este propósito mantiene la precisión del color, pero no cambia la relación entre los colores si hay alguno que está fuera de la gama del espacio de destino. Los colores específicos se trazarán de forma precisa siempre y cuando coincidan con la gama del documento. Por tanto, este propósito es muy útil cuando hay que reproducir con exactitud puntos de color en un diseño.

Opciones de conversión

Compensación de punto negro asegura que los puntos de sombra más oscuros del espacio de origen se trazan en los puntos de sombra más oscuros del documento meta, utilizando, por tanto, el mayor rango dinámico posible. Es conveniente dejar activada esta opción.

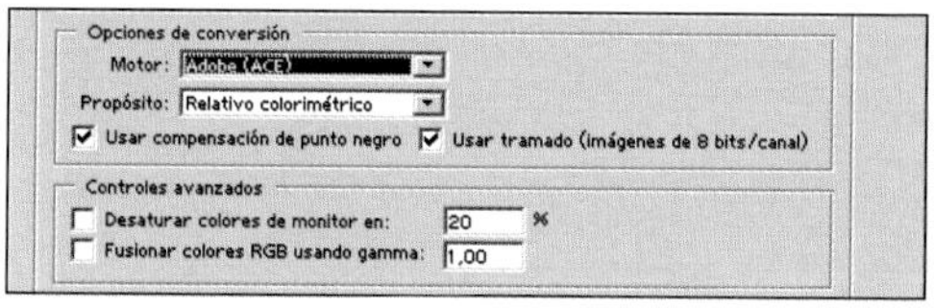

Usar tramado permite a Photoshop mezclar colores para intentar reducir las bandas que pueden producirse tras realizar conversiones, sobre todo cuando el espacio de destino es CMYK.

IMPRESIÓN DE LA GESTIÓN DE COLOR EN UN APARATO CMYK

La mayoría de lo que se ha hablado en los apartados anteriores con respecto a la configuración de una impresión de RGB es también válido para documentos de impresión y prensa CMYK. Sin embargo, muchas de las configuraciones elegidas son aún más críticas y tienen que realizarse de forma independiente dentro del grupo de trabajo.

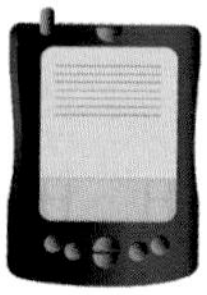

NOTA: COMO LOS LÍMITES Y LAS DEMARCACIONES SON CADA VEZ MÁS CONFUSOS ENTRE LO QUE UNA VEZ FUE EL PAPEL DE LA IMPRENTA O CASA DE PREIMPRESIÓN Y EL PAPEL DEL FOTÓGRAFO, ES ESENCIAL QUE LOS FOTÓGRAFOS TENGAN UNA COMPRENSIÓN MÁS CLARA PARA QUE LAS DECISIONES QUE PUEDAN TOMAR TENGAN UN MAYOR AFECTACIÓN EN EL DOCUMENTO IMPRESO FINAL.

Circuito cerrado de un grupo de trabajo CMYK

Para imprimir en una impresora CMYK, se necesita un archivo CMYK, que como sabemos es específico al aparato. Por este motivo se recomienda que el archivo RGB debería conservarse como archivo maestro, y la versión CMYK que se necesita y que se ha creado a partir de éste, como necesaria (véase las conversiones CMYK que aparecen a continuación). Sin embargo, un método para evitar todo el proceso de conversión es trabajar con un archivo CMYK proporcionado por la propia casa de preimpresión o imprenta. Aunque todos los aparatos de escaneado son RGB (ya que funcionan con luz, no con tinta), la mayoría de escáneres de tambor de gama alta convierten el archivo al vuelo en CMYK. Las configuraciones utilizadas en este proceso ya han sido optimizadas para la impresora que se va a utilizar para imprimir el documento, por lo que no es necesario realizar más ajustes.

NOTA: SI HUBIERA QUE REALIZAR ALGÚN RETOQUE EN EL ARCHIVO, SE DEBERÍA REALIZAR EN EL FORMATO CMYK ORIGINAL DEL ARCHIVO Y NO EN RGB, PARA QUE NO SE ALTERE Y NO SE PONGA EN PELIGRO EN SU OPTIMIZACIÓN DE PRENSA.

Por tanto, es muy importante que el archivo que se va a transferir al sistema no se convierta a otro espacio de color (es decir, se etiquete con un perfil nuevo), ya que esto alterará los valores de color. El método más seguro para que esto no ocurra es seleccionar las casillas de verificación en la ventana Normas de gestión del color en Photoshop 6.0/7.0, que indican Preguntar al abrir (véase el capítulo anterior).

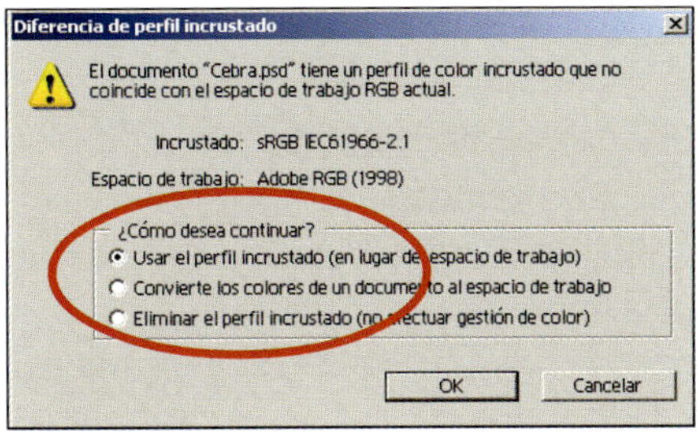

NOTA: POR DESGRACIA, ESTA OPCIÓN NO ESTÁ DISPONIBLE EN LAS VERSIONES MÁS ANTIGUAS DE PHOTOSHOP, YA QUE LAS VERSIONES ANTERIORES A PHOTOSHOP 6.0 FUNCIONABAN SIN UN COLOR ESPECÍFICO AL DOCUMENTO.

Una vez finalizada la edición y manipulación del archivo, se guarda automáticamente con su archivo original, listo para su impresión. En este punto, es probable que el archivo se envíe de nuevo a la impresora que controlará el proceso, sabiendo que el archivo específico al aparato y optimizado que se envió fuera del entorno del circuito cerrado no se ha alterado inadvertidamente.

Gestionar un grupo de trabajo CMYK

En muchos casos, el archivo de imagen con el que ha estado trabajando un fotógrafo no se ha escaneado con un escáner de tambor, o incluso no se ha escaneado, en el caso de los archivos de las cámaras digitales. Como resultado, el archivo original será un archivo RGB, que se tendrá que convertir a CMYK para su impresión. Este proceso se puede realizar seleccionando Imagen>Modo>Color CMYK. Sin embargo, este proceso oculta una fase muy importante en la creación de un archivo de imagen listo para la prensa. Aunque Photoshop realiza esta conversión muy bien, es posible que sea difícil obtener la naturaleza de la información necesaria para que el resultado sea significativo. Puede que sea necesario contactar con el impresor para determinar las condiciones exactas bajo las que se imprimirá la imagen, aunque algunos impresores no proporcionan esta información como modo de protección de su territorio. O puede ser que aún no se haya seleccionado al impresor para que realice el trabajo o quizás el archivo se ha enviado a varias imprentas para introducirlo en varias revistas.

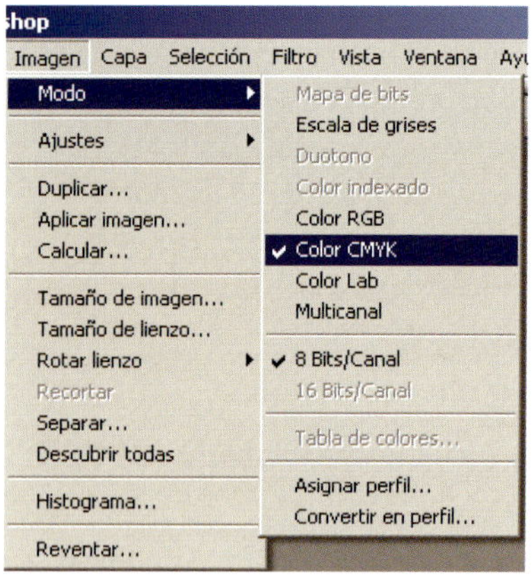

NOTA: MUCHOS PROFESIONALES DE LA INDUSTRIA DE REPROGRAFÍA TIENEN ESTA OPINIÓN Y, POR TANTO, TODOS LOS ARCHIVOS QUE SE PROPORCIONEN DEBERÍAN ESTAR EN FORMATO RGB INDEPENDIENTE AL APARATO, SIENDO EL IMPRESOR EL QUE COMPLETE LAS CONVERSIONES EN LA FASE DE PRE-PRENSA.

Convertir un archivo a CMYK

Si le piden crear un archivo CMYK para imprimirse, es necesario volver a visitar el cuadro de diálogo **Ajustes de color** y seleccionar **CMYK personalizado**. Ésta es la sala de máquinas de su conversión CMYK y permite la entrada de todos los parámetros que se tienen que controlar para el aparato de impresión específico. Una vez que se han introducido todos los detalles, simplemente guarde el archivo con un nombre y una descripción apropiados; Photoshop lo guardará automáticamente en la carpeta **Configuraciones**. La próxima vez que se abra la ventana **Ajustes de color**, la configuración guardada aparecerá en el menú **Ajustes**.

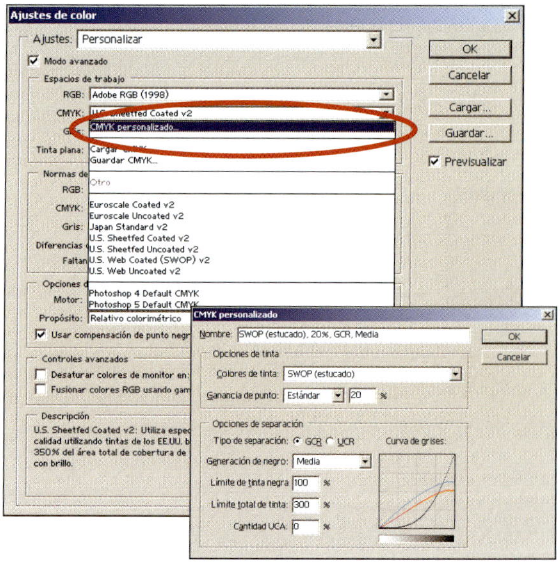

NOTA: SI NO DISPONEMOS DE LAS CONDICIONES DE IMPRESIÓN, PHOTOSHOP OFRECE UNA SERIE DE CONDICIONES PRECONFIGURADAS. POR EJEMPLO, PARA UNAS CONDICIONES DE IMPRESIÓN EUROPEAS, SELECCIONE VALORES POR DEFECTO-PREIMPRESIÓN EUROPA.

¿Qué información de prensa se necesita?

Para personalizar satisfactoriamente los ajustes necesarios para realizar una conversión CMYK de gran calidad, se necesita cierta información de la impresora para determinar las condiciones bajo las que se reproducirá el archivo de imagen.

- Colores de tinta. Las tintas se comportan de forma distinta dependiendo del tipo de papel sobre el que se aplican; por ejemplo, dependiendo de si el papel es estucado o no se producirán distintos resultados de impresión, y es posible que haya que variar las formulaciones de las tintas. Averigüe qué tipo de tintas se necesitan e incluya esa información seleccionando Personalizar en el menú Colores de tinta.

- Ganancia de punto. Ésta es una medida de la propagación que se produce cuando se aplica la tinta al papel. Por supuesto, depende del tipo de papel que se utilice, por lo que hay que considerar también el papel utilizado.

- Opciones de separación. En esta área se incluye información sobre el límite total de tinta que se aplicará y sobre el control de la generación de negro. Las opciones a tener en cuenta son la utilización de GCR (Sustitución del componente gris), UCR (Eliminación del color subyacente), UCA (Adición del color subyacente) o una combinación de éstas. Todas estas técnicas son métodos que emplea la impresora para evitar aplicar demasiada tinta al papel, que puede producir tonos turbios o manchas de tinta cuando se imprime a gran velocidad.

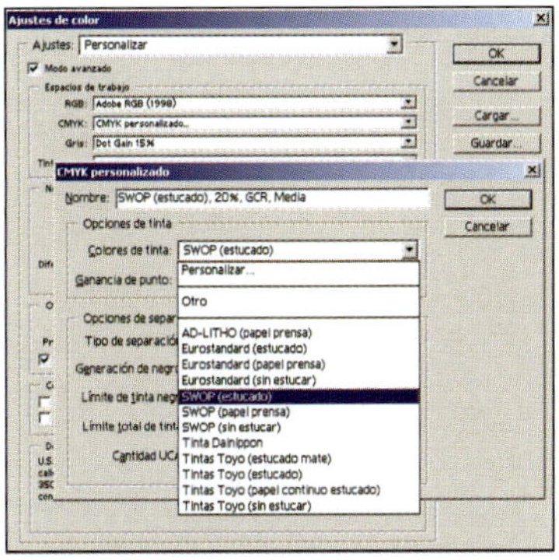

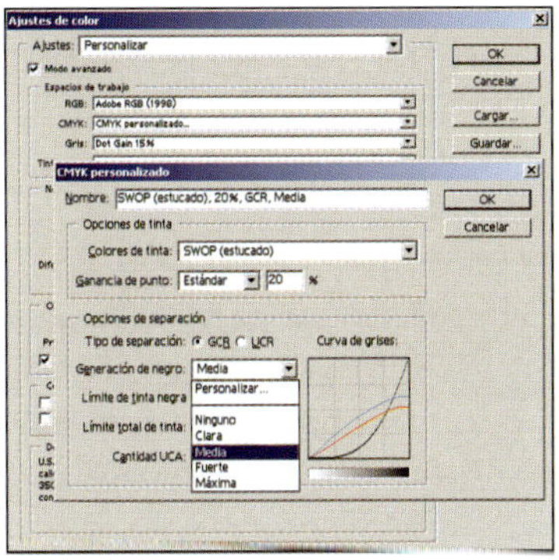

Realizar pruebas con impresoras a chorro de tinta

Impresoras a chorro de tinta como la Epson 1290 utilizan tintas CMYK, o para ser más exactos, CMYK más cian claro y magenta claro. Sin embargo, estas impresoras no son adecuadas para realizar pruebas de impresión, ya que traducir las características de una impresora de seis colores para el proceso de realizar una vista previa o prueba en una impresión de cuatro es, de algún modo, problemático. Sin embargo, estas impresoras pueden ser útiles para la producción de una impresión meta, para ayudar a especificar el documento final que se necesita cuando se hayan creado las separaciones CMYK.

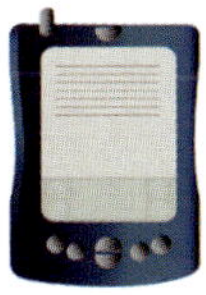

NOTA: ESTA IMPRESIÓN PUEDE UTILIZARSE COMO GUÍA PARA LA PRE-PRENSA CUANDO SE COMIENZA CON UN ARCHIVO RGB, PARA INDICARLE AL OPERADOR CÓMO DEBERÍA SER EL RESULTADO FINAL.

Actividad I (CD-ROM)

Realizar una prueba de un archivo RGB:

1. Abra el archivo de imagen `onions.jpg`.

2. Del menú **Vista** seleccione **Ajuste de prueba>Personalizar**. Asegúrese de que la opción **Ver** está seleccionada para que se pueda ver el resultado en el momento. Este método también es útil para ver las diferencias entre el antes y después de la prueba y el archivo original.

3. Del menú **Perfil** seleccione el perfil de una unidad de salida de la lista disponible. Puede elegir cualquier perfil RGB o CMYK relacionado con una impresora, monitor o grupo de trabajo. Asegúrese de no elegir una cámara digital o escáner, ya que no son espacios de salida.

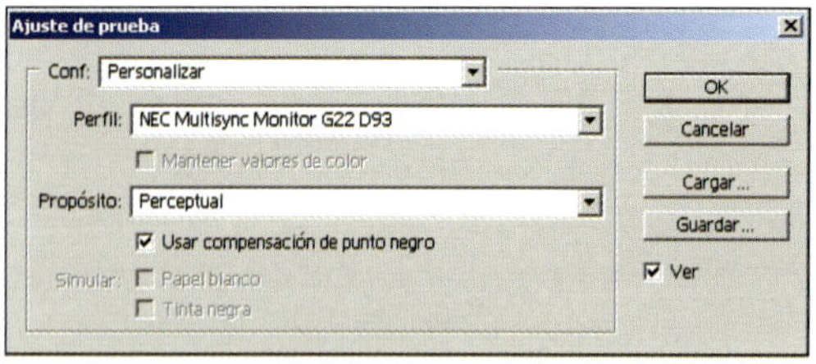

4. Seleccione y deseleccione el cuadro **Ver** para observar cómo afectan las conversiones que ha elegido al archivo. Si ha elegido un espacio en el mismo modo de color que el original (por ejemplo RGB a RGB, también dispondrá de la opción **Mantener valores de color**. El propósito de esta opción es indicar cuál sería el aspecto del archivo si se enviara al aparato elegido sin realizar ninguna conversión (muy útil para determinar cómo se imprimiría un archivo con una conversión CMYK concreta si se envía sin cambios a otra configuración CMYK). Active y desactive esta opción para ver cómo se altera la imagen.

5. Seleccione el propósito de interpretación (véase el apartado "Elegir un propósito de interpretación") que le dé el resultado más grato. Éste será **Perceptual** o **Relativo**. Cambiando de uno a otro, podrá ver inmediatamente cómo afecta cada uno a la imagen.

6. Las casillas de verificación de **Simular** indican la relación de la unidad de salida con el blanco del papel y el negro de la tinta. Haga clic en **Papel blanco** para ver cómo la sombra del papel alterará la apariencia de la imagen impresa.

7. Seleccione **Guardar** y dele a la prueba un nombre apropiado.

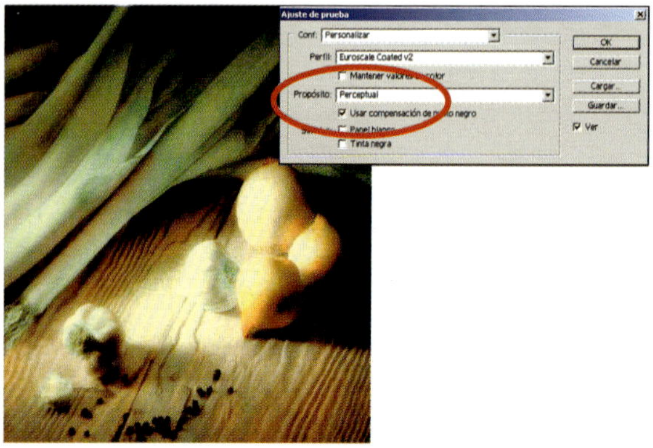

Actividad 2 (CD-ROM)

Las pruebas permiten realizar comparaciones fáciles entre perfiles, ya sean creados por nosotros o proporcionados por los fabricantes de los aparatos. Si se utiliza una imagen que tenga una gama amplia es fácil ver qué colores no se traducirán correctamente en ciertos espacios de aparatos CMYK.

1. Abra el archivo de imagen `ColourTest.jpg`.

2. Seleccione **Ajuste de prueba>Personalizar** del menú **Vista**.

3. Seleccione el perfil **Euroscale Coated v2** de la lista emergente, seleccione **Relativo colorimétrico** y asegúrese de que está seleccionada la opción **Ver**. Observe cómo cambian los colores que se muestran en la pantalla, sobre todo los tonos azul y naranja oscuro. Active y desactive la opción **Ver**.

4. Seleccione a continuación **Papel blanco**. Observe cómo pierden intensidad los colores cuando se permite el tono del papel en la prueba.

5. Deseleccione **Papel blanco** y seleccione **Euroscale Uncoated v2**. Esto simula un papel no estucado que, debido a su naturaleza, absorbe más tinta y tiene una apariencia mate. Observe cómo cambian, incluso más, los colores del original.

6. Seleccione de nuevo **Papel blanco**. Con un papel no estucado, está bastante claro que los colores no se reproducirán con la misma intensidad que en la imagen original.

7. Deseleccione de nuevo **Papel blanco**. Esta vez seleccione las distintas configuraciones de **Propósitos** para observar cómo cambia la representación de la imagen original cuando se traza en el espacio CMYK con las diferentes interpretaciones. En concreto, observe cómo el propósito **Absoluto** pierde completamente muchos de los colores oscuros.

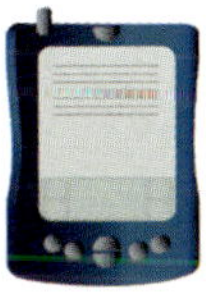

NOTA: LAS PRUEBAS SON UN MÉTODO MUY EFECTIVO DE DETERMINAR LA PRECISIÓN DE UN ESPACIO DE COLOR CONCRETO ASOCIADO CON UN APARATO, O POR LO MENOS DEL PERFIL CREADO PARA ESE APARATO.

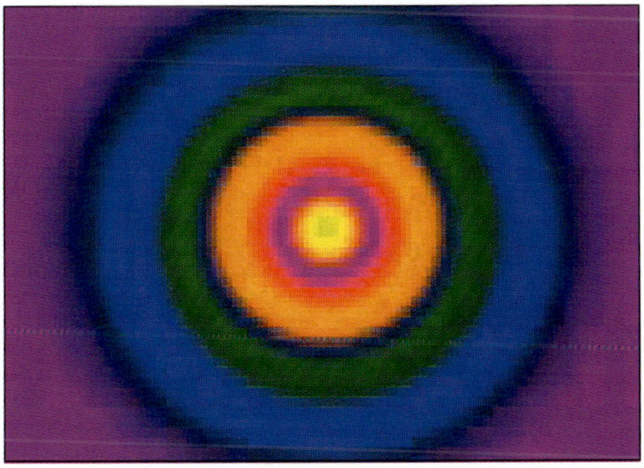

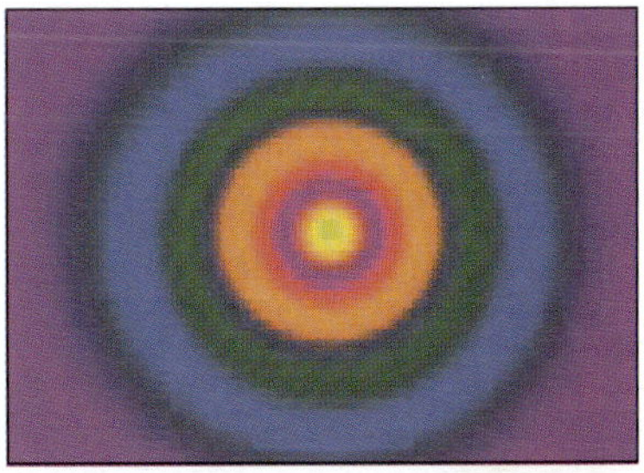

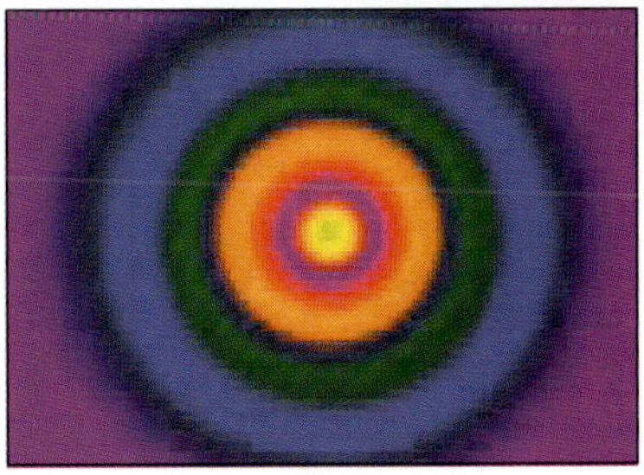

Imagen original (arriba) con una prueba sobre papel no estucado con **Papel blanco** *seleccionado (arriba a la derecha) y no seleccionado (abajo a la derecha).*

Ejercicios de revisión

1. No es una buena idea guardar un archivo después de convertirlo a un espacio CMYK porque:
   (a) El espacio CMYK es específico al aparato y es posible que se necesite el archivo para otro aparato en una fase posterior.
   (b) El espacio CMYK tiene una gama más amplia que RGB, por lo que el archivo será más grande.
   (c) Un espacio CMYK no se puede ver en el monitor.
2. El propósito de interpretación determina:
   (a) El grosor con el que se dibujan las líneas en una imagen.
   (b) Cuál es la relación original entre los colores de una imagen y su brillo.
   (c) Cómo se tratan los colores durante la transformación desde un espacio de color a otro.
3. Compensación de punto negro:
   (a) Asegura que los puntos de sombra más oscuros se trazan en los puntos de sombra más oscuros del espacio meta.
   (b) Asegura que se eliminan los puntos de sombra más oscuros del espacio meta para compensar las deficiencias del espacio.
   (c) Permite que las sombras de un espacio se tracen en los medios tonos de otro.
4. ¿Cuáles de los siguientes aparatos no funcionan en un espacio de color CMYK?
   (a) Prensa de impresión Heidelberg.
   (b) Cámara Nikon D1 x.
   (c) Kodak SWOP Proofer.
   (d) Impresora Hewlett-Packard Deskjet.
5. El color específico al documento se refiere a:
   (a) Los colores específicos que son importantes en un documento.
   (b) Un documento que tiene su propio espacio de color, sin tener en cuenta el espacio de color elegido para el sistema en el que se va a visualizar.
   (c) Un documento que tiene un espacio de color específico que se convierte al mejor espacio CMYK posible para su visualización.
6. ¿Cuáles de los siguientes espacios de color debería utilizarse para mandar un archivo a una impresora a chorro de tinta?
   (a) Euroscale Coated.
   (b) Japan Standard.
   (c) US Web Coated (SWOP).
   (d) Adobe RGB (1998).
7. Ganancia de punto es:
   (a) Una medida de la propagación que se produce cuando se aplica la tinta al papel.
   (b) El número de puntos extra que se necesitan para interpretar los tonos suaves.
   (c) Una medida del tamaño aumentado del punto de tinta necesario para la conversión correcta de un espacio de color a otro.

GALERÍA

Les Horvat.

Les Horvat.

Rhiannon Slatter.

Rhiannon Slatter.

CAPÍTULO 8

Mark Galer.

PROPÓSITOS

- Desarrollar una preocupación de cómo se puede mejorar y optimizar una imagen digital para la impresión intencionada.
- Desarrollar una comprensión de cómo se pueden emplear varias técnicas para modificar los valores de los píxeles.

OBJETIVOS

- Investigar las diferentes características de las herramientas de retoque y las técnicas disponibles en el software de edición de imagen. Anote sus observaciones.
- Analizar y evaluar de forma crítica. Intercambie sus descubrimientos con otros estudiantes.
- Respuesta personal: producir y presentar impresiones digitales que demuestren cómo se pueden emplear las herramientas y técnicas de retoque para mejorar la calidad de una imagen digital.

RETOQUES Y MEJORAS DE LA IMAGEN

CAPÍTULO 8. RETOQUES Y MEJORAS DE LA IMAGEN

INTRODUCCIÓN

En primer lugar, hay que capturar o escanear una imagen con la tonalidad y color adecuados (véase el apartado "Escanear y ajustar una imagen"). A continuación hay que preparar el archivo digital para la unidad de salida final, para que se pueda ver en su estado óptimo. Aunque las imágenes estén destinadas para verse impresas o en la pantalla de un monitor, normalmente hay que cambiar el tamaño de la imagen, optimizarse, retocarse y mejorarse. El escaneado o captura original tendrá normalmente dimensiones en píxeles que no coincidan exactamente con las necesidades de la unidad de salida. Para corregir esto, el usuario tiene que tratar las opciones Tamaño de imagen, Remuestreo y Recortar.

Guardar, guardar y guardar

Antes de comenzar a editar su imagen digital, merece la pena adquirir buenos hábitos de trabajo. Unos buenos hábitos de trabajo le evitarán la frustración y el ataque al corazón asociados con los inevitables cuelgues del ordenador (todos los ordenadores se cuelgan o paralizan de vez en cuando). Mientras trabaja con un archivo de imagen, debería tener el hábito de guardar el trabajo a medida que lo vaya realizando y no esperar hasta que se complete la edición de la imagen. Se recomienda utilizar el comando Guardar como y cambiarle el nombre al archivo en cada versión actualizada. A no ser que la memoria del ordenador no sea muy grande, se deberían utilizar formatos de archivo TIFF o PDF, y no el formato JPEG mientras se está trabajando. Antes de apagar el equipo, es conveniente guardar los archivos en un disco extraíble como por ejemplo en Zip. En resumen, guarde a menudo, guarde diferentes versiones y guarde copias de seguridad.

Historia

La edición de imagen digital permite al usuario cometer errores. Hay varios modos para deshacer un error antes de recurrir al comando Volver en el menú Archivo o abrir una versión guardada previamente. Photoshop permite al usuario volver al estado anterior utilizando el comando Edición>Deshacer (**Comando/Control-Z**), mientras que Historia permite el acceso a cualquier estado anterior en la paleta Historia sin seguir una secuencia lineal de deshacer.

Retoques de imágenes y ajustes de imagen

La mayoría de los escáneres producen datos que no pertenecen a la imagen, como por ejemplo polvo y rascaduras. Estos datos se pueden eliminar utilizando una serie de técnicas. El término "retoque" se refiere al proceso de eliminar o sustituir datos de imagen no deseados, como por ejemplo, polvo, rascadura, enfoque, etc. En el retoque se utilizan herramientas como el Borrador o un filtro como por ejemplo el filtro Polvo y rascadura en Photoshop.

Ajuste de imagen se refiere al proceso de optimizar la calidad de los colores y los tonos de la imagen impresa. Los ajustes se pueden aplicar de forma global (a toda la imagen) o localizada (seleccionando un trozo de la imagen). Cada vez que se modifican o se ajustan los píxeles, los datos originales se debilitan. Photoshop permite guardar los ajustes en una capa de ajuste. Esto significa que los píxeles originales sólo se cambian una vez que la imagen se ha acoplado para su impresión. Por último, la imagen puede moldearse justo antes de su impresión utilizando el comando Máscara de enfoque.

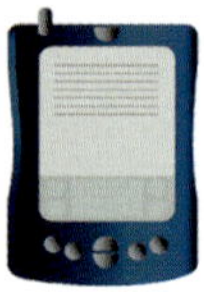

NOTA: LAS IMÁGENES PARA REALIZAR LAS ACTIVIDADES DE ESTE CAPÍTULO SE ENCUENTRAN EN EL CD-ROM ADJUNTO.

HERRAMIENTAS DE SELECCIÓN Y TÉCNICAS

Una de las áreas más especializadas del retoque digital y su manipulación es la capacidad de realizar selecciones de píxeles exactas para cambiarlos de lugar, modificarlos o exportarlos a otra imagen. Esta habilidad permite el retoque localizado y la mejora de la imagen. En los medios de comunicación son obvias las distorsiones de las fotografías originales; sin embargo, hay imágenes en las que los retoques y las manipulaciones son sutiles y no se detectan. Casi todas las imágenes en los medios impresos se retocan en cierta medida. Las selecciones se realizan por una serie de motivos:

- Realizar un ajuste o modificación en un área localizada, como por ejemplo, color, contraste, etc.
- Definir un objeto de la imagen para moverlo o duplicarlo.
- Definir un área donde se insertará una imagen o un conjunto de píxeles (pegar).

Disponemos de tres categorías de herramientas de selección para seleccionar un conjunto de píxeles de modo diferente. Estas categorías son:

- **Herramientas de marcado**. Seleccionan píxeles dibujando un rectángulo o elipse alrededor de un área de la imagen.
- **Herramientas de lazo**. Se utilizan para dibujar una selección definiendo el borde entre un objeto y su fondo.
- **Varita mágica**. Selecciona un grupo de píxeles evaluando la similitud de los valores del píxel vecino (tono, saturación y brillo) con el píxel seleccionado.

Herramientas, paletas y opciones

En la parte superior de la paleta de herramientas de Photoshop, se encuentran las herramientas Selección, Recortar y Mover. Algunas herramientas de Photoshop están ocultas:

Para seleccionar una herramienta, podemos:

1. Seleccionar la herramienta visible haciendo clic en su icono.
2. Hacer clic en el triángulo pequeño y arrastrar para destacar la herramienta que quiere utilizar.

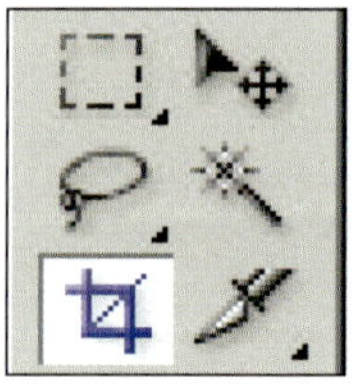

Photoshop 5 y 5.5

Al hacer doble clic en cualquier herramienta del cuadro de herramientas aparece la paleta con las opciones de herramientas.

Para mostrar el menú de la paleta, mueva el puntero hacia el triángulo situado en la esquina superior derecha de la paleta y haga clic con el ratón.

Photoshop 6 y 7

Haga clic en una herramienta para visualizar sus opciones. Haga clic en el icono de la herramienta con el botón derecho del ratón para mostrar las opciones **Restaurar herramienta** y **Restaurar todas**.

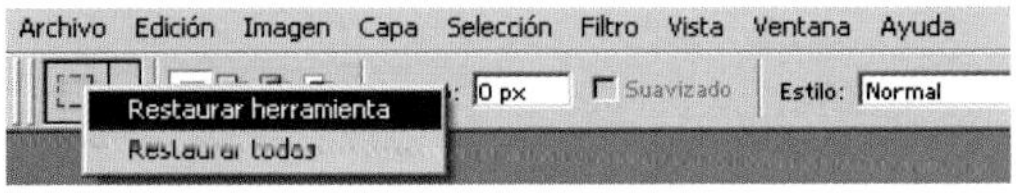

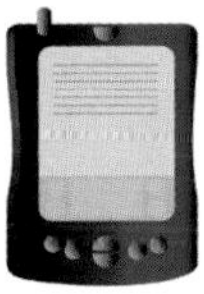

NOTA: RESTAURE TODAS LAS HERRAMIENTAS ANTES DE COMENZAR CUALQUIER TRABAJO NUEVO EN UN ORDENADOR COMPARTIDO.

Herramientas de marcado

Las herramientas de marcado Marco rectangular o Marco elíptico se utilizan para definir una selección cuadrada, oblonga, circular u oval arrastrando una figura (indicada por una línea de puntos u hormigas en movimiento) sobre el área que se necesite. Pulsando la tecla **Mayús** mientras arrastra la selección, la selección será un cuadrado o círculo, en lugar de un rectángulo u óvalo.

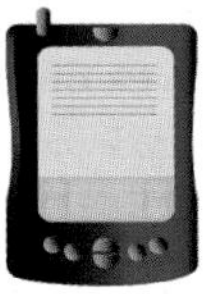

NOTA: PARA LOCALIZAR EL PUNTO DE COMIENZO PARA SELECCIONAR UN CÍRCULO, UTILICE LAS REGLAS (Vista>Reglas O **COMANDO/CONTROL-R**). HAGA CLIC Y ARRASTRE DESDE CADA REGLA PARA LINDAR EL CÍRCULO. ESTA INTERSECCIÓN DE LAS REGLAS INDICA EL PUNTO DE COMIENZO PARA ARRASTRAR LA SELECCIÓN CIRCULAR.

Herramientas de lazo

Cuando se utilizan las herramientas de lazo, la selección no se completa hasta que se haya vuelto al punto donde comenzó la selección. Se requiere una pantalla grande y un ratón en buen estado (o una tableta gráfica) para utilizar esta herramienta de forma efectiva. Si hacemos doble clic con la herramienta Lazo poligonal o Lazo magnético, se completará la selección automáticamente con una línea recta entre el último punto seleccionado y el primero.

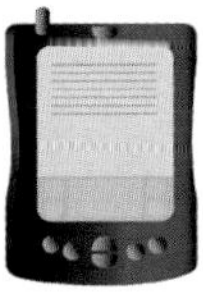

NOTA: LA HERRAMIENTA LAZO MAGNÉTICO REQUIERE UNA DIFERENCIA DE TONO O COLOR ENTRE EL OBJETO Y EL FONDO PARA QUE FUNCIONE CON EFICACIA.

Varita mágica

La herramienta Varita mágica selecciona valores de píxeles relativos (controlados por un cuadro de tolerancia). La herramienta se coloca en un área específica de la imagen y se hace clic con el ratón. La varita mágica selecciona píxeles adyacentes que sean iguales o parecidos al que se ha especificado al hacer clic con el ratón. Aumente el número en el cuadro de tolerancia de la paleta de opciones de la varita mágica para aumentar la selección. Disminuya el número en el cuadro de tolerancia para disminuir el número de píxeles seleccionados. Deseleccione la opción Contiguo en la paleta de opciones de la varita mágica para seleccionar píxeles de valor similar que no sean adyacentes al área en la que se ha hecho clic.

Mover una selección

Si la selección no es exacta, se puede mover la selección sin mover ningún píxel. Coloque el cursor dentro de la selección y arrastre la selección para volver a posicionarla. Para mover los píxeles y la selección, utilice la herramienta Mover de la paleta de opciones. El área desde donde se movió la selección se completa con el color de fondo (indicado en la paleta de herramientas en las opciones Color frontal y Color de fondo). Si la selección se va a mover a otra capa (véase el apartado "Capas"), la selección se puede cortar o copiar y pegarla a continuación en la capa nueva. La selección se pegará automáticamente en la capa nueva. La capa nueva no tiene que crearse primero.

Para eliminar una selección

Seleccione Selección>Deseleccionar o utilice el método abreviado **Comando/Control-D** para deseleccionar una selección.

HISTORIAS

La mayoría de los ajustes o modificaciones se pueden deshacer rápidamente utilizando Edición>Deshacer (**Comando/Control-Z**). Si el usuario necesita volver a un comando anterior al último, Photoshop permite realizar múltiples Deshacer gracias a su paleta Historia. El usuario puede volver a una versión anterior de la imagen haciendo clic en la historia apropiada en la paleta Historia. Si el usuario necesita volver mucho más atrás de lo que permite la paleta Historia, el usuario puede seleccionar Archivo>Volver para restaurar la imagen hasta su última versión guardada; seleccione Instantánea de la paleta Historia o utilice la herramienta Pincel de historia para dibujar a partir de una instantánea. Se recomienda guardar varias versiones de la imagen periódicamente utilizando el comando Guardar como del menú Archivo, para que, en el caso de que el ordenador deje colgado su trabajo más reciente, no se pierda (como alternativa, seleccione Guardar estado actual situado al final de la paleta Historia). Es importante observar que todas las instantáneas e historias se pierden al cerrar el archivo.

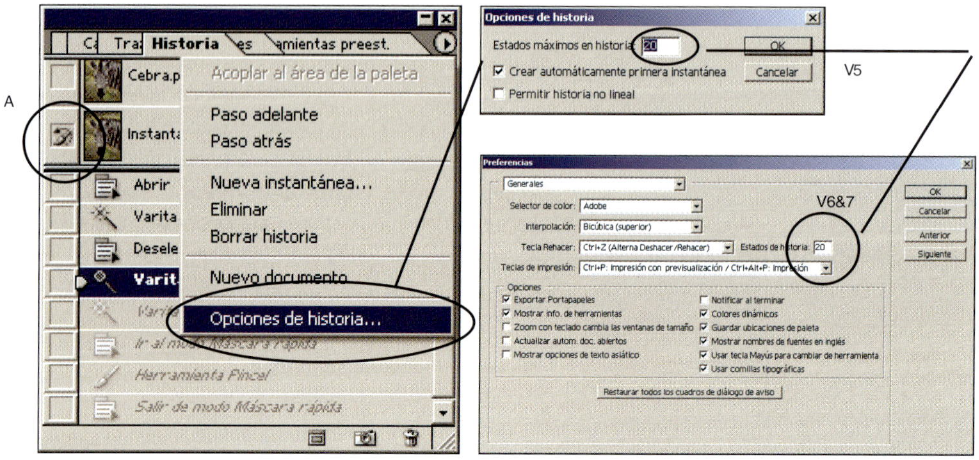

A. Fija el origen para el Pincel de historia a partir de una instantánea. B. Reduce los estados de historia al número seleccionado.

Historias y RAM

La paleta Historia lista los últimos 20 estados por defecto. Esto puede requerir gran parte de la memoria disponible (memoria RAM) si la imagen con la que está tratando es grande. Seleccione Edición>Purgar para borrar todas las historias y liberar memoria cuando Photoshop no pueda realizar la siguiente operación (aparece una ventana de aviso indicándolo). Si esto continúa ocurriendo, puede aumentar la memoria RAM asignada a Photoshop o bien disminuir el número de historias utilizando la Opciones de historia (Photoshop 5) o Preferencias>Generales (Photoshop 6 y 7).

Cambiar parte de una imagen a su estado anterior

La herramienta Pincel de historia permite al usuario pintar un estado o instantánea previa en la paleta Historia. Debería seleccionarse un tamaño de pincel adecuado, y la historia que se va a cambiar debería mostrar el icono Pincel de historia. También se puede utilizar la herramienta Borrador para volver a un estado seleccionado de la paleta Historia (debería seleccionarse la opción Borrar hasta historia). Como alternativa se puede borrar un estado o comando del panel Historia seleccionando Permitir historia no lineal de Opciones de historia.

POLVO Y RASCADURAS

Tampón de clonar y Pincel corrector

Las herramientas primarias para retocar áreas de la imagen son Tampón de clonar y Pincel corrector (Photoshop 7). El Tampón permite pintar con píxeles seleccionados o de muestra de otra parte de la imagen. Con el Pincel corrector también coinciden la textura y las características de los píxeles de muestra con aquellos píxeles que rodean el daño. La herramienta Pincel corrector (si se dispone de ella) permite una reparación más perfecta cuando el daño está rodeado de píxeles con un valor parecido. Si el daño está cerca de píxeles de un tono, saturación o brillo muy diferente, habría que realizar primero una selección del área dañada que excluya a los píxeles distintos.

- Seleccione un tamaño de pincel de la paleta de pinceles.
- Seleccione un punto de muestra pulsando la tecla **Opción/Alt** y haciendo clic en un color o tono (este punto de muestra es la localización desde la que se eligen los píxeles).
- Arrastre la herramienta por el área a modificar (un objetivo de mira en forma de cruz marca el punto de muestra).

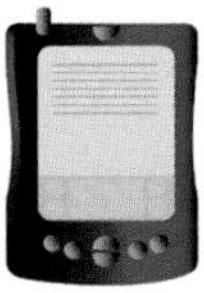

NOTA: DESELECCIONE Alineado PARA VOLVER AL PUNTO DE MUESTRA INICIAL CADA VEZ QUE COMIENCE A PINTAR. SI HAY QUE REPARAR UN ÁREA GRANDE CON LA HERRAMIENTA TAMPÓN DE CLONAR, ES ACONSEJABLE COGER MUESTRAS DE VARIOS PUNTOS CON UN PINCEL DE OPACIDAD REDUCIDO.

Imagen maestra.

Imagen manipulada.

Clonación de objetos enteros

Con cuidado, es posible duplicar un objeto entero en la imagen. La imagen de arriba muestra cómo se ha manipulado una composición de un paisaje para que encaje en un formato vertical. Esto se ha conseguido clonando la señal y el salvavidas y moviéndolos hacia la derecha. A continuación, se borró el salvavidas original.

El filtro Polvo y rascaduras

Si la imagen original y el equipo de escaneado están limpios, el proceso de escaneado sólo introduce alguna marca de polvo o rascadura. Si en una inspección más detenida del archivo digital, parece que el polvo y/o rascadura cubre un área extensa de la imagen, a menudo es más rápido utilizar el filtro de Polvo y rascaduras que utilizar la herramienta Borrador. Seleccione Filtro>Ruido>Polvo y rascaduras. Configure el umbral en cero y seleccione el radio más pequeño de píxeles que elimina el problema del polvo y rascaduras. A continuación, aumente el umbral de forma gradual para conseguir una calidad óptima en la imagen. El inconveniente de aplicar el filtro de Polvo y rascaduras a toda la imagen digital es que también tiene el efecto de emborronar la imagen.

Limitación del efecto

El usuario puede reducir o limitar el filtro a aquella área de la imagen que no tenga detalles definidos, como por ejemplo áreas sin ninguna característica especial o con un fondo borroso. Esto se puede conseguir utilizando cualquiera de las herramientas de selección que se explica en el siguiente apartado. Sólo aquellos píxeles que forman parte de una selección pueden modificarse o ajustarse utilizando acciones globales como los comandos de ajuste de imagen o de filtro. Esta técnica reducirá la cantidad de retoques manuales (utilizando el Tampón) a aquellas áreas que tengan detalles definidos.

Cómo utilizar el Pincel de historia para eliminar el polvo y rascaduras

El Pincel de historia puede utilizarse también para eliminar el polvo y rascaduras. Esta técnica es especialmente útil cuando se elimina el polvo y rascaduras en áreas más detalladas de la imagen.

Los píxeles se pintan sobre las áreas dañadas de un estado de imagen o instantánea a la que se le ha aplicado el filtro Polvo y rascaduras. La técnica es la siguiente:

1. Aplique el filtro Polvo y rascaduras a toda la imagen y cree una instantánea.

2. Haga clic en el estado anterior o instantánea en la paleta Historia.

3. Haga doble clic en el Pincel de historia en el cuadro de herramientas para seleccionar la herramienta y abrir la paleta de opciones del Pincel de historia.

4. Haga clic en la ventana pequeña del estado Polvo y rascaduras, o Instantánea, en la paleta Historia (aparecerá un icono del Pincel de historia en el cuadro).

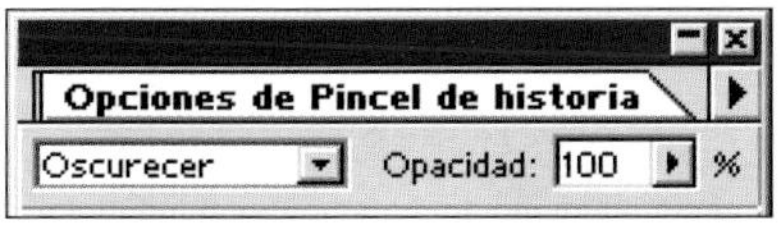

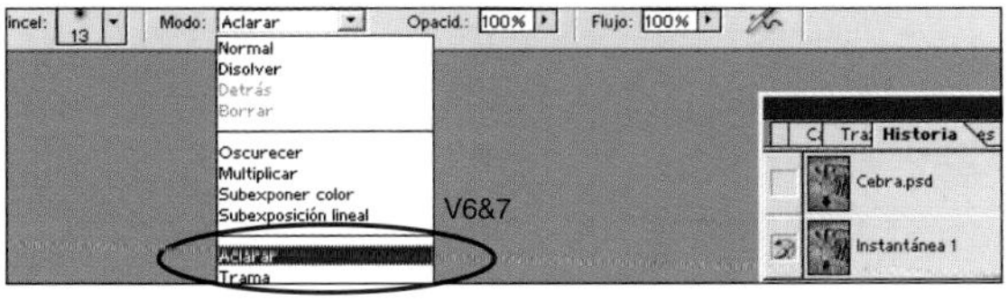

5. En la barra de opciones o en la paleta Pincel de historia, configure el modo en Aclarar si el polvo y rascaduras son más claros que la imagen original o en Oscurecer si el polvo y rascaduras son más oscuros que la imagen original.

6. Proceda a pintar con el Pincel de historia sobre las áreas a reparar utilizando un tamaño de pincel adecuado, seleccionándolo de la paleta de pinceles.

HERRAMIENTAS DE RETOQUE

Cuando se pinta en un cuarto oscuro tradicional en blanco y negro, es posible mejorar la imagen final cambiando la exposición o contraste en áreas concretas. La mejora digital también permite una modificación en un área concreta. Disponemos de dos modos distintos. Se puede realizar una selección utilizando las herramientas de selección (véase el apartado "Herramientas de selección") y ajustar los píxeles utilizando los comandos Ajustes del menú Imagen. Como alternativa, se pueden pintar los ajustes directamente en los píxeles utilizando las herramientas de retoque. Estas herramientas incluyen:

- Sobreexponer, Subexponer y Esponja.

- Distorsionar.

- Estilizar y Desenfocar.

Haga doble clic en cualquiera de estas herramientas para utilizar sus opciones. Cada una de estas herramientas necesitan configurar una presión, exposición u opacidad junto con un tamaño de pincel apropiado seleccionado de la paleta de pinceles. Comience con una configuración de exposición, opacidad u presión baja y pinte con la herramienta varias veces para modificar en varias fases en lugar de seleccionar una configuración mayor e intentar conseguir el mismo efecto de una vez. Hay que tener mucho cuidado al utilizar estas herramientas para que no se note que se ha retocado la imagen.

Sobreexponer, Subexponer y Esponja

Las herramientas Sobreexponer y Subexponer se utilizan para aclarar u oscurecer los píxeles, mientras que la herramienta Esponja aumenta o disminuye la saturación (imágenes en RGB) o el contraste (en imágenes a Escala de grises). Las herramientas Sobreexponer y Subexponer pueden concentrar sus efectos en los medios tonos, sombras o iluminaciones seleccionándolos del menú emergente en la paleta de opciones. Este mismo menú emergente se utiliza para seleccionar Saturado o Desaturado cuando se selecciona la herramienta Esponja.

Estilizar y Desenfocar

Es muy fácil ser un poco torpe cuando se utilizan estas herramientas, sobre todo con la opción Estilizar. Proceda con mucho cuidado. Configure una opacidad baja junto con un pincel suave y trabaje sobre la imagen de forma gradual (en varias acciones repetidas) para crear el efecto deseado.

Distorsionar

El único equivalente en fotografía a la herramienta Distorsionar en la fotografía análoga es algún tipo de películas Polaroid en las que la emulsión se puede mover mientras aún sea suave.

La opción Pintura de dedo permite distorsionar utilizando el color frontal al comienzo de cada trazo. Si la opción se deselecciona, el color que haya debajo del pincel es el color que se utiliza al comienzo de cada trazo.

CAPAS

Las capas permiten una mayor flexibilidad a la hora de retocar una imagen y aumentar la capacidad para crear complejos fotomontajes digitales. Las capas son como un conjunto de folios de acetato, cada uno con una parte distinta de la imagen, colocados uno sobre otro. Las animaciones clásicas de Walt Disney se crearon utilizando esta versátil técnica de diseño gráfico. Cada carácter puede colocarse en su propio folio de acetato para que cuando el carácter se mueva, no haya que dibujar constantemente el fondo.

Algunas partes de la capa pueden ser transparentes, por lo que se podrá ver la información de las capas que haya debajo. Al final de todas se encuentra la capa de fondo, que permanecerá opaca. Las capas pueden cambiarse de lugar, por lo que los píxeles pueden colocarse delante u ocultarse detrás de los píxeles de las capas de encima. Las capas se controlan con la paleta de capas y el menú de Capas.

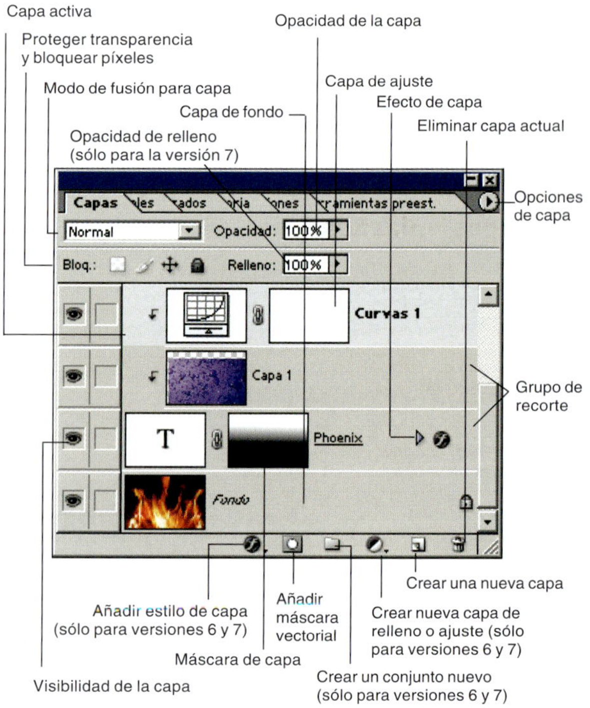

Trabajar con capas

Haga clic en una capa en la paleta de capas para hacerla activa (sólo se puede activar una capa a la vez). Las modificaciones afectan normalmente sólo a la capa activa. Es común para los usuarios nuevos experimentar el problema de intentar editar píxeles en una capa que no se ha seleccionado. Compruebe siempre que se ha seleccionado la capa correcta antes de editar una imagen con varias capas.

NOTA: UNA SELECCIÓN SIEMPRE SE PEGA EN UNA CAPA NUEVA. TODAS LAS CAPAS DE LA MISMA IMAGEN TIENEN LA MISMA RESOLUCIÓN Y EL MISMO MODO DE IMAGEN.

Cada capa de la misma imagen tiene que tener la misma resolución y modo de imagen (una selección que se importa a otra imagen adoptará la resolución y modo de la nueva imagen). Una selección RGB disminuirá y se convertirá en Escala de grises si se importa a una imagen en escala de grises con una resolución mayor. Si se aumenta el tamaño de cualquier selección se producirá una interpolación, lo que degradará su calidad.

Visibilidad de la capa, capa activa y capas enlazadas

El icono del Ojo indica si la capa está oculta o visible. Sólo se imprimirán las capas visibles. El icono del Pincel indica la capa activa. Se pueden colocar enlaces en otras capas para que se puedan mover con la capa activa como grupo.

Opacidad, modo de fusión y proteger transparencia

La opacidad de una capa se puede cambiar desde casi transparente (1%) hasta completamente opaca (100%), mientras que el modo de fusión determina cómo se combina una capa con las capas que hay debajo.

Si selecciona alguna opción del cuadro Proteger transparencia, restringe cualquier intento de pintar o editar las áreas que contienen píxeles (las áreas transparentes no se ven afectadas).

Máscaras de capa

Una máscara de capa se adjunta a una capa y controla los píxeles ocultos o visibles de esa capa. Si se descarta la máscara de capa, los píxeles originales no se ven afectados.

Capa de ajuste y grupo de recorte

Una capa de ajuste permite realizar ajustes en la imagen sin modificar de forma permanente los píxeles originales (si se elimina la capa de ajuste, los píxeles vuelven a su valor original). Los efectos de la capa de ajuste aparecen en todas las capas que haya por debajo de ésta, a no ser que se cree un grupo de recorte. Se sangran las miniaturas de las capas superiores de un grupo de recorte mientras que se subraya el nombre de la capa base del grupo.

Capa de texto

Se puede editar texto en Photoshop. Si hay que modificar el texto (fuente, estilo, ortografía, color, etc.), el usuario tan solo tendrá que hacer doble clic en esta capa de texto.

Efectos de capa

Los efectos de capa se suelen utilizar con las capas de texto, aunque se pueden aplicar a cualquier capa excepto la capa de fondo. Los efectos como Sombra interior y Bisel y relieve proporcionan una calidad tridimensional a las figuras planas.

Capa de fondo

La capa de fondo es la capa base del conjunto. Como tal, no se puede cambiar su posición u opacidad a no ser que se le cambie el nombre.

Guardar una imagen con capas

Los formatos de archivo que soportan las capas son el formato de Photoshop PDS, y más recientemente, con el surgimiento de Photoshop 6, soportan PDS y TIFF. Las capas deben estar siempre acopladas si el archivo se va a guardar como JPEG o como imagen TIFF en Photoshop 5. Se recomienda guardar siempre una copia maestra con sus capas en formato PDS. Es posible acoplar rápidamente una imagen con varias capas y guardarlas como archivo JPEG o TIFF seleccionando **Guardar una copia** del menú **Archivo** (Photoshop 5) o el cuadro de diálogo **Guardar como** (Photoshop 6 y 7) y, a continuación, el formato del archivo necesitado del menú emergente.

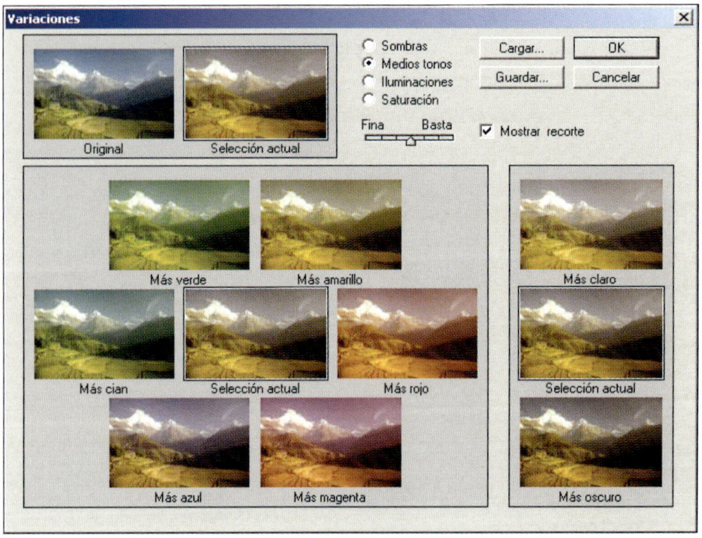

Correcciones de color utilizando Imagen>Ajustes>Variaciones.

AJUSTE DE IMAGEN

Antes de acometer cualquier ajuste en la imagen, es recomendable asignar los valores de color óptimos a los píxeles en la fase de captura o escaneado. (Véase el apartado "Cómo ajustar la tonalidad y el color" del capítulo 4). Utilice **Niveles** y **Curvas** en Photoshop para ajustar únicamente los valores de tonalidad y color.

NOTA: LAS IMÁGENES DIGITALES DE MAYOR CALIDAD SE PRODUCEN A PARTIR DE ARCHIVOS DIGITALES QUE TIENEN UN GRAN RANGO DE NIVELES EN EL ESCANEADO ORIGINAL.

Repetidas correcciones de color utilizando los comandos de ajuste del menú **Imagen** pueden producir una pérdida de los valores de los píxeles y de la calidad de la imagen. Utilice una capa de ajuste para realizar ajustes en la imagen si se necesitan varias correcciones.

Variaciones

El comando Variaciones permite el ajuste del balance del color, contraste y saturación en toda la imagen o en aquellos píxeles que forman parte de una selección. Para aquellos que están cohibidos por el uso de niveles y curvas, las variaciones ofrecen una interfaz más fácil para el usuario. Simplemente haciendo clic en una de las miniaturas que tenga mejor aspecto, se aplican los cambios automáticamente. Los ajustes se pueden centrar en las iluminaciones, medios tonos o sombras seleccionando la opción apropiada. El grado de cambio puede controlarse con el regulador Fina/Basta.

Si está seleccionada la opción Mostrar recorte, aparecerá un aviso de neón en aquellas áreas de la imagen que se conviertan a los valores 255 ó 0. No se produce ningún recorte cuando el ajuste se realiza únicamente a los medios tonos.

No se puede acceder a las variaciones cuando se utilicen capas de ajuste. Si hay que modificar la saturación cuando se utilizan las capas de ajuste, se debería utilizar en su lugar el comando Tono/saturación.

CAPAS DE AJUSTE

Las capas de ajuste actúan como filtros que modifican el tono, la saturación y el brillo de los píxeles de la capa o capas situadas debajo. Si se utiliza una capa de ajuste en lugar de Ajustes del menú Imagen, el usuario podrá realizar varios y consecutivos ajustes de imagen sin modificar de forma permanente los valores de los píxeles originales.

Edición de imagen no destructiva

La manipulación de la calidad de la imagen utilizando capas de ajuste y máscaras de capa se suele denominar no destructiva. Es preferible utilizar capas de ajuste para manipular las imágenes en lugar de trabajar directamente una y otra vez sobre los propios píxeles. Si se utiliza Ajustes del menú Imagen o las herramientas de manipulación del cuadro de herramientas (Subexponer, Sobreexponer y Esponja) sobre los píxeles de las capas, se puede producir una degradación de la calidad de la imagen. Si se utilizan las capas de ajuste con las máscaras de capa para limitar este efecto, los valores de los píxeles sólo se cambian físicamente una vez que se acople la imagen o se fusionen las capas. Mantener la integridad del archivo original es esencial para obtener una impresión de gran calidad.

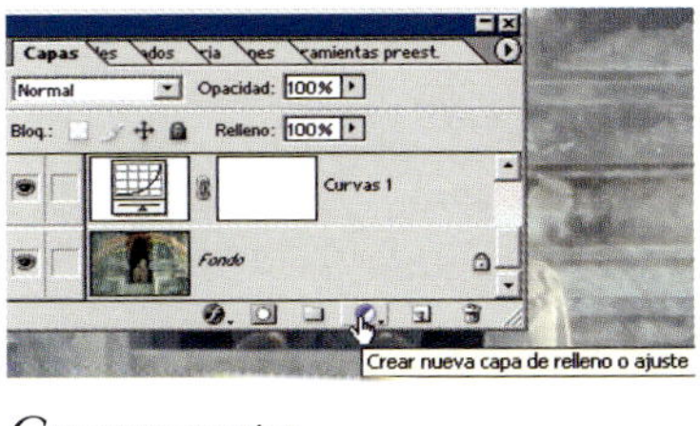

Crear una capa de ajuste de curvas.

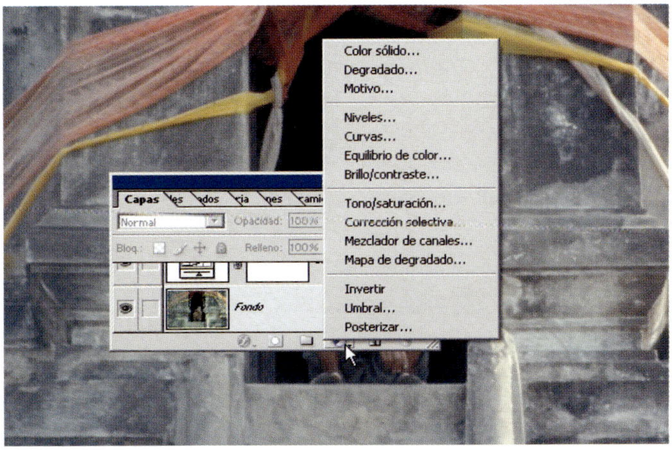

Cómo mantener la calidad

La evidencia de que un archivo se ha degradado, puede observarse en su histograma. Si el histograma muestra demasiados picos o una pérdida de niveles, existe el riesgo de que no se pueda obtener una impresión con una transición suave entre los tonos y el color.

Un signo revelador de un escaneado escaso y una edición de imagen es el efecto de bandas, que se pueden observar con claridad en la impresión final. Estas bandas aparecen porque la transición entre los colores o tonos no es suave, sino que se pueden observar una serie de pasos, o bandas de tono y/o color. Para evitar esto, es muy importante comenzar con un buen escaneado (un histograma amplio sin espacios) y limitar el número de cambios en los valores de los píxeles originales.

MÁSCARAS DE CAPA

La utilización de las máscaras de capa es una habilidad esencial para el retoque profesional de imágenes. Junto con las herramientas de selección y las capas de ajuste, forman la clave para una edición de imagen efectiva y sofisticada. Una máscara de capa puede controlar los píxeles ocultos o visibles de cualquier capa de la imagen, excepto de la capa de fondo. Si la máscara de capa que se ha utilizado para ocultar los píxeles se deselecciona o desconecta (**Mayús**-clic en la miniatura de la máscara de capa), reaparecen los píxeles originales. Este enfoque no destructivo de retoque y montaje fotográfico permite al usuario realizar cambios con frecuencia. Para adjuntar una máscara de capa a cualquier capa (excepto a la capa de fondo), simplemente haga clic en la capa y a continuación haga clic en el icono Añadir máscara de capa situado en la parte inferior de la paleta de capas.

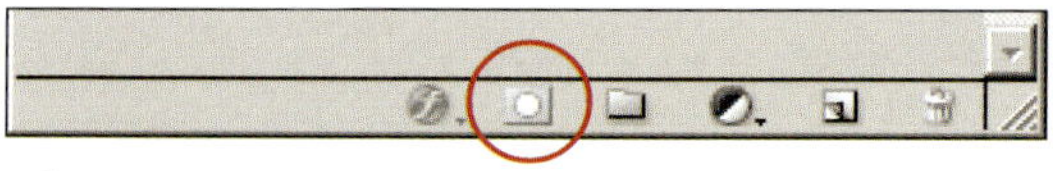

El icono Añadir máscara de capa *en la paleta de capas.*

La máscara de capa se adjunta automáticamente a cada capa de ajuste. Los efectos de una capa de ajuste pueden limitarse a un área determinada de la imagen simplemente haciendo clic en la miniatura de la máscara asociada de la capa de ajuste situada en la paleta de capas y, a continuación, realizar el ajuste utilizando cualquiera de las herramientas de pintura mientras se trabaja en la ventana de la imagen principal. La opacidad y el tono del color frontal en el cuadro de herramientas controlará si el ajuste se reduce o se elimina del área seleccionada de la acción. Si se pinta con un tono más oscuro, se ocultará más que si se pinta con un tono más claro o un tono oscuro con una reducida opacidad.

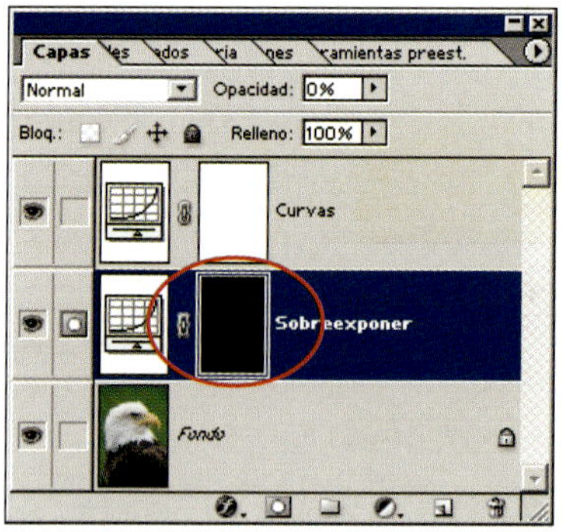

Si pinta con blanco notará el ajuste en el área seleccionada de la acción.

Pintar un ajuste

Una máscara de capa puede rellenarse de negro para ocultar los efectos de la capa de ajuste. Si pinta con blanco la máscara de capa, mostrará los ajustes realizados en el área seleccionada de la acción.

Selecciones y máscaras de capa

Podemos crear un ajuste localizado utilizando el comando Rellenar. Si seleccionamos una máscara de capa y rellenamos una selección activa con el color frontal o de fondo, se creará una máscara que limita los ajustes o la visibilidad del área localizada de la imagen. Esto permite utilizar las herramientas de selección junto con las herramientas de pintura para poder crear las máscaras. El método abreviado para rellenar **Comando/Control-Supr** (para rellenar con el color frontal) y **Opción/Alt-Supr** (para rellenar con el color de fondo) acelerará el proceso.

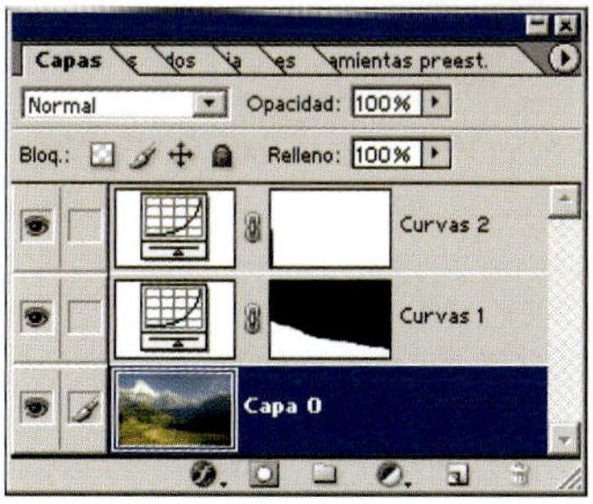

Máscara de capa creada a partir de una selección.

La imagen del Himalaya muestra cómo se puede utilizar una capa de ajuste para realizar cambios globales en la tonalidad y color, mientras que una segunda capa de ajuste sólo afecta al color frontal debido a la presencia de una máscara de capa que limita su efecto.

Actividad 1 (CD-ROM)

1. Abra el archivo de imagen `01.Himalayas.jpg`.

2. En la paleta de capas, haga clic en el icono Nueva capa de relleno o ajuste y seleccione una capa de ajuste de curvas del menú emergente.

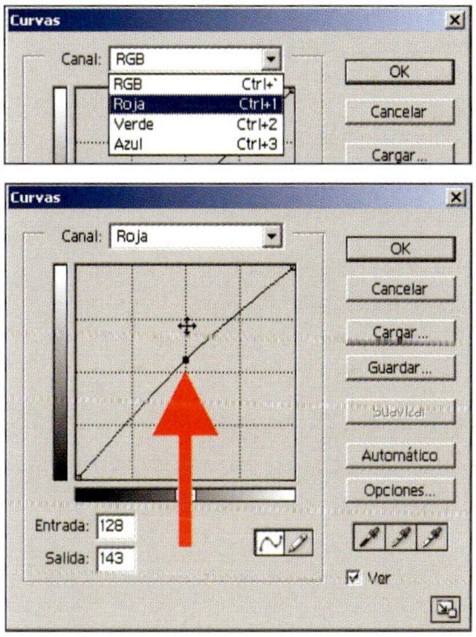

3. Del menú Canal seleccione el canal Rojo. Haga clic en la línea en el centro del cuadro de Curvas. Arrastre la línea hacia arriba hasta que se convierta en una curva. Observe los cambios del color en la ventana de imagen. Aumente el nivel de rojo en la imagen hasta que considere que se ha corregido todo el color.

4. Utilizando la herramienta Lazo (con un calado de 2 píxeles introducidos en la barra de opciones), seleccione los campos de la parte frontal del paisaje.

NOTA: CALADO SUAVIZA LA TRANSICIÓN ENTRE LOS PÍXELES AJUSTADOS Y LOS NO AJUSTADOS. SI CREA UNA MÁSCARA CON UN FILO MUY MARCADO, PUEDE SUAVIZARSE APLICANDO UNA PEQUEÑA CANTIDAD DE DESENFOQUE GAUSSIANO (FILTRO>DESENFOCAR>DESENFOQUE GAUSSIANO).

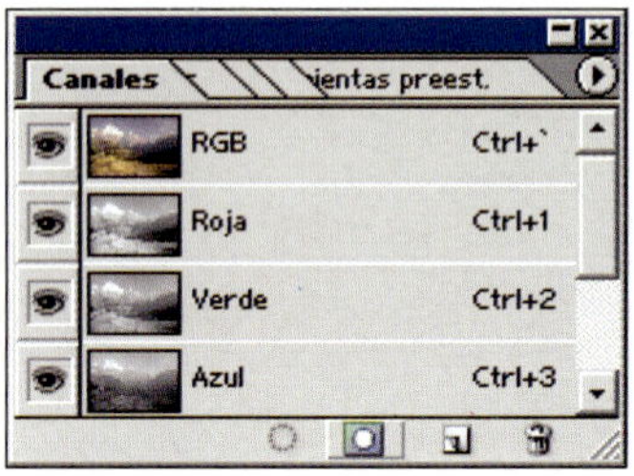

5. Haga clic en la paleta Canales (agrupada con la paleta Capas) y haga clic en el icono Guardar selección como canal para guardar la selección como canal Alfa. Esto asegurará que la selección está guardada al cerrar el archivo.

6. Vuelva a la paleta Capas. Con la selección activa, cree otra capa de ajuste nueva. Seleccione Curvas del menú. La selección limita automáticamente el ajuste al área seleccionada, rellenando el resto de la capa con negro.

7. En el cuadro de diálogo Curvas, seleccione el canal Verde. Incline la curva hacia abajo para reducir el nivel de verde en la parte frontal de la imagen y haga clic en **OK** para completar los ajustes tonales y de color. Haga doble clic en la miniatura o en la capa de ajuste para abrir de nuevo el cuadro de diálogo de Curvas para modificar de nuevo el color o tonalidad.

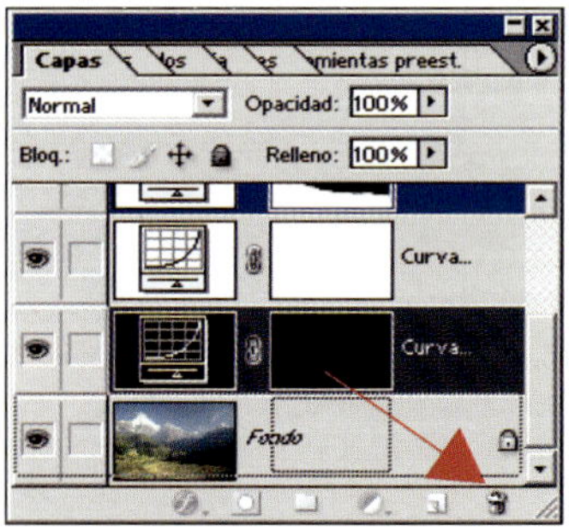

NOTA: ARRASTRE UNA CAPA DE AJUSTE AL ICONO Eliminar capa (PAPELERA) PARA DESCARTAR EL AJUSTE.

8. Para mantener las capas de ajuste cuando se guarde la imagen, es importante guardar el documento como archivo de Photoshop (PSD).

VALORES META

Para optimizar la calidad de la impresión final, se puede configurar el valor tonal de tonos de iluminación y sombra específicos de la imagen. Esto se puede conseguir utilizando un ajuste de curvas junto con la herramienta Cuentagotas y la paleta de información, o utilizando los Cuentagotas negro y blanco situados en los cuadros de diálogos de Niveles y Curvas. Los tonos sobre los que hay que centrarse son los de las áreas con detalles más claros u oscuros de la imagen. Adobe afirma en su manual del usuario:

NOTA: "ES IMPORTANTE IDENTIFICAR UN ÁREA DE ILUMINACIÓN Y SOMBRA VERDADERAMENTE REPRESENTATIVA. DE LO CONTRARIO, EL RANGO TONAL PODRÍA EXPANDIRSE INNECESARIAMENTE PARA INCLUIR VALORES DE PÍXELES EXTREMOS QUE NO PROPORCIONAN DETALLES A LA IMAGEN. UN ÁREA DE ILUMINACIÓN DEBE SER UNA ILUMINACIÓN QUE SE PUEDA IMPRIMIR, NO UN BLANCO A ESPECULAR. ESTE BLANCO NO TIENE DETALLE, POR LO QUE NO SE IMPRIME TINTA EN EL PAPEL. POR EJEMPLO, UN PUNTO DEL RESPLANDOR ES UN BLANCO A ESPECULAR Y, POR TANTO, UNA ILUMINACIÓN QUE NO SE PUEDE IMPRIMIR."

Configurar un valor meta

Los valores meta para los tonos de iluminación y sombra se pueden configurar utilizando los Cuentagotas de negro y blanco situados en los cuadros de diálogo de Curvas y Niveles o trazando los tonos de iluminación y sombra en una curva de ajuste. Para configurar los valores meta utilizando los Cuentagotas, abra el cuadro de diálogo de Niveles o el de Curvas (Imagen> Ajustes>Niveles/Curvas).

Haga doble clic en la herramienta Cuentagotas para mostrar el selector de color.

Introduzca el valor 96% en el cuadro de texto de Brillo (en los controles de tono, saturación y brillo o HSB).

Haga clic en **OK** cuando haya introducido este valor. Haga doble clic en el Cuentagotas negro e introduzca el valor de sombra meta 4% en el cuadro de texto de Brillo.

Haga clic en **OK** cuando haya introducido este valor.

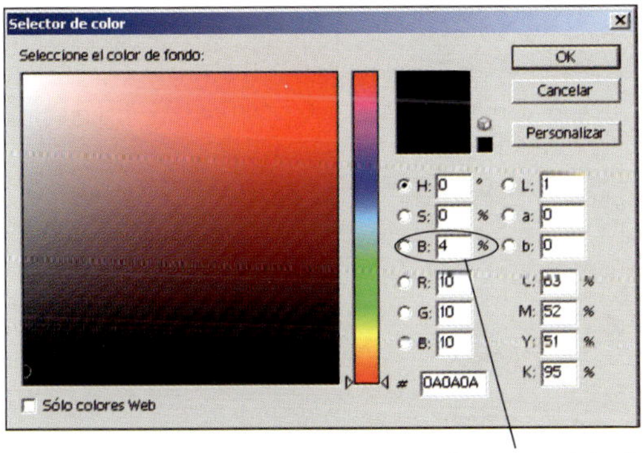

Introduzca un valor meta en el cuadro Brillo *del selector de color y, a continuación, haga doble clic en la herramienta Cuentagotas negro o blanco.*

Observe la imagen cuidadosamente para localizar la iluminación con más brillo. Seleccione tonos representativos; por ejemplo, para la iluminación meta no seleccione una iluminación a especular como una fuente de luz o un reflejo de la luz que registraría un valor de 255.

Utilizando los Cuentagotas negro y blanco, con los valores alterados, haga clic en el detalle apropiado de la imagen para asignar sus valores meta.

NOTA: CUANDO SE CONFIGURAN LOS VALORES META DE UNA IMAGEN DE COLOR ES MUY IMPORTANTE SELECCIONAR TONOS DE ILUMINACIÓN O SOMBRA NEUTRALES; DE LO CONTRARIO, SE PUEDE INTRODUCIR UN COLOR DOMINANTE EN LA IMAGEN. SI NO HAY PRESENTE NINGÚN TONO DE ILUMINACIÓN O SOMBRA NEUTRAL, SE ACONSEJA CONSEGUIR ESOS TONOS TRAZÁNDOLOS EN UNA CURVA DE AJUSTE, UTILIZANDO EL CANAL MAESTRO RGB.

LA MÁSCARA DE ENFOQUE: AUMENTO DE LA NITIDEZ DE LA IMAGEN

Es común aumentar la nitidez aparente de la imagen en el último paso antes de la impresión. Muchas imágenes se benefician de esta nitidez aun si se habían fotografiado o escaneado con enfoque. El filtro Máscara de enfoque se utiliza para suavizar los filos y corregir cualquier desenfoque introducido en el proceso digital. La máscara de enfoque aumenta la nitidez enfatizando los bordes entre los diferentes tonos de la imagen (en las películas fotográficas se utilizan desarrolladores químicos para conseguir los mismos efectos). Si un tono claro está al lado de un tono oscuro, se puede resaltar el borde que hay entre los dos aclarando los píxeles situados al lado del lado más claro y oscureciendo los píxeles situados al lado del lado más oscuro. Los efectos del filtro Máscara de enfoque se aprecian más sobre la pantalla que en la impresión. Para la evaluación final, compruebe siempre la impresión final y ajústelo si lo considera necesario. Los tres controles de este filtro son:

- **Cantidad.** Controla el aumento de contraste entre los diferentes tonos o píxeles de los bordes. La cantidad normal se sitúa entre 80 y 190%. La cantidad suele ser baja en las imágenes de personas.

- **Radio.** Controla el ancho del efecto producido en los bordes. No suele ser necesario exceder de 1 píxel.

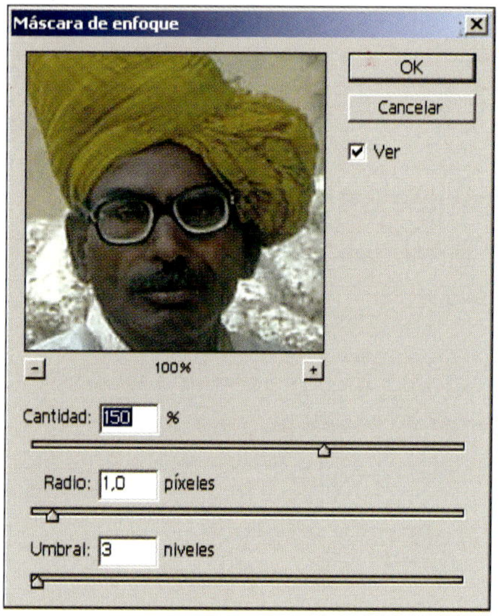

- **Umbral.** Controla dónde se produce el efecto. Un umbral de cero afecta a todos los píxeles, mientras que un umbral elevado sólo afecta a aquellos bordes que tengan una gran diferencia tonal. El umbral suele ser muy bajo (entre 0 y 2) en imágenes que provienen de cámaras digitales o películas de formato medio o gran formato. El umbral se suele fijar en 3 para las imágenes de 35 mm. El umbral se aumenta para evitar acentuar el ruido, sobre todo en los tonos color piel.

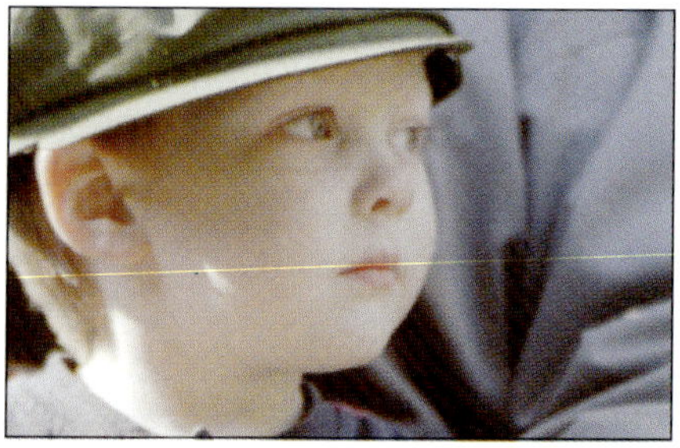

Antes de aplicar el filtro **Máscara de enfoque.**

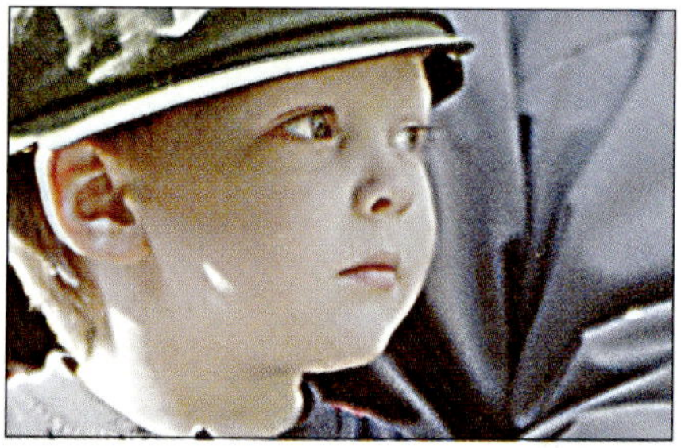

Después de aplicar el filtro **Máscara de enfoque.** *El radio se ha configurado muy alto para exagerar el efecto.*

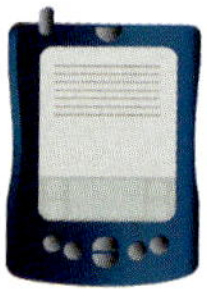

NOTA: SI EL FILTRO Máscara de enfoque HACE QUE LOS COLORES APAREZCAN MUY SATURADOS, LA IMAGEN PUEDE CONVERTIRSE A Modo Lab Y APLICAR EL FILTRO SÓLO AL CANAL L. DE ESTE MODO NO AFECTARÁ AL COLOR.

Tonos meta

En esta actividad los valores específicos de iluminación, sombra y medios tonos se centran en una curva de ajuste. El color dominante se corrige utilizando el Cuentagotas **Configurar punto gris** en el cuadro de diálogo de **Curvas** y se altera el color del turbante del hombre.

La imagen `02.Market.jpg` *sin ningún ajuste.*

Actividad 2 (CD-ROM)

1. Abra el archivo `02.Market.jpg` y seleccione la herramienta Cuentagotas en la paleta de herramientas. Configure el tamaño de muestra del Cuentagotas en **Promedio de 5 x 5** en la barra de opciones para asegurar que se toman como muestra los valores tonales generales en lugar de los valores de cada píxel concreto.

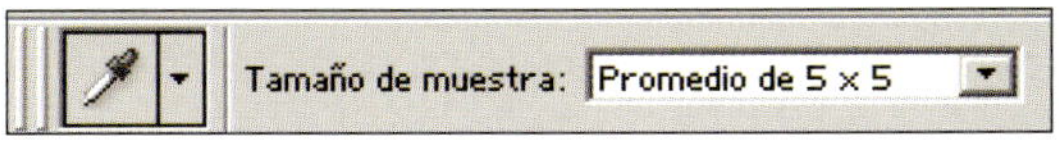

2. Cree una capa de ajustes de curvas haciendo clic en el icono **Nueva capa de relleno o ajuste** situado en la parte inferior de la paleta de capas.

3. Mueva el cursor del ratón fuera del cuadro de diálogo de curvas hacia la ventana de la imagen. El cursor se convertirá en un Cuentagotas, sin importar la herramienta que estuviera seleccionada anteriormente. Sin hacer clic con el ratón, mueva el Cuentagotas por la imagen y observe la lectura de **Entrada** en el cuadro de diálogo de **Curvas**. Mueva el Cuentagotas hacia un tono de iluminación con brillo de la imagen (por ejemplo, una sección de la camisa).

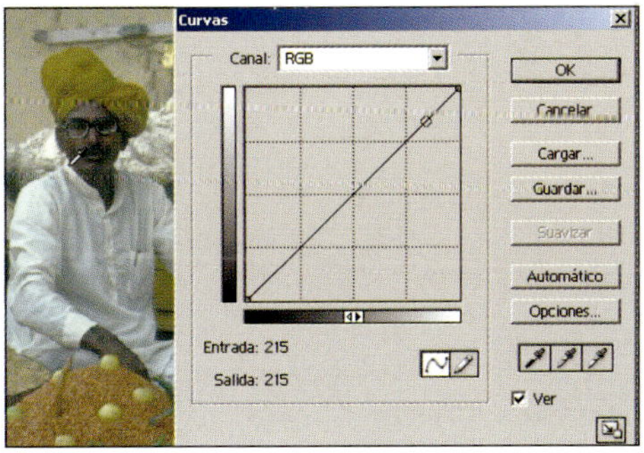

4. Seleccione un tono que registre un nivel de entrada de aproximadamente 235. Pulse la tecla **Comando/Control** y haga clic con el puntero sobre la imagen para configurar un punto de ajuste en la curva.

5. Mueva el cursor hacia un objeto con un tono oscuro (por ejemplo, la montura de las gafas del hombre). Seleccione un tono que registre

un nivel de entrada entre 15 y 20. Configure el punto de ajuste como antes.

6. Mueva el cursor hacia una parte de la imagen que quiera ajustar como medio tono (la piel del revés de la mano del hombre sería ideal). Seleccione un tono que registre un nivel de entrada de 95. Configure el punto de ajuste como anteriormente.

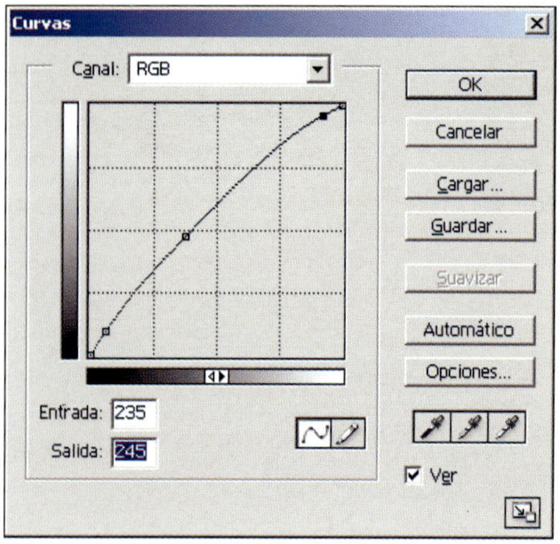

La curva con los valores de salida modificados.

7. En el cuadro de diálogo de **Curvas**, arrastre el punto de ajuste de iluminación hasta que el valor de salida sea de 245. Seleccione y arrastre el punto de ajuste de sombra hasta que el valor de salida sea de 10. Seleccione y arrastre el punto de ajuste de medio tono hasta que el valor de salida sea de 127.

8. Seleccione el Cuentagotas **Configurar punto gris** en el cuadro de diálogo de **Curvas** (entre los Cuentagotas negro y blanco). Haga clic en un tono adecuado que quiera desaturar para intentar eliminar el color dominante presente en la imagen (el asa de la bandeja de metal situada a la izquierda del hombro del hombre sería ideal). El tono neutral seleccionado para que sea el punto gris puede ser un tono oscuro o claro de la imagen. Si el tono seleccionado no representa un tono neutral, el color dominante no se podrá rectificar con eficacia.

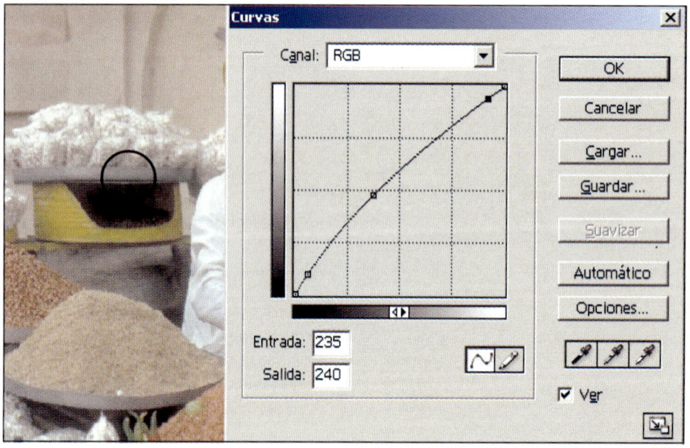

El Cuentagotas **Configurar punto gris** *se utiliza para corregir el color dominante.*

9. Realice la corrección del color seleccionando un canal concreto del menú emergente en el cuadro de diálogo de **Curvas**. Cree un punto de ajuste o utilice el punto de ajuste creado por el Cuentagotas de punto gris para perfeccionar el ajuste de color. Seleccione **OK** para aplicar el ajuste de curvas.

10. Cree una caja de ajuste **Tono/saturación**. Mueva el regulador **Tono** hasta que el turbante del hombre cambie a un tono rojo anaranjado. Disminuya la saturación un poco.

NOTA: TODOS LOS COLORES SE MODIFICARÁN HACIA EL ROJO AL REALIZAR LOS AJUSTES EN ESTA FASE.

11. Rellene la máscara de capa que acompaña a la capa de ajuste **Tono/saturación** con negro (**Edición>Rellenar**).

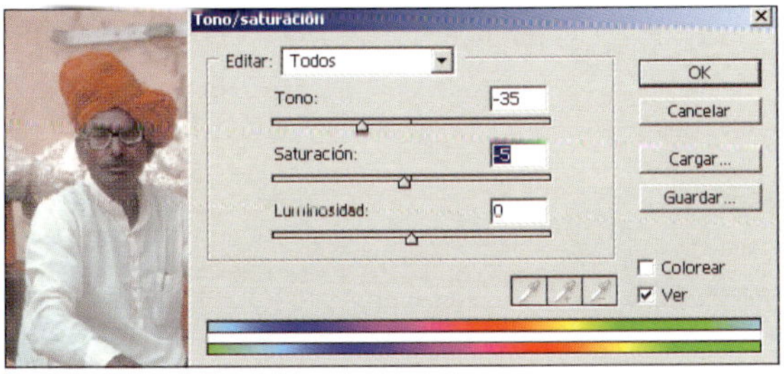

NOTA: SI LOS COLORES FRONTAL Y DE FONDO DE LA PALETA DE HERRAMIENTAS ESTÁN CONFIGURADOS, PUEDEN UTILIZARSE LOS MÉTODOS ABREVIADOS **COMANDOCONTROL-SUPR** Y **OPCIÓN/ALT-SUPR** PARA RELLENAR O LIMPIAR UNA MÁSCARA DE CAPA RÁPIDAMENTE.

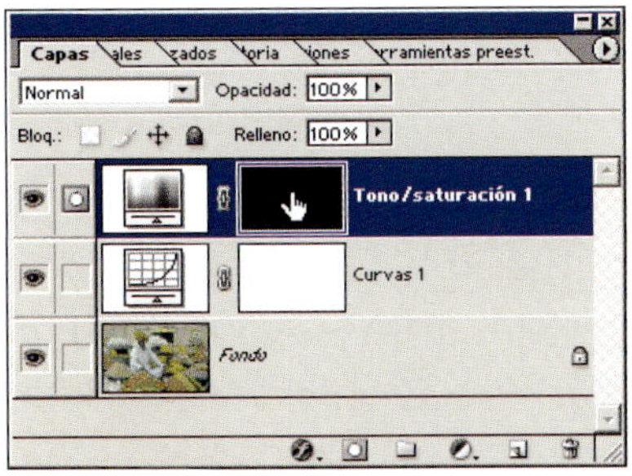

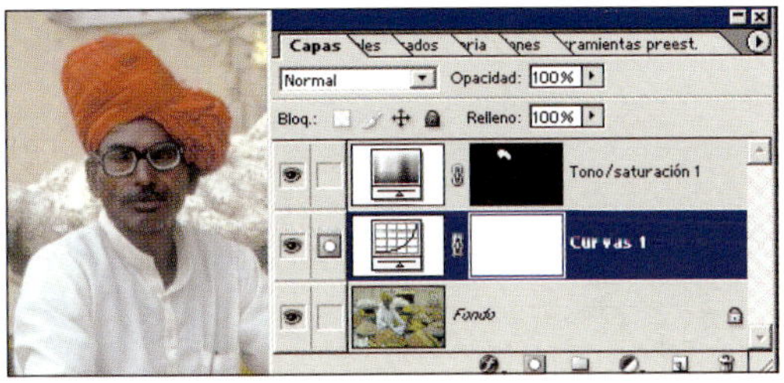

12. Seleccione la herramienta Pincel y seleccione el color blanco como color frontal. En la barra de opciones, configure la opacidad entre 80 y 100%. Seleccione un tamaño de pincel adecuado y pinte el turbante en la imagen para revelar el ajuste de tono. Si se sale del turbante, simplemente active el color frontal como negro y píntelo para eliminar el ajuste previo.

13. Guarde la imagen como archivo PSD.

La imagen `02.Market.jpg` *con varios ajustes realizados.*

Preparándose para la impresión

Con esta actividad realizará todos los pasos que se necesitan para retocar un archivo digital con escasa calidad. Está sucia, torcida y el color y tono no son los correctos. El proceso incluye una definición, que es el último paso antes de la impresión

Actividad 3 (CD-ROM)

1. Abra el archivo `03.Temple.jpg`.

2. Seleccione la herramienta Medición de la paleta de herramientas (haga doble clic en la herramienta Cuentagotas). Haga clic y arrastre desde el filo del escalón situado debajo de los pies del hombre para dibujar una línea paralela al escalón.

Mark Galer.

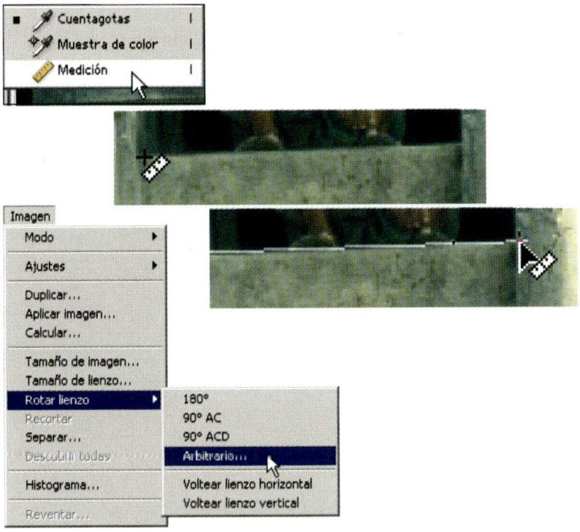

3. Seleccione Imagen>Rotar lienzo>Arbitrario. El ángulo de rotación necesario para enderezar la imagen se introducirá automáticamente en el campo de texto Ángulo. Haga clic en **OK** para rotar el lienzo.

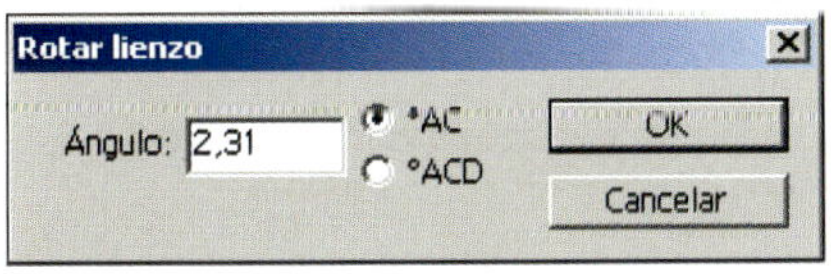

4. Configure las dimensiones de salida y la resolución en la barra de opciones (7 en x 4,5 en a 200 ppp). Con la herramienta Recortar, realice una selección sobre la imagen para seleccionar un área para eliminar el borde negro y las líneas situadas en la base de la imagen. Pulse el icono Recortar con las medidas especificadas situado en la barra de opciones para recortar la imagen con las especificaciones requeridas.

NOTA. EL MÉTODO ABREVIADO PARA RECORTAR SON **RETORNO/INTRO** PARA REALIZAR EL RECORTE Y **ESC** PARA CANCELAR EL RECORTE.

5. En la paleta Historia cree una nueva instantánea de la imagen recortada. Esta instantánea permitirá el uso del Pincel de historia en la eliminación selectiva del polvo y rascaduras que cubren parte de la imagen.

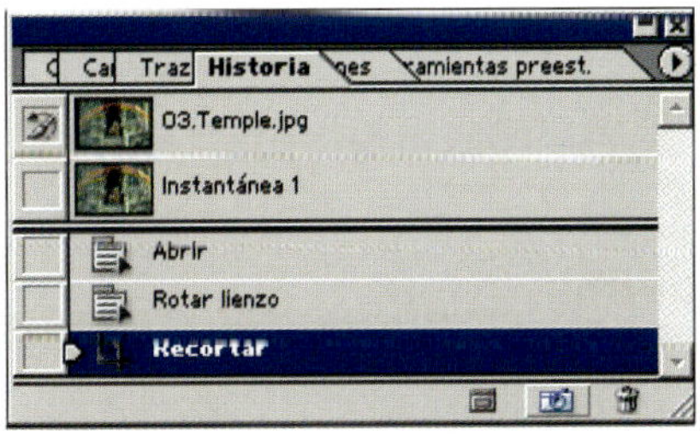

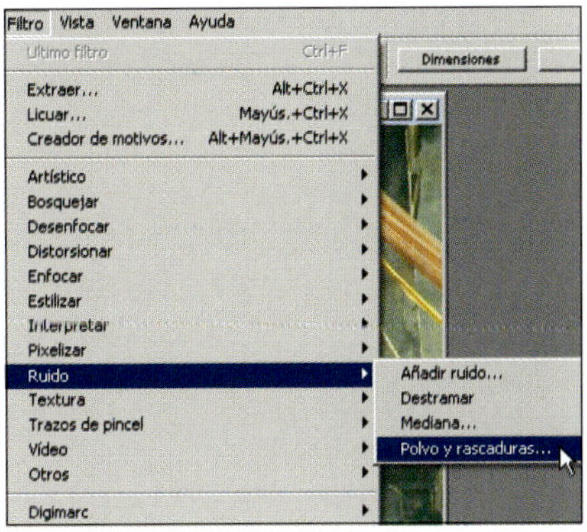

6. Del menú Filtros, aplique el filtro Polvo y rascaduras (Filtro>Ruido>Polvo y rascaduras). Utilice la configuración de Radio y Umbral más baja posible para eliminar la mayor parte del daño.

NOTA: EL FILTRO Polvo y rascaduras NO SE PUEDE APLICAR A TODA LA IMAGEN SIN ELIMINAR UNA CANTIDAD EXCESIVA DE DETALLES.

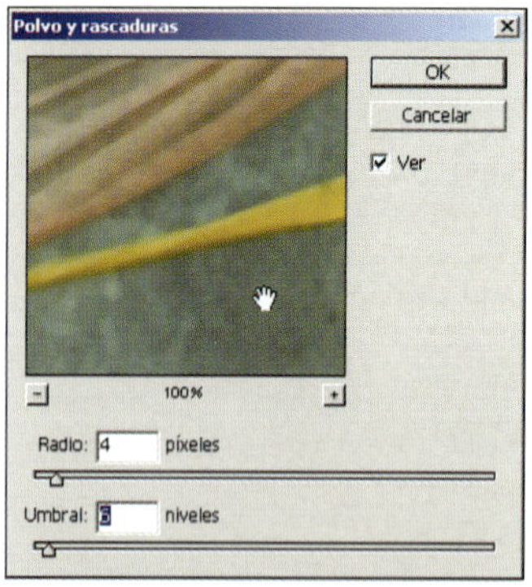

Antes y después de utilizar el filtro Polvo y rascaduras.

NOTA: NO SE PREOCUPE SI EL FILTRO Polvo y rascaduras ELIMINA DETALLES IMPORTANTES ADEMÁS DEL POLVO Y LAS RASCADURAS. VOLVERÁ A UN ESTADO DE HISTORIA ANTERIOR Y UTILIZARÁ EL PINCEL DE HISTORIA PARA LIMPIAR SELECTIVAMENTE LA IMAGEN.

7. Cree otra instantánea nueva y configure el origen para el Pincel de historia en esta última instantánea haciendo clic en la ventana situada al lado de la miniatura de la instantánea. A la instantánea se le puede cambiar el nombre haciendo doble clic en el nombre.

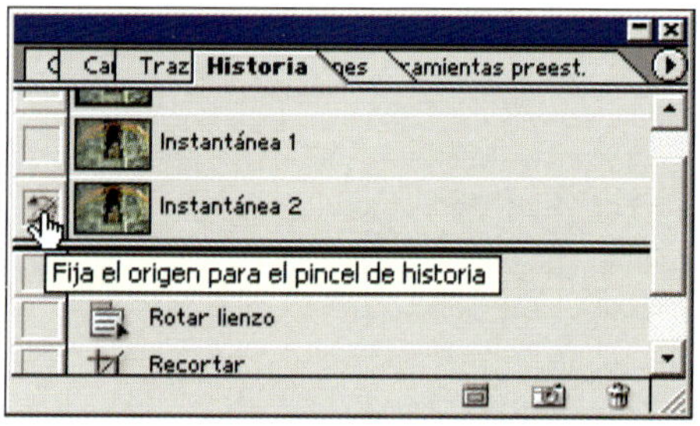

8. Cambie el estado de historia actual a la instantánea anterior (Instantánea 1) haciendo clic sobre ella.

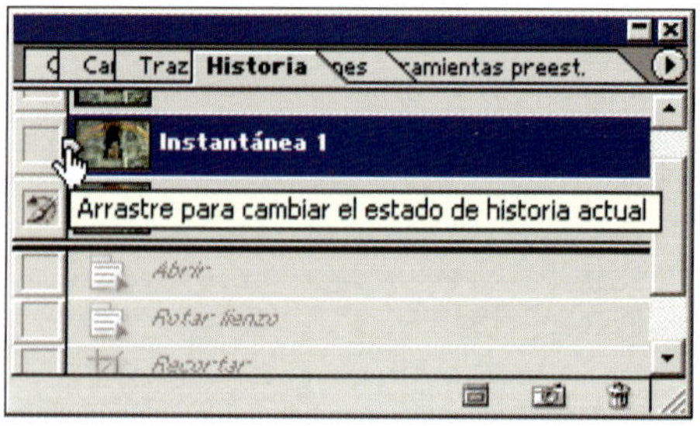

NOTA: EL PINCEL DE HISTORIA SE UTILIZARÁ PARA PINTAR DESDE EL ESTADO FUTURO (MENOS POLVO Y RASCADURAS) HASTA EL ESTADO ACTUAL. EL FILTRO SE LIMITA A UN AJUSTE LOCALIZADO.

9. Seleccione el Pincel de historia de la paleta de herramientas. Seleccione el modo de pintura Aclarar en las opciones del Pincel de historia.

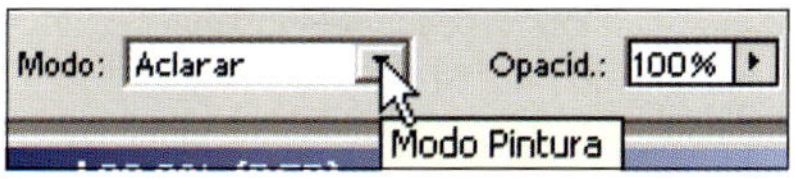

NOTA: CONFIGURE EL MODO DE PINTURA EN Oscurecer SI LAS MARCAS O IMPERFECCIONES SON MÁS CLARAS QUE LA IMAGEN.

10. Repare los daños utilizando un tamaño de pincel apropiado (un poco más grande que el tamaño a reparar). Aumente la imagen si lo necesita, utilice la barra espaciadora (para acceder a la herramienta Mano) y arrástrela para mover la imagen por la ventana.

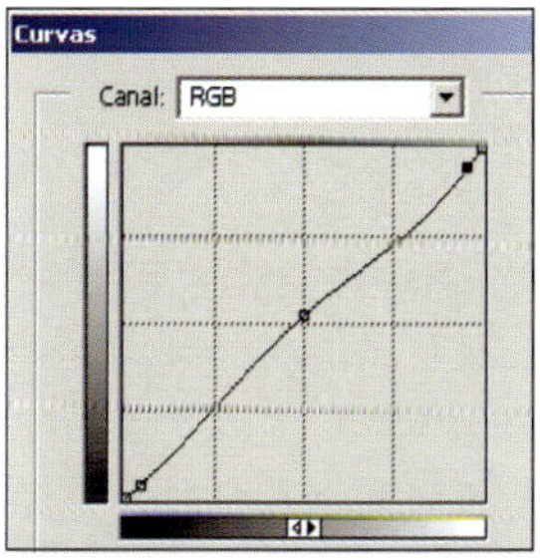

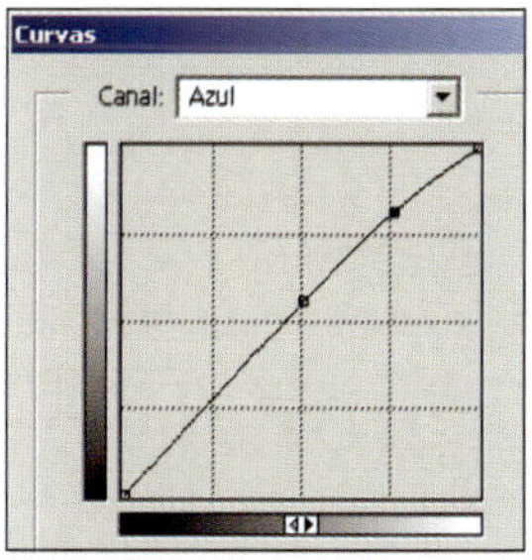

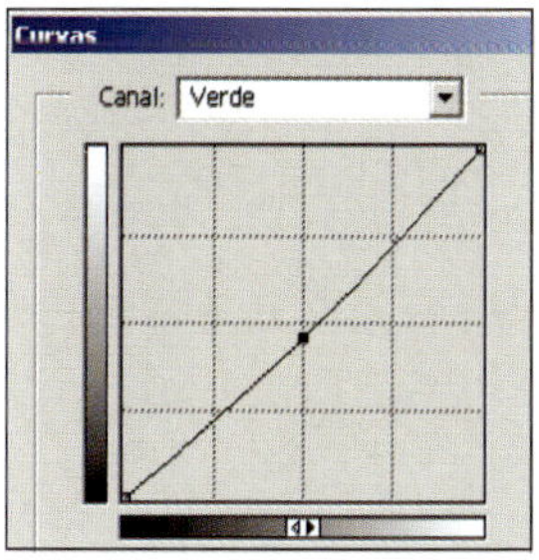

11. Cree una nueva capa de ajuste y seleccione Curvas del menú. Utilice la curva RGB para ajustar la tonalidad de la imagen. Seleccione una muestra de iluminación de los rayos de luz que inciden sobre los muros de piedra a la derecha del escalón y muévalo a un valor de 245. Seleccione un medio tono de la sombra de la frente del hombre y muévalo a un valor de 127. Seleccione un tono oscuro de por encima de la cabeza del hombre y muévalo a un valor inferior a 10. Elimine el color dominante moviendo las curvas de los canales Rojo, Verde y Azul. También puede utilizar el Cuentagotas Configurar punto gris y seleccionar el gris neutral del pelo del hombre.

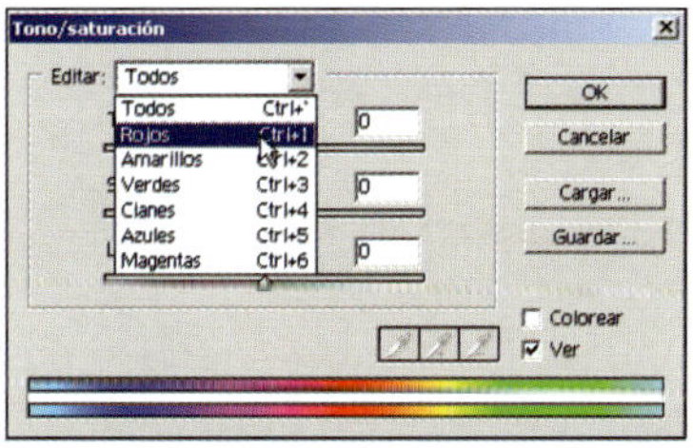

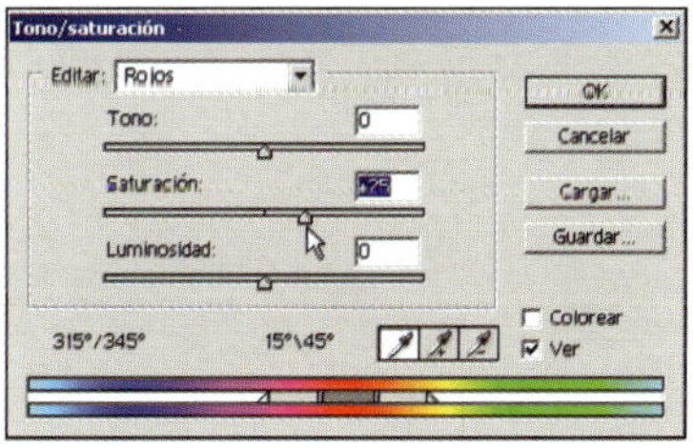

12. Cree una capa de ajuste Tono/saturación. Seleccione Rojos del menú emergente. Aumente la saturación arrastrando el regulador de Saturación hacia la derecha. Como los tonos cálidos de la imagen se restringen a los pañuelos rojos que emergen del templo y la piel del hombre, el resto de la imagen permanece casi sin afectar. Haga clic en **OK** para aplicar el ajuste.

13. Para limitar el ajuste a los pañuelos, pinte la máscara de capa de la capa de ajuste en negro (configurado con 100% de opacidad) para

ocultar el aumento de saturación de la piel del hombre. Como alternativa, rellene la máscara de negro y pinte con blanco para mostrar los ajustes de saturación en los pañuelos.

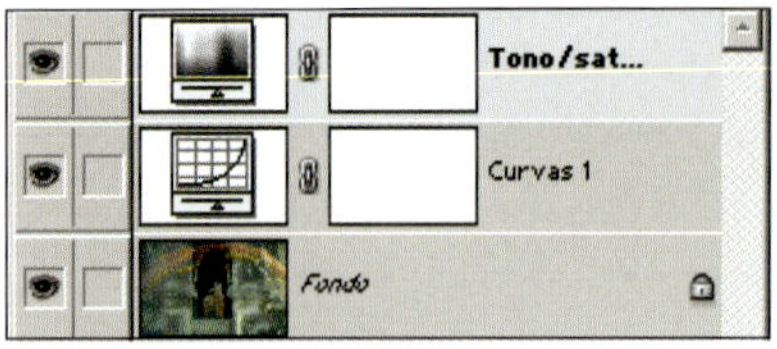

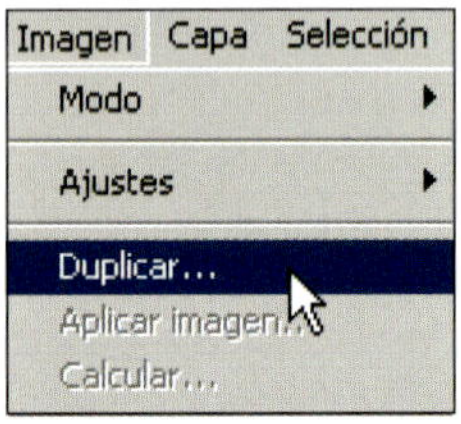

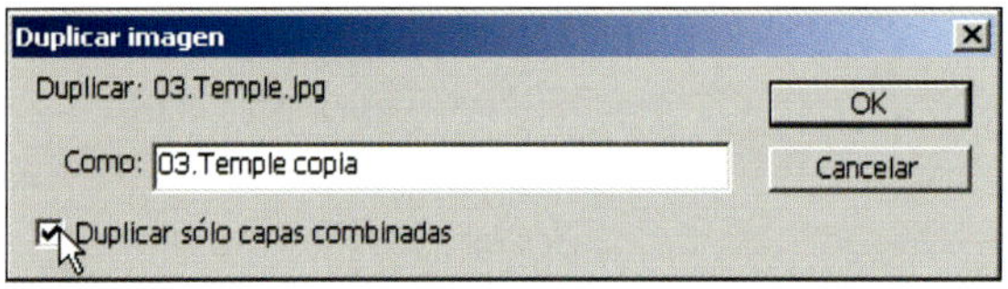

14. Antes de dar nitidez a la imagen, duplique el archivo (Imagen>Duplicar).

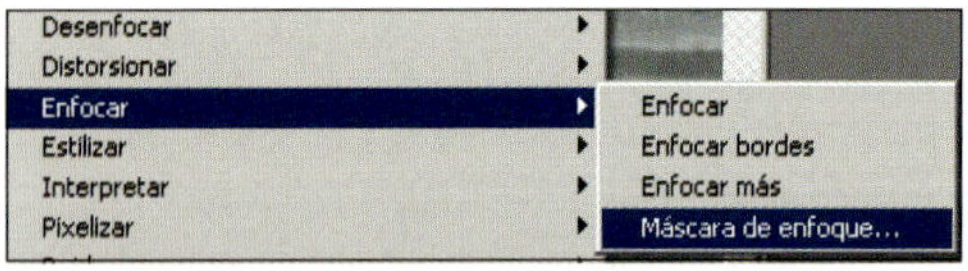

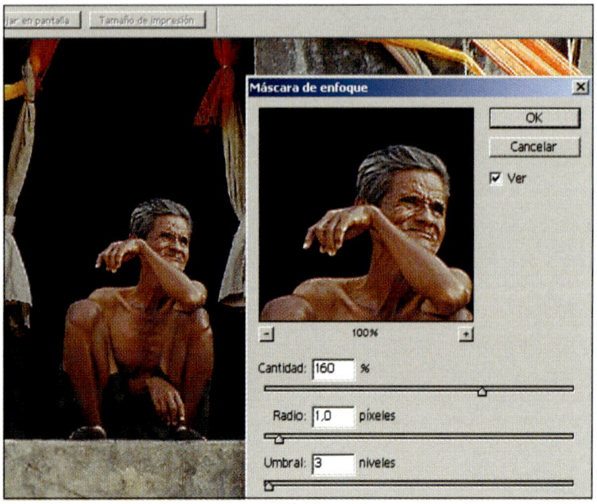

15. Vea la imagen al 100 por 100 (Vista>Píxeles reales). Del menú Filtros seleccione Enfocar>Máscara de enfoque. Las configuraciones medias para un escaneado destinado a una impresión a partir de una película de 35 mm son: Cantidad: 180, Radio: 1,0 y Umbral: 3. Seleccione **OK** para aplicar esta configuración.

16. Guarde la imagen duplicada como archivo TIFF para su impresión. Guarde el archivo maestro con las capas de ajuste como archivo de Photoshop (PSD). Si hay que realizar pequeños ajustes, se deberían hacer en el archivo maestro y crear un duplicado nuevo antes de imprimirla por segunda vez.

EDICIÓN DE UNA IMAGEN DE 16 BITS

Para producir la mejor calidad en una imagen digital, es esencial que capturemos, retengamos y conservemos la máxima información sobre la tonalidad y el color del objeto. Esta información se guarda en los canales, y la confirmación de la información de calidad es evidente en el histograma de una imagen acoplada.

Cuanto más forzados estemos para editar los valores de los píxeles de una imagen digital para compensar una calidad escasa en la escena original o un escaneado sin contraste, más cantidad de información o calidad tendremos que sacrificar. Si el objeto tiene buena luz y está bien expuesto, y la calidad del escaneado o captura es buena, hay que realizar una edición mínima. Este tipo de archivo puede editarse en modo 8 bits con una pérdida de calidad no aparente. La edición en 16 bits es inapreciable si se necesita la máxima calidad de un archivo de imagen digital que requiere mucha edición.

El problema de la edición con 8 bits

Cuando un archivo de imagen se edita en modo 8 bits por canal (34 bits RGB) el histograma comienza a desintegrarse o se vuelve más débil. Los picos o líneas que se forman son más evidentes en el histograma resultante una vez que el archivo se ha acoplado.

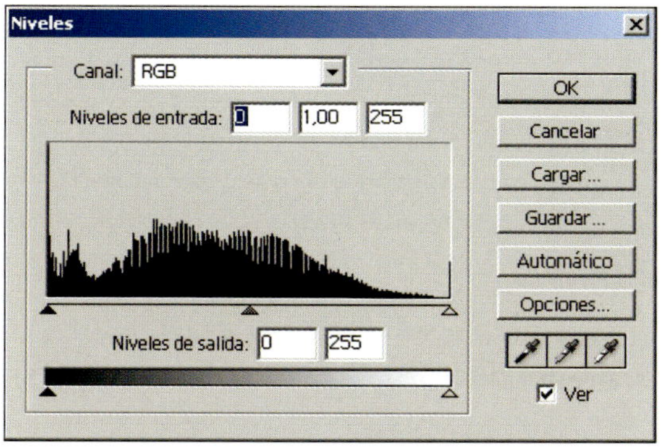

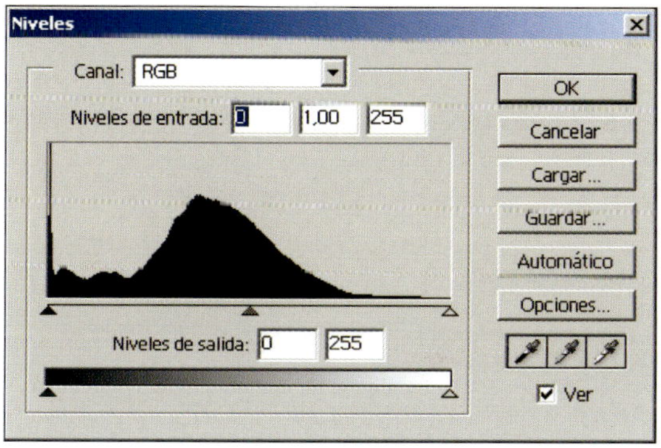

Histogramas finales tras editar la misma imagen en modo 8 bits por canal y 16 bits por canal.

NOTA: LAS TÉCNICAS DE EDICIÓN DE 8 BITS MENOS DESTRUCTIVAS UTILIZAN CAPAS DE AJUSTES PARA QUE LOS VALORES DE LOS PÍXELES SÓLO SE ALTEREN UNA VEZ, CUANDO LAS CAPAS SE ACOPLAN ANTES DE SU IMPRESIÓN.

El problema de una edición extensa en el modo 8 bits (el modo de edición estándar de Photoshop) es que una imagen de 24 bits (8 bits por canal) sólo tiene 256 niveles o tonos por canal para describir el rango completo de la imagen. Esto suele ser suficiente, si el histograma tiene pocos huecos, cuando comenzamos el proceso de edición y la cantidad de edición necesaria es limitada. Si comienzan a aparecer muchos huecos en el histograma como resultado de un ajuste extensivo de los valores de los píxeles, puede causar la aparición de bandas. Es posible que no se pueda producir un cambio suave entre lo oscuro y lo claro o entre un color y otro si el histograma presenta unos datos muy débiles. El resultado es una transición visible entre los colores o tonos produciéndose una serie de rayas en la imagen final.

Ventajas y desventajas de una edición de 16 bits

Cuando hay que realizar grandes correcciones de color o se requiere la mayor calidad posible, existen grandes ventajas si se utiliza Adobe Photoshop para editar una imagen de archivo utilizando el modo 16 bits por canal (48 bits RGB). En los 16 bits por canal, existen trillones, en lugar de millones, de valores posibles para cada píxel. Los picos, que aparecen con frecuencia si se edita en 8 bits por canal, no suelen aparecer al editar en el modo 16 bits por canal. Sin embargo, hay una trampa. Photoshop tiene una funcionalidad limitada cuando se abre o se convierte en una imagen al modo 16 bits por canal. Las desventajas de editar en 16 bits por canal son:

- No todos los escáneres pueden escanear en modo 16 bits por canal.
- El tamaño del archivo es el doble si se compara con una imagen de 8 bits por canal del mismo tamaño de impresión y resolución.
- No se pueden utilizar las capas (incluyendo capas de texto y capas vectoriales).

- En la edición en 16 bits por canal no se puede utilizar el modo de Máscara rápida.
- Muchas herramientas y filtros no funcionan en el modo 16 bits por canal, como por ejemplo Varita mágica, Degradado, Subexponer y Sobreexponer.
- Sólo tres formatos de archivo son compatibles con el modo 16 bits por canal: PSD, Raw y TIFF.

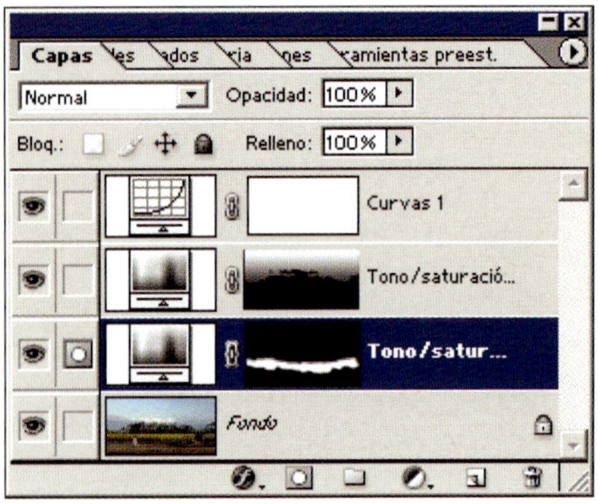

En el modo 16 bits no se puede utilizar las capas de ajuste y las máscaras de capa.

Aunque Photoshop tiene una funcionalidad limitada cuando se abre o convierte una imagen en el modo 16 bits por canal, se prefiere que se realicen los cambios principales en este modo antes de convertir el archivo al modo 8 bits para acceder a todas las características de Photoshop. Existen muchas técnicas de edición que ayudan al usuario a permanecer más tiempo en el modo 16 bits. Algunas de estas técnicas incluyen utilizar los ajustes del menú Imagen junto con el Pincel de historia para aplicar ajustes localizados o selectivos. Las selecciones que requieran el uso del modo de Máscara rápida o la Varita mágica pueden realizarse en un modo 8 bits duplicado del archivo de 16 bits y, a continuación, mover la selección resultante al archivo de 16 bits. Estas técnicas son el objetivo de la actividad 4.

NOTA: LAS IMÁGENES SE PUEDEN CONVERTIR DE 8 BITS A 16 BITS ANTES DE REALIZAR NINGÚN AJUSTE (Imagen>Modo>16 Bits/Canal) O CAPTURARLAS EN 16 BITS EN LA FASE DE ESCANEADO (ELECCIÓN PREFERIDA). MUCHOS DE LOS MEJORES ESCÁNERES DE LOS QUE DISPONEMOS (PLANOS O DE PELÍCULA) SOPORTAN UNA CAPTURA A 16 BITS POR CANAL (48 BITS RGB).

Actividad 4 (CD-ROM)

La imagen utilizada en esta tutoría se realizó en las tierras bajas del Nepal cuando la luz estaba decayendo. Al fondo, el Himalaya continúa iluminado, pero las condiciones de luz crearon una imagen plana y desaturada. Puesto que se necesita realizar muchas modificaciones para restaurar el contraste y la saturación, se prefiere editar la imagen en modo 16 bits para obtener una imagen final de gran calidad.

El antes y el después de editar en modo 16 bits.

El propósito de esta actividad es:

- Aumentar de forma selectiva la saturación de la cosecha amarilla del campo.
- Aumentar de forma selectiva el brillo de la persona situada en primer plano.
- Oscurecer de forma selectiva el cielo mientras que se aumenta su saturación.

1. Abra la imagen `04.Nepal.jpg` y conviértala a 16 bits por canal (Imagen>Modo>16 Bits/Canal).

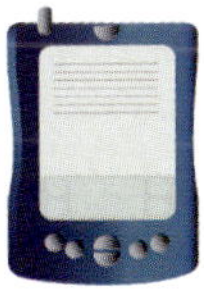

NOTA: MUCHOS ESCÁNERES SE REFIEREN AL ESCANEADO EN 16 BITS POR CANAL COMO ESCANEADO A 48 BITS RGB. ALGUNOS ESCÁNERES OFRECEN UN ESCANEADO A 14 BITS POR CANAL, PERO EN PHOTOSHOP, LA IMAGEN ES DE 48 BITS. SI NO PUEDE CAPTURAR UNA IMAGEN A 16 BITS POR CANAL, PUEDE CAPTURARLA EN MODO 8 BITS Y CONVERTIRLA AL MODO 16 BITS/CANAL, (Imagen>Modo>16 Bits/Canal). RECUERDE QUE NECESITA EL DOBLE DE MEGABYTES QUE UNA IMAGEN EN 8 BITS; POR EJEMPLO, SI CAPTURA 11 MEGABYTES PARA UNA IMAGEN EN A4 (A4 A 200 PPP), NECESITARÁ 22 MEGABYTES CUANDO REALICE EL ESCANEADO A 16 BITS POR CANAL.

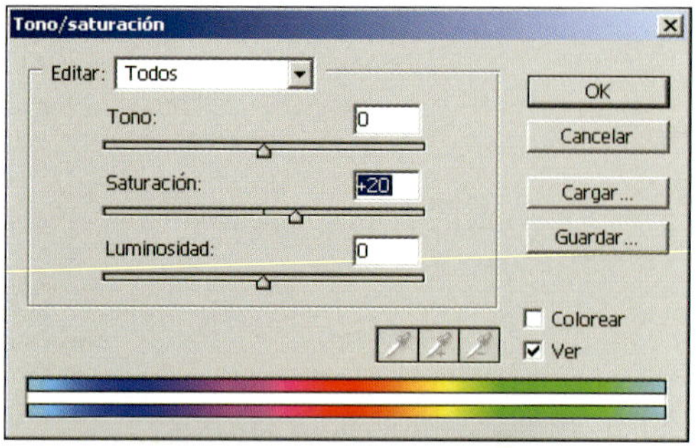

2. Los ajustes a la imagen en el modo 16 bits pueden realizarse únicamente desde el menú Imagen>Ajustes. Como Photoshop no permite realizar selecciones con la Varita mágica o con el rango de color, la imagen entera tiene que ajustarse antes para limitar el efecto del ajuste en un área más localizada. En el ejemplo, el primer ajuste es aumentar la saturación en +20 (Imagen> Ajustes>Tono/saturación). Cree una instantánea nueva en la paleta de historia haciendo clic en el icono Crear instantánea nueva. Por defecto, esta instantánea se llama Instantánea 1.

NOTA: LAS INSTANTÁNEAS SON ESTADOS DE HISTORIA QUE SE CONSERVAN PARA UNA REFERENCIA FUTURA. ES IMPORTANTE OBSERVAR QUE TODOS LOS ESTADOS DE HISTORIA SE PIERDEN AL CERRAR EL ARCHIVO.

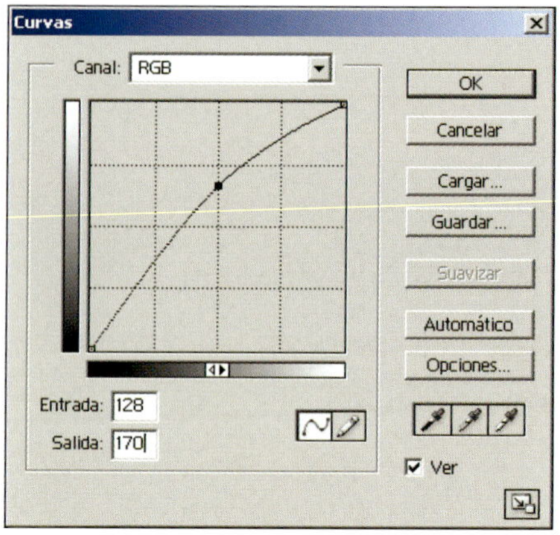

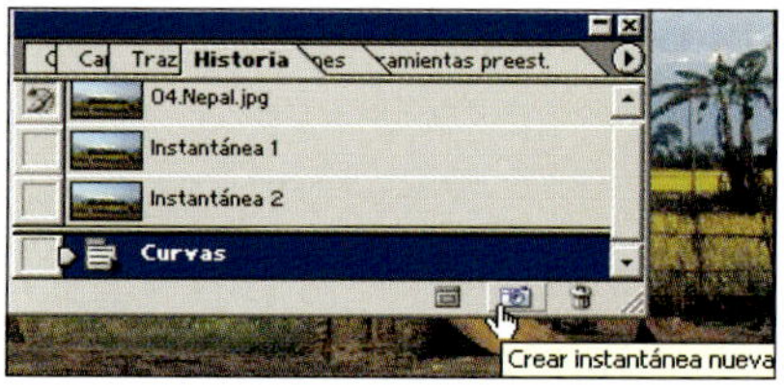

3. Haga clic en la instantánea recién abierta y haga un ajuste de curvas para aclarar algunas de las áreas más oscuras de la imagen, por ejemplo, la figura humana. Se crea una nueva instantánea (Instantánea 2).

NOTA: EL PINCEL DE HISTORIA PUEDE UTILIZARSE PARA PINTAR DESDE ESTADOS FUTUROS O PASADOS HASTA EL ESTADO ACTUAL. DE ESTE MODO, SE PUEDE LIMITAR UN AJUSTE GLOBAL A UN AJUSTE LOCALIZADO. PODEMOS COGER VALORES DE PÍXELES MODIFICADOS DE UN ESTADO PASADO O FUTURO Y PINTARLOS EN EL ESTADO DE HISTORIA ACTUAL. AUNQUE PAREZCA CONFUSO, ACTUALMENTE ES LA MEJOR TÉCNICA DISPONIBLE EN LA EDICIÓN EN MODO 16 BITS.

4. A las instantáneas se les puede cambiar el nombre haciendo doble clic en el nombre de la instantánea; por ejemplo, Instantánea 1 puede llamarse Saturación tras su ajuste y la Instantánea 2, Brillo. No es necesario que cambie el nombre a las instantáneas, pero puede ayudarle a organizar el futuro proceso de edición.

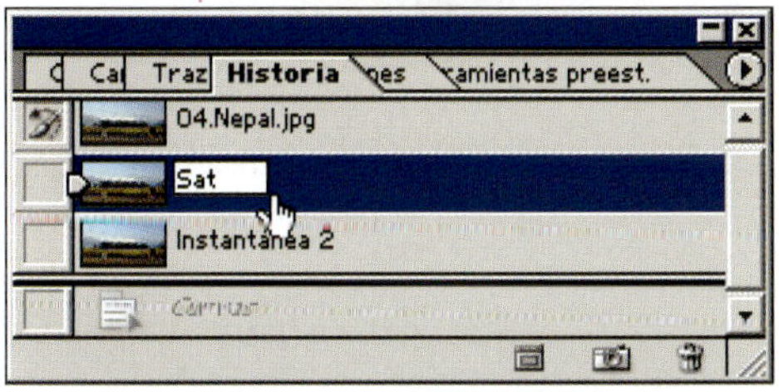

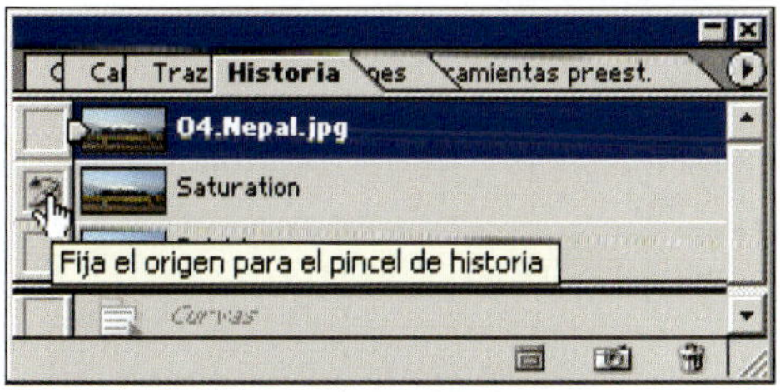

5. Seleccione la instantánea que acaba de abrir (creada automáticamente cuando abre un archivo) y configure el origen para el Pincel de historia en la Instantánea 1 (Saturación) haciendo clic en la ventana pequeña situada a la izquierda de la miniatura Instantánea 1. Seleccione el Pincel de historia de la paleta de herramientas. Pinte la saturación aumentada desde la Instantánea 1 hasta la instantánea que acaba de abrir.

NOTA: CONFIGURE UNA OPACIDAD MÁS PEQUEÑA EN LA BARRA DE OPCIONES SI QUIERE MEJORAR LOS AJUSTES POCO A POCO.

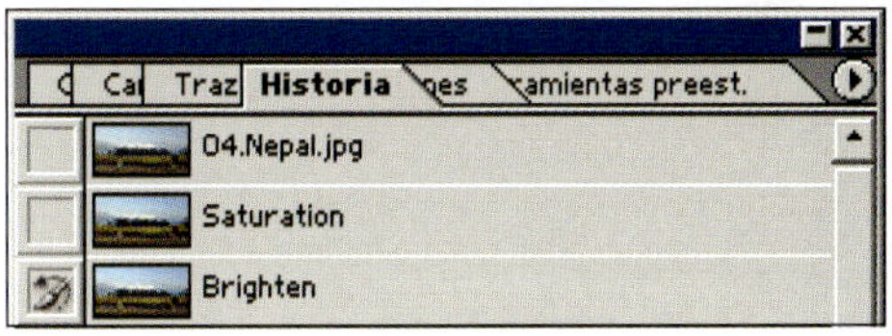

6. Configure de nuevo el origen del Pincel de historia en la instantánea Brillo. Asegúrese de que el estado actual es el último estado de la paleta de historia. Si se seleccionara el primer estado como Estado actual, volveríamos hacia atrás y eliminaríamos los ajustes localizados de saturación recién realizados. Si ahora decide realizar otros ajustes (no disponibles en las primeras instantáneas creadas), guarde primero los cambios ya hechos como nueva instantánea.

NOTA: LAS INSTANTÁNEAS NO SON UNA SUSTITUCIÓN PARA GUARDAR EL TRABAJO A MEDIDA QUE SE VA HACIENDO. SI YA HA REALIZADO BASTANTE TRABAJO, HAGA CLIC EN EL ICONO CREAR UN DOCUMENTO NUEVO DESDE EL ESTADO ACTUAL Y GUARDE EL TRABAJO REALIZADO.

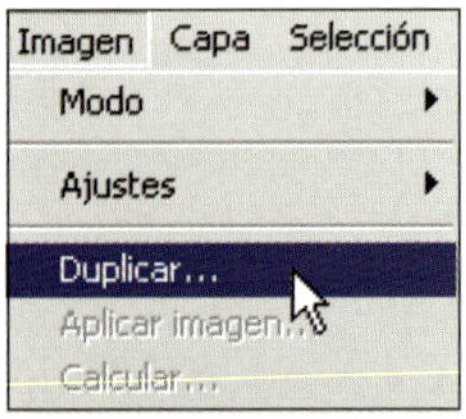

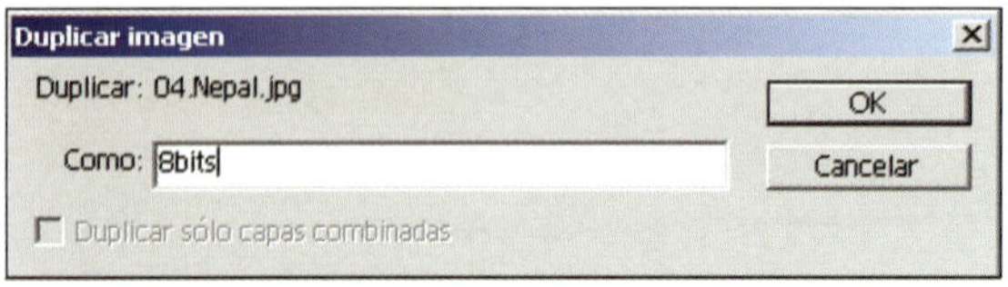

7. El siguiente paso implica oscurecer de forma gradual el cielo hacia la parte superior de la imagen a medida que se aumenta la saturación. Puesto que la Varita mágica, el modo de Máscara rápida y la Degradación no están disponibles en el modo 16 bits, primero tendremos que realizar una selección en un archivo duplicado de 8 bits e importar la selección al archivo en modo 16 bits. Seleccione Imagen>Duplicar, haga clic en **OK** (es opcional ponerle un nombre al archivo duplicado) y, a continuación, convierta este archivo duplicado a modo 8 Bits/Canal (Imagen>Modo>8 Bits/Canal).

8. Haga una selección del cielo y cale la selección. El cuadro Contiguo de la barra de opciones estaba sin seleccionar en el ejemplo, por lo que el cielo estará seleccionado entre el follaje de los árboles.

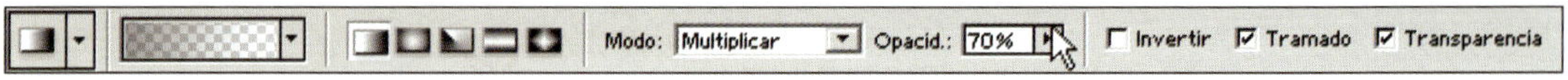

9. Active el modo de Máscara rápida (pulse **Q** en el teclado) y añada un degradado (color fontal/ transparente) en el modo de fusión **Multiplicar**. Arrastre el degradado desde la línea del horizonte hasta la parte superior de la imagen pulsando a la vez la techa **Mayús** para crear el degradado. Intente bajar la opacidad si desea oscurecer un poco el cielo en el horizonte.

10. Salga del modo de Máscara rápida (pulse la tecla **Q** de nuevo). Haga visible tanto el archivo de 16 bits como el archivo duplicado en su pantalla y póngalos uno al lado del otro. Seleccione el archivo duplicado. Haga clic en cualquier herramienta de selección del cuadro de herramientas y haga clic y arrastre la selección al archivo de 16 bits. Antes de mover la selección, pulse la tecla **Mayús** para que la selección coincida exactamente dentro del archivo de 16 bits.

11. Con la selección aún activa, seleccione **Imagen>Ajustes>Tono/saturación**. Mueva el regulador de **Luminosidad** hasta un valor negativo para oscurecer el cielo como quiera. Haga clic en **OK** y deseleccione la selección activa (**Selección>Deseleccionar**).

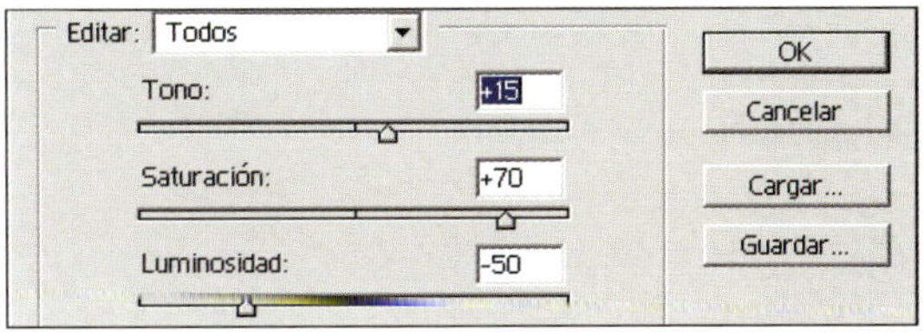

12. Con los ajustes principales ya completos, ahora puede convertir esta imagen a modo seguro de 8 Bits/Canal, sabiendo que estos ajustes no han comprometido al histograma y a la calidad de la imagen. Todo lo que queda es ajustar los pequeños detalles a la imagen y aplicar la cantidad necesaria de Máscara de enfoque antes de imprimirla.

Imagen final e histograma

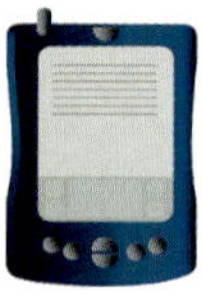

NOTA: SI ESTÁ ACOSTUMBRADO A UTILIZAR LAS CAPAS DE AJUSTE Y LAS MÁSCARAS DE CAPA, AL EDITAR EN 16 BITS PUEDE SENTIRSE COMO SI EDITARA SIN SEGURIDAD (LAS INSTANTÁNEAS NO SE GUARDAN CON EL DOCUMENTO). EL OBJETIVO, SIN EMBARGO, ES REALIZAR ÚNICAMENTE LOS CAMBIOS PRINCIPALES ANTES DE CONVERTIRLA A 8 BITS. EDITAR EN MODO 16 BITS PUEDE PARECER MUY COMPLEJO, PERO EL BENEFICIO ES UNA CALIDAD ÓPTIMA.

MISIÓN I

Reproducción de imagen

El objetivo de esta misión es duplicar (lo más similar posible) una imagen fotográfica. Esto le ayudará a comprender la traducción de la tonalidad y color entre una imagen fotográfica original, una vista previa de la imagen en un monitor y su reproducción digital en una impresora.

1. Escanee una impresión fotográfica a color (que no sea más grande de un A4) que tenga un rango tonal y de color amplio. Escanee la imagen para darle un tamaño y una resolución de salida necesarios para conseguir una impresión de gran calidad (se necesita una resolución mínima de 200 ppp).

2. Ajuste el tamaño digital para que se parezca lo máximo posible al original. Utilice capas de ajuste siempre y cuando pueda.

3. Imprima (a color) la imagen digital en un papel con las mismas características (brillo, mate, etc.) que la fotografía original.

4. Compare la impresión digital con la imagen que aparece en el monitor (vuelva al mismo monitor que utilizó para corregir la imagen). Ajuste el archivo digital e imprímalo de nuevo.

5. Realice un informe de unas 300 palabras con los métodos y procedimientos empleados. Describa brevemente los detalles de iluminación y sombra, el contraste total y el tono, la saturación y el brillo de los colores reproducidos.

Trabajo realizado por James Cowie.

MISIÓN 2

Retoques avanzados

El propósito de esta misión es modificar una imagen original para mejorar sus cualidades estéticas. Las modificaciones tienen que ser sutiles y la imagen final tiene que tener una apariencia creíble o realista.

1. Seleccione una imagen de color que tenga un alto grado de competencia técnica y calidad estética.

2. Escanee la imagen para obtener un rango tonal óptimo y un tamaño aproximado de 11 MB (escaneado en modo 8 bits por canal para una impresión en A4 a 200 ppp).

3. Elimine el polvo y rascaduras de forma selectiva, utilizando las técnicas aprendidas en este capítulo.

4. Ajuste el tono, saturación y luminosidad de un área seleccionada de la imagen.

5. Ajuste el contraste de un área seleccionada de la imagen.

6. Elimine o modifique los detalles no deseados.

7. Imprima (a color) la imagen escaneada original y la imagen modificada en el mismo tipo de papel, utilizando el mismo aparato de impresión digital.

8. Guarde un archivo maestro en PSD y un archivo en TIFF para imprimirlo.

9. Realice un informe de unas 300 palabras con los métodos y procedimientos empleados.

NOTA: SI VA A REALIZAR EL ESCANEADO EN MODO 16 BITS POR CANAL, ESCANEE LA IMAGEN PARA OBTENER UN ARCHIVO DE UNOS 22 MB.

Trabajo realizado por James Cowie.

Ejercicios de revisión

1. ¿Cuál es la ventaja de utilizar el comando Guardar como sobre el comando Guardar cuando queremos guardar las acciones recientes durante la edición de la imagen?
   (a) La imagen se guarda en un tamaño más pequeño.
   (b) La imagen se guarda rápidamente utilizando las últimas opciones de guardar.
   (c) Protege (y no guarda sobre) la versión actual si se cambia el nombre del archivo.
   (d) No hay diferencia entre ambos comandos.
2. Cuando se aumentan las dimensiones de salida de la imagen (Imagen>Tamaño de imagen), ¿qué ocurre si el cuadro Remuestreo está seleccionado antes de realizar el proceso?
   (a) Se produce interpolación en el cambio de tamaño de la imagen.
   (b) Se protegen las dimensiones de los píxeles.
   (c) Disminuye la resolución de la imagen.
   (d) Se produce un submuestreo de la imagen.
3. ¿Cuál es la relación de aspecto de un negativo de fotogramas?
   (a) 3:4.
   (b) 35 mm.
   (c) 2:3.
   (d) 4:5.
4. ¿Cuáles de las siguientes acciones no liberarán memoria cuando se trabaja con Photoshop?
   (a) Reducir los estados de historia a menos de los 20 predeterminados.
   (b) Fusionar capas.
   (c) Seleccionar Edición>Purgar>Todo.
   (d) Seleccionar la opción de Historia no lineal.
5. ¿Cómo pueden limitarse los efectos de desenfoque del filtro Polvo y rascaduras para conservar los detalles importantes?
   (a) Aumentar el radio de píxeles en el cuadro de diálogo.
   (b) Reducir la tolerancia en el cuadro de diálogo.
   (c) Aplicar el filtro Polvo y rascaduras a toda la imagen de una vez.
   (d) Crear una selección antes de aplicar el filtro.
6. ¿Cuál es el efecto de la herramienta Esponja cuando se trabaja con una imagen en Escala de grises?
   (a) No tiene ningún efecto.
   (b) Aumenta o disminuye la saturación.
   (c) Disminuye el contraste.
   (d) Aumenta o disminuye el contraste dependiendo de la opción seleccionada.
7. ¿Cómo selecciona la herramienta Varita mágica los píxeles?
   (a) Según la forma.
   (b) Según el contraste.
   (c) Por los valores similares de color.
   (d) Arrastrándolos.

8. ¿Cómo se pueden restringir los efectos de una capa de ajuste a una sola capa?

   (a) Colocando la capa de ajuste debajo de la capa meta.

   (b) Colocando la capa de ajuste por encima de la capa meta.

   (c) Creando un grupo de recorte entre la capa meta y la capa de ajuste.

   (d) No se pueden confinar a una sola capa.

9. ¿Qué indican los colores neón cuando se ajustan la luminosidad o sombras de una imagen RGB con el comando Variaciones?

   (a) Que los colores están fuera de la gama.

   (b) Que un canal RGB se ha configurado a 0 ó 255.

   (c) Que los colores son demasiado saturados para imprimirlos.

   (d) Indican los tonos específicos que se están ajustando.

CAPÍTULO 9

Mark Galer

PROPÓSITOS

- Ofrecer un recurso independiente de información técnica.
- Desarrollar un conocimiento y una comprensión de los procesos y procedimientos implicados en el montaje de imágenes fotográficas.
- Desarrollar destrezas y experiencia en el mundo de la construcción de montajes digitales.

OBJETIVOS

- Realizar montajes digitales utilizando las destrezas y el conocimiento relacionado con:
  - Herramientas de selección y sus técnicas.
  - Capas y canales.
  - Modo de Máscara rápida y Máscaras de capa.
  - Capas de ajuste y grupos de enlace.
  - Modos de fusión.

MONTAJE PRÁCTICO

Capítulo 9. Montaje práctico

INTRODUCCIÓN

La habilidad para crear una composición de imágenes o fotomontaje que parezca sutil, realista y verosímil depende de si el espectador es capaz de detectar dónde comienza una imagen y acaba otra. Los bordes de cada selección se pueden modificar para que parezcan como si pertenecieran o estuvieran relacionados con los píxeles de alrededor.

La mayoría de las aplicaciones procesadoras de imágenes ofrecen muchas opciones para alterar la apariencia de los bordes de una selección. Los bordes pueden ser bruscos o suaves (es decir, una transición gradual entre la selección y el fondo). Las opciones para realizar estos cambios son:

- Calado.
- Suavizado.
- Eliminar halos y halos.

Calado

Cuando se elige esta opción, se desenfocan los píxeles de los bordes de la selección. Los bordes son más suaves y menos bruscos. Este desenfoque puede crear un montaje más realista o provocar una pérdida de detalles en el borde de la selección.

Puede elegir el **Calado** mientras se utilizan las herramientas de Selección o Lazo introduciendo un valor en el cuadro de opción de la herramienta, o puede añadir un calado a una selección ya existente (**Selección>Calar**). El efecto del calado sólo se nota cuando mueve o pega la selección en un área nueva.

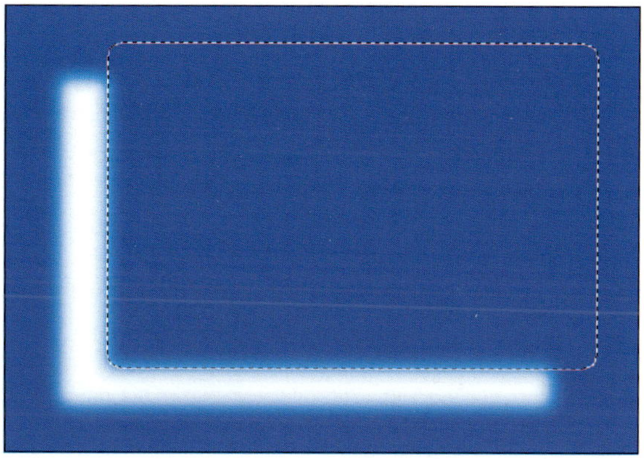

Suavizado

Cuando se elige esta opción, se suavizan los bordes irregulares de la selección. Se produce una transición más gradual entre los píxeles del borde y los píxeles del fondo. Sólo se cambian los píxeles del borde, por lo que no se pierden detalles. Hay que seleccionar esta opción antes de hacer la selección (no puede añadirse después). Normalmente esta opción estará activada con la mayoría de las selecciones. También hay que considerar esta opción cuando se utiliza la herramienta de Texto en el software de edición de imágenes. Podemos deseleccionar esta opción para mejorar la apariencia de un texto de tamaño pequeño para evitar la aparición de un texto desenfocado.

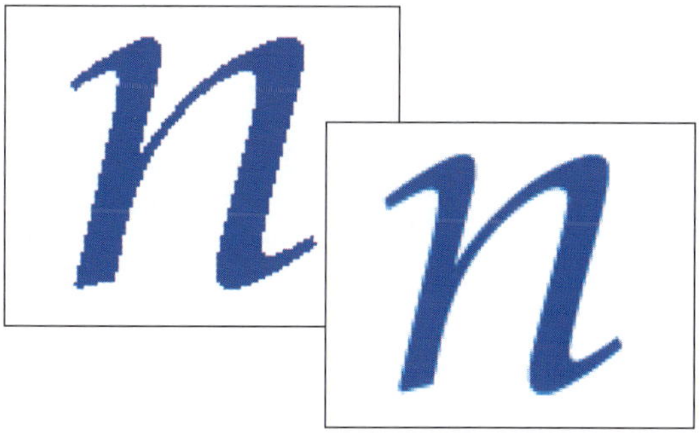

Eliminar halos y halos

Cuando se ha realizado una selección utilizando la opción Suavizado, se incluyen algunos píxeles que rodean la selección. Si estos píxeles de alrededor son más oscuros, más claros o de un color diferente a la selección, puede verse un halo. Del menú Capas, seleccione Halos>Eliminar halos para sustituir los píxeles del halo por píxeles de un tono, saturación o brillo similar del área de selección.

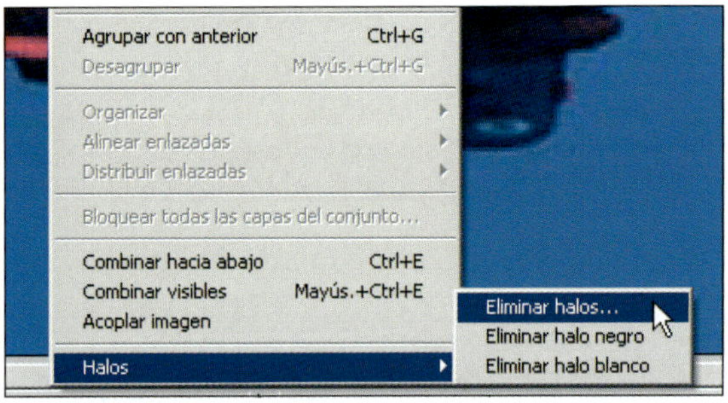

Halos.

Eliminar halos.

El usuario tiene que experimentar con el método más apropiado para eliminar un halo. Las opciones alternativas para eliminar el halo blanco o el halo negro pueden proporcionar un resultado mejor. Si aún persiste un halo notorio, se puede contraer la selección antes de moverla utilizando la opción Modificar>Contraer del menú Selección.

Cómo guardar una selección como canal alfa

Las selecciones se pueden guardar de forma permanente como canales alfa. Las selecciones guardadas pueden abrirse de nuevo y/o modificarse una vez que la imagen se haya cerrado y abierto de nuevo. Para guardar una selección como canal alfa, simplemente haga clic en el icono Guardar selección como canal situado en la parte inferior de la paleta Canales. Para cargar una selección, simplemente arrastre el canal alfa al icono Cargar canal como selección situado en la parte inferior de la paleta Canales o pulse **Comando/Control** y haga clic en el canal alfa.

Se puede editar un canal alfa (y la selección resultante) utilizando las herramientas de pintura y edición. Si se pinta con negro, se añadirá información al canal alfa, mientras que si se pinta con blanco, se eliminará información. Si pinta con gris, disminuirá o aumentará la opacidad del canal alfa. El usuario puede suavizar selectivamente un canal y la selección resultante aplicando el filtro Desenfoque gaussiano. Seleccione Desenfocar>Desenfoque gaussiano del menú Filtros.

Una imagen con selecciones guardadas no puede guardarse en formato JPEG.

CÓMO SUSTITUIR UN FONDO

Quizás una de las técnicas de montaje más común sea el proceso de sustituir el fondo de una imagen por el fondo de otra. La eficacia de este montaje suele determinarse por la autenticidad de la imagen (que no parezca manipulada). Para conseguir esto, el fotógrafo digital tiene que modificar el borde de la selección para que no destaque demasiado cuando la selección se coloque en el nuevo fondo. Una selección no apropiada hará que el objeto parezca como si se hubiera cortado con unas tijeras y se hubiera pegado en el fondo nuevo.

Mark Galer.

En la siguiente actividad, aprenderá cómo aumentar la precisión de una selección, modificarla y, a continuación, guardar esta selección. En la actividad, utilizará las siguientes técnicas:

- Añadir y sustraer a partir de una selección utilizando una combinación de herramientas de selección.
- Editar una selección utilizando el modo de Máscara rápida.
- Modificar una selección utilizando los comandos Calar, Contraer y/o Eliminar halos.
- Guardar una selección como un canal.
- Añadir una máscara de capa.

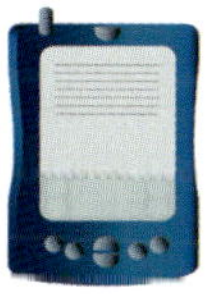

NOTA: LAS IMÁGENES PARA REALIZAR ESTA ACTIVIDAD SE ENCUENTRAN EN EL CD-ROM ADJUNTO.

Actividad 1 (CD-ROM)

1. Abra las imágenes `01.sax.jpg` y `01.zoom.jpg` del CD-ROM adjunto. Como con cualquier montaje, es aconsejable observar que la resolución de las imágenes sea la misma y que cada imagen tenga un tamaño adecuado. Para realizar una comprobación rápida, pulse la tecla **Opción/Alt** y haga clic en el cuadro de tamaño del documento situado en la parte inferior de la ventana de la imagen. Las imágenes también deberían estar en el mismo modo, por ejemplo, RGB o Escala de grises.

Si las resoluciones de las imágenes no coinciden, hay que ajustarlas. Seleccione Imagen>Tamaño de imagen y ajuste la resolución y las dimensiones en píxeles para que ambas imágenes tengan un tamaño similar. Si no se realiza esta acción, las imágenes importadas con una resolución diferente se ajustarán automáticamente para que coincidan con la resolución de la imagen de fondo. Esto producirá cambios de tamaño en la imagen importada; por ejemplo, las imágenes importadas con una resolución menor que la imagen de fondo disminuirán su tamaño. Si se aumenta el tamaño original utilizando el comando transformar, la imagen necesitará Interpolación (véase el apartado "Interpolación" del capítulo 1).

NOTA: CUANDO AJUSTE LAS DIMENSIONES EN PÍXELES DE UNA IMAGEN, TENGA CUIDADO DE NO UTILIZAR UNA INTERPOLACIÓN EXCESIVA. ES MEJOR REALIZAR UN SUBMUESTREO EN LA IMAGEN MÁS GRANDE (DESMINUIR EL NÚMERO TOTAL DE PÍXELES) QUE REMUESTREAR LA MÁS PEQUEÑA. SE PUEDE REALIZAR EXCEPCIONES CON LAS IMÁGENES DE FONDO DONDE HAYA POCOS DETALLES, COMO POR EJEMPLO, AGUA, CIELO, FUEGO, ETC.

2. Restaure las ubicaciones de paleta a su configuración predeterminada. Seleccione Ventana> Espacio de trabajo>Restaurar ubicaciones de paleta o **Comando/Control-K** (Restaurar ubicaciones de paleta a predeterminada en Photoshop 5).

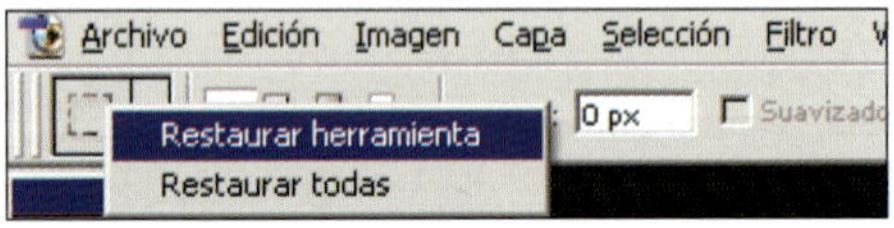

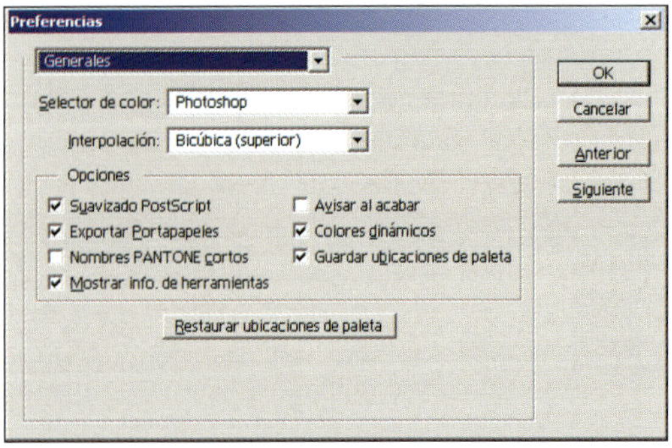

3. Si está utilizando un ordenador compartido, seleccione la Varita mágica en la paleta de herramientas y pulse Restaurar todas las herramientas (situada en la barra de opciones de la herramienta).

4. Seleccione el fondo utilizando una combinación de la Varita mágica y la herramienta Lazo. Mantenga la tecla **Mayús** pulsada para añadir cada selección. (Véase capítulo anterior.) Las áreas situadas alrededor de los pantalones del saxofonista serán difíciles de seleccionar utilizando estas herramientas debido a las similitudes de tono. Para completar la selección, tendremos que usar el modo de Máscara rápida.

5. Active Editar en modo Máscara rápida.

6. Haga clic en Color frontal y color de fondo por defecto.

7. Seleccione la herramienta Pincel de la paleta de herramientas y un tamaño de pincel adecuado de la barra de opciones o la paleta de pinceles (versión 5).

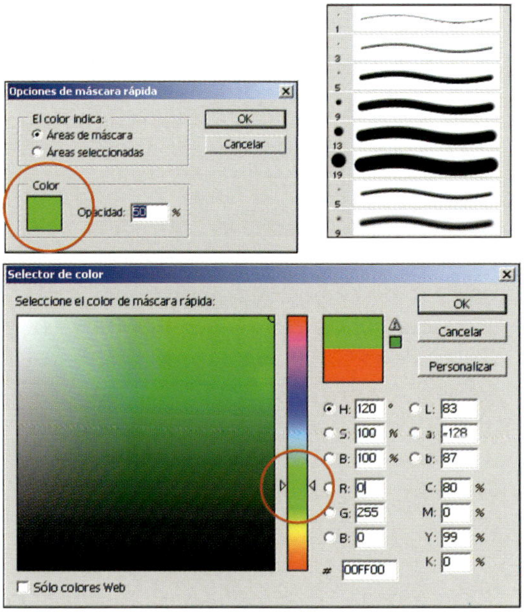

8. Haga doble clic en el icono de Máscara rápida en la paleta de herramientas para abrir el cuadro de opciones de Máscara rápida. Haga clic en el cuadro de color para abrir el selector de color y elegir un color de contraste para la imagen con la que está trabajando (en este caso, sería apropiado un verde vivo). Haga clic en **OK** y configure la opacidad al 50 por 100 en el cuadro de opciones de Máscara rápida.

9. Pintar o eliminar una máscara con el pincel producirá una selección modificada cuando el modo de edición vuelva al estándar (icono situado al lado del modo Máscara rápida). Cuando se pinte, pueden activarse los colores frontal y de fondo para sustraerlos o añadirlos a la máscara y a la selección resultante. Haga clic en Editar en modo estándar para ver los cambios en su selección. Amplíe la imágenes en áreas localizadas de la imagen para ver la precisión de su selección y reduzca el tamaño del pincel para corregir detalles más pequeños. Haga clic en Edición en modo estándar cuando haya acabado.

La ilustración de la derecha muestra la edición en modo estándar (izquierda) y el modo de Máscara rápida (derecha).

10. Una vez haya separado al saxofonista del fondo, tendrá que invertir la selección (Selección>Invertir) para seleccionar al saxofonista en lugar del fondo.

11. Seleccione la herramienta Mover de la paleta de herramientas y arrastre un poco al saxofonista hacia un lado. Observará que la selección tiene un halo de píxeles oscuros que lo rodea (parte del fondo de la imagen original). El borde de la selección también posee un borde brusco bien definido no consistente con la calidad del borde de la imagen original. Esto puede modificarse para que la calidad del borde no destaque cuando se mueva al saxofonista a un fondo más claro. Deshaga este movimiento (**Comando/Control-Z**) o vuelva al estado anterior en la paleta Historias (no disponible en Photoshop LE).

Selección antes de realizar modificaciones.

Selección después de realizar modificaciones.

12. La selección puede contraerse o reducirse en dos píxeles para eliminar este halo delatador (Selección>Modificar>Contraer).

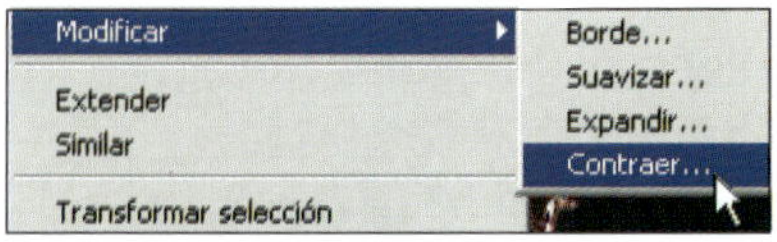

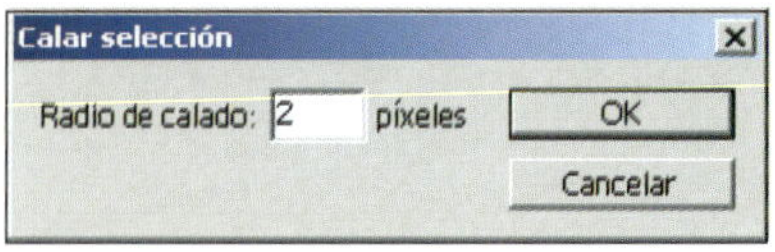

13. Se puede suavizar el borde utilizando el comando Calar del menú Selección (Selección>Calar). Escriba 2 píxeles en el cuadro de diálogo de Calar y haga clic en **OK**. Mueva al saxofonista para ver los cambios en la calidad de los bordes de su selección.

14. Guarde la selección haciendo clic en el icono Guardar selección como canal situado en la parte inferior de la paleta Canales. Aparecerá un canal Alfa debajo de los canales RGB.

Guarde la imagen utilizando Archivo>Guardar como. Cambie el nombre del archivo original y guárdelo como archivo TIFF o PSD (el formato JPEG no soporta canales adicionales). El canal alfa contiene una copia de su selección. Esta selección puede renombrarse si se pierde la selección o se cierra y se vuelve a abrir el archivo.

15. Diríjase a Selección>Deseleccionar (**Comando/Control-D**). Para volver a cargar su selección diríjase al canal alfa en la paleta de Canales. Arrastre el canal hacia el icono Cargar canal como selección situado en la parte inferior de la paleta de canales o pulse **Comando/Control-clic** en el canal Alfa. Al hacer clic en el canal alfa, verá el canal. Para volver la vista al estado normal, haga clic en el canal RGB. Vuelva a la paleta de Capas y seleccione la capa antes de proceder.

16. Abra la imagen `01.zoom.jpg` y colóquela al lado de la imagen del saxofonista. Haga clic en la imagen Zoom para activar la ventana. Seleccione la herramienta Mover y arrastre la imagen Zoom hacia la imagen del saxofonista. Aparecerá un borde momentáneo alrededor de la imagen del saxofonista para indicar que la imagen zoom se ha colocado sobre una imagen nueva.

17. Compruebe la paleta de capas y observe que la imagen se compone ahora de dos capas. El saxofonista está oculto por la capa Zoom. Seleccione la capa de arriba (la imagen Zoom) y seleccione Edición>Transformación libre (**Comando/Control-T**). Arrastre el regulador situado en la esquina para cambiarle el tamaño a la imagen Zoom para que encaje con la imagen del saxofonista o imagen de fondo. Muévalo dentro de la imagen para posicionarla.

18. Cargue el canal alfa creado anteriormente (véase paso 15) y seleccione la capa Zoom en la paleta de capas para convertirla en capa activa.

19. Del menú capa, seleccione **Añadir máscara de capa>Ocultar selección** o simplemente haga clic en el icono **Añadir máscara** situado en la parte inferior de la paleta Capas pulsando a la vez la tecla **Opción/Alt**. Se desenmascará una sección de la imagen Zoom para mostrar al saxofonista que hay debajo. Es importante observar que a la sección de la imagen Zoom que no se vé se le ha aplicado una máscara y no se ha eliminado de forma permanente.

20. Las imperfecciones que aún se vean pueden corregirse haciendo clic en la miniatura de máscara de la paleta de capas y pintándola con negro para aumentar la máscara o pintándola con blanco para eliminar secciones de la máscara.

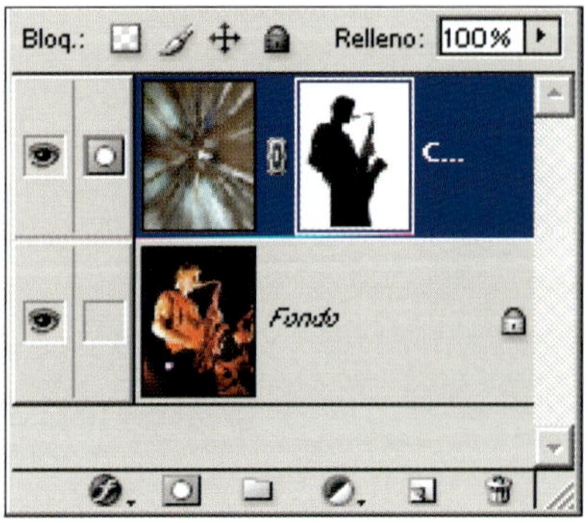

21. Guarde el montaje como imagen PSD (junto con todas las capas).

FUSIONAR IMÁGENES

Fusionar dos imágenes en el ordenador es parecido a crear una doble exposición en la cámara o amontonar negativos en el cuarto oscuro. Utilizando el procesador de imágenes, el individuo puede ejercitar un grado mayor de control sobre el resultado final. Esto se consigue controlando no sólo la posición y la opacidad de cada capa, sino también conociendo qué áreas de la imagen se fusionarán y cuáles permanecerán intactas mediante una técnica llamada Máscara de capa. La técnica de fusión permite modelar la textura o el diseño de una imagen según la forma de un objeto seleccionado de otra imagen.

Montaje práctico

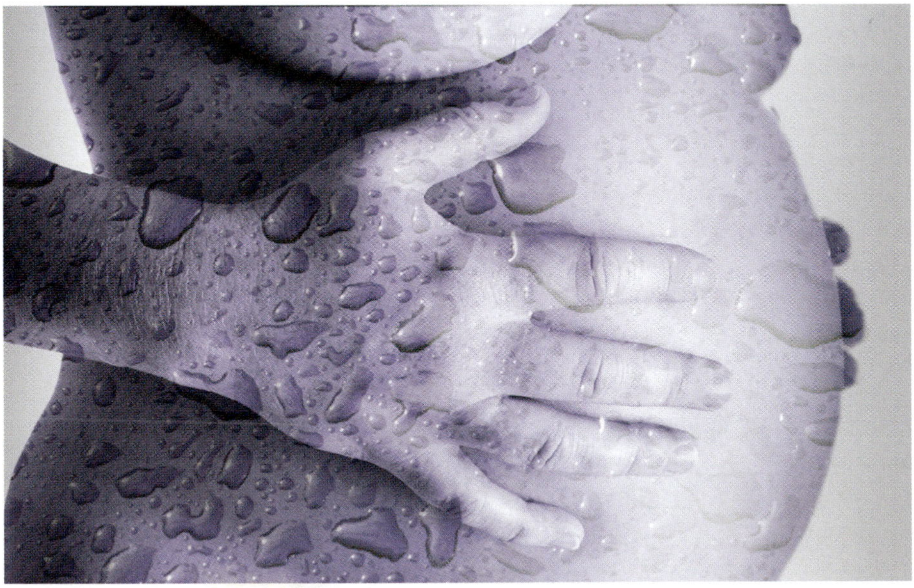

Mark Galer.

La máscara de capa se crea automáticamente cuando la imagen de las gotas de agua se copia y se pega en una selección. Esta selección se realiza para separar el objeto de su fondo y definir el área que se fusionará.

En el montaje de arriba, la imagen del cuerpo se ha fusionado con una imagen de gotas de lluvia en un capó de un coche. Se ha creado una máscara de capa pegando las gotas de agua en la selección del cuerpo. Esta máscara de capa limita la visibilidad de las gotas de lluvia al área del cuerpo.

Actividad 2 (CD-ROM)

Las siguientes operaciones se realizaron en Adobe Photoshop para conseguir la imagen fusionada de la página anterior. Ésta es una sugerencia para indicar únicamente el tipo de efectos que se pueden conseguir utilizando un paquete de software dedicado al procesamiento de imágenes.

1. Seleccione o cree una imagen en la que un objeto tridimensional se modele por la luz. Pruebe a fotografiar una parte del cuerpo humano utilizando una fuente de luz grande o difusa situada a la derecha de la cámara. La imagen debería contener iluminaciones de brillo, medios tonos y sombras oscuras. Escanée la imagen y guárdela con el nombre de Form. Como alternativa, utilice la imagen `02.form.jpg` incluida en el CD-ROM.

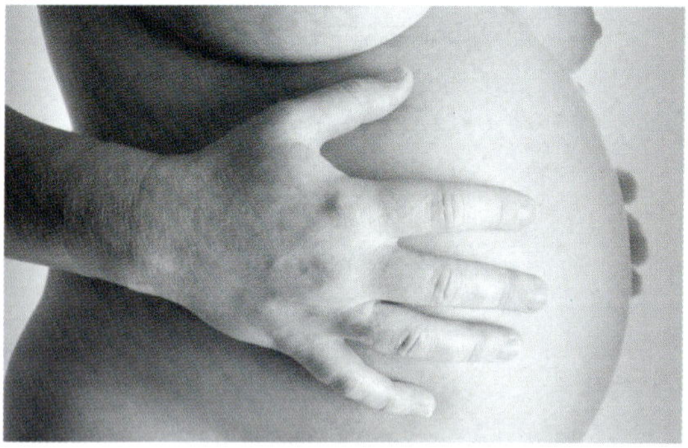

2. Seleccione o cree otra imagen en la que el objeto tenga una textura o un diseño interesante. Intente utilizar una textura llamativa con un diseño irregular. La textura debería contener un rango tonal completo y un buen contraste. Una textura con un contraste bajo o sutil apenas se notará al fusionarse. Como alternativa, utilice la imagen `02.texture.jpg` incluida en el CD-ROM.

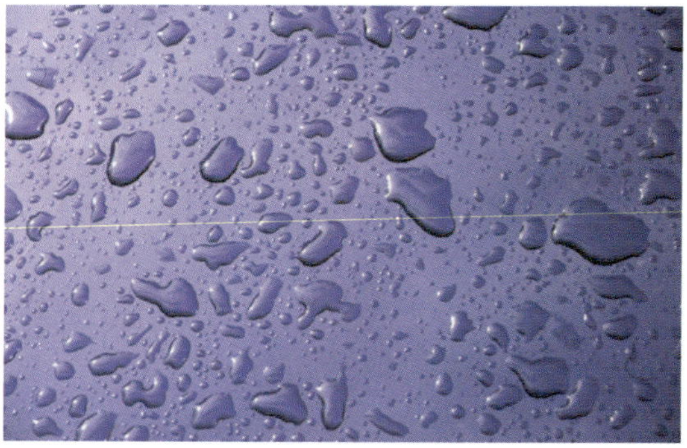

3. Seleccione **Imagen>Tamaño de imagen** y compruebe que las dimensiones en píxeles de las imágenes (ancho y alto) son similares. Es posible fusionar una textura de color con una imagen en escala de grises. Si se quiere conservar el color, hay que cambiar primero la imagen en escala de grises a RGB en **Imagen> Modo**.

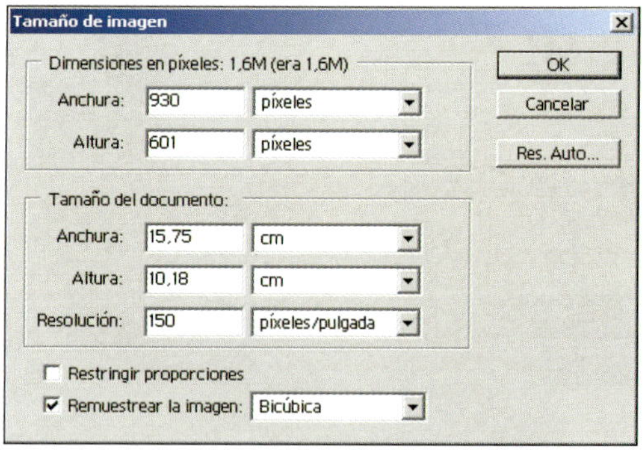

4. Abra la imagen llamada Form y realice una selección del objeto utilizando las herramientas Varita mágica, Selección y Lazo. Guarde esta selección como un canal (véase Actividad 1). No la deseleccione.

5. Abra la imagen etiquetada Texture, seleccione **Seleccionar todo** (del menú **Selección**) y copie (del menú **Edición**). Esta acción guarda la imagen en un portapapeles.

Montaje práctico

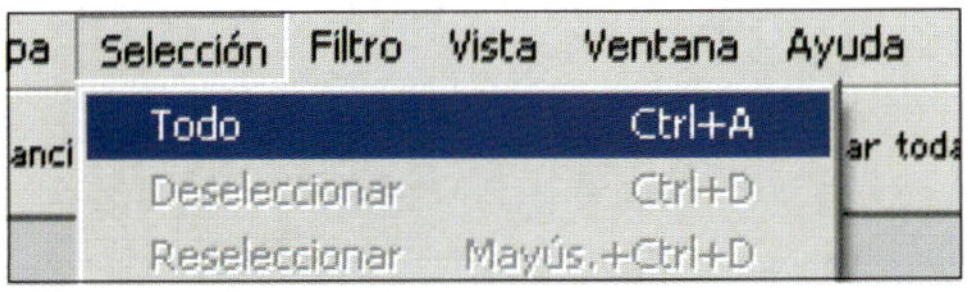

6. Active la imagen Form (haga clic en la ventana) y, del menú **Edición**, seleccione **Pegar dentro**. Esto permite que la imagen guardada en el portapapeles se pegue dentro de la selección activa. La textura aparecerá sólo en la selección y se controla por una máscara de capa. El icono de **Máscara de capa** aparece al lado del icono de la **Textura** en la paleta de herramientas. Haga clic en el icono de **Textura** y seleccione la herramienta Mover en la paleta de herramientas. Haga clic y arrastre la textura a la ventana de la imagen. Observe en esta acción que la imagen de la textura no se ha recortado, sino enmascarado.

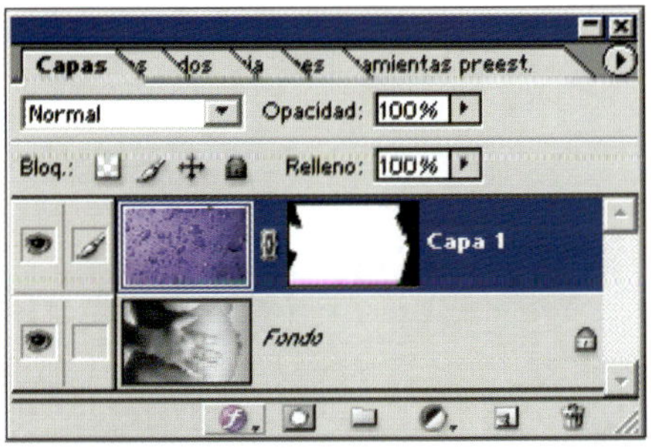

7. Como la capa superior tiene una opacidad del 100 por 100, no hay visible ninguna información de la capa de abajo. Experimente ajustando la opacidad de la capa superior utilizando el regulador de **Opacidad** de la paleta de capas. Observe los efectos creados cuando la información de la capa de abajo aparece sobre la capa superior. Configure la opacidad entre 50 y 75 por 100.

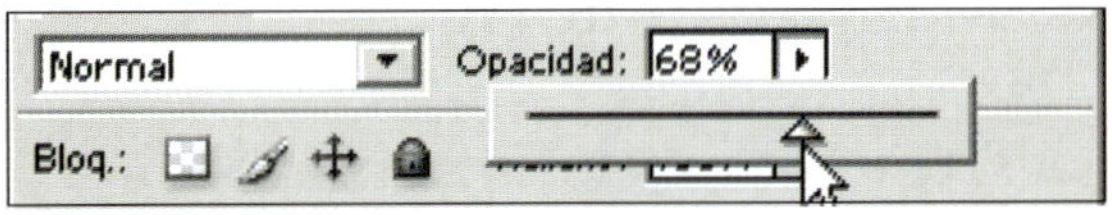

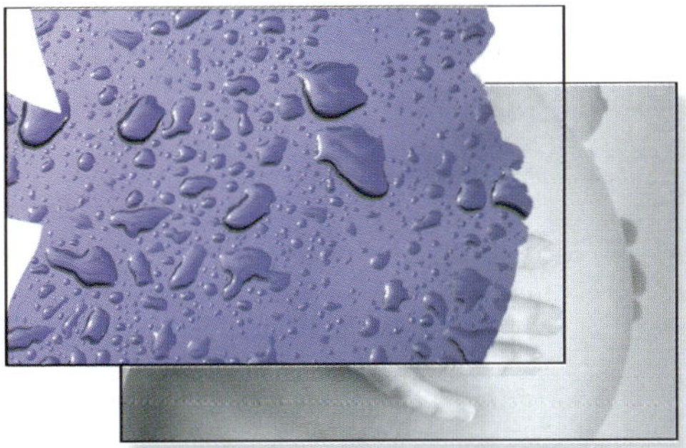

8. Con la capa superior activa, haga clic en el menú **Modo de fusión** en la paleta de capas y, del menú emergente, seleccione **Multiplicar**. Observe los cambios que se producen en la imagen y preste especial atención a la información que puede verse en las sombras y en las iluminaciones. Cambie ahora el modo de fusión a **Tramado** y a continuación a **Superponer**, para observar las diferencias que tienen estos modos de fusión al interactuar entre las dos capas. Seleccione el más apropiado y reajuste la opacidad de la capa.

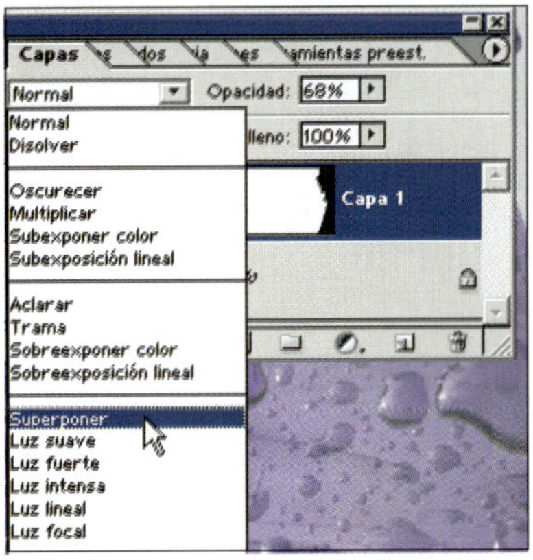

9. La fusión se ha completado. Guarde una copia de la imagen acabada con formato TIFF seleccionando **Guardar como** del menú **Archivo** y **TIFF** del menú **Formato** situado en el cuadro de diálogo de **Guardar como** (sólo en Photoshop 6 y 7). Para Photoshop 5, seleccione **Guardar una copia** del menú **Archivo** y seleccione **TIFF** del menú emergente. Se aconseja guardar una versión maestra como PSD (formato de Photoshop) por si necesita guardar una imagen que tenga que acoplarse.

AÑADIR TIPOGRAFÍA A UN MONTAJE

Un elemento importante de muchos fotomontajes es el uso de texto para ampliar la comunicación. El software procesador de imágenes, como Photoshop, permite una total integración de la tipografía con las imágenes fotográficas. En la imagen que aparece debajo, la tipografía se ha alargado y rellenado con la misma imagen que se utilizó en la fusión de la Actividad 2.

Actividad 3 (CD-ROM)

En esta actividad se utiliza de nuevo la máscara de capa mostrada en la Actividad 2. La máscara de capa de esta actividad se ha creado utilizando el comando **Añadir máscara de capa** y a continuación se ha rellenado utilizando la herramienta de Degradado en lugar de utilizar una Selección y el comando **Pegar dentro**. Esta máscara de capa graduada permite que la tipografía aparezca de forma gradual, como si surgiera del fuego. Puesto que la capa tipográfica contiene una máscara de capa, se ha utilizado la técnica alternativa de crear un grupo de enlaces para asignar la textura de las gotas de lluvia a las letras (una máscara de capa le habría dado el mismo efecto). El aspecto tridimensional de las letras se ha realizado aplicando un efecto de capa llamado **Bisel y relieve** a la capa tipográfica. Los últimos retoques se han creado utilizando una capa de ajuste recortada a la textura para aumentar el contraste.

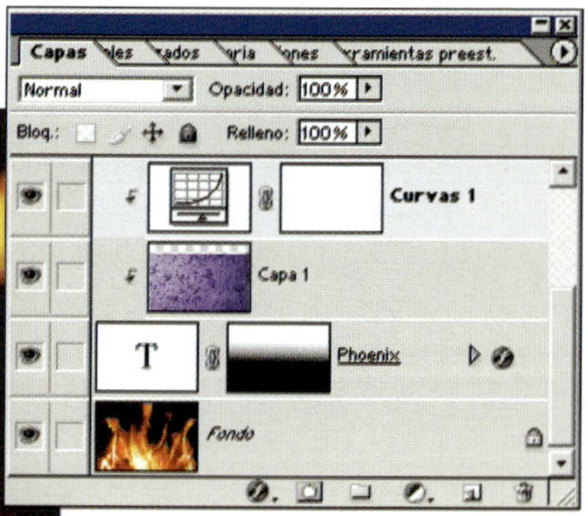

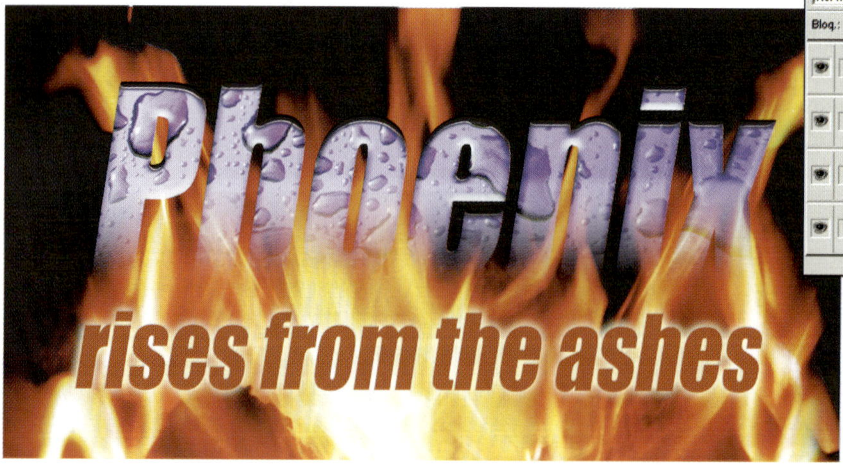

Mark Galer.

Montaje práctico

1. Abra la imagen `03.fire.jpg`. Seleccione la herramienta Texto de la paleta de herramientas y abra la paleta de carácter (Photoshop 6-7) o haga doble clic para abrir el cuadro de diálogo (Photoshop 5). Haga clic en la parte izquierda de la imagen. Especifique el texto, estilo y el tamaño (una vez seleccionado los caracteres, si se escriben valores más grandes o más pequeños en cuadro de *tracking*, los caracteres se separarán o se juntarán).

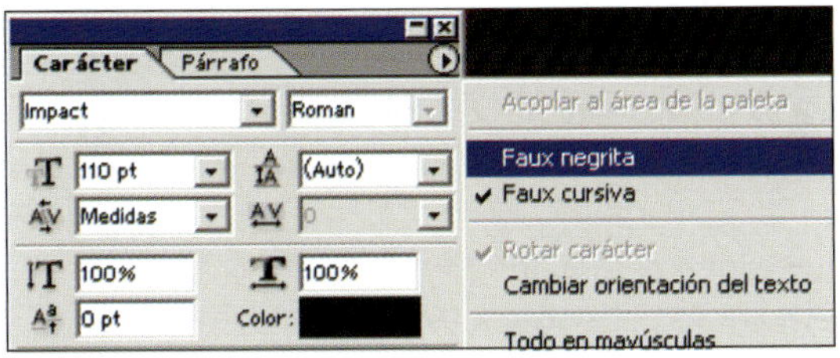

NOTA: EL COLOR SE SUELE SELECCIONAR HACIENDO CLIC EN EL CUADRO DE COLOR. EN ESTE EJERCICIO, EL COLOR NO ES IMPORTANTE, YA QUE LAS LETRAS SE RELLENARÁN CON OTRA IMAGEN. ASEGÚRESE DE QUE HA SELECCIONADO EL MÉTODO DE SUAVIZADO (NÍTIDO, FUERTE O ENFOCADO) Y, A CONTINUACIÓN, PULSE **OK**.

2. Estire o distorsione la capa de texto aplicando el comando Transformación libre (**Comando/Control-T**). El texto del ejemplo se ha estirado verticalmente arrastrando el regulador central de la parte superior hacia arriba. Pulse la tecla **Retorno/Intro** para aplicar la transformación.

NOTA: LA TRANSFORMACIÓN ALTERA LA FORMA Y/O EL TAMAÑO DEL OBJETO EN LA CAPA SELECCIONADA. SI PULSA LA TECLA **MAYÚS** MIENTRAS ARRASTRA UN REGULADOR DE ESQUINA, SE MANTENDRÁN LAS PROPORCIONES.

3. Aplique un efecto o Estilo de capa a esta capa tipográfica Capa>Estilo de capa>Bisel y relieve o Capa>Efectos>Bisel y relieve (Photoshop 5).

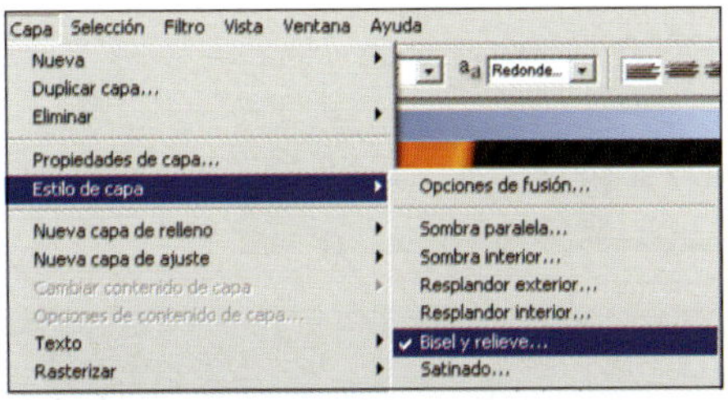

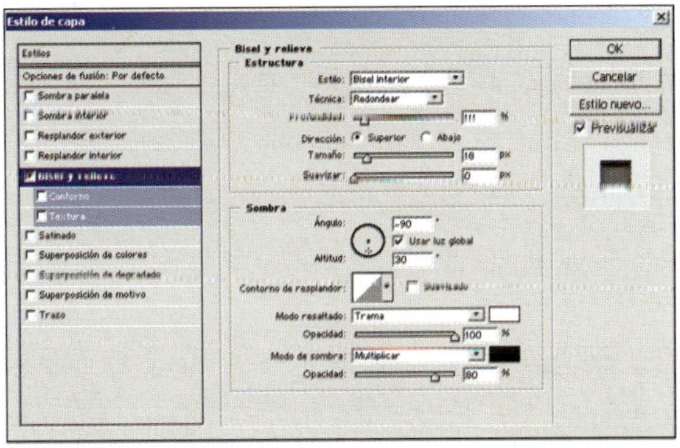

Asegúrese de que se ha seleccionado Bisel interior del menú de Estilo; ajuste la apariencia del bisel y haga clic en **OK**. El efecto puede ajustarse más tarde haciendo doble clic en la capa de efectos (Photoshop 6 y 7) o en el icono de efectos que aparece en la capa tipográfica (versión 5).

4. Con la capa de texto aún seleccionada, añada una máscara de capa haciendo clic en el icono Añadir máscara situado en la parte inferior de la paleta de capas. Aparecerá una máscara de capa vacía en la paleta de capas junto a la miniatura de la tipografía. Con esta miniatura seleccionada,

puede utilizar cualquiera de las herramientas de pintura para pintar una máscara de capa. Una máscara de capa ocultará la información en su propia capa. Cuanto más oscuro sea el color que utilice para pintar, más información de esta capa se ocultará. Si selecciona negro, los píxeles situados en el lugar de la máscara se ocultarán completamente. Si se utiliza un medio tono, la opacidad de esta información será reducida.

El ejemplo muestra cómo un pincel de punta suave utilizado para pintar con negro la máscara de capa afecta a la tipografía de la misma capa.

5. Configure el color frontal y el color de fondo por defecto en el cuadro de herramientas (negro y blanco). Haga clic en la máscara de capa en la paleta de capas para seleccionarla en lugar de la capa de texto. Seleccione la herramienta de Degradado lineal de la paleta de herramientas. Seleccione color frontal/color de fondo o color frontal/transparente y 100 por 100 de opacidad. Mueva el cursor hacia la base de las letras hasta la parte superior de las mismas. Aparecerá un degradado lineal en la máscara de capa y la tipografía debería estar medio oculta detrás de esta máscara de capa. Experimente con degradados más pequeños y más grandes.

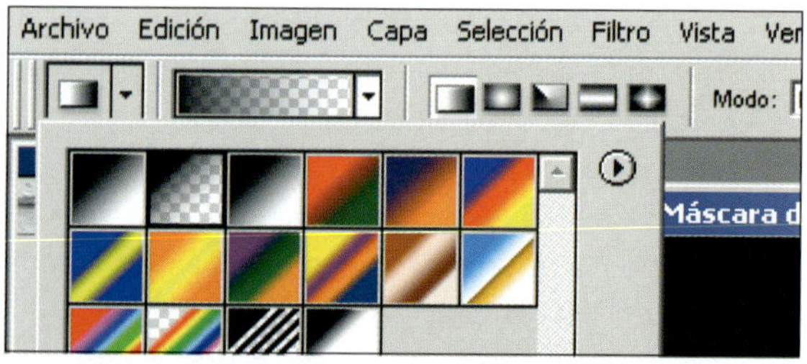

6. La máscara de capa puede moverse seleccionando la herramienta Mover y arrastrándola dentro de la ventana principal de la imagen. Para mover la tipografía y no la máscara, tiene que hacer clic en primer lugar en la miniatura de la tipografía en la paleta de capas. Para mover la máscara de capa y la tipografía a la vez, tiene que hacer clic entre las ventanas de la máscara y la miniatura en la paleta de capas. Esta acción crea un enlace entre ambos elementos. El enlace se puede romper haciendo clic en el icono.

7. Seleccione la herramienta Texto de nuevo y haga clic debajo de la palabra que acaba de crear. Seleccione un tamaño más pequeño y escriba el texto adicional. Destaque el texto y ajuste su tamaño si lo considera necesario. Posicione este texto arrastrándolo y a continuación haga clic en **OK**.

8. Haga clic en el cuadro de color en las opciones de carácter o en el cuadro de diálogo (versión 5) para abrir el selector de color. Para elegir un color de la imagen, mueva el cursor hacia la ventana de la imagen. El cursor se convierte en un Cuentagotas, y puede tomarse un color de muestra haciendo clic sobre el color. Este color será el que se le asigne a la tipografía.

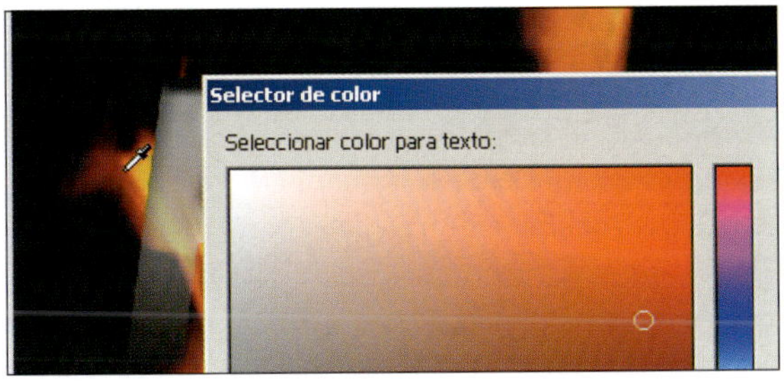

9. Aplique el estilo de capa Resplandor exterior (efecto de capa en Photoshop 5) a esta capa tipográfica. Ajuste las opciones Opacidad, Extender y Tamaño (Desenfocar e Intensidad en Photoshop 5) para crear el efecto deseado alrededor de la tipografía. Haga clic en el cuadro de color para abrir el selector de color y elegir un color.

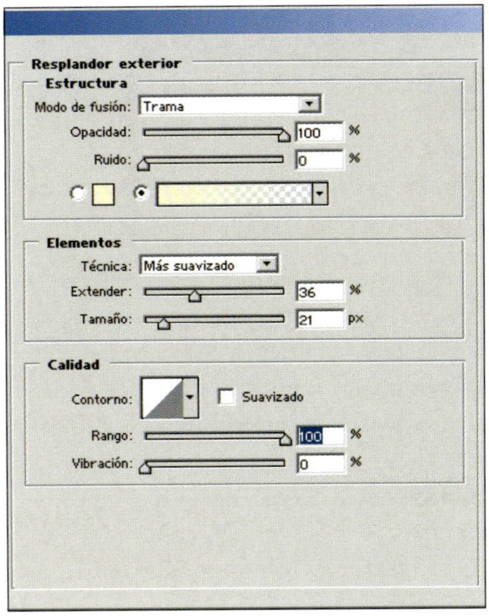

10. Abra la imagen de la textura que quiera pegar en la tipografía (en este ejemplo, se ha utilizado la imagen `02.texture.jpg` de la Actividad 2). Asegúrese de que la imagen tenga un tamaño similar y la resolución necesaria. El tamaño se puede modificar posteriormente utilizando el comando Transformación libre, pero el fotógrafo tiene que tener cuidado de no aumentar excesivamente el tamaño de la imagen (de lo contrario, la interpolación disminuirá la calidad de la imagen). Selecciónelo todo (**Comando/Control-A**). Seleccione la herramienta Mover y arrastre la selección en la imagen de fondo con la tipografía. La textura se colocará en una capa por encima de las otras capas, ocultando completamente tanto la tipografía como el fondo.

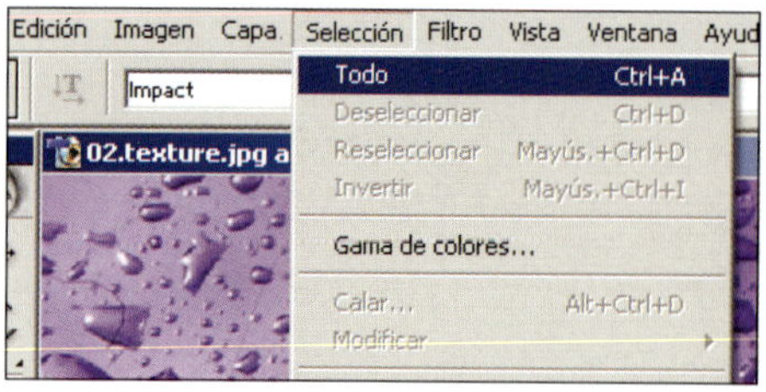

11. Se necesita un grupo de enlace para rellenar la tipografía con la imagen de las gotas de agua. Esto se consigue moviendo el cursor hacia la línea que divide las dos capas en la paleta de capas. Pulsando la tecla **Opción/Alt**, debería aparecer el icono de enlace (dos círculos solapados). Si hace clic pulsando a la vez la tecla **Opción/Alt**, las capas se enlazarán. La miniatura de la capa se sangra y el nombre de la capa base del grupo de enlace se subraya. La tipografía actúa como si se tratara de una máscara.

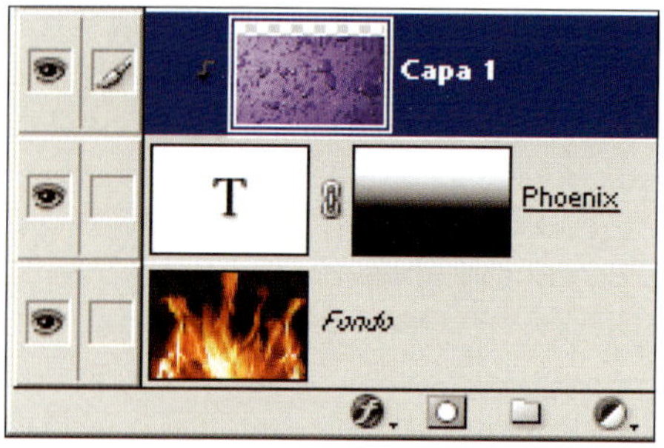

12. Por último, se aplica una capa de ajuste a la capa superior. Aumente el contraste y/o cambie el color de las gotas de agua. Asegúrese de que se realiza sobre la capa de la tipografía para limitar sus efectos a las gotas de agua. Las capas de ajuste afectarán a todas las capas que haya debajo, a no ser que estén enlazadas.

TÉCNICAS AVANZADAS DE MONTAJE

Esta actividad utiliza la mayoría de las técnicas que ya hemos visto (incluyendo la utilización de capas de texto y efectos de capa, la creación de un grupo de enlace para ocultar las imágenes y conseguir los efectos de una capa de ajuste). Se utilizarán de nuevo estas técnicas para reforzar el proceso de aprendizaje. Entre las nuevas técnicas empleadas en este montaje se encuentran:

- Fusión selectiva (a través de la fusión o de las opciones de capa).
- Utilización de filtros para crear efectos especiales.
- Comandos de transformación para modificar el contenido de la capa.

Mark Galer.

Actividad 4 (CD-ROM)

La técnica de hacer que la tipografía desaparezca entre las nubes se crea mediante una técnica de amontonamiento y una fusión selectiva aplicada a la capa superior.

El cielo se ha duplicado y la copia se ha movido a la capa superior. Los niveles más oscuros (el cielo azul) se ha fusionado o se ha convertido en transparente, mientras que los niveles más claros (las nubes) se han mantenido opacas. La tipografía aparece ahora donde el cielo es más oscuro y se ha ocultado con las nubes más claras.

1. Abra la imagen `04.sky.jpg`. Haga clic en la herramienta de Texto en la paleta de herramientas y escriba el texto deseado. El ejemplo utiliza la fuente Charcoal, Faux negrita y Faux cursiva (una característica de Photoshop que permite que cualquier fuente se vuelva cursiva o negrita). Para esta actividad, serviría cualquier fuente en negrita y cursiva.

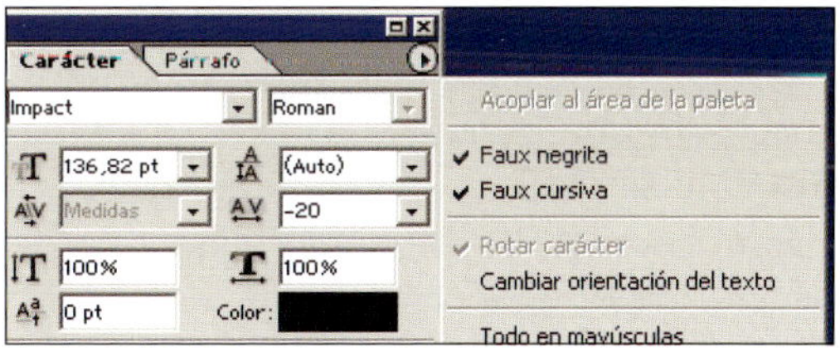

2. A la capa de texto se le ha aplicado el efecto de capa **Bisel y relieve**. Seleccione **Bisel interno** del menú de estilo y seleccione un ángulo apropiado que sea consistente con la fuente de luz en el resto de la imagen. Aplique un modo de fusión apropiado, y fije la opacidad y el color tanto al modo Resaltado como al modo de Sombra. En el ejemplo, ambos modos se configuraron al 100 por 100 y el ángulo se ha configurado a 120°.

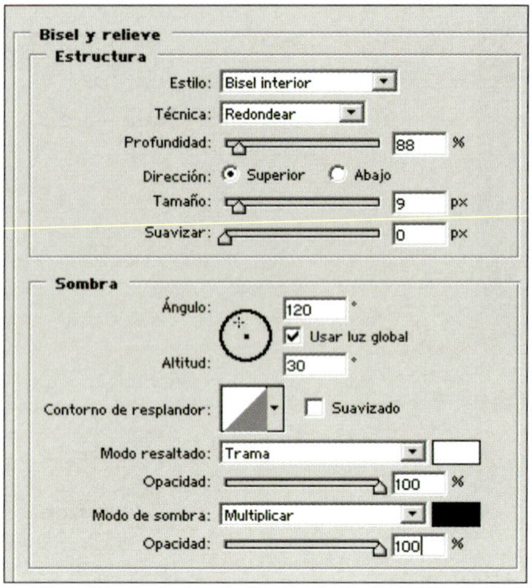

3. Duplique la capa de fondo *sky* arrastrando la capa en la paleta de capa hacia el icono **Crear una capa nueva** situado en la parte inferior de la paleta de capas. Coloque la copia de fondo encima de las demás, por encima de la capa de texto (esta acción ocultará temporalmente la capa de texto).

4. Haga doble clic en la copia de la capa del fondo. Se abrirá el cuadro de diálogo **Opciones de fusión** u **Opciones de capa** (versión 5). Este cuadro de diálogo permite al usuario cambiar la opacidad y el modo de fusión de la capa. La mitad inferior del cuadro permite al usuario controlar el rango de niveles que se pueden fusionar. Si arrastra el regulador de la izquierda de la escala superior hacia una posición de 150, todos los tonos más oscuros, o niveles, serán transparentes. La tipografía de la capa de abajo se verá ahora en todas las áreas donde los píxeles tengan valores comprendidos entre 0 y 150.

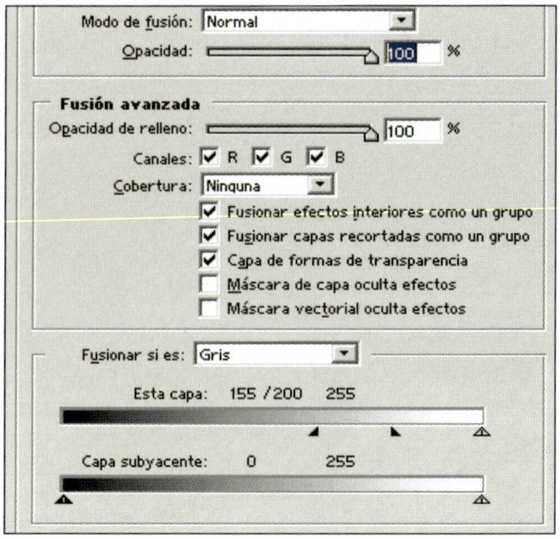

5. El efecto en este momento es muy brusco. Las letras desaparecen de repente entre las nubes, en vez de hacerlo de forma gradual. Se puede conseguir una transición más gradual apagando el efecto sobre un rango de píxeles en lugar de seleccionar un único valor de capa que produzca una transparencia del 100 por 100. Si se pulsa la tecla **Opción/Alt** y se arrastra el regulador, se puede fisionar el regulador negro. Arrastre la mitad derecha del regulador hasta un valor aproximado de 200. Esta acción crea el efecto deseado de ocultar las letras lentamente entre las nubes.

Montaje práctico

6. Rellene la tipografía utilizando la técnica empleada en la actividad anterior. La imagen utilizada en esta actividad es `04.storm_clouds.jpg`. Se abre y se selecciona la imagen (**Selección> Todo**) y se arrastra (utilizando la herramienta Mover) o se copia y pega en la imagen del cielo. La imagen se sitúa en una posición directamente por encima de la capa de texto en la paleta de capas y se enlaza con la capa de texto (véase Actividad 3).

7. A continuación se añade una capa de ajuste y se enlaza con la imagen `storm_clouds` y con el texto (véase Actividad 3).

La capa de ajuste se utiliza para mover los colores de la imagen `storm_clouds` hacia el azul. Esto se puede conseguir utilizando un balance de color o un ajuste de curvas.

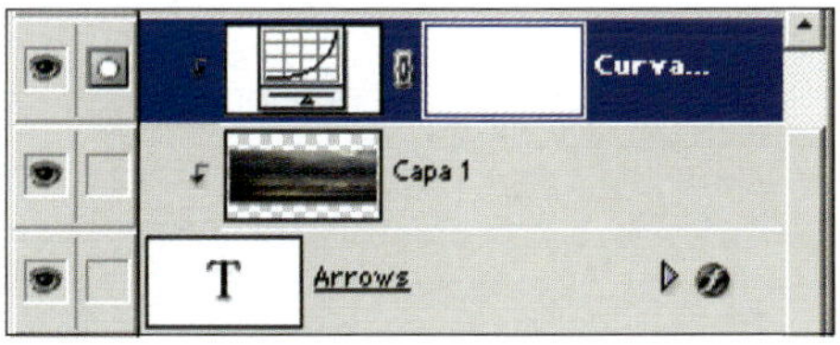

8. Abra la imagen `04.jet.jpg`. Aísle el avión del cielo azul que lo rodea utilizando las herramientas de selección y las técnicas que prefiera. Asegúrese de calar la selección por 1 píxel. Mueva o copie y pegue la selección en la imagen del cielo. Del menú **Capas**, seleccione **Halos>Eliminar halos** (uno o dos píxeles) o **Eliminar halo blanco** para eliminar los píxeles azules que pueda haber alrededor del avión, que no coincidirán con los del nuevo cielo.

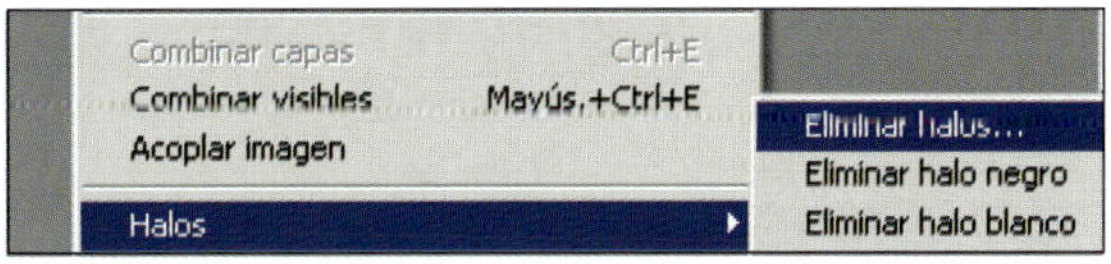

9. Del menú **Edición** seleccione **Transformar>Escala** para reducir el tamaño del avión. Arrastre un regulador de esquina para reducir el tamaño y pulse **Retorno/Intro** cuando obtenga el tamaño deseado. De nuevo, del menú **Editar>Transformar** seleccione **Voltear horizontal** para que el avión mire hacia la derecha.

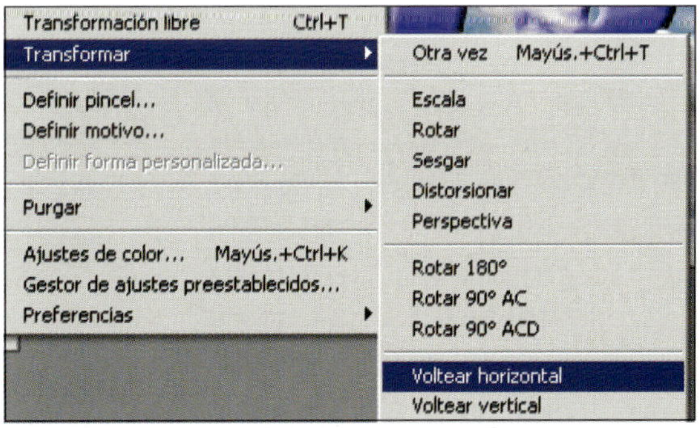

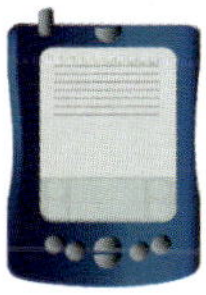

NOTA: EL COMANDO VOLTEAR EN EL MENÚ TRANSFORMAR VOLTEARÁ ÚNICAMENTE EL CONTENIDO DE LA CAPA SELECCIONADA, MIENTRAS QUE EL COMANDO VOLTEAR HORIZONTAL DEL MENÚ IMAGEN> ROTAR LIENZO AFECTA A TODA LA IMAGEN (A TODAS LAS CAPAS).

10. Para crear el efecto de movimiento, duplique la capa del avión dos veces (arrastre la capa hacia el icono **Crear una capa nueva**). Seleccione **Desenfocar>Desenfoque de movimiento** del menú **Filtros** y aplique un desenfoque de 10 píxeles a una de las dos capas duplicadas. Aplique un desenfoque de movimiento de 300 píxeles a la segunda capa duplicada. Asegúrese de que el ángulo es el apropiado para la dirección del trayecto o movimiento. Si quiere realizar una vista previa del efecto, arrastre dentro de la ventana hasta que aparezca parte del avión.

11. Coloque el desenfoque de 10 píxeles por encima del original y el desenfoque de 300 píxeles por debajo del original. Cree una máscara de capa sobre la capa del desenfoque de 10 píxeles y utilice una herramienta de degradado lineal para ocultar la primera mitad del avión desenfocado. Con la capa del desenfoque de 300 píxeles seleccionada, elija **Transformar>Rotar** del menú **Imagen** y coloque el haz en posición.

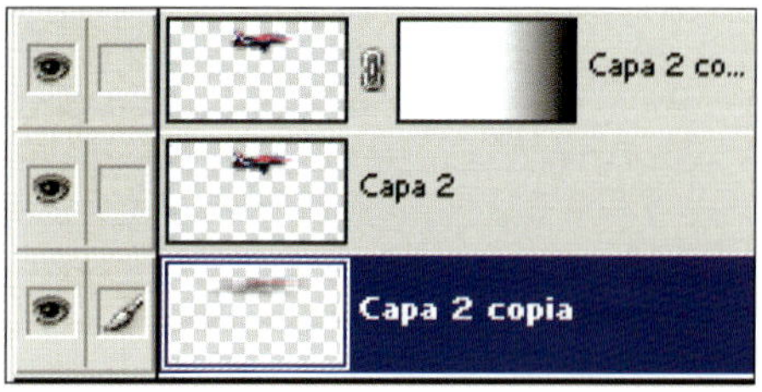

12. La tipografía adicional Red se ha creado utilizando una capa de texto adicional. En primer lugar, seleccione un color rojo del avión utilizando la herramienta Cuentagotas. Este color se colocará en el color frontal de la paleta de herramientas y será el color por defecto de la tipografía. Haga clic y arrastre la nueva capa de texto hasta su posición. Del menú **Edición**, seleccione **Transformar> Sesgar** para aumentar el ángulo de inclinación de la tipografía. Del menú **Filtros** seleccione **Estilizar>Viento** y seleccione **Desde la derecha** para darle la dirección apropiada del viaje.

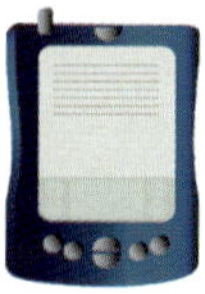

NOTA: PARA APLICAR UN FILTRO A UNA CAPA DE TEXTO, HAY QUE RASTERIZAR PRIMERO EL TEXTO (EN PÍXELES). SI EL TEXTO SE RASTERIZA, YA NO PODRÁ EDITAR.

El montaje se ha finalizado. Guarde una versión de la imagen en PSD. Seleccione **Guardar una copia** del cuadro de diálogo **Guardar como** o directamente del menú **Archivo** (Photoshop 5). Seleccione **Photoshop** del menú emergente.

TÉCNICAS AVANZADAS DE FUSIÓN

Los modos de fusión de capa son una forma efectiva pero limitada de fusionar un diseño o gráfico con un objeto en tres dimensiones. Utilizando los modos de fusión, se pueden modificar el diseño o el gráfico para respetar el color y la tonalidad del objeto en 3D situado debajo. Sin embargo, las iluminaciones y sombras que dan forma al objeto en 3D pueden utilizarse para envolver o flexionar el diseño o gráfico para que siga la perspectiva y el volumen del objeto.

Esto se puede conseguir utilizando el filtro **Desplazar** junto con un mapa de desplazamiento. El mapa define el contorno al que se debe ajustar el gráfico o diseño. El efecto final puede compararse con un empaquetado del gráfico o diseño en el objeto de 3D.

El desplazamiento necesita un archivo de imagen con formato PSD o un mapa de desplazamiento a partir de una capa que contenga el objeto en 3D. Esto se utiliza como un mapa de contorno para desplazar los píxeles de otra capa (el diseño o gráfico). El nivel de brillo de cada píxel del mapa ordena al filtro mover el píxel correspondiente de la capa seleccionada en un plano horizontal o vertical. Esta técnica se basa en el principio de las montañas y los valles. Los píxeles oscuros del mapa mueven los píxeles del gráfico hacia los valles del objeto 3D, mientras que los píxeles claros de mapa elevan los píxeles del gráfico hacia los picos iluminados del objeto en 3D.

Mark Galer.

Observe cómo las líneas de la bandera de la Union Jack se distorsionan una vez que se aplica el filtro **Desplazar**. En la primera imagen, parece como si la bandera se hubiera proyectado en las rocas mientras que en la segunda imagen, parece como si se hubiera pintado en la superficie de las rocas.

Actividad 5 (CD-ROM)

La limitación de la técnica de desplazamiento es que el filtro lee los píxeles oscuros de la imagen como si fueran sombra, y los píxeles más claros como iluminados. Esto, por supuesto, no ocurre siempre. Teniendo esto en mente, el rango de imágenes al que se le puede aplicar esta técnica es muy limitado. Una cebra sería una elección poco adecuada para aplicarle una bandera, mientras que un objeto desnudo iluminado con una leve iluminación direccional sería una buena elección. La imagen elegida para esta actividad se presta para esta técnica. La luz direccional modela el aspecto de la roca. Las diferencias tonales son limitadas debido al tono.

Mark Galer.

Montaje práctico

1. Para aplicar el filtro **Desplazar**, en primer lugar tenemos que crear una imagen en escala de grises para obtener el mapa de desplazamiento. Abra la imagen `05.Rockface.jpg`. En la paleta de canales, localice el canal con el mejor contraste tonal entre sombras e iluminaciones. Duplique este canal arrastrándolo hacia el icono **Crear una capa nueva** situado en la parte inferior de la paleta.

2. Aplique una pequeña cantidad de **Desenfoque gaussiano** del menú **Filtros** y ajuste los niveles para modificar el rango del contraste si fuera necesario.

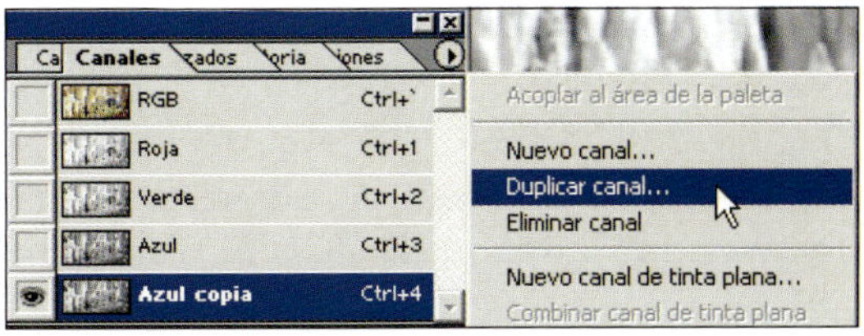

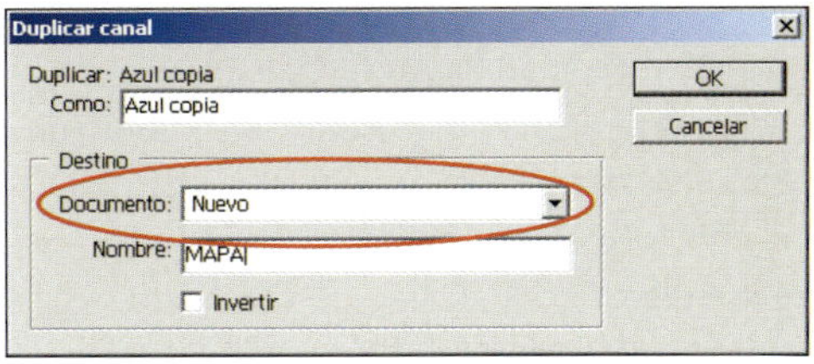

3. Exporte este canal para obtener el mapa de desplazamiento seleccionando **Duplicar canal** del menú **Canales** y a continuación **Documento>Nuevo** del menú **Destino**. Guarde el archivo exportado PSD. Este será su mapa de desplazamiento.

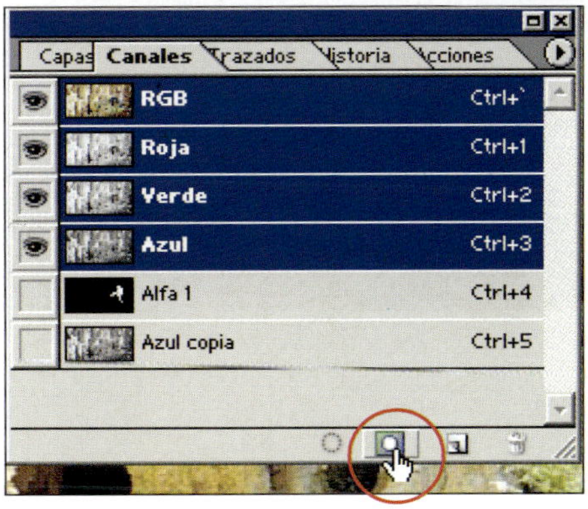

4. Seleccione las partes de la imagen en las que no desea que se incruste el gráfico o diseño importado. Guarde su selección como canal Alfa haciendo clic en el icono **Guardar selección como canal** situado en la parte inferior de la paleta de canales.

5. Se escaneó una pequeña bandera de papel para que se pudiera utilizar como gráfico o diseño de dos dimensiones (la imagen `05.flag.jpg`). Seleccione la bandera, cópiela y péguela en la imagen `rockface`. Aplique el comando **Transformación libre** del menú **Edición** para que la imagen encaje correctamente. De los modos de fusión, elija un modo de fusión apropiado y una opacidad para conseguir el efecto que desee. Los modos de fusión **Superponer** o **Luz suave** son un buen comienzo, aunque **Sobreexponer color** es un modo de fusión efectivo en este ejemplo.

6. Seleccione Filtro>Distorsionar>Desplazar e introduzca la cantidad de desplazamiento. Como el mapa de desplazamiento tiene el mismo tamaño que la imagen final, puede ignorar todas las opciones del cuadro excepto la cantidad. Seleccione **OK** y, a continuación, seleccione el archivo PSD de desplazamiento que creó anteriormente. La distorsión se aplica a la capa. El filtro Desplazar mueve los píxeles a la capa seleccionada utilizando un valor de píxel del mapa de desplazamiento. Los niveles 0 y 225 son los movimientos máximos negativo y positivo, mientras que un nivel de 128 no produce movimiento.

NOTA: SI SE UTILIZA UN MAPA RGB, EL CANAL ROJO CONTROLA EL DESPLAZAMIENTO HORIZONTAL Y EL CANAL VERDE CONTROLA EL DESPLAZAMIENTO VERTICAL.

7. Para completar el proceso, cargue la selección que creó anteriormente arrastrando el canal Alfa hacia el icono Cargar canal como selección. Seleccione la capa del mapa en la paleta de capas y con el botón **Opción/Alt** pulsado, haga clic en el icono Añadir máscara situado en la paleta de capas. La fusión se ha completado.

Enfoque alternativo utilizando el filtro Licuar

Un enfoque alternativo para distorsionar el gráfico utilizando el filtro de desplazamiento de la Actividad 5 sería utilizar el filtro Licuar. En lugar de utilizar el canal Copia azul para crear un mapa de desplazamiento, puede utilizarse para congelar un área de la imagen antes de desplazar de forma selectiva los píxeles no congelados utilizando la herramienta Distorsionar. Este método alternativo para mover los píxeles de una capa y reflejar los contornos de otra, es más apropiado para las características más nuevas de Photoshop 7 que permiten la visibilidad de las capas adicionales.

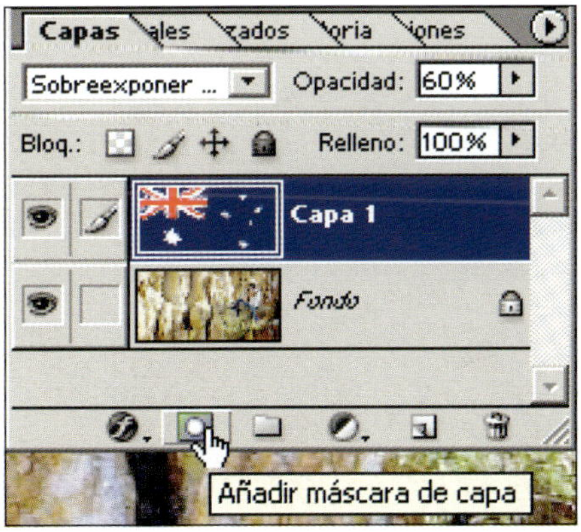

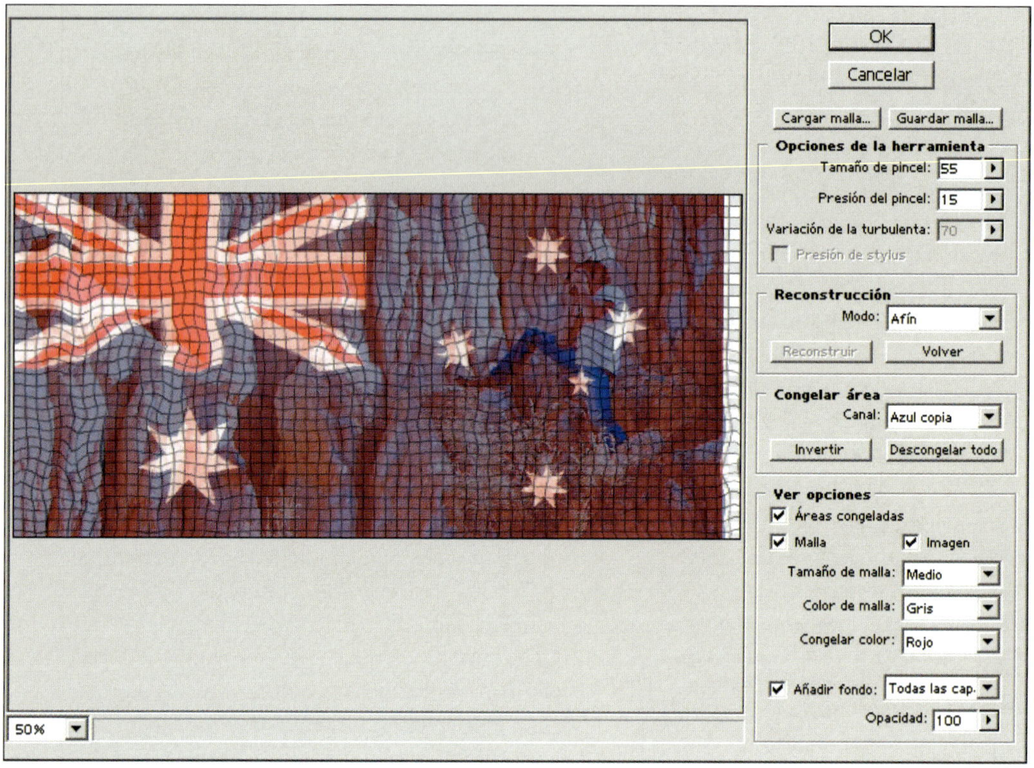

Para probar este enfoque alternativo, complete los cinco primeros pasos de la Actividad 5, saltándose el paso 3. Cuando llegue al paso 6, en lugar de crear un mapa de desplazamiento, haga clic en la capa del gráfico y seleccione el filtro Licuar. Active la opción Añadir fondo y seleccione la capa de fondo del menú.

Para congelar de forma selectiva los píxeles más oscuros de la imagen, cargue el canal Copia azul en Congelar área. Active Malla en Ver opciones y deseleccione Áreas congeladas.

Seleccione un tamaño y presión de pincel y mueva el gráfico hacia arriba observando los contornos de las rocas para colocar los píxeles más claros. Invierta el área congelada (que crea un canal individual) para que pueda colocar los píxeles más oscuros en la dirección opuesta.

EL FILTRO EXTRAER

El filtro Extraer de Photoshop puede ser una herramienta indispensable para el trabajo de los montajes. Con un borde adecuado, el filtro Extraer funciona correctamente, como por ejemplo un contorno afilado sobre un fondo que contraste. Para que el montaje final sea efectivo, el nuevo fondo también tiene que complementarse con el tono y el color de los píxeles del borde del objeto. Muchos de los problemas que encontramos cuando intentamos conseguir extracciones efectivas y sofisticadas yacen en las imágenes elegidas y no en el propio filtro Extraer. Siempre y cuando el filtro encuentre difícil detectar el borde, los resultados no serán demasiado convincentes. Si se eligen imágenes no apropiadas, puede conllevar muchos parches, reconstrucciones o eliminación manual de píxeles de fondo no deseados.

El filtro tiene dificultad para extraer un fondo donde el contraste del borde es muy bajo.

Imágenes simples y desafiantes para aplicar el filtro Extraer.

Un fondo de estudio cuya iluminación sea independiente a la del objeto hará que sea más fácil la extracción. Sin embargo, es probable que no podamos acceder a un estudio donde se pueda controlar con tanta eficacia la iluminación del fondo y el contenido. Cuando el fotógrafo puede elegir un fondo más simple y utilizar una profundidad de campo plana (apertura ancha en un teleobjetivo) para que se pueda delinear el borde del objeto con claridad, ayudará a que el filtro Extraer realice su misión.

Insertar el borde con el nuevo fondo

El filtro Extraer funciona de forma eficaz con un borde suave o desenfocado, pero no cuando este borde se enfrenta a un tono muy diferente (el borde no sería el apropiado). Estos bordes suaves, sin embargo, pueden elaborarse para que puedan fusionarse con el nuevo fondo.

Fotografía de Benedikt Partenheimer.

Actividad 6 (CD-ROM)

1. Si va a utilizar una imagen en escala de grises y le gustaría introducir color, en primer lugar tiene que convertir la imagen a RGB (Imagen> Modo>RGB). El siguiente paso es importarlo o crear un nuevo fondo. Se puede crear un fondo utilizando el filtro Nubes que se asemeja a los lienzos que los fotógrafos utilizan para realizar retratos. Para conseguir este efecto, haga clic en el icono Crear una capa nueva situado en la paleta de capas. En la paleta de herramientas, configure el color frontal en negro y el color de fondo en un gris claro (haga doble clic en el cuadro y seleccione un color del selector de color). Para aplicar el efecto de las nubes, seleccione Filtro>Interpretar> Nubes.

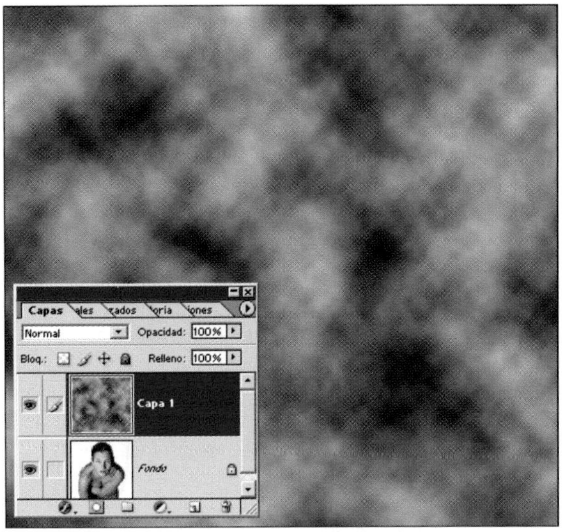

2. Para crear la ilusión del efecto de luz en el fondo se utilizó el filtro Efectos de iluminación (Filtros>Interpretar>Efectos de iluminación). Haciendo clic y arrastrando los reguladores en la ventana de Vista previa, puede controlarse el círculo o cantidad de luz. Seleccione un valor de intensidad que evite que la iluminación se apague o se convierta en blanco y que las sombras se rellenen o se conviertan en negro.

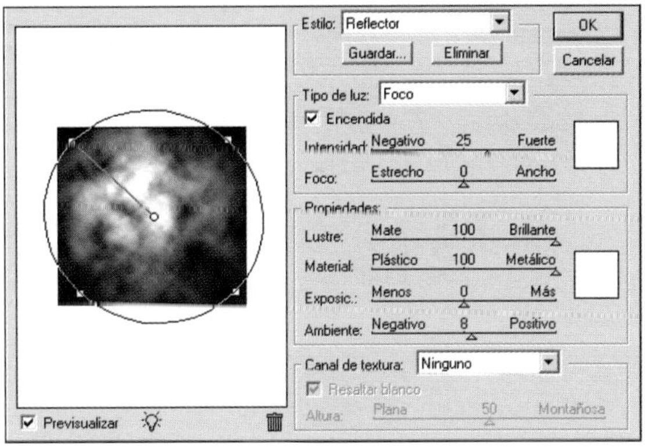

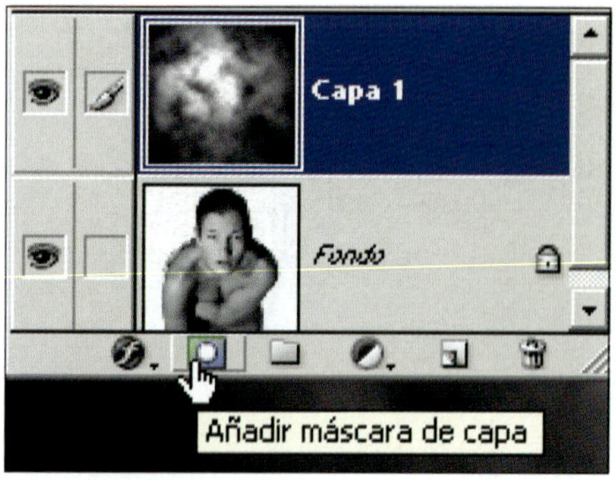

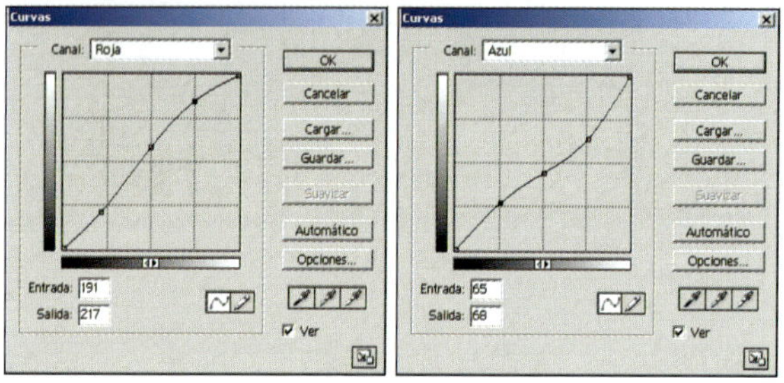

3. Cree una capa de ajuste de curvas para colorear la capa de las nubes haciendo clic en el icono Crear nueva capa de relleno o ajuste. Del menú emergente del cuadro de diálogo de Curvas, seleccione un color y haga una curva para colorear las capas de abajo.

4. Duplique la capa de fondo que contenga el objeto a extraer (Capa>Duplicar capa) y muévala hasta la capa superior del montón (Capa>Organizar>Traer al frente).

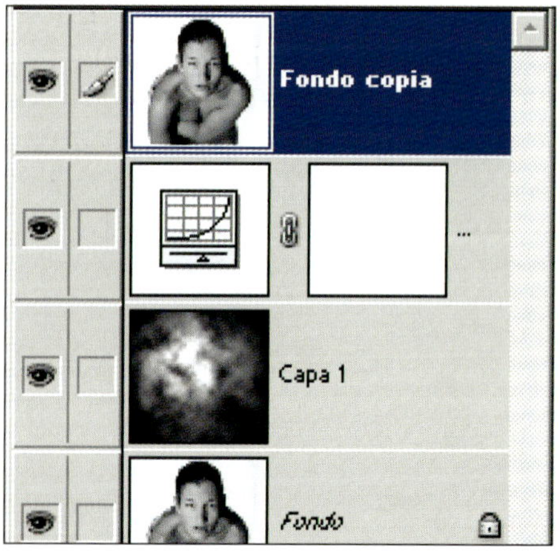

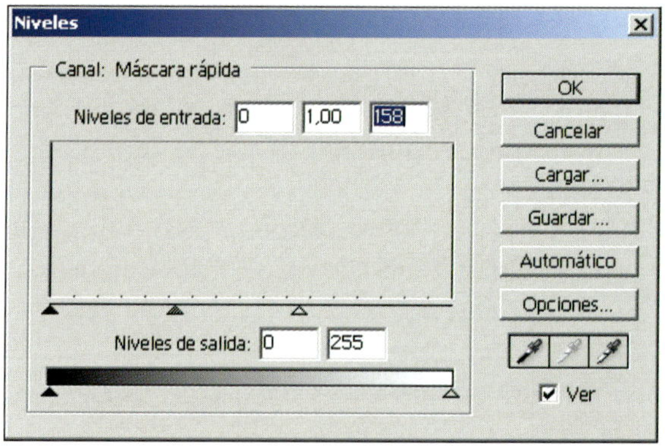

5. Los siguientes pasos del proceso preparan el camino para (y aceleran el proceso de selección cuando se utilice) el filtro Extraer. Se utiliza la Varita mágica para realizar una selección áspera del fondo blanco en la copia de la capa de fondo. Esta selección inicial puede quedarse corta con algunos de los bordes suaves debido a la suave transición entre lo oscuro y lo claro, que puede repeler el intento de la Varita de hacer una selección efectiva. La selección de la Varita mágica suele ser de por sí imprecisa cuando se selecciona un fondo típico. Esto puede rectificarse en primer lugar calando la selección y, a continuación, utilizando los

niveles de ajuste en el modo de Máscara rápida. Mueva el regulador de iluminación o el regulador de sombra para expandir o contraer la selección para que se quede lo más cerca posible del borde de la figura. Aumente una sección que contenga un borde suave para obtener una idea de los efectos que se producen cuando se mueven los reguladores. Una vez que se haya modificado el borde de la máscara, salga del modo de Máscara rápida (pulse **Q**) para volver a la selección.

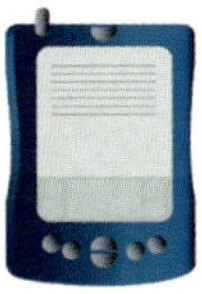

NOTA: ES IMPORTANTE CALAR LA SELECCIÓN (SELECCIÓN>CALAR) PARA QUE FUNCIONE ESTA TÉCNICA. SIN EMBARGO, LA CANTIDAD DE CALADO DEPENDE TANTO DE LA RESOLUCIÓN DE LA IMAGEN COMO DE LA CALIDAD DEL BORDE DEL OBJETO QUE SE VA A EXTRAER.

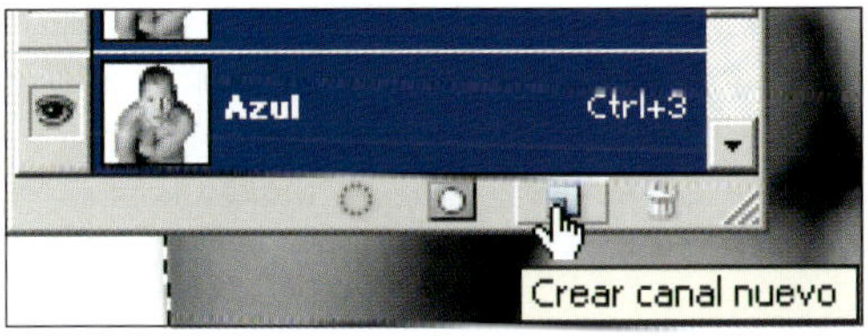

6. Con la selección activa, haga clic en el icono Crear canal nuevo para crear un nuevo canal alfa vacío (relleno de negro).

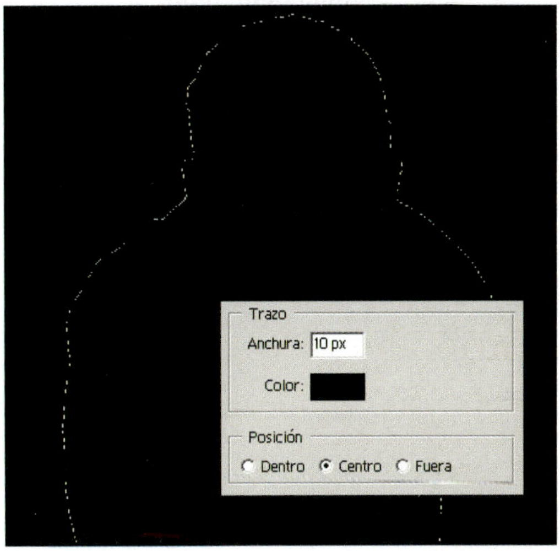

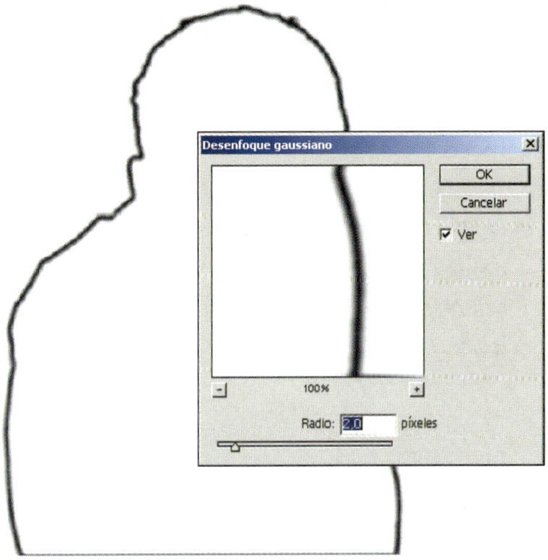

7. Realice un contorno con la selección (Edición>Contornear). Haga clic en el cuadro de Color y seleccione el blanco del selector de color. El ancho del contorno que elija debería cubrir los bordes suaves del objeto que está extrayendo. Deseleccione para eliminar la selección.

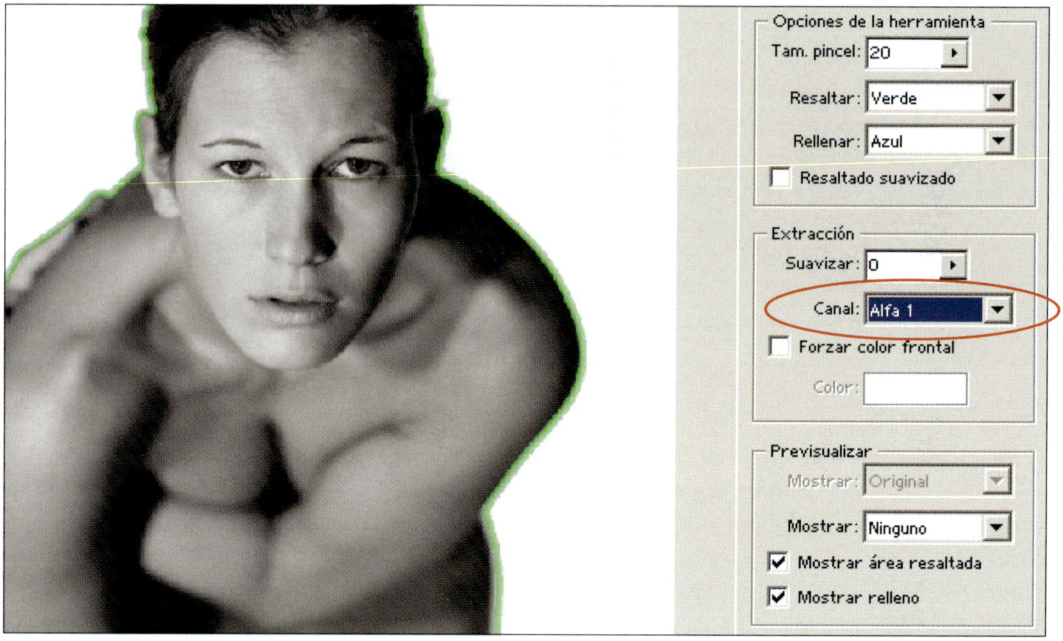

8. Aplique una pequeña cantidad de desenfoque gaussiano (Filtro>Desenfocar>Desenfoque gaussiano) al canal y, a continuación, invierta el canal (Imagen>Ajustes>Invertir). Vuelva a la paleta de capas y asegúrese de que está seleccionada la copia de la capa de fondo.

9. Seleccione Extraer del menú (situado en el menú Filtros en Photoshop 7) y Alfa 1 del menú emergente de la paleta Canal. El contorno del objeto se cargará automáticamente, ahorrándole por tanto mucho trabajo minucioso con la herramienta Resaltador de bordes.

10. Utilice la herramienta Resaltador de bordes para incluir las posibles áreas perdidas en la selección del canal alfa. Esto puede incluir pequeños detalles muy suaves que se extienden del borde o bordes que exceden del ancho del borde destacado. Aumente la imagen para observar el borde detalladamente y evite adentrarse demasiado en el objeto. Utilice la barra espaciadora para acceder a la herramienta Mano para que pueda arrastrar el borde aumentado por la ventana de Vista previa.

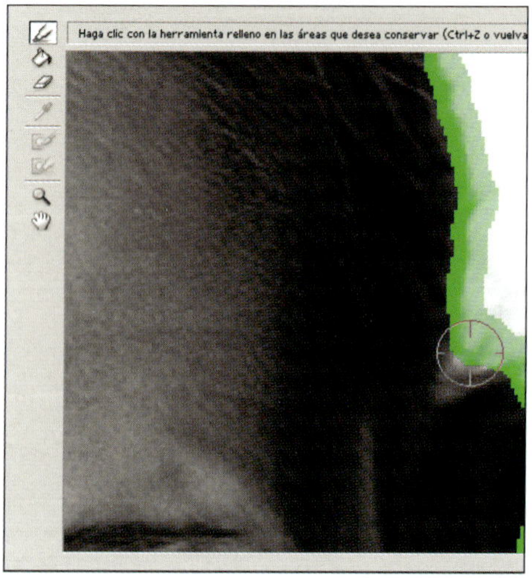

Montaje práctico

NOTA: CUANDO SE UTILIZA LA HERRAMIENTA RESALTADOR DE BORDES, PODEMOS PINTAR SIN PROBLEMA EN EL FONDO, PERO HAY QUE TENER CUIDADO DE NO ADENTRARSE DEMASIADO EN EL OBJETO, YA QUE, DE LO CONTRARIO, PODRÍA PRODUCIRSE UNA PÉRDIDA DE DETALLES DEL OBJETO.

11. Rellene el área que desee conservar utilizando la herramienta Relleno o Cubo. El color de relleno denota el área que hay que conservar en el proceso de extracción.

12. Seleccione un color de halo del menú emergente **Mostrar** que sea más parecido en tono al nuevo fondo. Esto le ayudará a identificar cualquier detalle de los bordes no deseados del fondo antiguo.

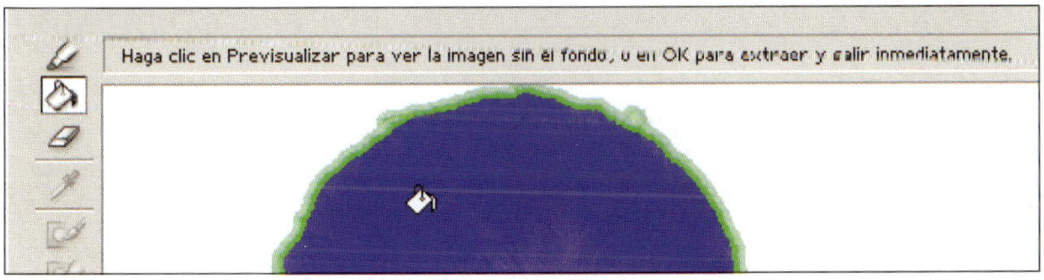

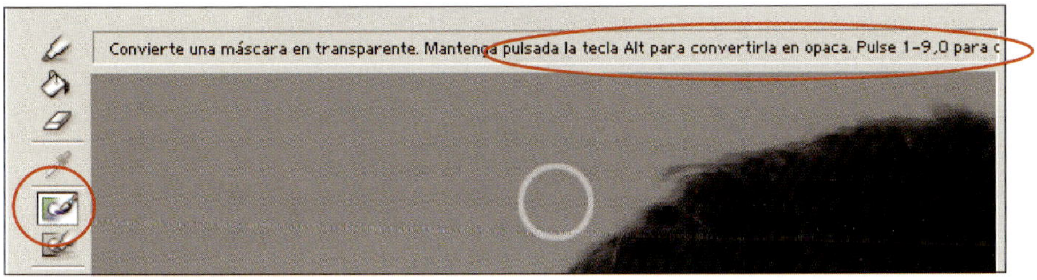

13. Utilice la herramienta Limpiar para eliminar los píxeles no deseados. Seleccione una presión baja (escribiendo un número bajo) para reducir la opacidad de los píxeles del borde de forma gradual. Si pulsa la tecla **Opción/Alt** en el teclado, se puede restaurar la opacidad completa en los píxeles del borde. Cualquier borde irregular producido en el proceso de extracción (creado normalmente donde el contraste con el borde es bajo) puede suavizarse o definirse más utilizando la herramienta Retocar bordes. Haga clic en **OK** cuando el filo modificado tenga un buen aspecto con el halo en la vista previa.

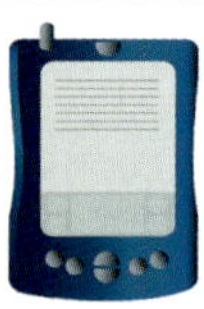

NOTA: MUCHOS CONSIDERAN QUE LA HERRAMIENTA RETOCAR BORDES ES MUY DIFÍCIL DE MANEJAR, YA QUE ES CAPAZ DE MOVER LA LOCALIZACIÓN DEL BORDE Y SUSTITUIR Y ELIMINAR PÍXELES CUANDO SE INTENTA SUAVIZAR EL BORDE. SE NECESITA MUCHA PRÁCTICA PARA UTILIZAR ESTA HERRAMIENTA CON EFICACIA. SI EL CONTRASTE ENTRE EL OBJETO Y EL FONDO ES SUFICIENTE, PUEDE EVITAR UTILIZAR ESTA HERRAMIENTA. UN POCO DE TIEMPO EXTRA PARA ASEGURAR UN BUEN CONTRASTE CUANDO SE CAPTURA LA IMAGEN LE AHORRARÁ ALGÚN TIEMPO DURANTE ESTA FASE DEL PROCESO.

14. Los píxeles del borde que se modificaron en el último caso utilizando la herramienta Limpiar se ajustaron para que tuvieran un buen aspecto con el color del halo. Es posible que los píxeles no coincidan con el tono exacto y el color del nuevo fondo ahora que se ha realizado la extracción. Si los píxeles del borde son demasiado oscuros o demasiado claros, sobreexponer o subexponer los píxeles de forma selectiva pueden modificarlos de nuevo.

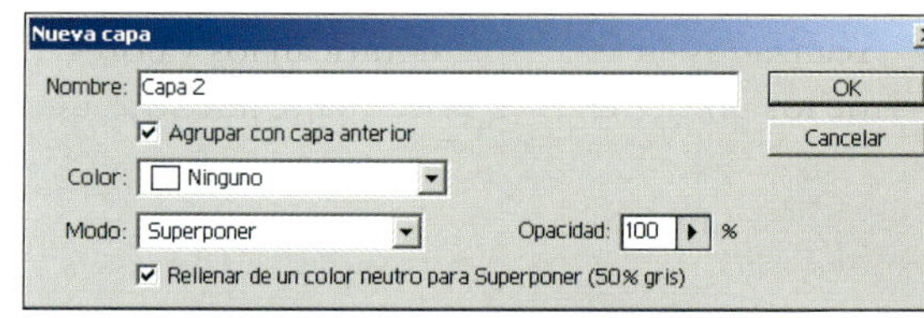

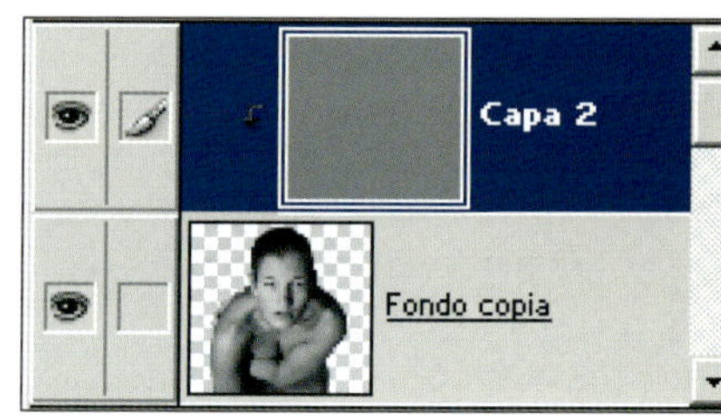

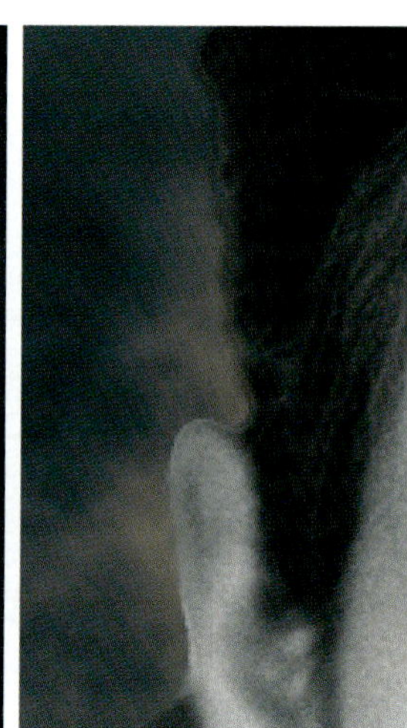

Montaje práctico

15. Se pueden sobreexponer o subexponer los píxeles afectados en la propia copia de la capa de fondo (seleccione una presión baja y configure el rango de las herramientas Sobreexponer o Subexponer situadas en la barra de opciones para limitar los efectos de iluminación o sombra). Una opción alternativa es sobreexponer o subexponer los píxeles en un juego de capas al 50 por 100 gris fusionadas en el modo Superponer, que se haya agrupado con la copia de la capa de fondo. Los ajustes realizados en esta capa modifican los valores de los píxeles en la capa de abajo, mientras que las áreas al 50 por 100 gris dejan a los píxeles de abajo sin afectar.

NOTA: LA VENTAJA DE TRABAJAR EN UNA CAPA SEPARADA ES QUE OFRECE UN MODO EXTREMADAMENTE FLEXIBLE PARA EDITAR UNA IMAGEN. SI TRABAJA EN UNA CAPA DISTINTA, PUEDE CAMBIAR DE OPINIÓN REPETIDAMENTE TENIENDO EN CUENTA EL NIVEL DE AJUSTE QUE REQUIERE. SUPERPONER CAPAS AL 50 POR 100 GRIS, JUNTO CON LAS CAPAS DE AJUSTE Y LAS MÁSCARAS DE CAPA SON LOS MÉTODOS MENOS DESTRUCTIVOS DE EDICIÓN DE IMÁGENES. LOS VALORES DE LOS PÍXELES, EN LUGAR DE CAMBIAR REPETIDAMENTE, SE CAMBIAN SÓLO UNA VEZ QUE LA IMAGEN SE ACOPLA ANTES DE IMPRIMIRSE.

16. Una vez que los píxeles se han modificado a un tono más apropiado para el nuevo fondo, el borde se puede suavizar más si se necesita. Se puede conseguir un borde más suave utilizando una máscara de capa. Haga una selección pulsando la tecla **Comando/Control** al hacer clic en la miniatura Copia de fondo.

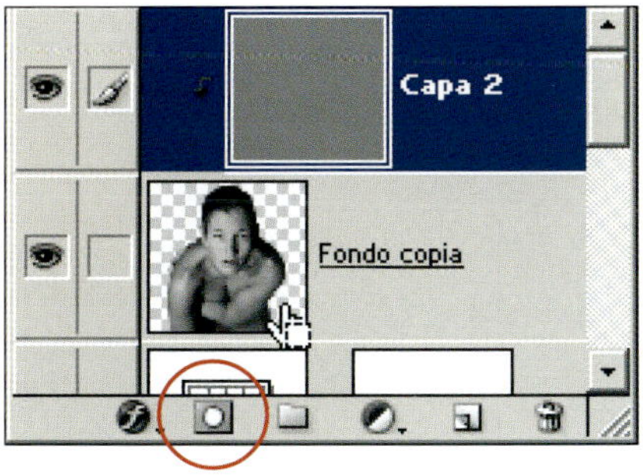

NOTA: TODAS LAS CAPAS QUE FORMAN EL NUEVO FONDO SE HAN COLOCADO EN UN JUEGO DE CAPAS PARA AYUDAR A EVITAR QUE LA PALETA DE CAPAS TENGA DEMASIADAS CAPAS.

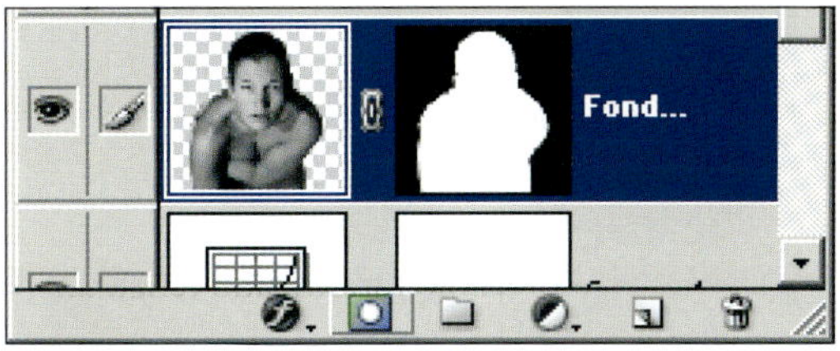

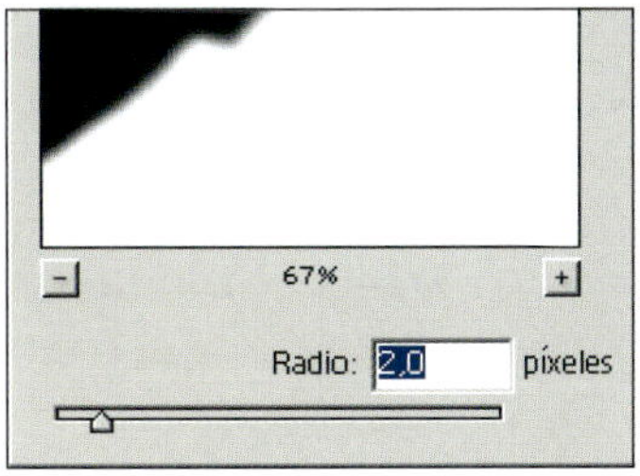

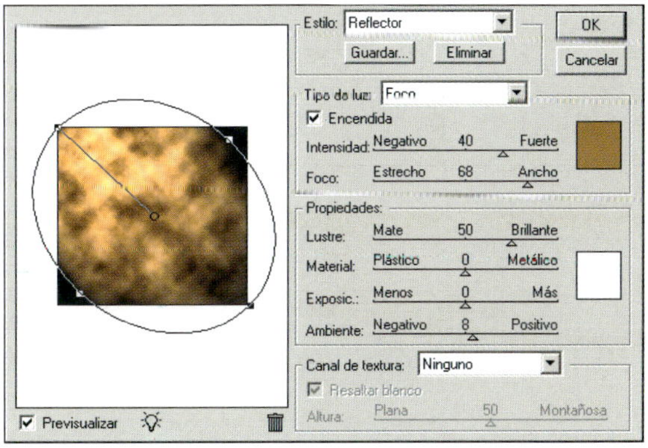

17. Haga clic en el icono Añadir máscara de capa para crear una máscara de capa utilizando la selección.

18. Aplique un poco de desenfoque gaussiano a esta máscara Filtros>Desenfocar>Desenfoque gaussiano). Esto suavizará los posibles bordes más bruscos que queden del proceso de extracción. Los bordes deberían tener mejor aspecto ante el nuevo borde.

19. Cree una nueva capa y aplique de nuevo el filtro Nubes. Se ha utilizado un efecto de enfoque de luz para reflejar la luz utilizada en el modelo. Haga clic en el cuadro de color que aparece en la parte superior para elegir un color apropiado para el efecto.

20. Asigne el modo de fusión Superponer a la nueva capa. Añada una máscara de capa para evitar que se pinte el blanco de los ojos. Por último, la capa se ha agrupado con la copia de la capa de fondo pulsando la tecla **Opción/ Alt** y haciendo clic entre la línea que divide esta capa y la capa anterior. (como alternativa, seleccione Capa>Agrupar con anterior). Utilice capa de ajustes y máscaras de capa para darle color y brillo a los ojos (el punto focal de la imagen) y perfeccionar toda la imagen.

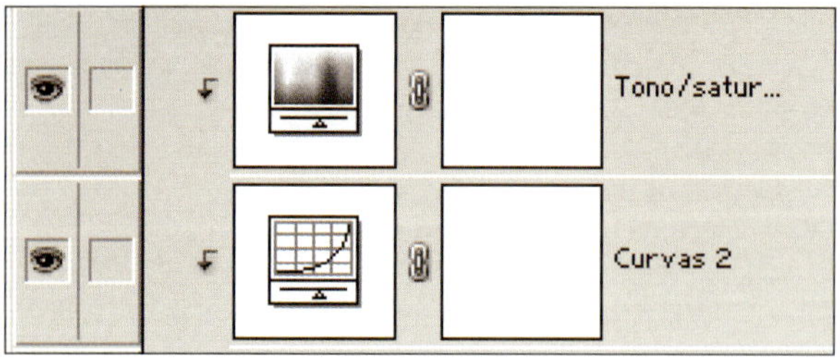

MISIÓN 1: ILUSTRACIÓN EDITORIAL

Una revista necesita una ilustración fotográfica para un artículo sobre cirugía cosmética titulado *The Cutting Edge*. El editor requiere un montaje digital para ilustrar una página doble.

Texto

- **Titular:** The Cutting Edge
- **Subtítulo:** Is cosmetic surgery creating a better quality of life or just operating under de cover of 'good medicine'. Mark Davis separates the facts from the fantasy.

Zarah Ellis.

Imagen

- **Modo:** RGB.
- **Resolución:** 150 ppp (la resolución comercial será de aproximadamente 300 ppp y requerirá un tamaño de archivo que excederá los 50 MB).
- **Tamaño:** Ancho: 460 mm; Alto: 276 mm.
- **Texto:** Tamaño del texto opcional.
- **Diseño:** El paisaje/imagen horizontal debe cubrir las dos páginas (sangrado completo). Evite dividir el texto o el punto focal de la imagen por la mitad de la revista (*gutter*). Busque un área de la imagen donde el texto (sobre todo el subtítulo) pueda leerse con facilidad.
- **Submisión:** Imprimir una versión más pequeña de la imagen final en un papel estucado tamaño A4 (Archivo>Configurar página>60%).

MISIÓN 2: DISEÑO DE LA PORTADA DE UN LIBRO

Ilustre la portada de un libro de fotografía publicado por Focal Press. Construya un montaje fotográfico utilizando el editor de imagen para la ilustración de la portada. El montaje deberá mostrar el siguiente título:

Ver para creer

"ESTE LIBRO TRATA DE LAS PERCEPCIONES Y DE LOS ERRORES GENERALIZADOS DE LAS PRUEBAS FOTOGRÁFICAS. A MENUDO LOS PROBLEMAS SURGEN AL INTERPRETAR LA IMAGEN. TÉCNICAMENTE HABLANDO, TODAS LAS FOTOGRAFÍAS "CONFUNDEN", A VECES POR ACCIDENTE Y A VECES POR UNA TERGIVERSACIÓN DELIBERADA. ESTE LIBRO CUBRE LAS ÁREAS DE DIFICULTAD CAUSADAS AL EXTRAER LOS HECHOS DE LAS FOTOGRAFÍAS Y SOBRE LO QUE LAS FOTOGRAFÍAS PUEDEN Y NO PUEDEN REVELAR".

Guy Israeli.

Inspiración

El publicador quiere que la ilustración se inspire en la ambigüedad visual encontrada en el trabajo surrealista de Magritte.

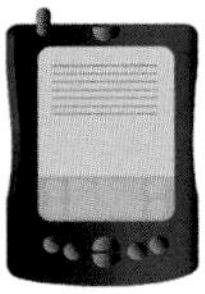

"EL EFECTO DE LA RAREZA DERIVÓ DE LA YUXTAPOSICIÓN EN UNO Y DEL MISMO ESPACIO DE VARIOS ELEMENTOS; NINGUNO CAUSA NINGUNA SORPRESA, YA QUE TODOS PERTENECEN A LA REALIDAD DIARIA. LA VISUALIZACIÓN DE LO IMPOSIBLE QUE SE PREGUNTA LA PERCEPCIÓN ORDINARIA."

Combine elementos visuales y/o conceptos de dos o más pinturas de Magritte. Incluya copias de estas imágenes en la submisión final.

Especificaciones

- **Dimensiones:** 189 x 246 mm.
- **Título:** Seeing is believing
- **Subtítulo:** Perceptions and Misconceptions of Photographic Evidence.
- **Modo de imagen y resolución:** Color (RGB) 200 ppp.
- **Ilustración:** Papel A4.

GALERÍA

Misión 2: Montaje práctico. Paul Allister.

Caterine Dorsen.

CAPÍTULO 10

Les Horvat

PROPÓSITOS

- Ofrecer un recurso de información relacionado con las técnicas de manipulación.
- Desarrollar las destrezas necesarias para manipular las imágenes de forma satisfactoria.
- Crear una base de conocimiento que facilite la mejora de las imágenes sin degradar la calidad.

OBJETIVOS

- Crear imágenes manipuladas digitalmente utilizando las destrezas y el conocimiento adquirido, en concreto, con referencia al uso de:
  - Pincel de historia.
  - Máscaras de capa.
  - Capas de ajuste.
  - Texturas.

MANIPULACIÓN DIGITAL

Capítulo 10. Manipulación digital

INTRODUCCIÓN

El término manipulación de imágenes cubre casi todo el espectro de cambio, que se puede aplicar a las fotografías utilizando aplicaciones como Adobe Photoshop. En los dos capítulos anteriores, observamos una aplicación de ese cambio en la forma de:

- Creación de ajustes y optimización de la imagen original.
- Crear y aplicar un montaje, tanto con texto como con las propias imágenes.

Este capítulo examinará además otros métodos para crear nuevas imágenes con materias primas como texturas, formas e imágenes escogidas especialmente (o simplemente seleccionadas) para utilizarlas como bloque de construcción de imágenes. Además de observar la construcción de imágenes de este modo, también ampliaremos el concepto del ordenador como cuarto oscuro digital y veremos efectos avanzados de color y tonos en imágenes existentes.

Formas de trabajar sin destruir la imagen original.

En el capítulo 8, estudiamos las capas de ajuste de Photoshop como método para aplicar un cambio a un archivo sin que afecte de forma permanente a los valores de los píxeles de la imagen. Esta noción de mantener la integridad del archivo original necesita una mayor enfatización. Es bastante frustrante hacer todo lo posible para conseguir el mejor escaneado, con el mayor rango de tonos que se pueda conseguir para poder destruir gran parte de esa información de los tonos y colores al alterar y cambiar constantemente la imagen. Este tipo de cambios tienen que mantenerse siempre al mínimo para que el resultado final no pierda calidad con respecto a la imagen original. Lo que se está debatiendo aquí no es simplemente la corrección de los errores que pudieran surgir en la edición de imágenes (esto puede conseguirse utilizando la paleta de historia), sino la capacidad para cambiar el pensamiento de forma creativa como parte del proceso de manipulación.

Actividad 1

1. Coja una fotografía que ya tenga escaneada y cuyo rango tonal sea una representación exacta de esa imagen.
2. Utilizando el ajuste **Niveles**, examine el histograma que representa los tonos que ha capturado en la fase de escaneado. El histograma debería ser sólido y no debe contener picos o huecos.
3. Guarde el archivo con un nombre diferente, como por ejemplo `Prueba.tif`.
4. Seleccione el ajuste **Curvas** y aplique un cambio en color y densidad al archivo.
5. Seleccione **Filtro>Ruido>Añadir ruido** para añadir granos a la imagen.
6. Seleccione **Máscara de enfoque** y aplique un efecto de enfoque a la imagen.
7. Seleccione **Tono/saturación** y aumente la saturación del color de la imagen.

8. Seleccione **Equilibrio de color** y cambie el color dominante de la imagen.

9. Utilizando de nuevo el ajuste **Niveles**, examine el histograma del archivo manipulado.

Dependiendo del cambio que le haya aplicado a la imagen, el histograma será menos denso, con huecos y picos. Por tanto, es fácil identificar que la aplicación de manipulaciones a una imagen tendrá como consecuencia una pérdida de información de tonos.

CÓMO APLICAR EFECTOS SELECTIVOS A LAS IMÁGENES

Algunos programas como Photoshop permiten al usuario conseguir el mismo resultado de varias formas. Si, como mencionamos anteriormente, nuestro objetivo es mantener la máxima integridad posible de la imagen original, las herramientas principales que podemos utilizar para este objetivo son el Pincel de historia, las Máscaras de capa y las Capas de ajuste. Cada una de estas herramientas pueden utilizarse con eficacia para permitirnos deshacer cualquier paso de manipulación que hayamos realizado.

Efectos selectivos utilizando el Pincel de historia

El Pincel de historia puede utilizarse para pintar en varios estados de la imagen. Es un enfoque muy útil si define un estado anterior y un estado posterior que pueda utilizar para pintar desde un estado a otro.

Actividad 2 (CD-ROM)

En esta actividad utilizaremos el Pincel de historia para pintar áreas predefinidas en nuestra imagen, utilizando una capa para no alterar la imagen original.

1. Abra el archivo `Figs.jpg` (disponible en el CD-ROM adjunto). Seleccione la herramienta de Selección Elíptica de la paleta de herramientas y haga una selección del área que incluya los higos del plato. Copie la selección y péguela en una capa nueva utilizando el comando **Edición>Pegar**, permitiendo de este modo trabajar en esta región sin afectar a la imagen original.

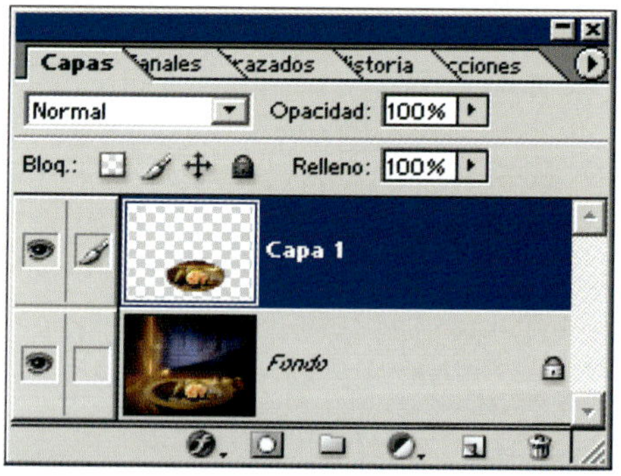

Manipulación digital

2. Utilizando **Transformación libre** del menú **Edición**, aumente el tamaño de los higos arrastrando cualquier regulador de esquina del cuadro de transformación. Asegúrese de pulsar la tecla **Mayús** mientras arrastra el regulador para mantener las proporciones de los higos, evitando así que se deformen.

3. Diríjase a la paleta de historia y, haciendo clic en el botón de flecha situado en la esquina superior derecha de la paleta, guarde esta fase como una instantánea nueva y llámela `figs_large`. Observe cómo haciendo clic al lado de la capa en la paleta de historia podemos seleccionar los estados.

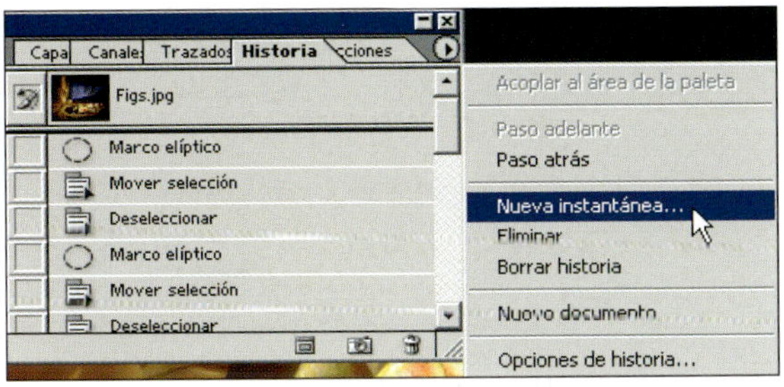

4. Seleccione el Pincel de historia de la paleta de herramientas y la instantánea `figs.jpg`. Utilice el pincel para pintar el área del plato situada entre los higos.

5. Asegúrese de usar un tamaño adecuado de pincel, para que la transición del borde se realice cuidadosamente. Observe cómo cambiando la opacidad del pincel y el tamaño se puede conseguir un control mayor.

6. Si se ha eliminado una parte importante de la imagen por accidente, haga clic en la instantánea `figs_large` y pinte el área de nuevo con el pincel de historia.

Con una selección de opacidad, un tamaño de pincel y una forma adecuada, la imagen más grande de los higos pueden fusionarse adecuadamente con el plato. Esto se puede repetir tantas veces como sea necesario sin degradar los píxeles que hay debajo. El resultado final es una imagen con higos más grandes en el plato.

NOTA: LA MANIPULACIÓN SE HA APLICADO ÚNICAMENTE A LA CAPA QUE CONTENÍA LA COPIA DEL ÁREA DE LOS HIGOS SELECCIONADOS, POR LO QUE EXISTE LA OPORTUNIDAD DE VOLVER A LA IMAGEN ORIGINAL SI SE DESEA.

Efectos selectivos utilizando máscaras de capa

Aunque el Pincel de historia permite una gran flexibilidad, una vez que se guarda y se cierra la imagen, se pierden los estados de historia. Un método que consigue resultados parecidos, pero con la ventaja de conservar los estados incluso cuando la imagen se ha cerrado, implica la utilización de máscaras de capas (véase capítulo anterior). Este método tiene la ventaja de realizar ajustes a una imagen cuando se quiera, incluso si surgiera una necesidad en un futuro, sin degradar los píxeles que hay debajo.

Actividad 3 (CD-ROM)

1. Abra el archivo `Figs.jpg` (disponible en el CD-ROM adjunto) y de nuevo utilice la herramienta de Selección Elíptica para realizar una selección del área que comprenden los higos. Copie y pegue esta selección en una capa nueva, como hizo en la Actividad 2.

2. Haga clic en el icono **Añadir máscara de capa** situado en la parte inferior de la paleta de capas para crear una máscara de capa para esa capa. Observe cómo los cuadros de color frontal y color de fondo se vuelven negro y blanco.

3. Podemos utilizar cualquier herramienta de pintura empleada en la actividad 3 del capítulo anterior para añadir o eliminar partes de una máscara. Recuerde que el icono de la Máscara debe estar visible en la paleta de capas cuando está pintando una máscara, y no el icono del Pincel, como cuando está pintando en la propia imagen.

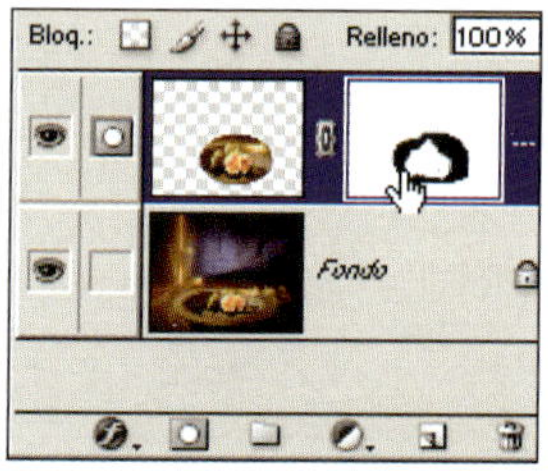

4. Seleccione la herramienta Aerógrafo de la paleta de herramientas con un tamaño y opacidad apropiada. Pinte con cuidado las áreas del plato, utilizando el negro en la paleta de color frontal para aplicar una máscara a esas áreas. El resultado es una imagen visible en la capa situada abajo.

5. Si se pinta con el color frontal en blanco, la máscara se elimina. Esto permite mostrar la capa actual (los higos más grandes). Por tanto, pintando simplemente la máscara con negro o blanco, los higos más grandes pueden fusionarse a la perfección en el plato existente.

Efectos selectivos utilizando capas de ajuste

En la actividad anterior, puesto que los píxeles originales no se han tocado, la imagen no se ha degradado. Si la imagen se guarda con las capas intactas, se podrán realizar otros ajustes a la imagen en cualquier momento. Recuerde: las alteraciones se aplican a la imagen que hay debajo de las capas sólo cuando se acopla la imagen. Otra técnica para mantener la integridad de nuestra imagen es la utilización de las capas de ajuste que, combinadas con las máscaras de capa, ofrecen grandes opciones para la manipulación de imágenes.

Actividad 4 (CD-ROM)

1. Abra el archivo `Artichoke.jpg` (disponible en el CD-ROM adjunto). Haga clic en el icono **Crear nueva capa de relleno o ajuste** situado en la parte inferior de la paleta de capas y seleccione **Niveles**. Arrastre el regulador de medios tonos hacia la derecha, para que los tonos se vuelvan ligeramente más oscuros. El regulador de sombras también se puede arrastrar ligeramente. Haga clic en **OK**.

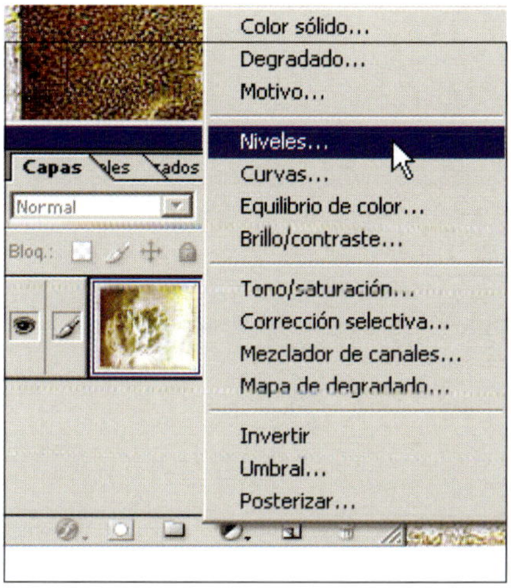

2. Seleccione la herramienta Aerógrafo y, pintando de negro la máscara de la capa de ajuste, elimine algunas de las áreas más oscuras de tono en la imagen. Esto evita tapar los tonos de sombra y perder detalles.

3. Haga clic de nuevo en el icono **Crear nueva capa de ajuste** y esta vez seleccione la opción **Posterizar** y configure los niveles en 4. Seleccione una opacidad y un tamaño de pincel. A continuación, utilizando como color frontal el negro, elimine la posterización de la alcachofa.

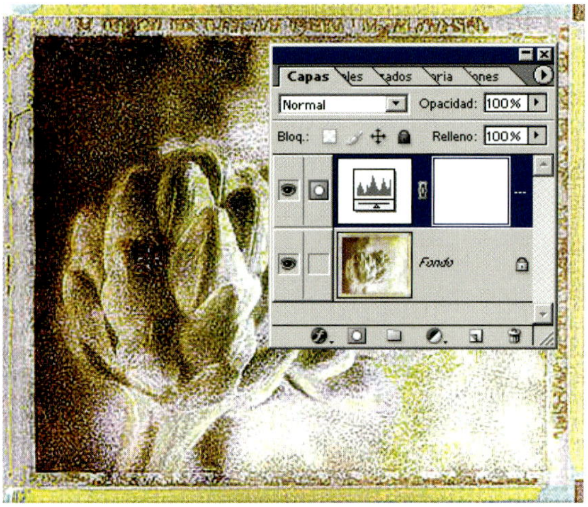

4. Seleccione el color blanco como color frontal y, de nuevo, haga clic para crear otra capa de ajuste. Esta vez seleccione **Capa de degradado**. Debería aparecer un degradado blanco y lineal en la parte inferior de la imagen, perdiendo intensidad a medida que se dirige hacia la parte superior de la imagen. Acepte todas las configuraciones por defecto y haga clic en **OK**

5. Cambie el color frontal a negro y, de nuevo, pinte la máscara de la imagen para eliminar el degradado blanco de las alcachofas y de los bordes del marco. Si las áreas que se han pintado no son precisas, cambie el color frontal a blanco y elimine la máscara.

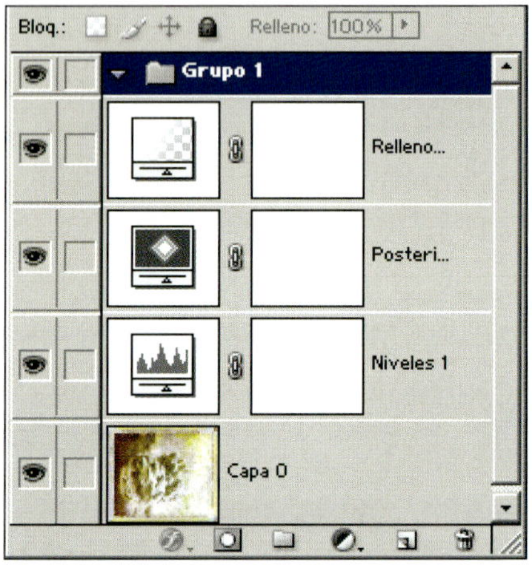

6. Haga clic en el botón de flecha situado en la parte superior derecha de la paleta de capas para crear un nuevo conjunto de capas. Las capas de ajuste se pueden agrupar en esta carpeta arrastrándolas en la paleta. Esta agrupación no sólo es un buen método para organizar las capas de la imagen, sino que también permite agrupar sus acciones como una sola capa. Si se cambia la opacidad de este conjunto de capas, afectará a todas las capas de la carpeta. (Esta característica sólo está disponible en Photoshop 6 o posterior.)

NOTA: TODAS LAS MANIPULACIONES UTILIZADAS PARA CONSEGUIR LA IMAGEN QUE APARECE ARRIBA SE HAN APLICADO MEDIANTE MÁSCARAS Y CAPAS DE AJUSTE, POR LO QUE SE PUEDEN REALIZAR MÁS ALTERACIONES SIN NINGUNA PÉRDIDA DE LA CALIDAD DE LA IMAGEN.

APLICACIÓN SELECTIVA DE FILTROS CON MÁSCARAS

En este capítulo hemos enfatizado la noción de aplicar un cambio mínimo a los píxeles originales utilizando capas de ajuste y máscaras. Esto no sólo mantiene la calidad, sino que también permite la máxima flexibilidad creativa. También merece la pena examinar modos en los que se puede utilizar este enfoque para crear efectos únicos con varios filtros. Sin embargo, hay que tener cuidado con la utilización de filtros como los que proporciona Photoshop. Si se aplican sin ninguna adaptación, pueden proporcionar un aspecto bastante llamativo (debido, sobre todo, a su valor original), pero como estas imágenes son más familiares debido a que los efectos del filtro son notorios, el resultado final se debe más al filtro que a cualquier intención creativa. Como consecuencia, pueden volverse aburridas. Por tanto, es importante pensar en los filtros como herramientas que, aplicadas de forma selectiva o siguiendo una secuencia, pueden producir resultados interesantes y significativos.

Actividad 5 (CD-ROM)

En esta actividad examinaremos cómo se han aplicado varios efectos a una imagen para ilustrar el efecto que se ha mostrado anteriormente. Esto es a modo de ejemplo, ya que los resultados que se pueden obtener depende de la creatividad del fotógrafo; el resultado final debería siempre mostrar una visión única y personal. Sin embargo, las ideas generales que se han usado pueden adaptarse con facilidad. Lo más importante es estar siempre preparado para experimentar.

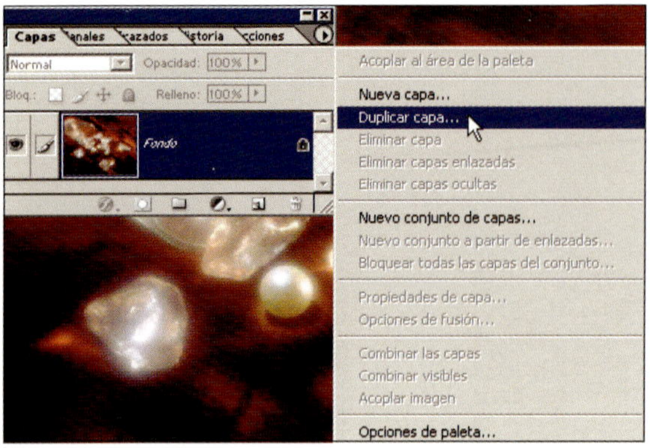

1. Abra la imagen `Pearls.jpg` (disponible en el CD-ROM adjunto). Haga clic en el botón de flecha situado en la parte superior derecha de la paleta de capas y seleccione Duplicar capa. Haga clic en **OK** y cambie el nombre de esta capa por `color_diluido`. En esta fase no debería haber ninguna diferencia entre las imágenes, ya que ambas tienen los mismos valores de píxeles.

   Este paso implica crear una copia de la imagen en otra capa para que cualquier efecto que se aplique no cambie la imagen original, continuando así la filosofía detallada en los apartados anteriores del capítulo. Sin embargo, en este caso, el inconveniente es que el archivo crecerá con cada capa duplicada que se cree. Los archivos de gran tamaño pueden causar problemas si el soporte lógico no puede enfrentarse a ellos, por lo que a veces no podrá utilizar este método. Como alternativa, experimente con archivos más pequeños y con una resolución menor y tome notas de los procesos finales aplicados. A continuación, cree archivos completamente nuevos en lugar de duplicar capas, aplicando el efecto al archivo y combinándolos únicamente en la fase final. Sin embargo, observe que los valores del filtro elegido variarán con el tamaño del archivo.

2. En el menú Filtros, seleccione Artístico>Color diluido y mueva los reguladores hasta los valores indicados en la imagen. Experimente con otros valores y observe el efecto. Haga clic en **OK** para aceptar su configuración final.

   Puede ver el resultado en la ventana pequeña colocando ahí el cursor y haciendo clic. La escala de esta vista también puede modificarse haciendo clic en los botones + y – que controlan el Zoom, mientras que si se arrastra el ratón dentro de la ventana, aparecerán distintas partes de la imagen.

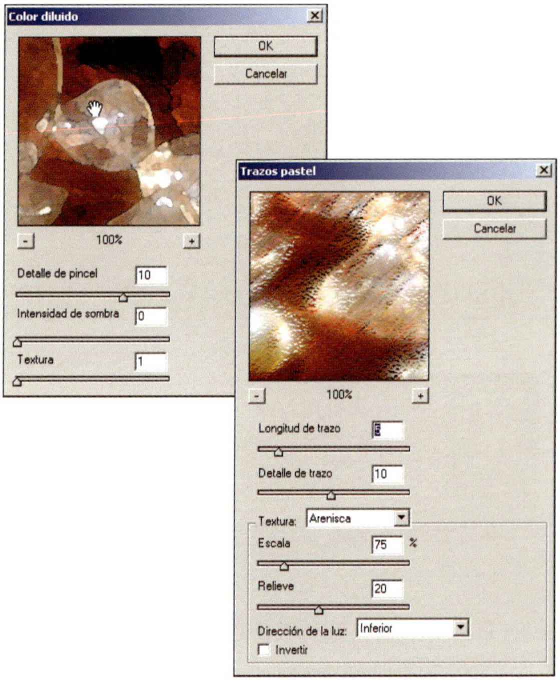

3. Haga clic en la capa de fondo y duplique de nuevo la capa, esta vez llamándola `trazos_pastel`. En el menú Filtros, seleccione Artístico>Trazos pastel y experimente de nuevo con los reguladores. Para poder ver algún efecto del filtro Trazos pastel en esta fase, hay que asegurar que la capa está por encima de la capa *watercolour*. Recuerde que una capa inferior se verá si hay áreas transparentes creadas por una máscara o si se reduce la opacidad en la capa de encima. De lo contrario, la capa superior ocultará todas las capas que haya debajo de ésta.

4. De nuevo, duplique la capa de fondo y esta vez póngale el nombre `bordes_acentuados`. Sitúe esta capa por encima de la capa de fondo. Haga clic en el símbolo del ojo en las otras capas para que pueda ver el efecto del filtro en el siguiente paso.

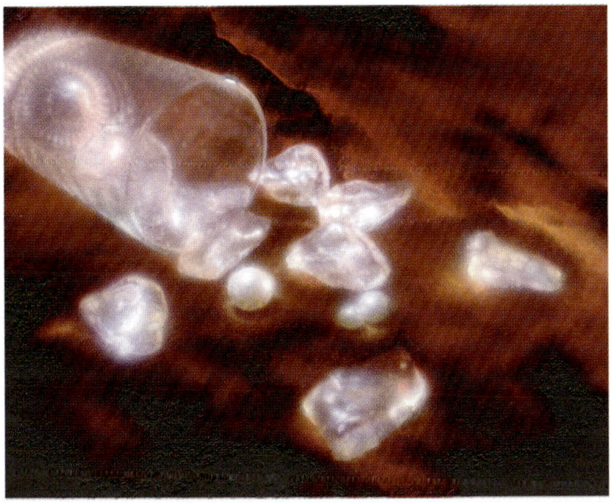

Hielo y perlas con textura añadida.

5. En el menú **Filtros** seleccione **Trazos de pincel>Bordes acentuados**. Una vez que haya experimentado con los reguladores como antes, aplique el filtro dos veces para aumentar el efecto. No se preocupe si el resultado es demasiado exagerado, ya que se reducirá más tarde ajustando la opacidad de toda la capa.

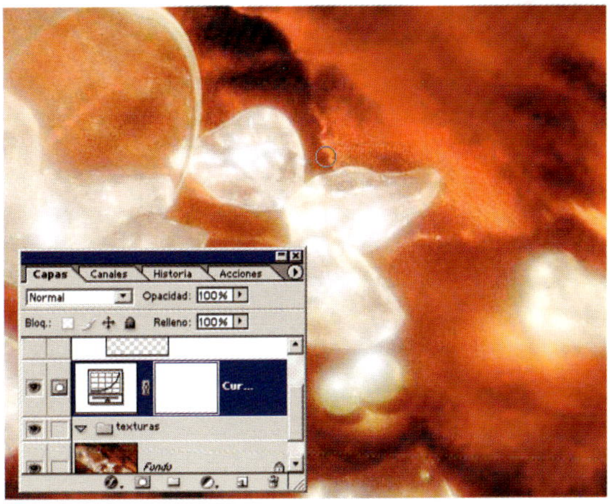

6. Cree una máscara de capa haciendo clic en el icono situado en la parte inferior de la paleta de capas para cada capa y, seleccionando una capa cada vez, pinte una máscara sobre las áreas de la imagen en las que no quiera ver el efecto.

En esta fase del proceso es donde entra en juego la mayoría de la interpretación. La apariencia de cada capa puede mantenerse o eliminarse. Simplemente pintando con cualquier herramienta de pintura en negro o blanco (dependiendo de si se está añadiendo o eliminando la máscara), el resultado final puede convertirse en una combinación de tres capas. Como punto de comienzo, pruebe a ocultar áreas de luz y sombra trabajando desde una capa a la otra. Si cambia de opinión, recuerde que la máscara puede añadirse o eliminarse en cada una de las tres capas sin perder la calidad de la imagen; la imagen original permanece sin tocar, puesto que es la capa de fondo.

7. Forme un nuevo grupo de capas, llámelo `efecto de textura` y tenga cuidado de mantener el mismo orden de capas cuando coloque las tres capas en la carpeta. Si se cambia el orden de las capas, se alterará el efecto. Cambie el orden para experimentar estos cambios, ya que a veces se pueden producir efectos interesantes.

8. Como paso final, cree una nueva capa de ajuste haciendo clic en el icono situado en la parte inferior de la paleta de capas y seleccione **Curvas**. Seleccione el canal azul y haga clic en la mitad de la curva, arrastrándola ligeramente hacia arriba. Esto hará que todo el color de la imagen se vuelva más azul.

9. Para que sólo afecte al hielo y no a toda la imagen, cree una máscara de capa y, utilizando un pincel grueso, pinte todo el área del fondo. El resultado final será un hielo azulado en un fondo con una textura de tonos cálidos.

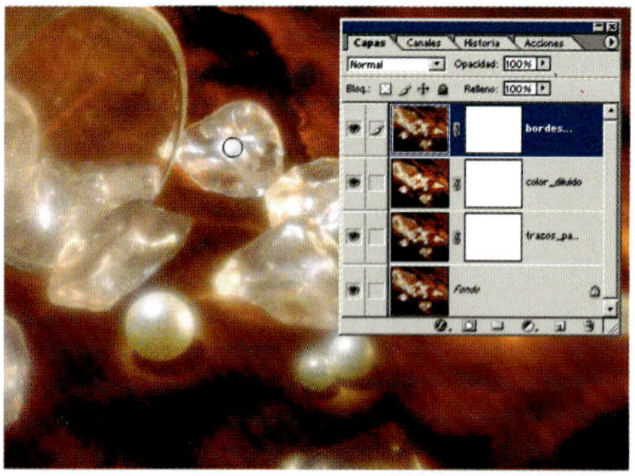

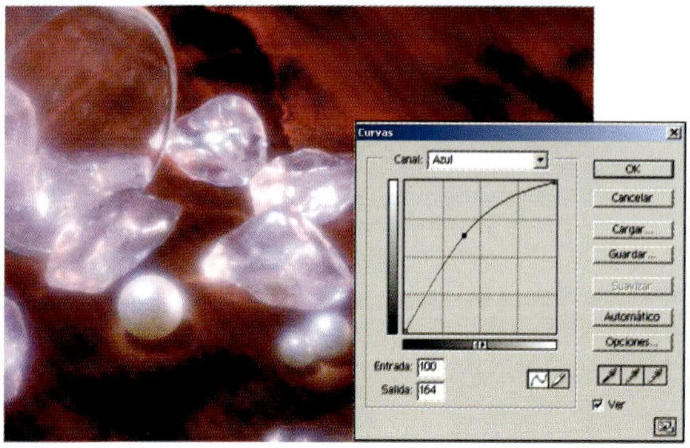

Utilización de la herramienta Desenfoque

Poder desenfocar una imagen de forma controlada es una de las herramientas más importantes en los programas de edición de imágenes. Photoshop nos ofrece varias opciones de desenfoque, aunque la más útil es el Desenfoque gaussiano. Esta herramienta nos permite no sólo ajustar la amplitud o el grado de su aplicación, sino que luego, con una utilización inteligente de las capas y las máscaras, nos permite seleccionar cómo y dónde aplicar los efectos.

Esta imagen tiene una textura en la piel que distrae la intención dramática de la fotografía. Si se eliminara o redujera esta textura, se le daría más énfasis al ojo, creando de este modo un elemento gráfico más fuerte que le introduciría en la imagen. La siguiente actividad nos ofrece una solución a este problema utilizando la herramienta Desenfocar de modo selectivo. Esto se consigue utilizando una máscara de capa, que permite dibujar en las áreas donde se aplica el desenfoque.

Actividad 6 (CD-ROM)

1. Abra el archivo `Portrait1.jpg` (disponible en el CD-ROM adjunto) y duplique la capa

de fondo. Aplique un Desenfoque gaussiano a esta capa, experimentando con los reguladores para ver el grado de desenfoque posible. Observe que si el desenfoque es muy grande, es imposible distinguir la imagen, que se convierte en una mezcla de tonos. Si se necesita un efecto de desenfoque grande, es mejor aplicar esta herramienta dos veces.

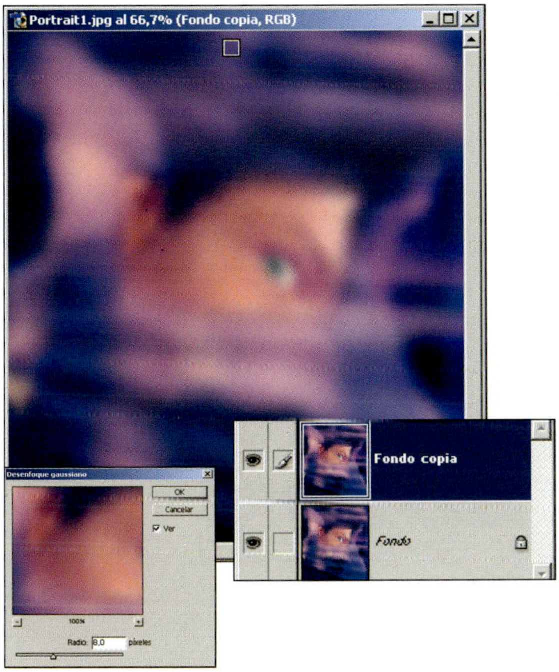

2. Seleccione **Capa>Añadir máscara de capa> Ocultar todas**. Esto permite construir una capa que ocultará completamente el efecto de la capa. Aunque esto puede parecer contraproducente, permite eliminar la capa de forma selectiva en aquellas áreas donde quiera aplicar el desenfoque. Si se aplica demasiado desenfoque a un área concreto, como en las actividades anteriores, cambie el color frontal a negro y pinte la máscara para eliminar el efecto. Puesto que la capa de fondo no se ve afectada, puede alterarse todo lo que se quiera durante el proceso.

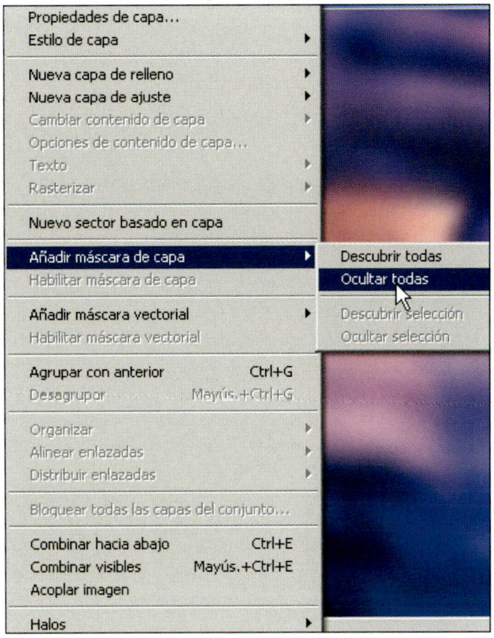

3. Con un tamaño de pincel y una presión apropiada, el color frontal blanco seleccionado y la máscara activa, pinte aquellas áreas donde la piel tenga una textura excesiva. Tenga cuidado de dejar los detalles, sobre todo alrededor del ojo, ya que esta área tiene que destacar más. (Si aplica el pincel con una presión muy baja, permitirá un mayor control, sobre todo en las fases finales.) Ahora que la textura se ha apagado, también es evidente que el desenfoque ha eliminado el grano natural de la imagen. En estas áreas es importante que se vuelva a colocar este grano o la imagen no tendrá un aspecto real.

4. Photoshop dispone de un filtro llamado **Película granulada** en el submenú **Artístico**. Sin embargo, se necesita un efecto de grano más variado, ya que la imagen también

tiene un tipo de grano digital (para verlo, aumente la imagen a gran escala). Por este motivo, es más adecuado añadir **Ruido**. Seleccione **Filtro>Ruido>Añadir ruido**.

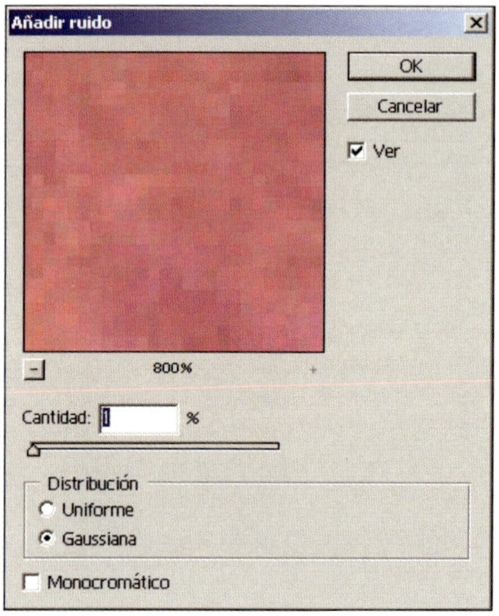

5. Observe que el ruido puede añadirse como ruido monocromático o ruido a color. En este ejemplo, es más adecuado añadir un ruido a color, aunque esto variará dependiendo de la imagen, por lo que es adecuado probar todas las opciones. Cuando utilice este filtro, aumente el tamaño de la imagen para ver el efecto, para que la aplicación no sea mayor que la deseada.

TRABAJANDO CON TEXTURAS

Se pueden incorporar texturas de varios tipos en las imágenes, proporcionando efectos interesantes y creando diversidad y profundidad. Hay varios modos de crear estas texturas:

- Utilizando los filtros que ofrecen los programas de edición de imagen como Photoshop, como se describe en la Actividad 5.
- Fotografiando superficies o amontonando dos imágenes.
- Escaneando las superficies directamente con un escáner plano.

Este último método es quizás el modo más fácil para introducir texturas en la biblioteca de efectos visuales de cualquier creador de imágenes. Se puede utilizar casi cualquier tipo de superficie (siempre y cuando quepa en el escáner), desde los ya encontrados en los papeles y objetos planos hasta cualquier obra de arte realizada especialmente para la ocasión. Estas obras de arte no tienen que estar muy elaboradas, ya que las cosas más simples pueden sorprendernos cuando se escanean y se manipulan.

Actividad 7

1. Coja cualquiera de los siguientes objetos: envoltorios, papel de seda, acetato rayado, papel de envolver, cuero, encaje, papel de aluminio o fieltro; escanéelos para producir archivos de imagen.

2. Como en este ejercicio no hay que realizar escaneados fieles y bien rasterizados, experimente con los niveles y curvas para producir efectos de textura interesantes. Además, invierta algunos de los archivos de textura, o incluso aplique filtros para aumentar las posibilidades.

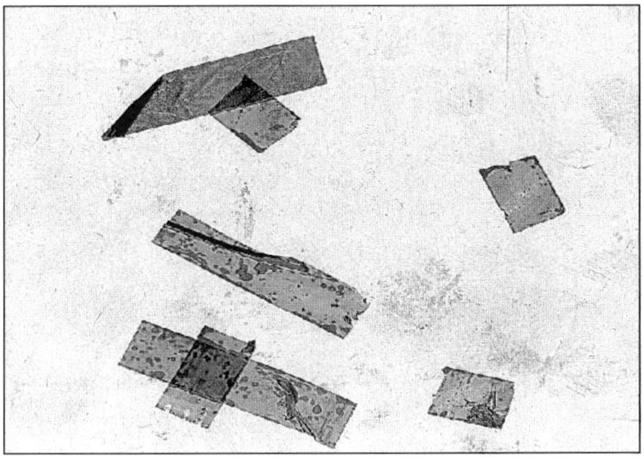

Esta textura se realizó rayando un trozo de acetato, pegándole cinta adhesiva, colocando un papel negro detrás y, a continuación, escaneándolo. La imagen se invirtió y se ajustaron los niveles para conseguir el efecto deseado. Sin embargo, se puede producir cualquier variación a partir de esta combinación de elementos. De este modo se puede construir fácilmente una biblioteca de texturas únicas para su uso posterior.

3. Por último, utilizando acetatos trasparentes y coloreados, aplíqueles pintura utilizando pinceles, rodillos y esponjas. Amontone estas hojas con otras superficies que se hayan construido anteriormente o seleccione diferentes papeles cuché o incluso papel de envolver. Escanee estas obras de arte para crear más imágenes de texturas.

Utilizar los efectos de borde

Colocar bordes o marcos alrededor de las imágenes pueden dar un estilo bastante apropiado para el resultado final. Aunque existen programas que contienen cientos de marcos y bordes para utilizarlos en las fotografías, puede ser divertido crear marcos únicos que nadie más pueda utilizar para sus imágenes. Estos bordes pueden ser simplemente una variación de algunos de los resultados obtenidos de la Actividad 7, o se pueden escanear aquellos bordes que surjan de forma natural. Por ejemplo, las películas instantáneas de Polaroid producen a menudo un borde concreto alrededor de la imagen. Estos bordes pueden separarse de la emulsión y escanearse para producir un marco original.

Este borde de la Polaroid se ha extraído de la superficie de la película tras exponerla y procesarla. A continuación se escaneó y se manipuló de nuevo para producir este resultado final. Si se aplican varios filtros y efectos a esta base, puede producirse una gran variedad de marcos.

Combinar bordes y texturas para producir imágenes nuevas

Las texturas y los bordes se convierten en aspectos poderosos del contenido visual en la imagen final cuando se combinan de forma creativa con las imágenes fotográficas.

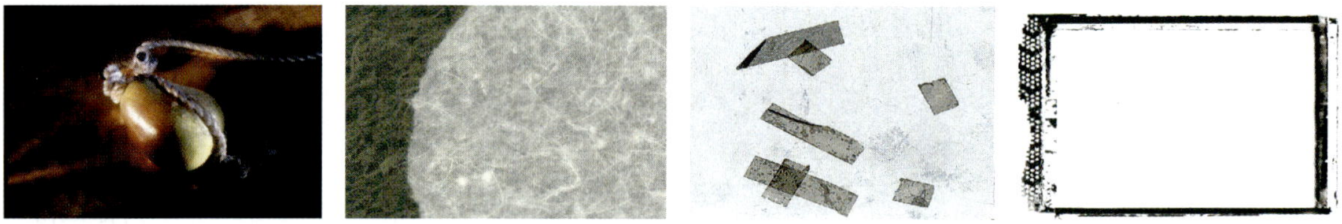

Estas cuatro imágenes se han utilizado para producir la imagen final.

LOS EFECTOS DEL CUARTO OSCURO DIGITAL

Una de las principales ventajas de utilizar aplicaciones digitales como Photoshop como plataforma para realizar efectos (aparte de no tener que perder tiempo en el cuarto oscuro), es el control que se puede obtener. Todo aquello que se podía conseguir realizando manipulaciones en el cuarto oscuro se puede conseguir también de forma digital. Es cierto decir que algunos profesionales mantienen que un trabajo realizado en el cuarto oscuro tiene cierta sintaxis que no se puede conseguir con el ordenador. Esto puede ser verdad o no, ya que cada uno preferirá utilizar diferentes métodos para conseguir un resultado parecido. Sin embargo, en esta sección examinaremos cómo conseguir ciertos efectos.

Tonos

Para darle tono a una imagen, podemos comenzar con una imagen original a todo color o en blanco y negro.

- Si la imagen original está en escala de grises (blanco y negro), el primer paso es cambiarla a una imagen RGB seleccionando Imagen>Modo>RGB. El aspecto de la imagen no cambiará, puesto que no se le ha añadido información de color, pero tendrá un tamaño tres veces más grande que la imagen original debido a la creación de dos nuevos canales.
- Si la imagen original es a color, seleccione Imagen>Desaturar para eliminar el color.

El resultado final de cada enfoque será una imagen en escala de grises con los tres canales de color, Rojo, Verde y Azul. El siguiente paso consiste en crear una nueva capa de imagen, seleccionando la opción **Equilibrio de color**. Si arrastra los reguladores de cada canal conseguirá una imagen cuyo tono es el color exacto que desee. Recuerde también seleccionar los botones de opción **Sombras**, **Medios tonos** e **Iluminaciones** para afinar el tono del color y conseguir el tono exacto.

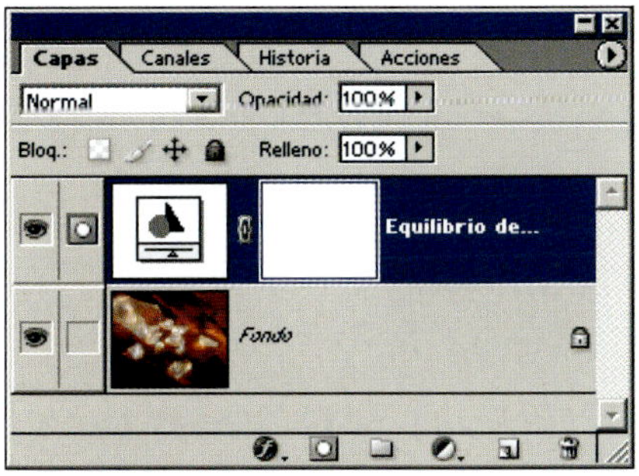

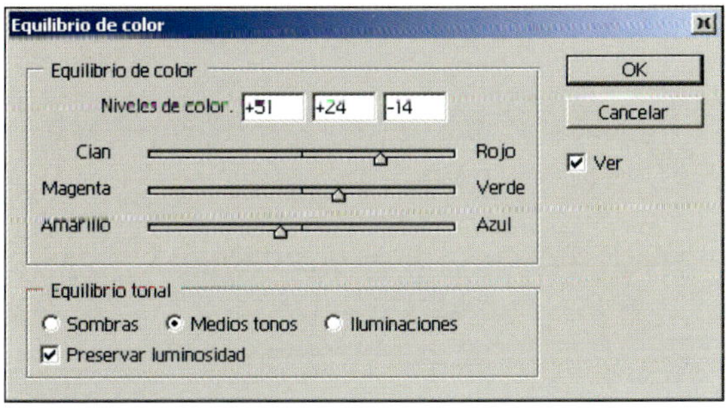

División de tonos

Una de las técnicas más difíciles de controlar en el cuarto oscuro es la división de tonos o asignar colores diferentes a varios grupos de tonos. Sin embargo, se consigue rápidamente, y lo que es más importante, es bastante controlable en el entorno digital. Antes de observar cómo conseguir este resultado, consideremos esta pregunta: ¿hay alguna diferencia entre la división de tonos y una reproducción bicolor?

Las reproducciones bicolor se crean cuando el documento impreso se basa en dos tintas de color en lugar de en los cuatro colores que se suelen utilizar (véase capítulo 5). La única razón por la que se hace es para reducir el coste de producción (dos tintas en la prensa es más barato que cuatro tintas). Si el documento se va a imprimir en una impresora a chorro de tinta o similar, no hay motivo alguno para crear una reproducción. El resultado final será en RGB, es decir, a todo color. La confusión surge cuando se necesita el efecto de un bicolor (el resultado es bastante parecido a la división de tonos) y existe la expectativa de que se necesita un tipo especial de archivo de dos canales.

NOTA: EN TODOS LOS CASOS QUE NO SEA IMPRESIÓN DE PRENSA, HABRÍA QUE CREAR EL EFECTO BICOLOR UTILIZANDO EL MODO RGB.

Actividad 8

1. Coja una imagen a color o en blanco y negro, al igual que en ejemplo anterior. Cámbielo a archivo en blanco y negro o RGB.

2. Cree una capa de ajuste seleccionando **Equilibrio de color** y mueva los reguladores para crear una imagen con tonos.

3. Repita el paso 2 para crear una segunda capa de ajuste y cree un nuevo tono de color.

4. Seleccione la opción **Opciones de fusión** en la paleta de capas y pulse la tecla **Opción/Alt** mientras mueve una mitad del regulador de Sombra hacia el centro. Observará que los tonos comienzan a fusionarse entre las capas. Ajuste estos reguladores para explorar los efectos. Se pueden conseguir variaciones comenzando con distintos colores en las capas.

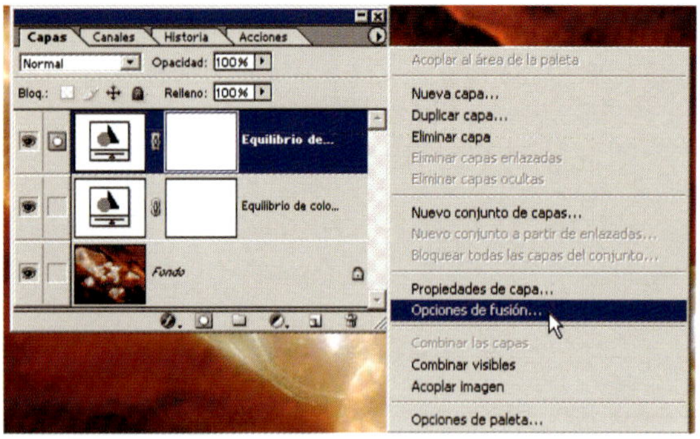

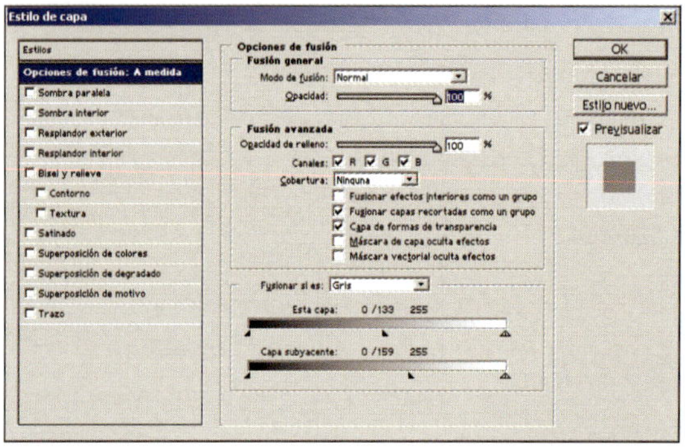

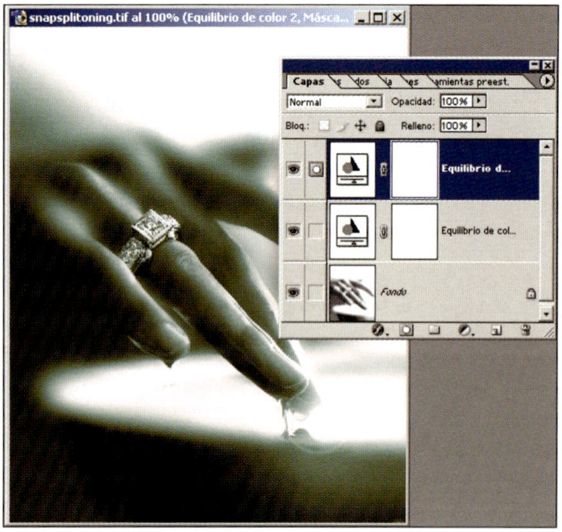

EFECTOS DEL PROCESO CRUZADO

Un proceso cruzado simplemente significa procesar una transparencia en un revelado de negativo de color (C41) o procesar una película de negativo de color en un revelado de transparencia (E6). En otras palabras, el procesamiento de la película en un proceso de revelado para el que no fue diseñado. Por supuesto, esto conduce a aberraciones de color que se han puesto de moda por su aspecto tan particular (sobre todo en círculos de fotografía de moda). El problema con el proceso cruzado es que varía considerablemente con el tipo de película utilizada y es muy difícil de controlar. El cuarto oscuro digital ofrece una solución.

Procesamiento cruzado de transmisión "neg/tran"

En este proceso, los colores de iluminación se vuelven entre magenta y naranja, y los colores de sombra se vuelven entre cian y azul.

Actividad 9

1. Elija una imagen a todo color RGB, preferentemente con tonos color piel.

2. Cree una capa de ajuste de Curvas.

3. En el cuadro de diálogo de Curvas, seleccione el canal azul y altere el punto de iluminación, como se observa en la imagen, para crear un tono de iluminación amarillo. A continuación, seleccione el canal verde y mueva el punto de iluminación como se observa en la imagen para crear un color más melocotón. Por último, en el canal rojo, mueva el punto de sombra en la curva para crear un tono cian en los tonos más oscuros.

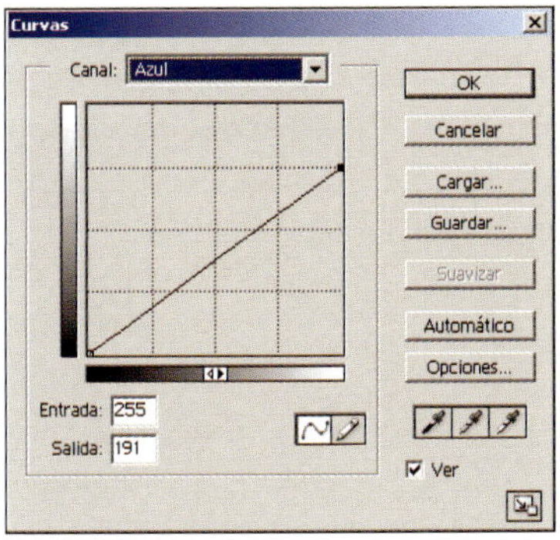

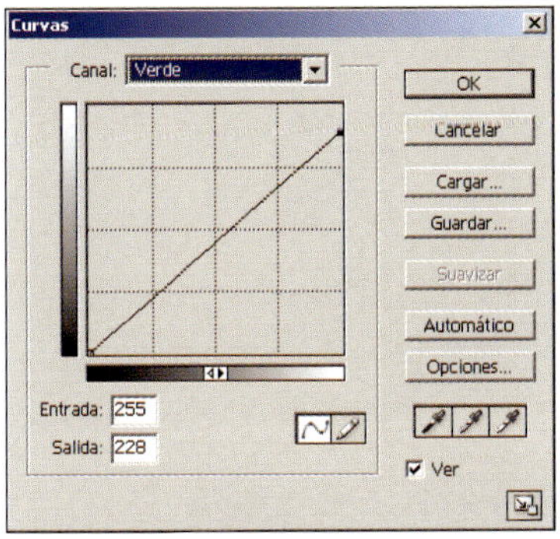

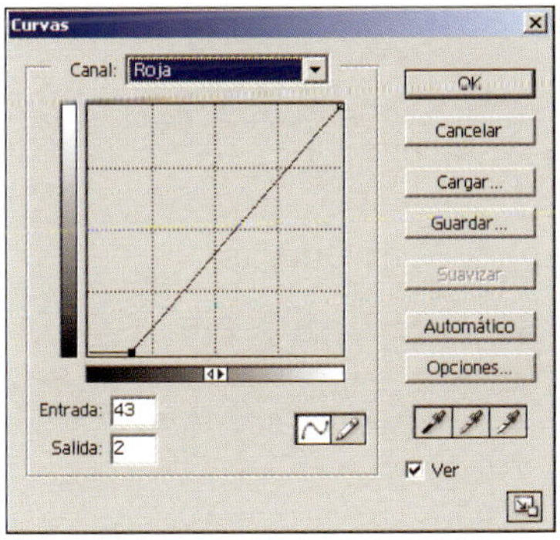

4. A continuación, cree una capa de ajuste, pero esta vez seleccione Tono/saturación. Moviendo el regulador de tono puede alterarse el color para conseguir el resultado deseado. Podemos realizar un ajuste más detallado alterando la forma de las propias curvas en la capa de ajuste de curvas, simplemente moviendo los puntos de iluminación y sombra. Recuerde que todos estos cambios se han realizado en las capas de ajuste, por lo que la integridad de la imagen original se mantiene hasta que ésta se acople.

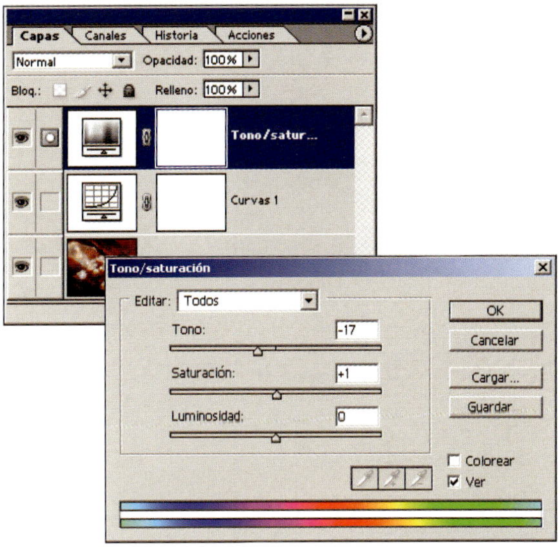

Procesamiento cruzado de transmisión "tran/neg"

Este tipo de proceso tiene una firma menos definida que "neg/tran". Por norma general, el resultado es un aumento de contraste, las iluminaciones pierden un poco de detalles y a veces aparecen como amarillas, y los medios tonos tienen un color muy saturado.

Actividad 10

1. Escoja una imagen a todo color RGB como en la actividad 9.

2. Cree una capa de ajuste de curvas como en la actividad anterior. Sin embargo, esta vez seleccione el canal RGB y mueva el punto de sombra como muestra la imagen para oscurecer los tonos más oscuros. A continuación, seleccione el canal rojo y mueva los puntos de iluminación y sombra como se muestra en la imagen. Por último, seleccione el canal verde y mueva el punto de iluminación para darle a los tonos de iluminación un color verdoso.

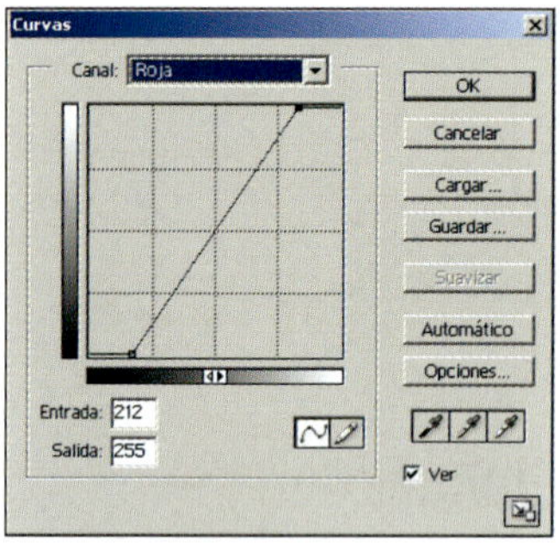

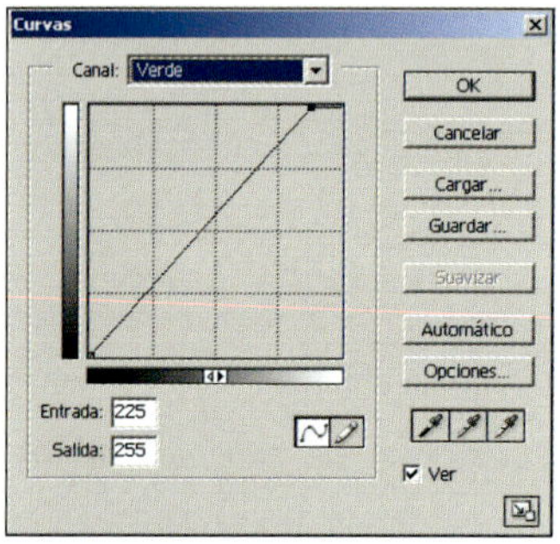

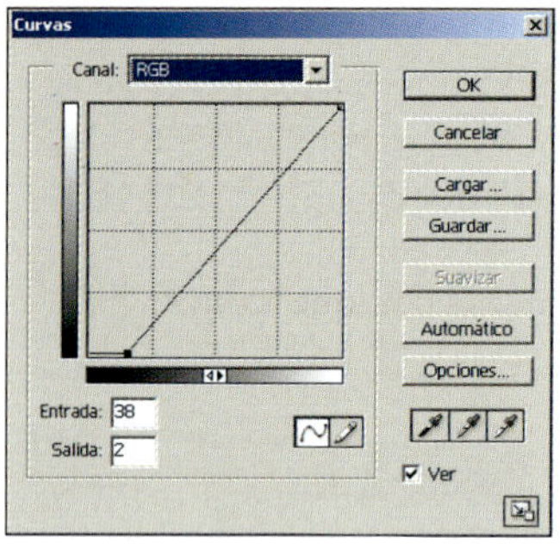

3. Cree otra capa de ajuste, seleccionando ahora Tono/saturación y mueva el regulador de saturación hacia +25 para aumentar la saturación de toda la imagen.

4. Al igual que en la Actividad 9, se pueden realizar ajustes posteriores modificando las configuraciones y cambiando la forma de las curvas en lugar de configurar simplemente nuevos puntos de sombra y de iluminación.

   Si se cambian los valores de color de este modo, pueden producirse grandes huecos en los tonos de la imagen. Esto puede conducir a la aparición de bandas y a una ligera posterización, sobre todo en áreas suaves sin textura. Por tanto, es importante acoplar la imagen sólo cuando esté seguro del resultado, y es conveniente guardar una versión con capas por si hubiera que realizar algún cambio posterior.

Esta imagen muestra el aspecto "tran/neg" en la parte izquierda y su aspecto original en la parte derecha.

PROFUNDIDAD DEL EFECTO DE CAMPO

A veces, el foco que se consigue en una imagen es mayor del que se necesita. Por ejemplo, cuando el fondo distrae o se entromete con el objeto. Otras veces, es conveniente desenfocar el fondo simplemente por motivos creativos. Esto se puede conseguir utilizando el filtro Desenfoque gaussiano de Photoshop.

Actividad 11

1. Seleccione una imagen que tenga un fondo con detalles y duplique la imagen en dos capas nuevas.

2. En la primera capa, aplique un desenfoque gaussiano moderado. Recuerde que el efecto del desenfoque y el valor correspondiente en el control del regulador variará con la resolución de la imagen.

3. En la segunda capa aplique un grado alto de desenfoque. Deseleccione el icono del ojo para hacerla invisible.

4. Haga clic en la primera capa activa y cree una máscara de capa. En esta fase, la imagen visible estará enfocada. Elimine parte del desenfoque pintando la máscara. Céntrese en el objeto principal y elimine el desenfoque de las áreas que quiera que estén más definidas.

5. Una vez que se ha restaurado parte de la imagen definida, repita el proceso para la capa de arriba más enfocada.

6. Elimine de forma selectiva la mayoría de esta capa con una máscara de capa, haciendo visible sólo los bordes de la imagen. De este modo se puede crear una profundidad mayor gracias a la transición del enfoque entre las capas.

Como alternativa a este método, si se necesita una definición más precisa del objeto, puede seleccionarse con cuidado y colocarse en una capa independiente antes de que se produzca el desenfoque del fondo de la imagen.

Una estrategia para guardar imágenes

Podemos conservar una flexibilidad creativa total siempre y cuando se conserven las capas de una imagen, y los pinceles de historia, capas de ajuste y máscaras de capa se utilicen en cualquier desenfoque que no distorsionen la imagen de fondo. Por tanto, está claro que un aspecto importante de cualquier manipulación de imágenes es la de guardar siempre una versión del archivo con todas las capas. La última versión de Photoshop permite que las capas se guarden con ciertos formatos. Así que es importante comprender cuándo hay que utilizar cada formato de archivo.

- **Formato de Photoshop (PSD)**: Este es el formato nativo para los archivos de Photoshop, y permite la mayor flexibilidad y posibilidades para guardar toda la información de la imagen durante el proceso de edición. Como los archivos PSD tardan menos en guardarse que archivos de tamaño equivalente en otros formatos, éste es el formato preferido para todo el trabajo durante el proceso, sobre todo cuando se necesita guardar con frecuencia.

- **Formato de documento portable (*Portable Document Format*, PDF)**: Este es un formato universal creado por Adobe para transportar documentos tanto en la Web como en la impresión. Photoshop soporta ahora este formato con la capacidad de conservar las capas. Debido a su transportabilidad y su creciente aceptación como formato de lectura (gracias a la distribución gratuita del programa Adobe reader), es muy útil para transferir archivos. También tiene a su favor la capacidad de comprimirse utilizando ZIP, que reduce el tamaño del archivo sin ninguna pérdida de calidad, un punto muy importante para las transferencias electrónicas.

- **Formato de fichero de imagen con etiquetas (*Tagged Image File Format*, TIFF):** Éste es el formato elegido para el intercambio de archivos entre plataformas de ordenador y para la mayoría de impresoras. Aunque ahora se pueden guardar las capas con este formato, hasta el momento, la mayoría de aparatos y aplicaciones disponibles no reconocen las capas, por lo que es más útil como formato para imágenes acopladas, imágenes guardadas o como archivo para imprimir.

- ***Joint Photographic Experts Group* (JPEG):** Éste es el formato más utilizado para la visualización de imágenes en la Web, puesto que conserva toda la información del color y puede tener un tamaño bastante pequeño debido a su algoritmo de compresión incorporado. Sin embargo, tenga en cuenta que JPEG es un formato con pérdidas, es decir, que descarta información como parte de su proceso de compresión. Por tanto, no debería utilizarse para el archivo final de las imágenes. Por si hubiera que cambiar el tamaño o realizar otras manipulaciones a la imagen, es conveniente tener un formato que contenga toda la información de la imagen original, como PDF, PSD o TIFF.

Aunque existen muchos otros formatos que pueden leerse en programas como Photoshop, en la mayoría de ejemplos se utilizarán los cuatro formatos mencionados anteriormente. La decisión de cuál utilizar debería basarse en la utilización final, el tamaño de archivo que se necesite y la información que tiene que conservarse. En casi todos los ejemplos, habría que guardar varias copias de un archivo acabado, a menudo en más de un formato y tamaño.

Ejercicios de revisión

1. Las capas de ajuste son un buen métodos de trabajo en Photoshop porque:

   (a) Permiten eliminar el efecto.

   (b) Permiten aplicar el efecto de forma gradual.

   (c) Permiten aplicar el efecto de forma selectiva.

   (d) Todas las respuestas son correctas.

2. Para pintar de forma selectiva una máscara de capa, después de activar la máscara, utilizamos:

   (a) Cualquier herramienta de pintura configurada con los colores por defecto negro o blanco.

   (b) Cualquier herramienta de pintura y el Borrador.

   (c) El Aerógrafo con el Cuentagotas configurado con el color del objeto.

   (d) El Pincel configurado al 100 por 100 ó al 0 por 100 de opacidad.

3. Una máscara de capa afectará:
   (a) A todas las capas de la paleta de capas.
   (b) A todas las capas situadas debajo de la máscara de capa.
   (c) A la capa a la que está adjunta.
   (d) A todas las capas enlazadas con el icono de la cadena.
4. Una capa de ajuste afectará:
   (a) A todas las capas de la paleta de capas.
   (b) A todas las capas situadas debajo de la máscara de capa.
   (c) A la capa a la que está adjunta.
   (d) A todas las capas enlazadas con el icono de la cadena.
5. Se puede aplicar un filtro de forma selectiva a una región de una capa:
   (a) Aplicando el filtro y a continuación reduciendo la opacidad de la capa.
   (b) Aplicando una capa de ajuste sobre la aplicación del filtro.
   (c) Utilizando la herramienta de navegación para mostrar dónde hay que aplicar el filtro.
   (d) Pintando en una máscara de capa adjuntada a la capa, una vez que se ha aplicado el filtro.
6. Es conveniente duplicar en otra capa la sección de una imagen en la que se va a trabajar porque:
   (a) El archivo no aumenta de tamaño con una acumulación de detalles de los píxeles.
   (b) Trabajar con una capa duplicada significa que los píxeles originales no se alteran.
   (c) Trabajar con una capa duplicada significa que Photoshop trabaja más rápido.
   (d) Es más fácil seguir las historias cuando se aplican a una sola capa.
7. Si se desactiva una capa de ajuste en la paleta de capas, el resultado es el mismo que:
   (a) Eliminar la capa de debajo de la paleta.
   (b) Añadir el inverso del efecto de la capa a la imagen.
   (c) Ver la imagen en su estado original antes de haberle aplicado el ajuste.
   (d) Aplicar el ajuste a la imagen.
8. ¿Cuáles de los siguientes formatos de archivo utiliza una compresión con pérdidas?
   (a) TIFF.
   (b) PSD.
   (c) PDF.
   (d) JPEG.

MISIÓN

El propósito de esta misión es la de producir tres versiones de una imagen sin afectar a la imagen original. La estrategia acometida permitirá que cualquiera de las tres versiones finales se utilicen o se recuperen cuando se requiera.

Le han encomendado la producción de una imagen para un libro de cocina, titulado: *'The Green Wedge' A vegetarian cookbook for life.*

Sin embargo, el editor encargado no tiene seguro el diseño de la portada y cómo relacionarla con la textura y el color. De hecho, el editor quiere que realice tres versiones de la imagen de la portada para que pueda realizar varias maquetas de la portada y llevarlas al mercado de investigación.

Construya un archivo que contenga la imagen maestra y capas de ajustes apropiadas para crear tres variaciones. (Puede repasar de nuevo la utilización de filtros y texturas de las Actividades 5 y 7.)

Especificaciones

- **Dimensiones de la portada:** 246 x 204 mm.
- **Modo de la imagen:** Color (RGB).
- **Resolución de la imagen:** 200 ppp.
- **Texto:** Incluir título y subtítulo.

Submisión

- Imprimir las tres versiones de la portada en papel tamaño A4.
- Incluir en un disco el archivo maestro incluyendo las capas.

GALERÍA

Paul Allister.

Raphael Ruz.

Susana Check.

Nick Richards.

Les Horvat.

Seok-Jin Lee.

CAPÍTULO 11

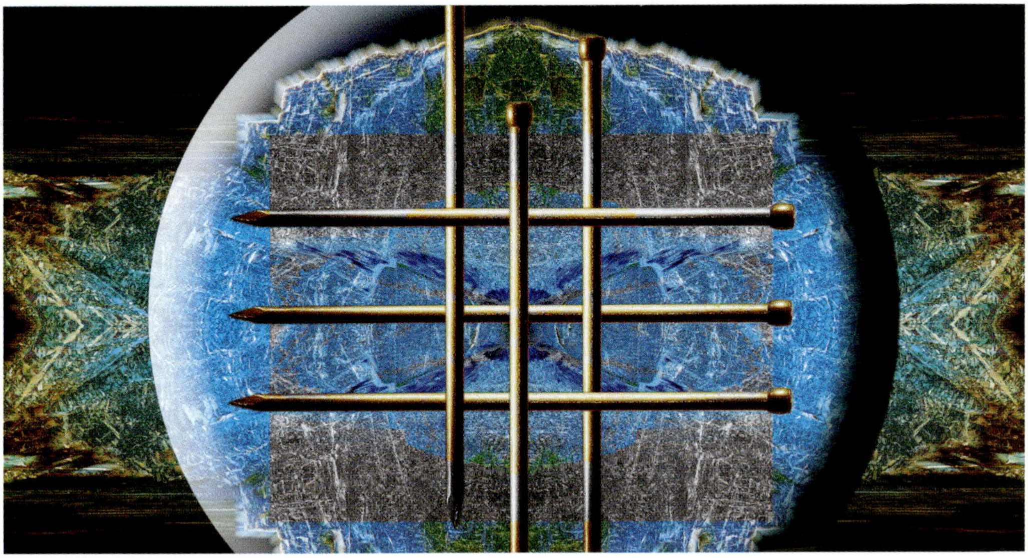

Itti Karuson

PROPÓSITOS

- Desarrollar las habilidades requeridas para preparar imágenes para la *World Wide Web*.
- Desarrollar una comprensión de los procedimientos empleados en la preparación de páginas Web interactivas e imágenes de sustitución.

OBJETIVOS

- Crear imágenes y gráficos conociendo:
- Herramientas vectorizadoras, formas personalizadas y estilos de capa.
- Animación.
- Construir galerías Web y sitios Web que demuestren el conocimiento relacionado con:
- Características automatizadas de Adobe Photoshop.
- Efectos, imágenes de sustitución y la optimización de Adobe ImageReady.

IMÁGENES PARA LA WEB

Capítulo 11. Imágenes para la Web

INTRODUCCIÓN

Photoshop incluyó la aplicación ImageReady a partir del lanzamiento de la versión 5.5. Adobe realizó esta inclusión para reconocer la creciente importancia de Internet como medio para la comunicación visual utilizando imágenes digitales. Adobe continúa manteniendo dos interfaces independientes en lugar de incluir las dos en una, para reducir la complejidad y el número de herramientas. Aunque en este momento Photoshop está comenzando a mostrar características especializadas para la Web (realización de efectos, optimización de las imágenes, etc.), la mayoría de las herramientas para la Web se incluyen en su aplicación hermana ImageReady. La principal virtud de ImageReady recae en la capacidad para realizar efectos, animar y optimizar imágenes. Además, ImageReady es capaz de crear imágenes de sustitución y enlaces (las dos características interactivas principales en una página Web), y código Web o HTML para permitir que estas imágenes puedan verse en un navegador Web. Aquellas personas cuya labor principal es la de crear sitios Web sofisticados utilizarían la información y características creadas por ImageReady para cargarlas en aplicaciones especializadas en la construcción de páginas Web como Adobe GoLive o Macromeadia Dreamweaver. Gracias a estas aplicaciones, los constructores de páginas Web pueden ajustar el código HTML, cargar imágenes adicionales creadas por aplicaciones como Macromedia Flash o AdobeLiveMotion y ejercitar un grado de gestión de archivos que ImageReady no soporta.

Trabajar con Photoshop e ImageReady

Photoshop e ImageReady están interconectados de tal forma que un archivo digital puede abrirse en ambas aplicaciones o que cualquier cambio que se realice en un archivo con una aplicación se actualice automáticamente en la otra aplicación. Cada paquete tiene sus propias virtudes, pero el creador del archivo puede utilizarlas todas abriéndolo en ambas aplicaciones. Como ejemplo, podemos poner el caso de un archivo de imagen que se origina en Photoshop y después se hace saltar a ImageReady para que pueda modificarse y convertirse en archivo interactivo para la Web. ImageReady es capaz de soportar los píxeles, vectores y capas de ajuste en el archivo creado por Photoshop, pero su capacidad para modificar o crear estas capas está limitada. Si, por ejemplo, una de las capas de ajuste del archivo requiere muchas modificaciones, el archivo de imagen tendría que volver a abrirse con Photoshop para realizar este trabajo antes de volver a ImageReady.

Crear un sitio Web personal

Photoshop e ImageReady pueden proporcionar todas las características necesarias para crear una página de inicio con enlaces a galerías Web para cargar imágenes a través de un *Internet Service Provider* (ISP). Las actividades de este capítulo le guiarán por este proceso y cubrirán las características principales de ImageReady. Estas actividades también presentarán varias características de Photoshop que no hemos tratado hasta el momento, como por ejemplo las herramientas vectorizadoras, las formas personalizadas y los estilos de capas, todas ellas de valor incalculable en la creación y gestión de gráficos Web.

GALERÍAS DE FOTOGRAFÍAS WEB

Photoshop 6 y 7 puede crear una galería de fotografías Web de todas sus imágenes de forma rápida y fácil. Todas las aplicaciones adicionales que pueda necesitar para conseguir una galería online se pueden encontrar de forma gratuita en Internet. Aparte de exponerse a un poco de jerga, el procedimiento es un proceso de lo más sencillo.

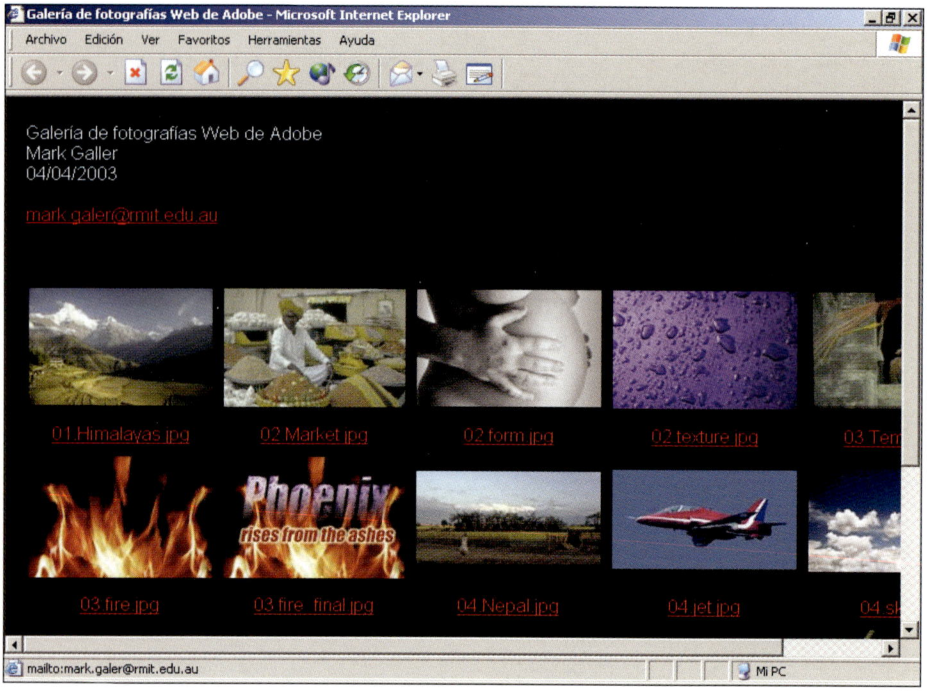

Una galería de fotografías Web sencilla.

Photoshop prepara todas sus imágenes y genera una página de inicio llamada Index en la que se muestra una serie de miniaturas (versiones pequeñas de sus imágenes). Estas miniaturas están enlazadas a las imágenes más grandes que se muestran de forma individual en sus propias páginas. Cuando se hace clic en una miniatura, el navegador Web (Explorer, Navigator, etc.) abre la versión de la imagen a tamaño completo. Photoshop permite controlar el tamaño de las miniaturas, el tamaño de las imágenes, la cantidad de compresión de JPEG utilizada y el aspecto de la propia página. La galería Web resultante se consigue de forma rápida y es una utilización muy eficiente de un tiempo valioso.

Enviar a la Web

Para colocar la galería en la *World Wide Web* (WWW) tiene que enviar (cargar) los archivos a su propio ISP (*Internet Service Provider*), o utilizar un servidor Web que ofrezca espacio gratuito para su sitio, como por ejemplo http://www.tripod.com. La siguiente actividad utiliza un estilo de galería simple que no requiere el uso más sofisticado de cuadros. Los cuadros dividen la página en secciones. Las versiones más antiguas de los navegadores más utilizados y algunos servidores no soportan el uso de estos cuadros.

Actividad 1

1. Crea una carpeta nueva y coloque una serie de imágenes (múltiplos de 3, 4 ó 5 formarán un diseño claro). Photoshop hará copias de estas imágenes y cambiará sus tamaños para la galería Web. Asegúrese que las dimensiones más grandes de cada imagen sean de 500 píxeles. Las imágenes que Photoshop prepare para una galería Web no tendrán sus perfiles incrustados y, por tanto, deberán prepararse

teniendo esto en mente. Estas imágenes maestras podrán tener cualquier formato. Photoshop las convertirá a JPEG y organizará las imágenes en la galería Web por orden numérico o alfabético de los nombres de los archivos. Los archivos deberían numerarse con cero delante de los primeros nueve números, es decir del 01 al 09 para ordenarlos en la galería, por ejemplo, `01.Stone.jpg`, `02.Slate.jpg`, etc. La imagen 11 iría tras la imagen 1, si no se incluye el cero.

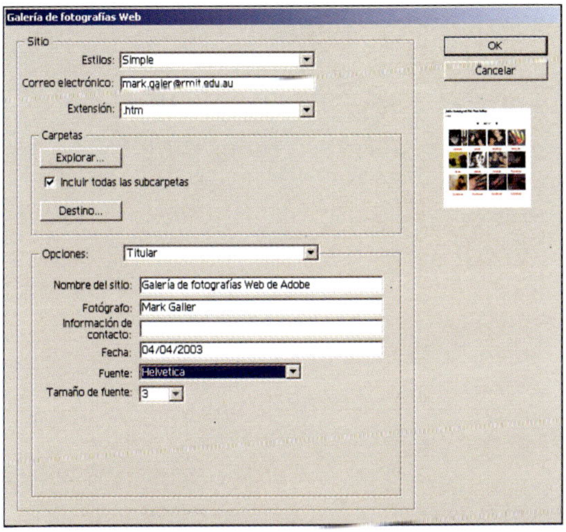

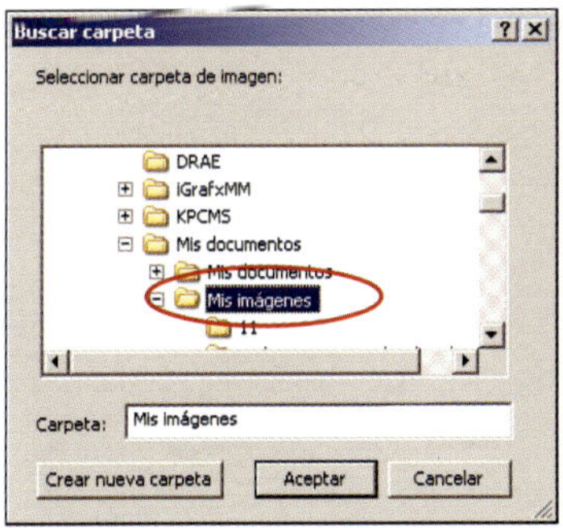

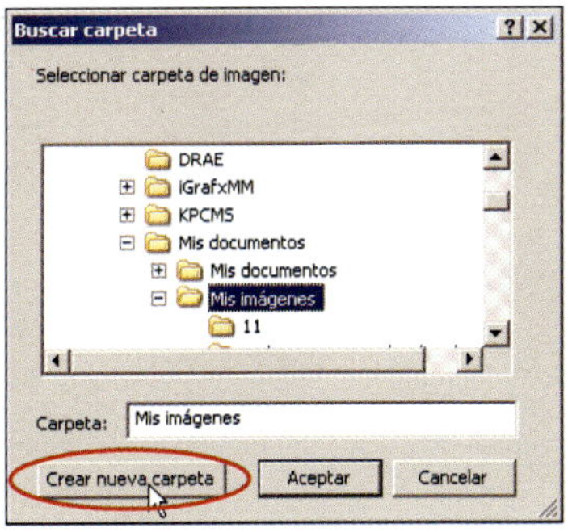

NOTA: UTILICE UN NOMBRE CORTO DE UNA PALABRA PARA LOS ARCHIVOS SIN ESPACIOS, PARA EVITAR PROBLEMAS CON LOS ENLACES.

2. Abra Photoshop y seleccione **Archivo> Automatizar>Galería de fotografías Web**. Seleccione **Simple** del menú **Estilos**. Introduzca su dirección de correo electrónico (sólo en Photoshop 7) y la extensión de archivo que prefiera (`htm` o `html`).

3. De la sección **Carpetas** del cuadro de diálogo, haga clic en el botón **Explorar** (**Origen** en Photoshop 6) para seleccionar el directorio o la carpeta de imágenes en la que ha colocado la galería de imágenes.

NOTA: NO ABRA LA CARPETA DE IMÁGENES, SIMPLEMENTE SELECCIÓNELA (BUSQUE LA CARPETA, SELECCIÓNELA Y, A CONTINUACIÓN, HAGA CLIC EN EL BOTÓN **ACEPTAR**).

4. Del menú **Opciones** seleccione **Titular**. Introduzca los detalles de la galería que quiera que aparezcan en la parte superior de ésta. Éste será el titular de la página Web. Puede introducir un texto alternativo en estos cuadros. Seleccione **Fuente** y **Tamaño de fuente** para configurar el aspecto del texto.

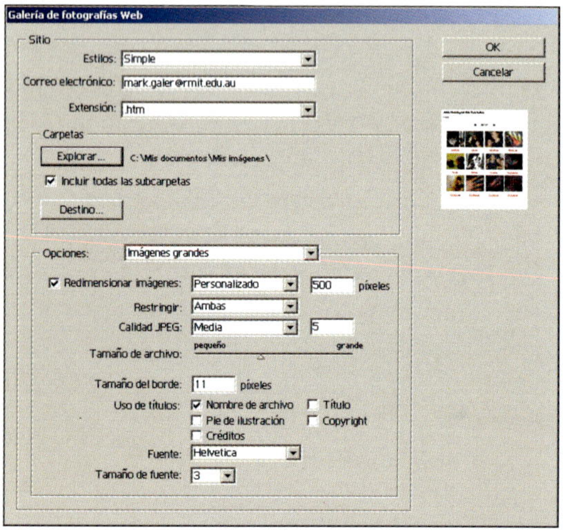

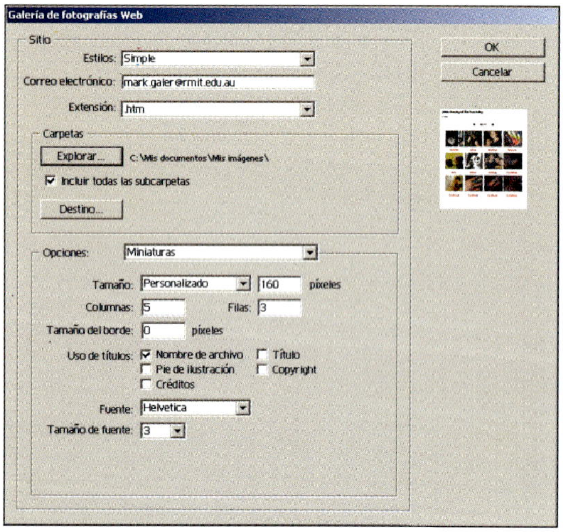

5. Seleccione **Imágenes grandes** del menú **Opciones** (**Galería de imágenes** en Photoshop 6). Seleccione **Redimensionar imágenes** y **Personalizado** del menú e introduzca un tamaño de 500 píxeles en el cuadro. Seleccione **Restringir: Ambas** y **Medio** del menú **Calidad JPEG**. Seleccione si quiere que las imágenes se muestren con o sin borde (en este ejemplo se ha utilizado un borde de 1 píxel) y la fuente para el título de la imagen.

6. Seleccione **Miniaturas** del menú **Opciones** y seleccione **Nombre de archivo** como leyenda de las imágenes. Si cree que la mayoría de personas que visite su sitio utilizará un monitor con una resolución elevada (1024 x 768 o mayor), puede seleccionar miniaturas más grandes, por ejemplo, seleccione **Personalizado** en el menú **Tamaño** e introduzca 160 en el cuadro. La galería de este ejemplo utiliza 5 columnas y 3 filas. Un número mayor implicaría la utilización de barras de desplazamiento, lo que muchos diseñadores Web intentan evitar. Por último, seleccione un borde si quiere. En todo caso, un borde de un píxel es suficiente para separar las imágenes del fondo.

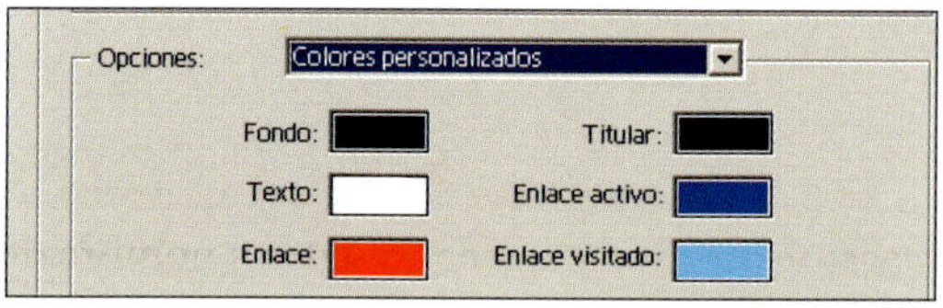

7. Seleccione **Colores personalizados** del menú **Opciones** y haga clic en el cuadro de color para cambiar los colores. En el ejemplo, se ha utilizado texto blanco sobre un fondo negro y un titular negro. Puesto que las miniaturas serán enlaces, el color del enlace también será el color del borde en la galería de miniaturas. Seleccione un color o tono que contraste para los bordes, si se decide a utilizarlos.

8. Haga clic en **OK** para crear la galería Web. Las páginas Web y las imágenes para la galería se colocarán en la carpeta de destino. Una vez finalizado, el navegador Web se abrirá automáticamente y se mostrará la galería de fotogra-

fías Web. Si el navegador no se abre, simplemente abra la carpeta de destino y haga doble clic en el archivo `index.htm`.

Cargar la galería Web a la World Wide Web

Para cargar los archivos a la *World Wide Web* puede que necesite una aplicación FTP (Protocolo de Transferencia de Archivos) que puede descargarse gratuitamente de la Web, como por ejemplo Fetch (http://fetchsoftworks.com) para Macintosh y CuteFTP para Windows (http://cuteftp.com). Tripod.com permite cargar los archivos a través de su navegador Web sin la necesidad de una aplicación FTP.

Utilizar su propio Internet Service Provider

Si elige utilizar su propio *Internet Service Provider*, necesitará informarse para poder acceder al servidor en el que colocará los archivos. Necesitará la dirección en la que se cargarán sus archivos (comenzando con las letras `ftp`), el nombre de usuario y una contraseña que le asegure el acceso a esta dirección. La dirección o URL de su galería será la dirección del servidor, seguido de su nombre de usuario e `index.htm`.

La galería Web debería colocarse en una carpeta (llamada Directorio en la Web) y, por tanto, el URL podría ser del siguiente modo: http://www.ozemail.com.au/~mgaler/textures/index.html. La ventaja de colocar la galería Web en su propio directorio en la Web es que se puede utilizar el nombre de archivo `index.html` en una carpeta o directorio diferente. Esto le permitirá tener varias galerías o enlazar la galería que acaba de crear a una página de inicio o `index.html` maestra que pueda crear en un futuro.

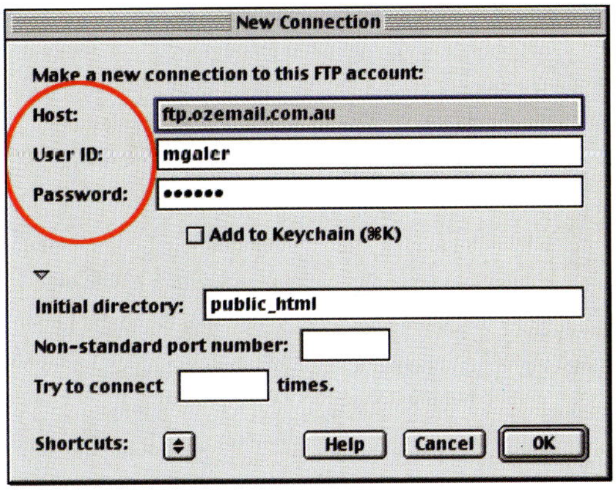

Una vez que haya introducido la localización FTP (servidor), su nombre de usuario y contraseña, tendrá la opción de seleccionar archivos y carpetas para cargar. Las aplicaciones FTP más modernas, como Fetch, simplemente requieren arrastrar carpetas y archivos a la ventana FTP. Si su aplicación FTP no funciona según este procedimiento, simplemente busque el comando Colocar carpetas y archivos.

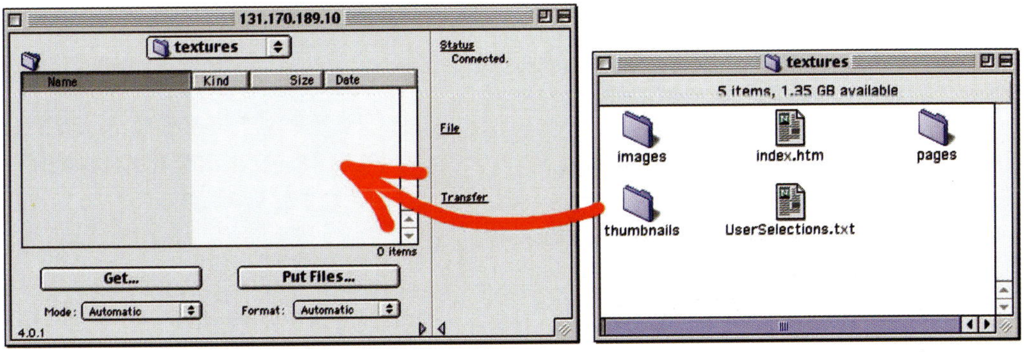

Utilizar un servidor en Internet gratuito

Existen muchos servidores que ofrecen su servicio de forma gratuita, utilizando la publicidad para pagar este servicio. Si elige esta opción, la galería hospedará también un anuncio publicitario de otro sitio Web. Aunque esto conlleva una pequeña pérdida de espacio en la pantalla, aún dispone de gran cantidad de espacio para la galería. Para cargar en Tripod, haga clic en los enlaces Build y File Manager de su sitio Web (http://www.tripod.lycos.com/).

Puede cargar sus archivos a Tripod utilizando su propia aplicación FTP en ftp.tripod.com o utilizando el servicio online que proporciona el sitio Web. Puede cargar 8 archivos a la vez o su sitio Web completo, si está comprimido. Si carga el contenido de su galería Web de 8 en 8 archivos a la vez, conlleva más tiempo, ya que tiene que crear un directorio nuevo o carpeta para cada grupo de archivos (miniaturas, imágenes y páginas).

NOTA: SI DECIDE CARGAR LOS ARCHIVOS DE 8 EN 8, ASEGÚRESE DE QUE LAS CARPETAS TIENEN EL MISMO NOMBRE QUE EL QUE APARECE EN SU CARPETA DE DESTINO.

Su URL

Una vez haya cargado sus archivos al servidor Web, la galería estará disponible en la Web. Si quiere invitar a sus amigos a ver su galería, escriba el URL de la galería en un correo electrónico, y podrán hacer clic en este enlace para dirigirse a sus imágenes. Tenga cuidado al escribir la dirección exacta. Algunas veces los URL distinguen entre mayúsculas y minúsculas, así que tenga cuidado de no escribir una I mayúscula al comienzo de `index.htm`. Una vez que tenga el URL correcto, es más seguro copiar y pegar el URL cuando notifique a alguien la dirección de su sitio.

Cómo encontrarle en la red

Para permitir que la gente encuentre su sitio (si no le ha dado su URL personalmente), debe listar su sitio en los motores de búsqueda (Google, Alta Vista, etc.). Los motores de búsqueda examinan los sitios listados para comprobar su compatibilidad con las palabras clave escritas en el campo de búsqueda. El motor de búsqueda mostrará los sitios más compatibles siguiendo un orden de compatibilidad. La mayoría de los motores de búsqueda centran su atención en las páginas de inicio o index. Se puede añadir lenguaje HTML (lenguaje de marcas de hipertexto) a su página de inicio para aumentar las posibilidades de que se encuentre. Puede comenzar con una aplicación de edición `html` gratuita como Netscape Composer. Si dispone de esta aplicación y su página está abierta en Navigator, simplemente diríjase a Archivo>Editar página. Su página se dirigirá a Composer con su interfaz más simple (pocos iconos). Seleccione Format>Page Title and Properties para añadir código a su página index. Seleccione un título y descripción para su sitio que utilice palabras claves que describan con exactitud los contenidos de su sitio y que se puedan utilizar en la búsqueda personalizada.

NOTA: PARA QUE SU SITIO SE ENCUENTRE ENTRE LOS 10 PRIMEROS EN EL MOTOR DE BÚSQUEDA, A MENUDO SUELE SER NECESARIO EDITAR LOS CONTENIDOS DE LA REGIÓN <HEAD>, EDITANDO LA FUENTE HTML. PARA MÁS INFORMACIÓN, VISITE HTTP://WWW.GENESISWEBSITEDESIGN.COM.

CREAR UN LOGO Y ESTILO PERSONAL UTILIZANDO PHOTOSHOP

Los fotógrafos que muestran y distribuyen las imágenes a sus clientes a través de Internet son prudentes por proteger sus imágenes. Añadiendo un pequeño logo identificativo a las imágenes o añadiendo una marca de agua con una opacidad reducida a la imagen hace que ésta sea más difícil de apropiarse. El modo más fácil y más rápido de aplicar cualquiera de estos gráficos identificativos es guardar el logo en el propio Photoshop, en lugar de en un archivo de imagen distinto. En las versiones 6 y 7 de Photoshop, el logo puede guardarse como un vector independiente a la resolución (puede dibujarse en cualquier tamaño sin que la imagen se pixele).

NOTA: LAS IMÁGENES VECTORIZADAS SE CONSTRUYEN A PARTIR DE MARCADORES GEOGRÁFICOS (PUNTOS DE ANCLAJE) CONECTADOS MEDIANTE LÍNEAS O CURVAS, EN LUGAR DE A PARTIR DE PÍXELES, QUE SON LOS BLOQUES DE CONSTRUCCIÓN BÁSICOS DE UNA FOTOGRAFÍA DIGITAL.

Photoshop 6 y 7 incluyen una pequeña colección de formas de vectores predibujados llamada Formas personalizadas. Cualquier vector que se cree puede guardarse como una forma personalizada, añadiendo sus propias formas a la colección de Photoshop (de ahí el nombre de formas personalizadas).

Actividad 2

En esta actividad creará una forma personalizada a partir de una combinación simple de vectores y una letra. Puesto que ya maneja con seguridad las herramientas, puede comenzar a hacer algo más elaborado, aunque recuerde que los logos de compañías poderosas suelen ser muy simples.

1. Comience por seleccionar **Archivo>Nuevo** para crear un lienzo vacío de 320 x 320 píxeles con una resolución de 160 ppp (en esta fase no es importante un tamaño y una resolución concretos, puesto que un logo vectorizado puede aumentarse más tarde sin problemas para que cumpla las necesidades de la impresora). La resolución y las dimensiones en píxeles que sugerimos crean un documento impreso de 2 x 2 pulgadas. Podremos cambiar el tamaño del archivo más tarde para crear un gráfico más grande sin ningún riesgo de pixelación, debido a que las formas vectorizadas son independientes a la resolución (es decir, que no se describen por píxeles).

2. Dibuje unas guías parecidas a la de la ilustración. Las guías le ayudarán a crear un logo uniforme y simétrico. Para crear estas guías, diríjase al menú **Vista** y seleccione **Mostrar reglas**. Compruebe que las reglas estén configuradas en píxeles. Si no estuvieran configuradas en píxeles, puede configurarlas rápidamente seleccionando **Edición>Preferencias>Unidades y reglas**.

   Haga clic en la regla vertical u horizontal y dibuje una guía en el área de la imagen utilizando la regla. Las guías para esta actividad se han colocado en las siguientes posiciones:

- 20, 60 y 85 píxeles a cada lado.
- 160 píxeles en la posición central.

- 40 y 60 píxeles desde la parte superior.
- 60 y 80 píxeles desde la parte inferior.

Dibuje unas guías para poder crear un logo simétrico y uniforme y, a continuación, escriba una letra o letras, a su elección.

3. Seleccione la herramienta Texto y escriba la letra M en el centro del nuevo lienzo (en el ejemplo, se ha utilizado la fuente Arial Bold 72 pt.).

NOTA: PUEDE UTILIZAR CUALQUIER LETRA O LETRAS PARA PERSONALIZAR SU LOGO.

El fondo de la ilustración se ha rellenado con gris claro. Este fondo no forma parte del logo.

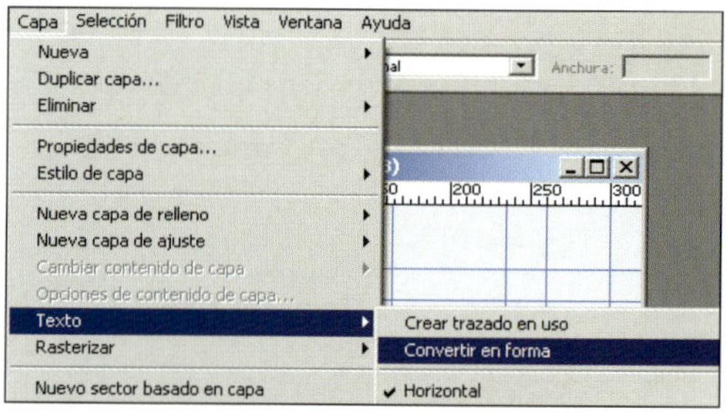

Convierta la capa de texto a una forma.

4. Seleccione la capa de texto y seleccione Capa> Texto>Convertir en forma.

5. Del menú Edición seleccione Definir forma personalizada. Escriba el nombre de la capa de forma. La forma se guarda en Formas personalizadas y se utilizará más tarde en esta actividad.

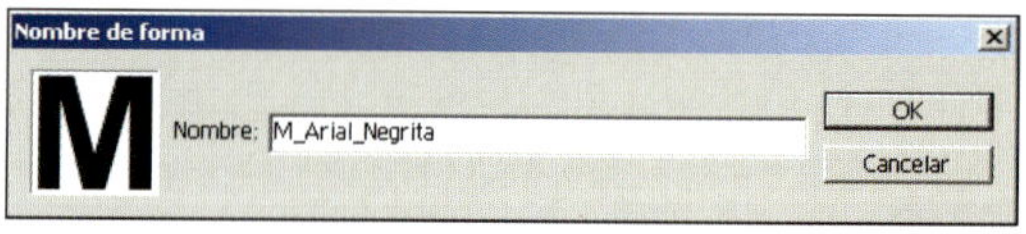

6. Borre la capa de forma (la letra M) arrastrando la capa hacia la papelera en la paleta de capas.

7. Seleccione la herramienta Elipse (que se encuentra con la herramienta Rectángulo) en la paleta de herramientas o en la barra de opciones.

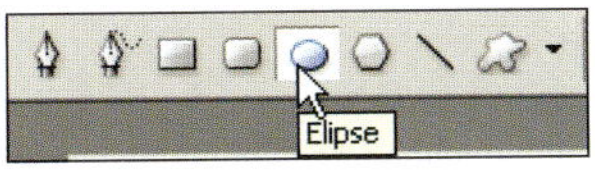

8. Comenzando en la esquina superior izquierda (donde intersectan las guías) haga clic y arrastre el puntero hasta la intersección de la esquina inferior derecha del área del lienzo.

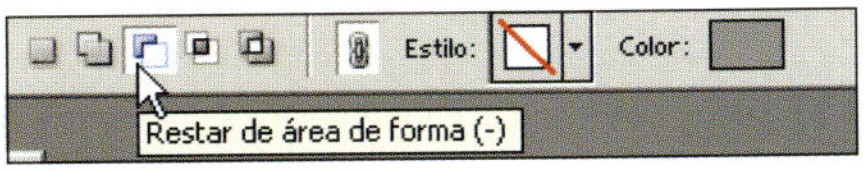

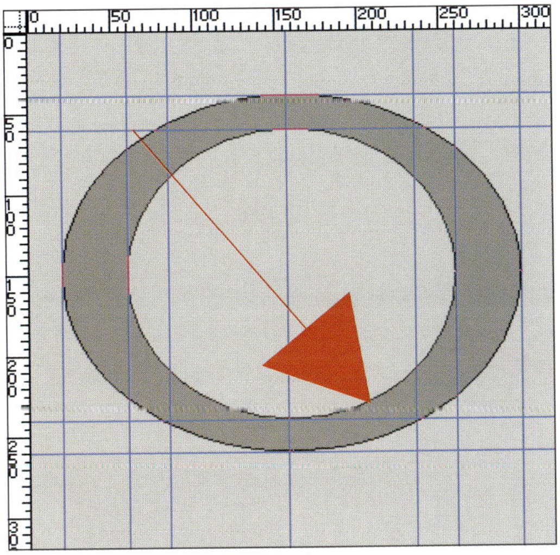

A continuación seleccione el icono **Restar del área de forma** situado en la barra de opciones y dibuje una segunda elipse más pequeña que recortará la elipse original. Utilice las guías para localizar los puntos de comienzo y fin.

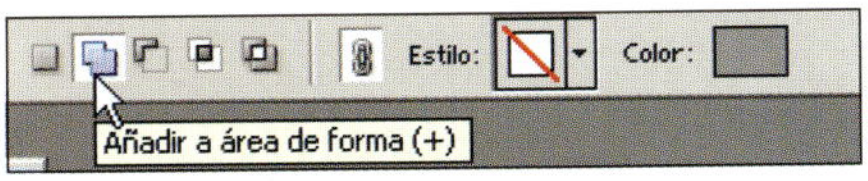

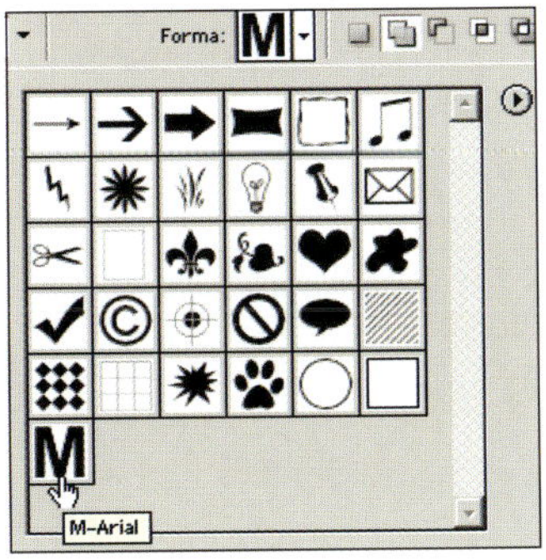

9. Seleccione el icono **Añadir al área de forma** y su forma personalizada de la paleta. Mueva el cursor del ratón hacia la elipse y añada la forma personalizada (haga clic y arrastre el ratón). Si tiene que cambiar el tamaño de la letra, puede utilizar el comando **Transformación libre** del menú **Edición**. Si necesita mover la letra, seleccione la forma utilizando la herramienta Selección de trazado (la flecha negra) y, a continuación, haga clic y arrastre la letra hasta una posición más adecuada.

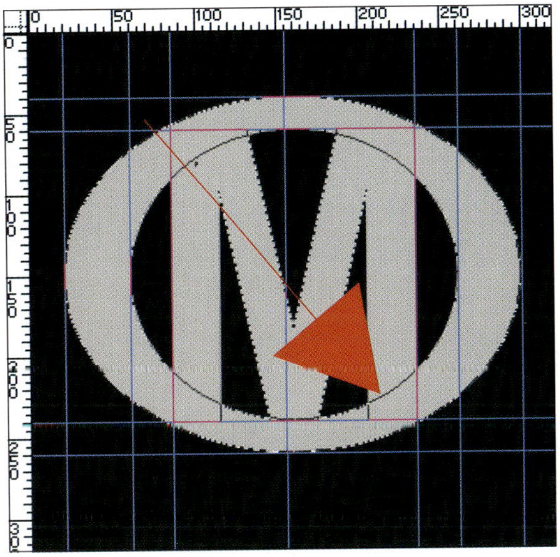

10. La capa de forma se ha construido a partir de tres rutas distintas (los elementos individuales de la forma). La herramienta Selección de trazado (la flecha negra) puede seleccionar varias rutas arrastrando una o más de esas rutas. La herramienta de Selección directa (la flecha blanca) se puede utilizar para seleccionar un punto de anclaje concreto en cualquiera de las rutas para ajustar la forma de la ruta.

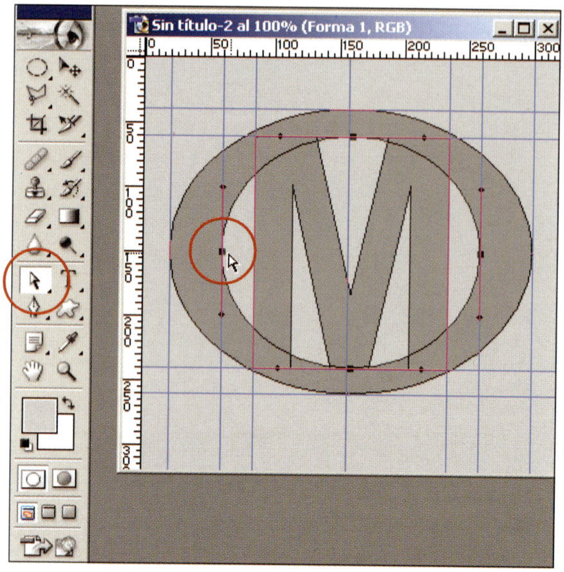

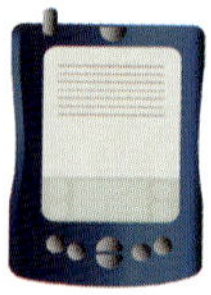

NOTA: CADA PUNTO DE ANCLAJE QUE SE SELECCIONE MOSTRARÁ UNA O DOS LÍNEAS DE DIRECCIÓN QUE ACABAN EN PUNTOS DE DIRECCIÓN. ESTOS PUNTOS PUEDEN MOVERSE PARA CAMBIAR LA FORMA Y EL TAMAÑO DE LA CURVA ENTRE LOS DOS PUNTOS DE ANCLAJE.

11. Cuando se hayan completado todos los ajustes del logo, asegúrese de que está seleccionado la miniatura del vector y seleccione de nuevo **Definir forma personalizada** del menú **Edición** para añadir la forma combinada al menú de Formas personalizadas. Ahora puede borrar todas las capas y seleccionar la forma personalizada de la paleta Formas personalizadas y dibujar otras.

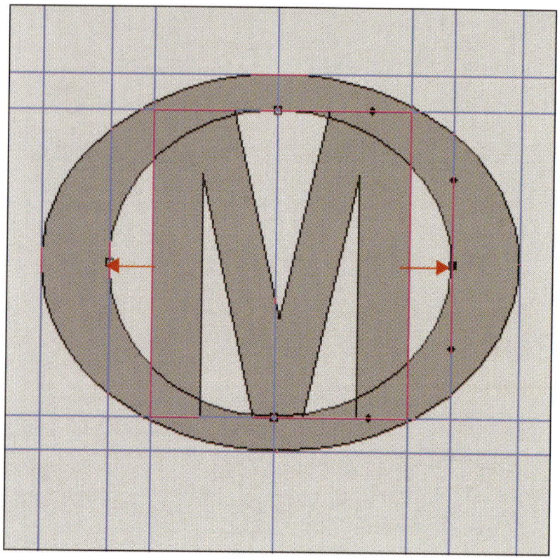

El punto de ajuste activo puede destacarse cuando se seleccione, y puede moverse arrastrando el punto o utilizando las teclas del cursor del teclado. Ajuste la elipse interior para que el ancho sea par, seleccionando uno de los puntos de anclaje laterales cada vez y, a continuación, pulsando la tecla **Flecha izda.** o **Flecha dcha.**

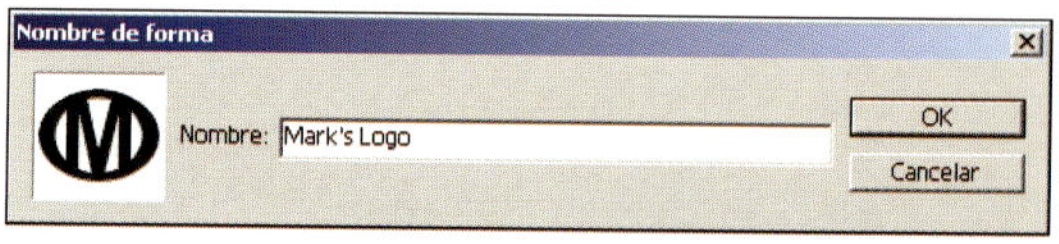

NOTA: LAS FORMAS PERSONALIZADAS PUEDEN GUARDARSE COMO UN ARCHIVO DE FORMAS. EL ARCHIVO DE FORMAS PUEDE ABRIRSE EN OTRA COPIA DE PHOTOSHOP EN UN ORDENADOR DISTINTO, HACIENDO CLIC EN CARGAR FORMAS Y BUSCANDO EL ARCHIVO DE FORMAS QUE QUIERA ABRIR.

Métodos alternativos de adquirir una forma

Una alternativa para crear su forma en Photoshop es importar una forma vectorizada de Adobe Illustrator o escaneando una obra de arte (una forma que existe en un trozo de papel) con un escáner plano.

Cuando Adobe Photoshop abre un archivo de Adobe Illustrator, pregunta si se le asigna un tamaño y una resolución al archivo para que pueda rasterizarse (convertirse en píxeles). Para proteger las propiedades vectorizadas de la forma del archivo, abría que abrir primero el archivo en Illustrator, seleccionar el trazado o trazados y, a continuación, copiarla en el portapapeles (Edición>Copiar). El archivo vectorizado puede, de este modo, pegarse (Edición>Pegar) como una forma vectorizada en un archivo abierto de Photoshop.

Si la forma se ha escaneado y abierto como un archivo de mapa de bits (un archivo construido a partir de píxeles) en Photoshop, tiene que realizar en primer lugar una selección de la forma. Con la selección activa, diríjase a la paleta de Trazados de la opciones de paleta y seleccione Hacer trazado en uso desde selección. Seleccione este trazado con la herramienta Selección de trazado y, a continuación, diríjase al menú Edición para guardar este trazado activo como forma personalizada.

Aplicar un estilo

Una vez que haya realizado un logo que cumpla con sus necesidades, puede asignarse rápidamente un estilo de capa a la forma personalizada. Un estilo de capa es una serie de efectos que pueden guardarse (como estilo) y puede ser una combinación de efectos de capa, como por ejemplo sombra interior y bisel y relieve. Para aplicar un estilo de capas, haga clic en la capa de la forma y, a continuación, haga clic en un estilo de la paleta de estilos.

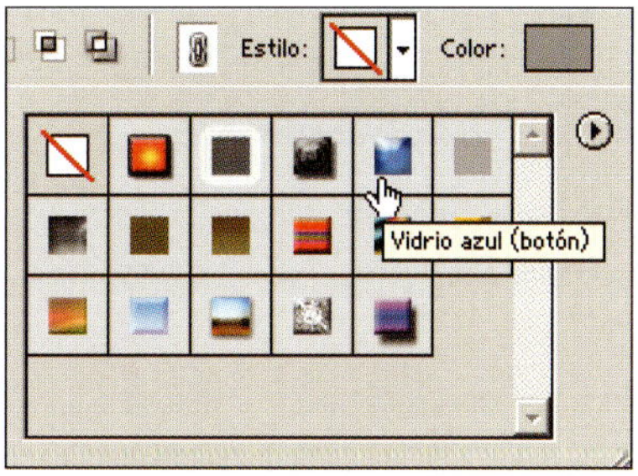

12. Para aplicar el efecto Vidrio azul, seleccione el que incluye Photoshop haciendo clic en el estilo con la capa de forma seleccionada.

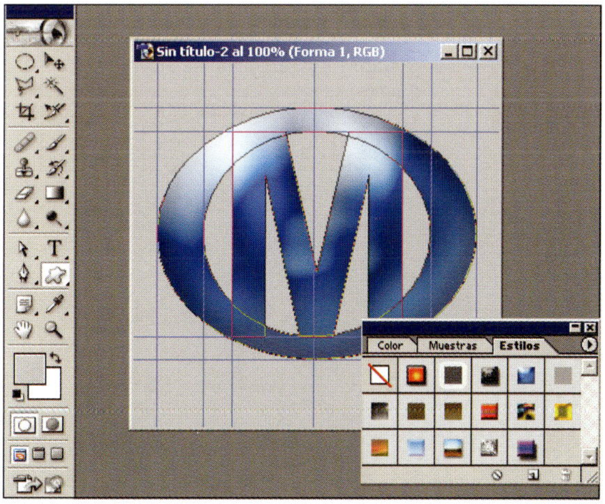

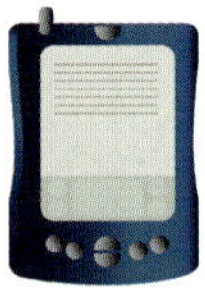

NOTA: NO COMO OCURRE CON EL LOGO VECTORIZADO, LOS ESTILOS DEPENDEN DE LA RESOLUCIÓN. LOS EFECTOS SE DESCRIBEN EN PÍXELES, POR EJEMPLO, UN BISEL DE 3 PÍXELES, ETC. UN ESTILO DE CAPA QUE SE ADAPTA A UN GRÁFICO DE GRAN RESOLUCIÓN NO SERÁ ADECUADO PARA UN GRÁFICO DE BAJA RESOLUCIÓN DESTINADO A INTERNET. PHOTOSHOP OFRECE LA OPCIÓN DE AUMENTAR TODOS LOS EFECTOS DE CAPA A LA VEZ. DE ESTE MODO, UN ESTILO DE CAPA APROPIADO PARA UTILIZARSE CON UNA IMAGEN DE GRAN RESOLUCIÓN PUEDE AUMENTARSE RÁPIDAMENTE PARA QUE SE ADAPTE A UNA IMAGEN CON UNA RESOLUCIÓN MENOR.

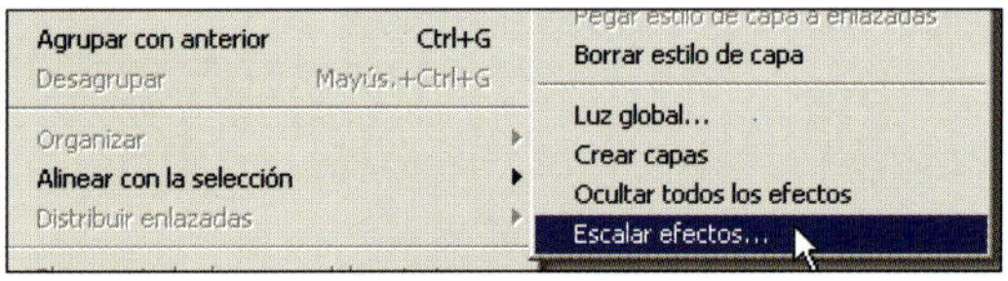

13. Aumente el estilo de capa seleccionando Capa>Estilo de capa>Escalar efectos.

14. Puede modificar un estilo existente añadiendo un par de efectos personales. Haga clic en el icono de efectos en la paleta de capas para añadir una Sombra interior y, a continuación, un Resplandor exterior. Los efectos adicionales utilizados en la actividad se muestran en la tabla.

Especificaciones para Sombra interior

Color

Tono: 210 Saturación: 80 Brillo: 55

Estructura

Fusión: Multiplicar Opacidad: 70 % Ángulo: 90º

Distancia: 16 px Retraer: 0% Tamaño: 14 px

Calidad

Contorno: Lineal Ruido: 0%

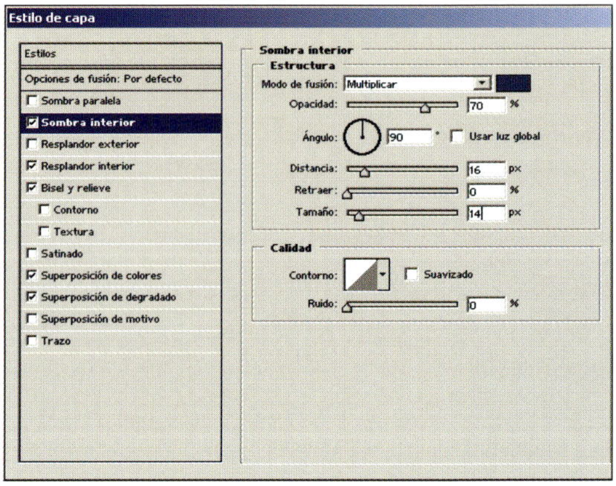

Especificaciones para Resplandor exterior

Color

Tono: 195 Saturación: 75 Brillo: 100

Estructura

Fusión:
Trama Opacidad: 60 % Ruido: 0%

Elementos

Técnica: Más suavizado Extender: 0% Tamaño: 23 px

Calidad

Contorno: Lineal Rango: 50% Vibración: 0%

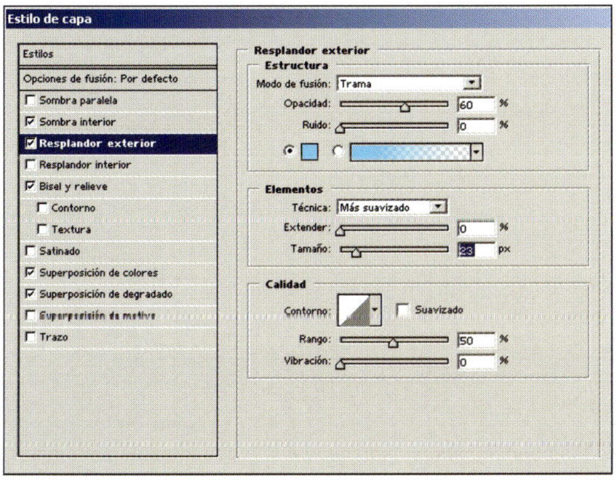

Cómo guardar un estilo

15. Con la capa de gráficos seleccionada, haga clic en el botón **Estilo nuevo** en la paleta de estilos para añadir el estilo modificado. Si quiere, puede añadir la resolución al nombre del estilo. Al igual que la forma, el estilo puede guardarse como archivo de estilos.

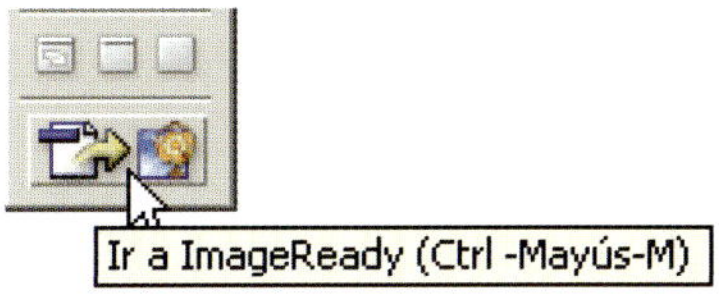

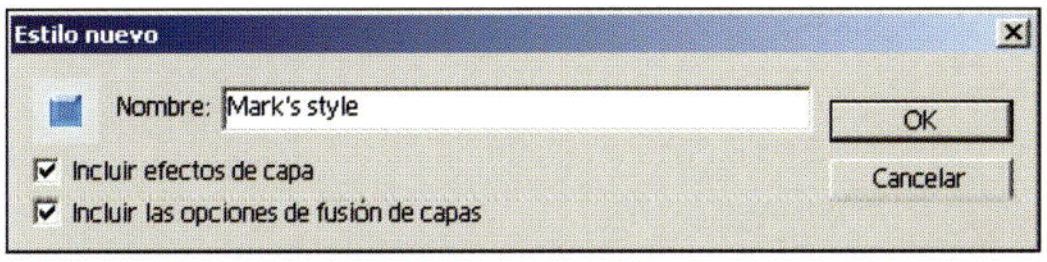

El logo con un estilo personalizado y utilizado con una opacidad reducida para que actúe como marca de agua.

Cómo aumentar el logo

Si el logo se ha diseñado para Internet, el archivo debería aumentarse utilizando el cuadro de diálogo Tamaño de imagen (seleccione Imagen> Tamaño de imagen). Asegúrese de que esté seleccionada la opción Remuestrear imagen y disminuya la resolución hasta que se consigan las dimensiones en píxeles que se necesiten. Si se realizan cambios en Dimensiones en píxeles o en Tamaño de documento, los efectos de capa requerirán un nuevo aumento.

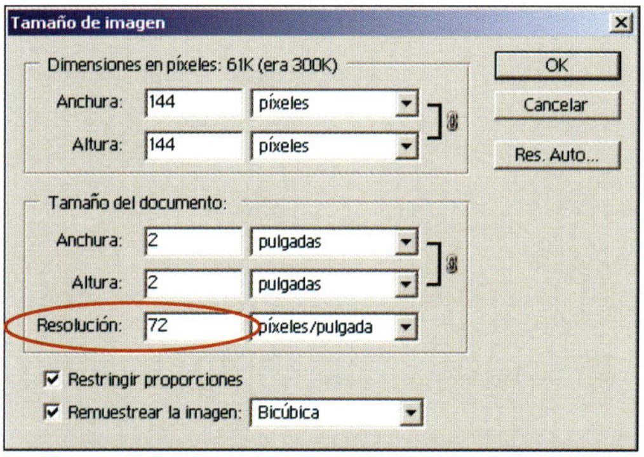

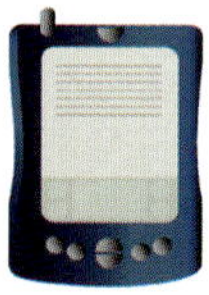

NOTA: UNA VEZ QUE HAYA AUMENTADO LA IMAGEN, PUEDE DIRIGIRSE A IMAGEREADY PARA OPTIMIZAR O ANIMAR EL ARCHIVO HACIENDO CLIC EN EL ICONO IR A IMAGEREADY SITUADO EN LA PARTE INFERIOR DE LA PALETA DE HERRAMIENTAS.

CREAR UN GRÁFICO ANIMADO PARA LA WEB

Podemos utilizar Adobe ImageReady, la aplicación compañera de Photoshop, para animar y optimizar imágenes destinadas a la *World Wide Web*. Si nuestros planes de animación incluyen un gráfico rotando en un espacio, habría que realizar diferentes puntos de vista en Photoshop antes de enviar el archivo con todas las capas a ImageReady, ya que las herramientas vectorizadoras no existen en ImageReady.

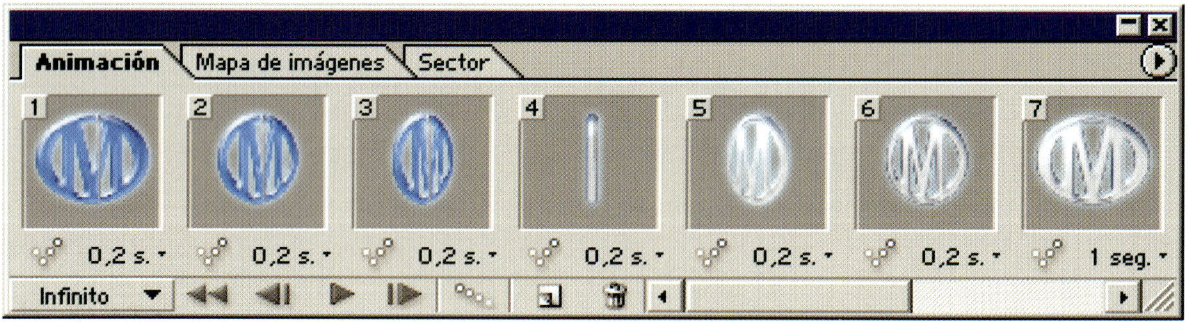

Cuadros animados en ImageReady

Photoshop no se ha diseñado como un programa para interpretar objetos en 3D, pero puede crear varios puntos de vista alternativos de una imagen utilizando el comando Transformar. Aunque puede interpretar un gráfico para que aparezca en tres dimensiones, Photoshop no puede saber o comprender la profundidad de los gráficos en dos dimensiones que se crean utilizando las herramientas vectorizadoras. El proceso de interpretar varios puntos de vista alternativos en Photoshop es tan sólo una característica semiautomática, ya que debemos decir a Photoshop cuál será el aspecto del gráfico cuando se vuelva en el espacio.

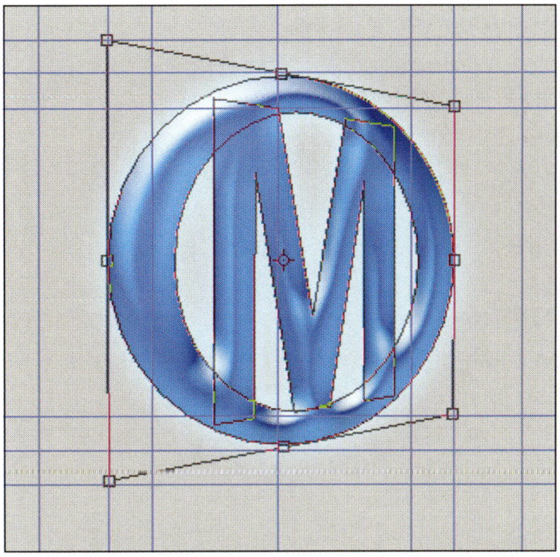

Actividad 3

1. Comencemos con el gráfico creado en la Actividad 2. Añada algunas guías más al área del lienzo, 20 píxeles desde la parte superior y 40 píxeles desde la parte inferior. Arrastre la capa con el nuevo logo vectorizado al icono Crear capa nueva situado en la paleta de capas para duplicar la capa.

2. Utilizando el comando Edición>Transformar>Perspectiva, arrastre los reguladores de esquina para aumentar la altura del lado izquierdo y reduzca la altura en el lado derecho. Arrastrando los reguladores laterales del cuadro limítrofe, el ancho del gráfico puede también reducirse. Pulse la tecla **Retorno/Intro** para aplicar la transformación.

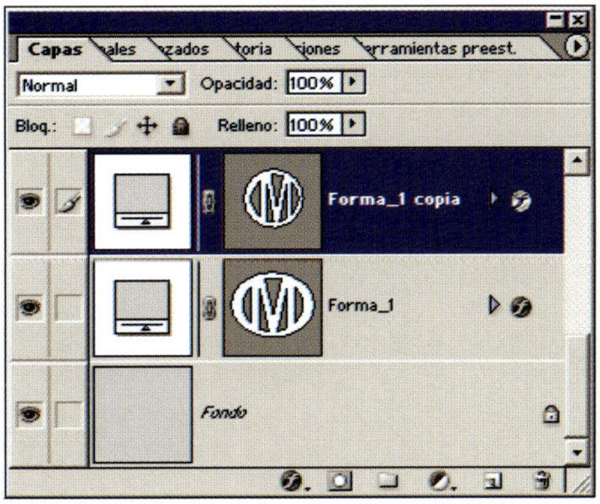

3. Modifique el aspecto del gráfico utilizando la herramienta Selección directa. El borde más destacado se ensancha haciendo clic en la elipse interior y, a continuación, arrastrando (o utilizando las teclas del cursor del teclado) el punto de anclaje hasta una posición nueva.

4. Duplique esta capa modificada en la paleta de capas antes de alterar la perspectiva por segunda vez. Las guías le ayudarán a reposicionar el cuadro limítrofe cuando utilice el comando Transformar.

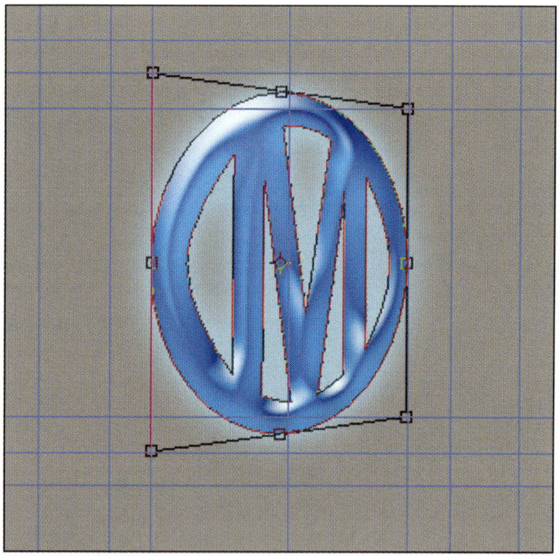

NOTA: ES IMPORTANTE ASEGURARSE DE QUE LA PARTE SUPERIOR DE LA ELIPSE PERMANEZCA EN LA MISMA POSICIÓN CUANDO CREE VISTAS ADICIONALES DEL LOGO, SI ÉSTE VA A APARECER DANDO VUELTAS SOBRE UN PUNTO (UTILICE EL PUNTO DE INTERSECCIÓN DE DOS GUÍAS COMO REFERENCIA).

5. Será necesario crear una nueva capa de forma para la vista lateral, en lugar de modificar la capa existente. Utilice la herramienta de forma Rectángulo redondeado para dibujar una barra entre las guías de la parte superior e inferior. Cambie el radio en la barra de opciones para obtener un acabado apropiado para esta barra. En el ejemplo se ha utilizado un radio de 40 píxeles.

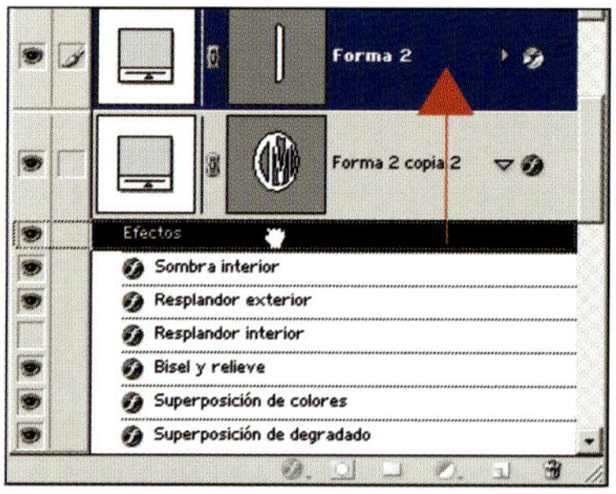

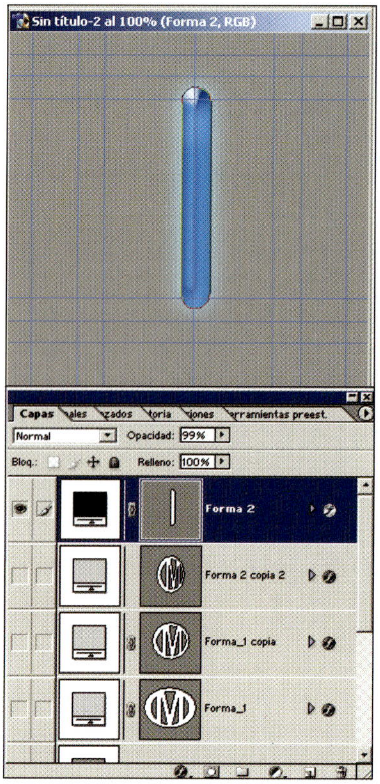

Imágenes para la Web

6. Aplique el estilo de capa Vidrio azul a la nueva capa de formas arrastrando los efectos de capa de una capa existente hasta la nueva. Abra los efectos de capa de una capa existente con este estilo, y haga clic y arrastre la palabra Efectos a la capa nueva. Una vez completado la vista lateral, el logo se ha girado 90 grados. Duplicando y rotando las capas existentes se pueden crear los puntos de vista de los restantes 270 grados.

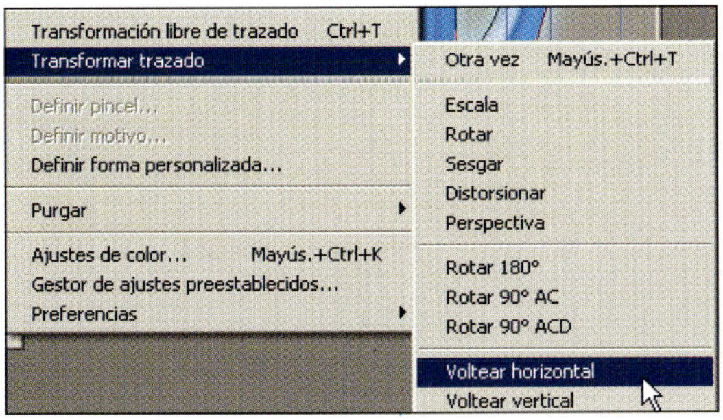

7. Para crear las vistas adicionales para completar la rotación de 360 grados, duplique una capa ya existente y rote el logo si fuera necesario.

8. La paleta de capas debería parecerse a la de la figura una vez que haya completado el giro a 180 grados.

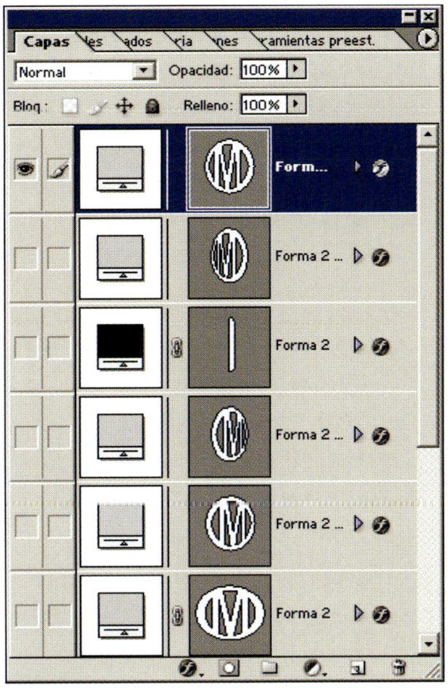

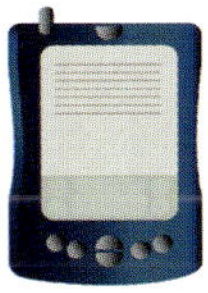

NOTA: COMO EL GRÁFICO DEL EJEMPLO ES SIMÉTRICO, NO HAY QUE CREAR PUNTOS DE VISTA ADICIONALES.

9. Guarde el archivo como PSD. Antes de enviar un archivo de Photoshop con efectos de capa a ImageReady, aumente la imagen en el cuadro de diálogo de Tamaño de imagen utilizando el control de la resolución para alterar las dimensiones en píxeles.

IMAGEREADY

La interfaz de ImageReady es muy parecida a la de Photoshop. Si envía un archivo a ImageReady en lugar de abrirlo en ImageReady (Archivo>Abrir), el archivo también permanece abierto en Photoshop. Cualquier cambio que realice al archivo en ImageReady se copiará en la versión abierta en Photoshop cuando vuelva a Photoshop.

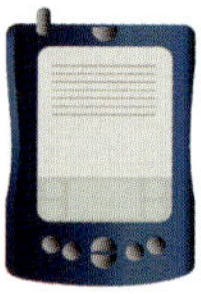

NOTA: IMAGEREADY SOPORTA ALGUNAS DE LAS CARACTERÍSTICAS DISPONIBLES EN PHOTOSHOP (COMO POR EJEMPLO LAS CAPAS DE AJUSTE Y LAS HERRAMIENTAS VECTORIZADAS), AUNQUE NO PUEDEN EDITARSE. SI EN CUALQUIER MOMENTO NECESITARA ACCEDER A LAS CARACTERÍSTICAS DE PHOTOSHOP, SIMPLEMENTE ACTIVE O SALTE DE UNA INTERFAZ A OTRA.

La interfaz

Si va a utilizar ImageReady por primera vez, merece la pena familiarizarse con la interfaz y la paleta de herramientas. En la esquina superior izquierda de la ventana de la imagen aparecen las fichas de Vista previa Original, Optimizada, 2 copias y 4 copias. Lo más normal es mostrar la imagen original cuando se va a crear una animación o se va a trabajar con texto, etc. Antes de guardar la imagen para la Web tendrá que optimizar la imagen (seleccionar un formato de archivo, configurar la compresión y/o la paleta de colores, etc.). La vista de la imagen optimizada muestra una vista previa de la imagen tal y como aparecerá una vez que se guarde con las configuraciones elegidas en la paleta optimizada.

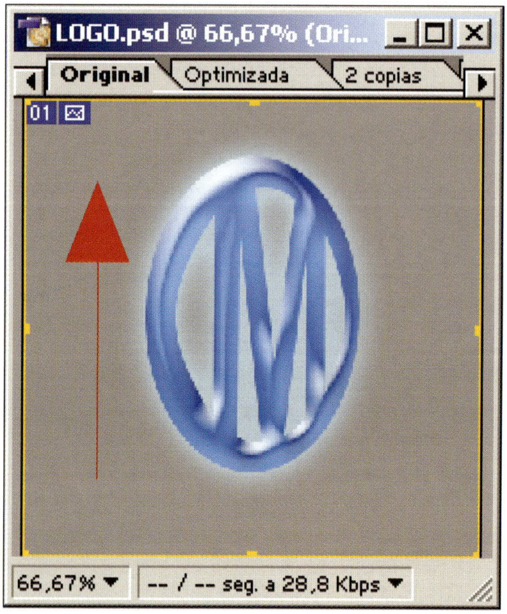

Calidad, formato y tamaño del archivo

Crear imágenes para la Web es un equilibrio entre la calidad y la velocidad de descarga. Si selecciona una calidad elevada, además de un aumento del tamaño del archivo, incrementará el tiempo de descarga de la imagen para mostrarse en el navegador Web. Si elige velocidad a expensas de la calidad, las imágenes contendrán una calidad pobre. La elección final es subjetiva, pero se puede influenciar considerando qué tipo de personas verán las imágenes (artistas, fotógrafos, público general, etc.), el tipo de conexión a Internet (módem, cable, etc.) y la resolución del monitor que se utilizará para ver la imagen (800 x 600, 1024 x 768, etc.).

Guardar y guardar optimizada

Los archivos creados o modificados en ImageReady se guardan como archivos PSD maestros utilizando las opciones Guardar y Guardar como del menú Archivo. Los archivos optimizados GIF y JPEG destinados para la Web se guardan utilizando las opciones Guardar optimizada y Guardar optimizada como del menú Archivo. Los tamaños de archivo optimizados y los tiempos de descarga se muestran al final de la ventana de imagen (con la imagen en la vista Optimizada). La elección del formato de archivo seleccionado para guardar la imagen para la Web depende del tipo de imagen que está creando.

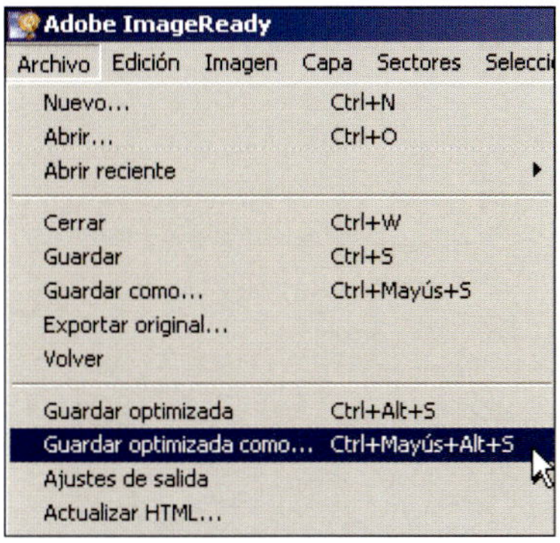

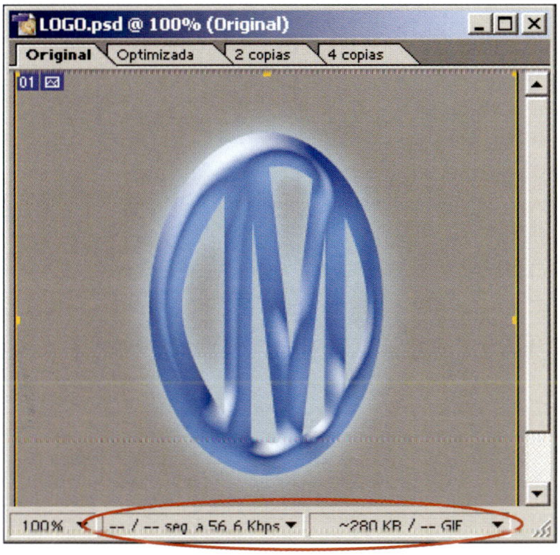

Formato de archivo JPEG

Las imágenes fotográficas que requieren una calidad de color de 24 bits (millones de colores) se suelen guardar como archivos JPEG. Cuando se selecciona el formato de archivo JPEG, se aplica una compresión que equilibrará la calidad con el tamaño de archivo (tiempo de descarga). Una compresión excesiva conduce a la aparición de artefactos, disminuyendo la calidad de la imagen. El formato de archivo JPEG, aunque puede guardar en 24 bits de color, no soporta transparencias ni animaciones.

Formato de archivo GIF

Un GIF es un formato de 8 bits que soporta tanto transparencias como cuadros animados. Una paleta de color determina los 256 colores posibles que soporta el formato de archivo GIF de 8 bits. Esta paleta de color puede ser una paleta predeterminada, como una paleta Web, o puede centrarse en los colores dominantes presentes en la imagen a optimizar (paletas de color perceptuales, selectivas y adaptivas).

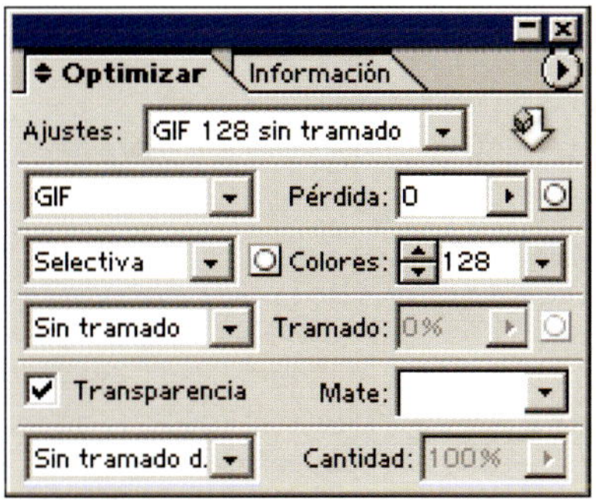

El tamaño del archivo de una imagen gráfica con una paleta de color limitada puede reducirse también seleccionando una paleta de color más restringida que utilice menos de 256 colores (128, 64, 32, etc.). Si utiliza una paleta de color más pequeña, se puede reducir el tamaño final del archivo, pero puede tener efectos perjudiciales en la calidad, sobre todo si se requieren transiciones suaves de tonos o color. Si se necesitan imágenes fotográficas para la animación, se suele requerir una paleta de color más grande para evitar la aparición de bandas (escalones en el tono o color).

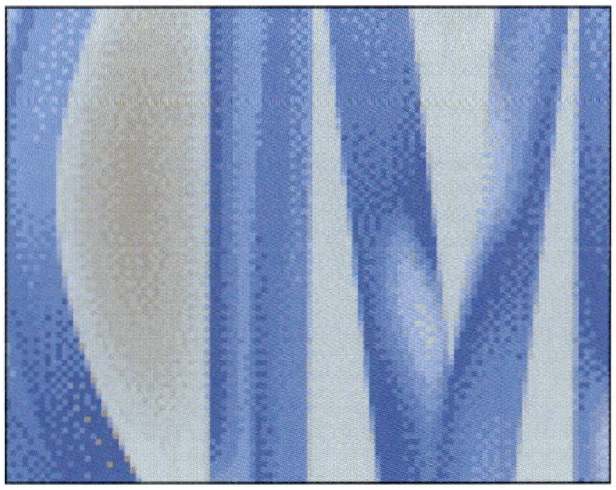

NOTA: LOS EFECTOS DE LAS BANDAS PUEDEN MINIMIZARSE SELECCIONANDO UN ALGORITMO DE TRAMADO DE LA PALETA OPTIMIZAR (DIFUSIÓN, RUIDO O MOTIVO). EL PROCESO DE TRAMADO ALTERNA LOS COLORES QUE SE ENCUENTRAN EN UN MOTIVO PARA CREAR LA PERCEPCIÓN DE UN COLOR INTERMEDIO.

Resolución de la imagen y la Web

Es importante observar que las dimensiones en píxeles de la imagen y la configuración de la resolución del monitor controlan el tamaño de la visualización de una imagen en un navegador Web. El navegador Web ignora la resolución y las dimensiones del documento (en pulgadas o centímetros) que se hayan especificado en Photoshop.

NOTA: EL CUADRO DE DIÁLOGO DE TAMAÑO DE IMAGEN EN IMAGEREADY NO TIENE OPCIONES PARA LA RESOLUCIÓN O LAS DIMENSIONES DEL OBJETO. LA IMAGEN EDITADA EN IMAGEREADY SE DEBERÍA MOSTRAR AL 100 POR 100, YA QUE ÉSTE ES EL TAMAÑO QUE SE VERÁ EN INTERNET CON UN MONITOR DE LA MISMA RESOLUCIÓN. LAS IMÁGENES APARECERÁN MÁS PEQUEÑAS CUANDO SE MUESTREN EN UN MONITOR CON UNA MAYOR RESOLUCIÓN, Y MÁS GRANDES CUANDO SE MUESTREN EN UN MONITOR CON UNA RESOLUCIÓN MENOR. HABRÁ QUE UTILIZAR LA BARRA DE DESPLAZAMIENTO PARA VER UNA IMAGEN MÁS GRANDE QUE LA VENTANA DEL NAVEGADOR.

Actividad 4

Antes de comenzar a animar el logo, decida si quiere que el logo dé vueltas delante del fondo existente o si quiere ver la página Web por delante y por detrás del logo (el formato de archivo GIF soporta transparencias y cuadros animados). Si opta por la transparencia, deseleccione en primer lugar la visibilidad del fondo en la paleta de capas (haga clic en el icono del ojo).

NOTA: SI SE NECESITA TRANSPARENCIA, ES ACONSEJABLE DESCONECTAR LOS COMPONENTES RESPLANDOR EXTERIOR Y SOMBRA INTERIOR DE CADA CAPA DE ESTILO, YA QUE LA LIMITADA PALETA DE COLOR TIENE DIFICULTAD PARA INTERPRETAR LAS TRANSICIONES GRADUALES DEL COLOR DE FORMA EFECTIVA CUANDO SE UTILIZA LA TRANSPARENCIA.

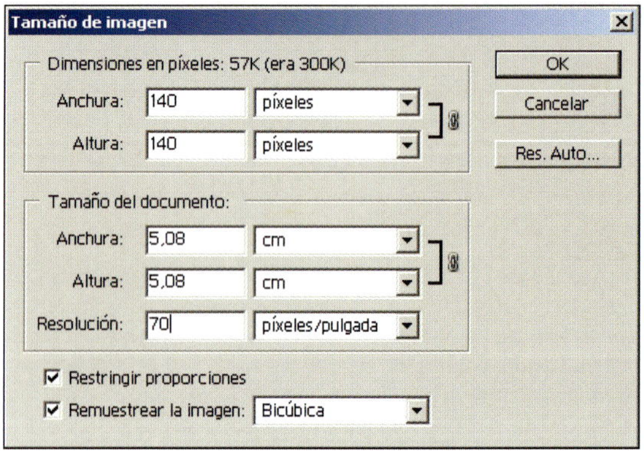

1. Aumente el logo con las capas de la Actividad 3 (si utiliza una resolución de 70 ppp se creará un tamaño de archivo de 140 píxeles de ancho y 140 de alto). En primer lugar, haga visible la capa forma 1 en la paleta de capas. Ésta debería ser la única capa que muestre el icono del ojo. En la paleta de animación, configure un tiempo de retardo para este cuadro (en el ejemplo se ha utilizado 0,2 segundos).

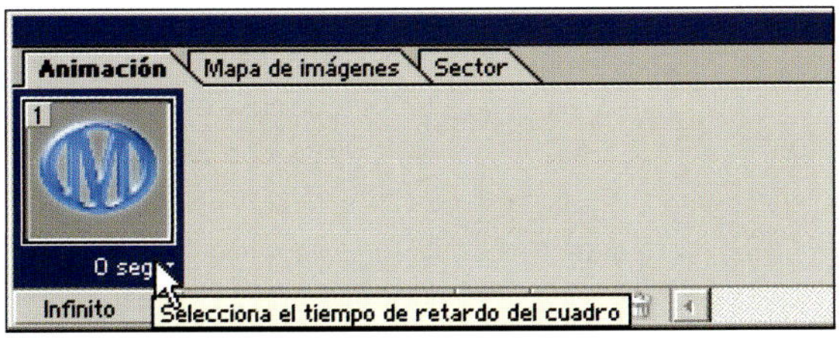

Se puede construir un cuadro de animación a partir de los elementos combinados de las capas de texto, forma e imágenes. Para seleccionar el contenido de cada cuadro animado, simplemente haga clic en la visibilidad de una o más capas, efectos de capa o capas de ajuste. Cuando crea cuadros adicionales le altera la visibilidad, opacidad o posición de las capas para alterar el contenido. A

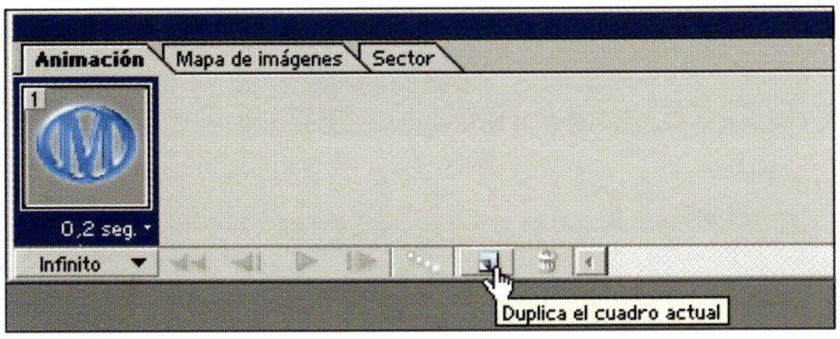

cada cuadro se le puede asignar un tiempo de retardo del cuadro o un período de tiempo en el que el cuadro estará visible hasta que se sustituya por el siguiente cuadro de la secuencia. Los tiempos reales deberían verse previamente en un navegador Web.

2. Cree un segundo cuadro haciendo clic en el icono **Duplicar cuadro actual** situado en la paleta de animación. Este cuadro duplicado es exactamente igual al primero hasta que se altere la visibilidad, posición y opacidad de las capas. Haga visible la copia de la capa forma 1 y deseleccione la visibilidad de la capa forma 1.

3. Continúe duplicando el último cuadro de la secuencia y haga visible la siguiente capa del montón hasta que tenga 6 cuadros, cada uno leyendo de una capa diferente de la paleta de capas. Duplique el primer cuadro y, a continuación, arrástrelo hasta el final de la secuencia de cuadros para convertirse en el cuadro 7.

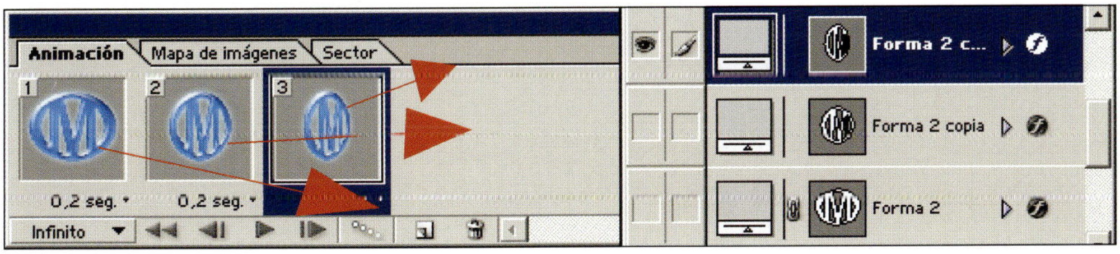

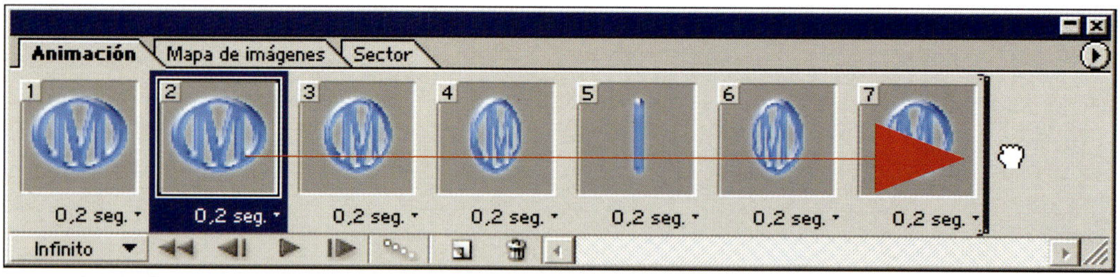

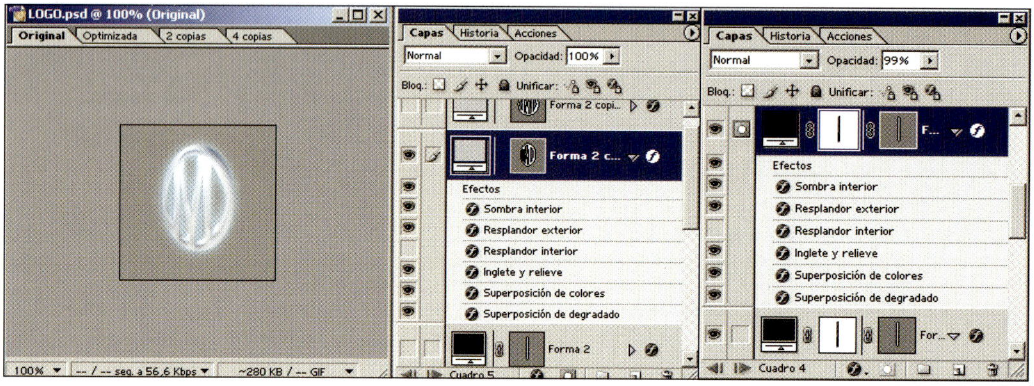

4. En la ilustración, el componente Superponer del estilo de capa se ha deseleccionado para que aparezca el dorso del logo de forma distinta a la superficie frontal. La nueva vista del logo (mitad blanco y mitad azul) se ha creado duplicando la vista de la capa lateral. A continuación se ha desconectado el efecto de capa Superponer color en esta capa duplicada. Se han añadido máscaras de capa para ocultar una mitad distinta de cada capa.

La paleta de animación debería parecerse a la que se muestra en la figura. El logo girará ahora 180 grados. Puesto que el logo es simétrico y tiene el mismo aspecto cuando gire 180 grados, no hay que crear más cuadros si se deja seleccionado Superponer color. Sin embargo, en los siguientes pasos se introducirá una nueva característica a la animación.

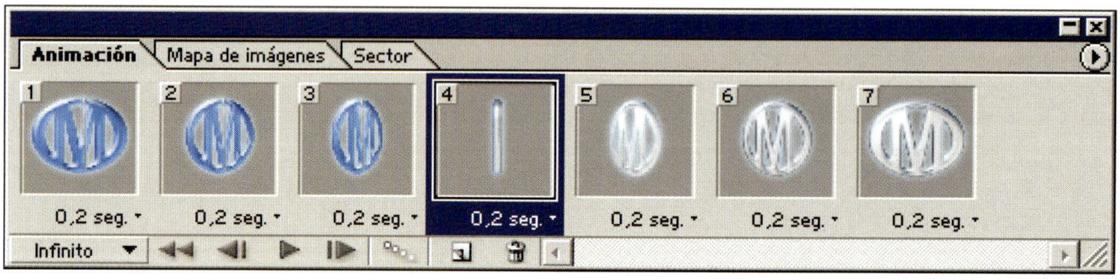

Intercalar cuadros de animación

Si queremos que la opacidad de una capa, el efecto de una capa o la posición de una capa cambie de forma gradual, tan sólo tenemos que crear el primer y último cuadro de la secuencia. ImageReady es capaz de crear los cuadros intermedios automáticamente, sin la necesidad de crear capas adicionales, gracias a un proceso llamado Intercalar. ImageReady no puede intercalar o crear cuadros intermedios automáticamente cuando queremos cambiar la forma o el tamaño de un gráfico. Si queremos aumentar ligeramente un gráfico o rotar el gráfico en el espacio, en primer lugar tenemos que crear los pasos intermedios de la animación como capas adicionales para que se puedan dibujar los cuadros animados a partir de éstas.

5. Comience por duplicar el séptimo cuadro y haga visible el efecto Superponer color que anteriormente había ocultado. Con el octavo cuadro seleccionado, haga clic en el icono Intercalar cuadros de animación situado en la paleta de animación. Seleccione el número que quiera de cuadros intermedios y haga clic en **OK**.

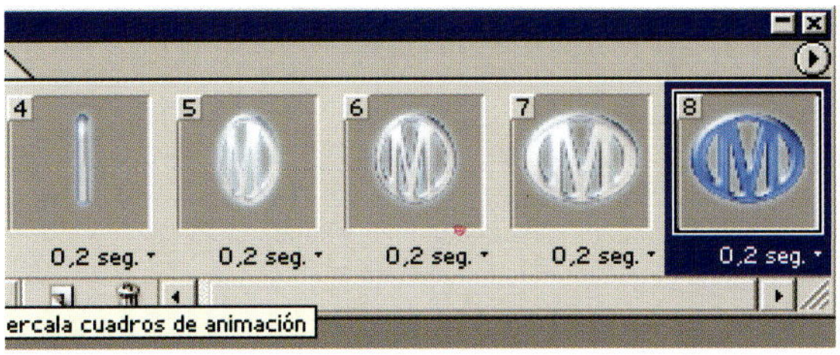

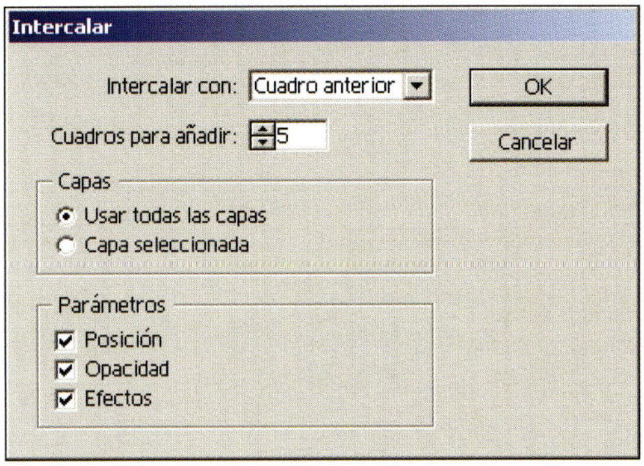

Los cuadros intermedios que crea ImageReady debilitan la visibilidad del efecto Superponer color. Ajuste el tiempo de demora de cada cuadro y configure un tiempo de demora mayor en el primer o último cuadro si quiere que el gráfico se pare antes de volver a dar vueltas.

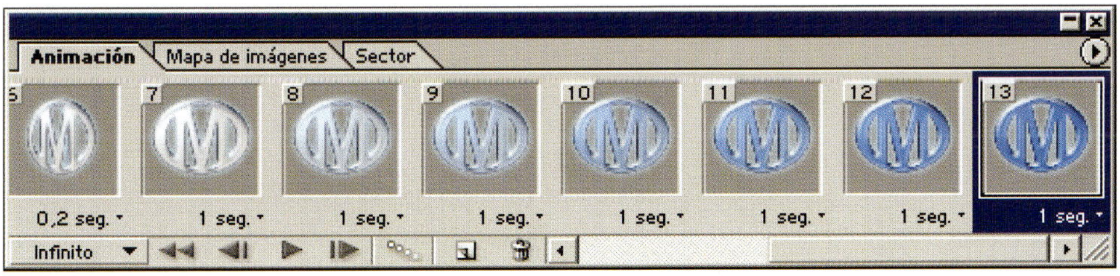

NOTA: EN LA ESQUINA INFERIOR IZQUIERDA DE LA PALETA DE ANIMACIÓN PUEDE CONFIGURAR SI QUIERE QUE LA ANIMACIÓN SE REPRODUZCA SÓLO UNA VEZ, INFINITO O UN NÚMERO ESPECÍFICO DE VECES.

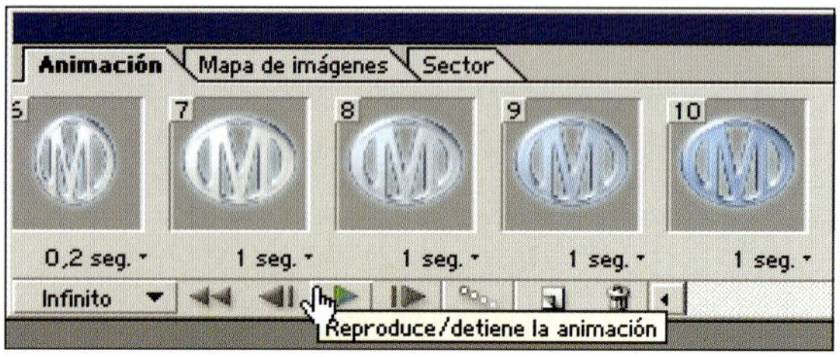

6. Reproduzca la animación haciendo clic en el icono Reproducir/detener la animación en la paleta de animación. Haga clic en el icono Previsualizar en el navegador por defecto para ver la animación en tiempo real.

7. Haga clic en la vista Optimizada y configure el número de colores que necesite y la paleta de color. Seleccione la paleta de color que le ofrezca los mejores resultados visuales para su gráfico. Seleccione un algoritmo de tramado, si va a utilizar pocos colores, y compruebe la opción de transparencia si ha desactivado la capa de fondo en la paleta de capas para crear un logo que gire por delante del fondo de la página Web.

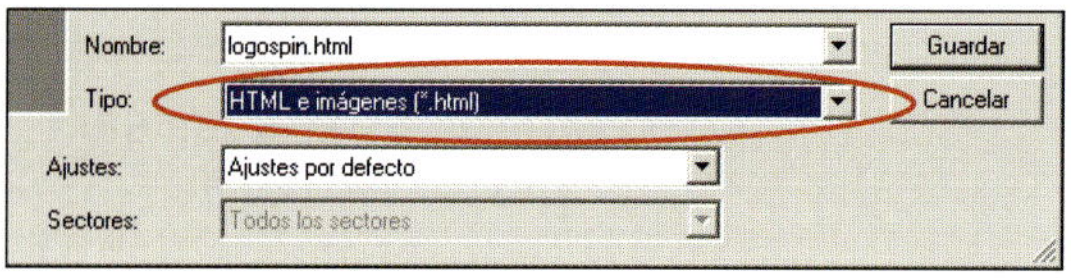

8. Guarde la animación como archivo PSD maestro (Archivo>Guardar como) y como archivo GIF optimizado (Archivo>Guardar optimizada como). El archivo GIF optimizado puede ejecutarse abriendo el archivo HTML que le acompaña (si se ha guardado), o simplemente se puede arrastrar a una ventana de un navegador. La animación también puede reproducirse si el archivo está incrustado en el cuerpo de un correo electrónico.

NOTA: SI GUARDA UN ARCHIVO HTML CON EL GIF ANIMADO, EN PRIMER LUGAR CREE UNA CARPETA NUEVA PARA QUE EL ARCHIVO GIF Y EL HTML ESTÉN EN EL MISMO LUGAR. ESTO ASEGURARÁ QUE NO SE ROMPA EL ENLACE ENTRE LOS DOS ARCHIVOS CUANDO SE MUEVAN A OTRO LUGAR O SE SUBAN A UN SERVIDOR.

Las posibilidades creativas para el movimiento que puede crear ImageReady son, por supuesto, ilimitadas. Puede imaginar cómo un objetivo de aumento puede potenciar su animación. Piense en la creación de imágenes secuenciales durante un gran período de tiempo. Pruebe a colocar la cámara sobre un trípode para crear un resultado profesional cuando no se necesita mover la cámara para seguir la acción.

CONSTRUCCIÓN DE PÁGINAS WEB

Photoshop e ImageReady pueden preparar imágenes fotográficas, animaciones y gráficos para montarlas en una aplicación sobre creación de páginas Web, como Dreamweaver o GoLive. Sin embargo, ImageReady puede montarlo todo y hacerlo interactivo. ImageReady tiene sus limitaciones, pero si hay que realizar algo relativamente simple, no hay ninguna necesidad de comprar ninguna aplicación sobre creación de páginas Web.

Una página de inicio creada con ImageReady

ImageReady puede dividir un lienzo de una imagen y guardar cada sector en un archivo de imagen independiente apropiado para su utilización en Internet. Los sectores pueden guardarse en diferentes formatos, cada uno con sus propias configuraciones de optimización. ImageReady también puede escribir el archivo HTML para que el navegador Web pueda volver a montar los sectores. ImageReady puede introducir hipervínculos en la imagen para que el usuario pueda ir de una página a otra del mismo sitio Web o de otros sitios de la *Wolrd Wide Web*. ImageReady también puede exportar estos sectores como animaciones GIF y crear imágenes de sustitución o Rolloves, para que cuando el usuario mueva el cursor del ratón sobre un gráfico, se produzcan cambios dentro de la página Web (se abrirá una nueva imagen en su lugar o en otro sitio dentro de la página Web).

La siguiente actividad le guiará por los pasos básicos para crear una página Web completa. Todas las características principales de ImageReady se introducirán mientras monta, divide, optimiza y guarda una página Web. Esta página de índice servirá como página de inicio para dar la bienvenida y guiar a los visitantes por las galerías Web que puede crear en Photoshop.

Actividad 5

1. Abra Adobe ImageReady. Si está trabajando con un ordenador Macintosh, aumente el tamaño preferido en Necesidades de memoria como mínimo hasta 48000 K (haga clic una vez en el icono Adobe ImageReady en la carpeta Applications y seleccione File>Get Info>Memory).

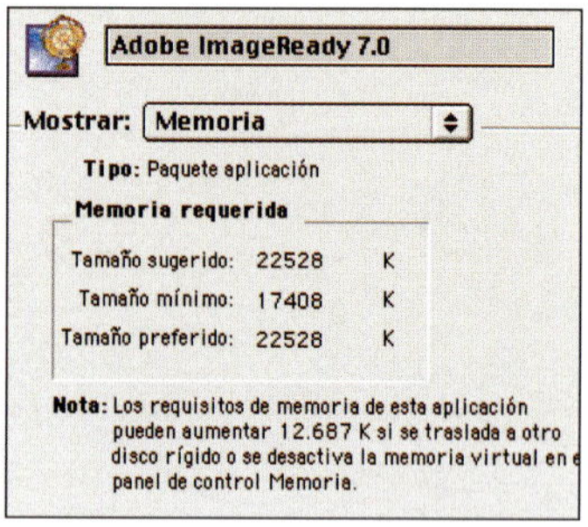

2. Restaure las ubicaciones de paletas (Ventana> Espacio de trabajo>Restaurar ubicaciones de paleta).

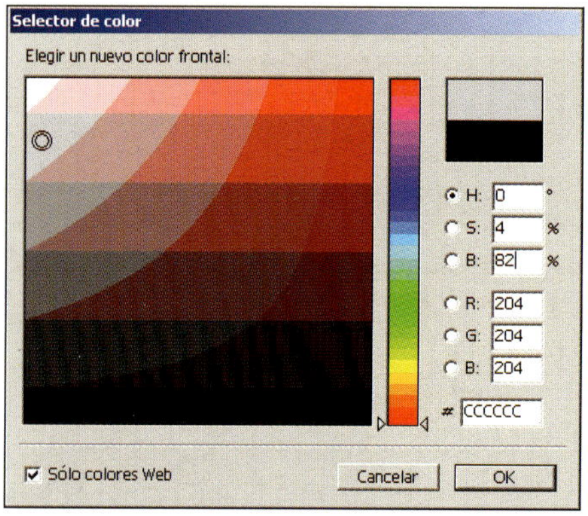

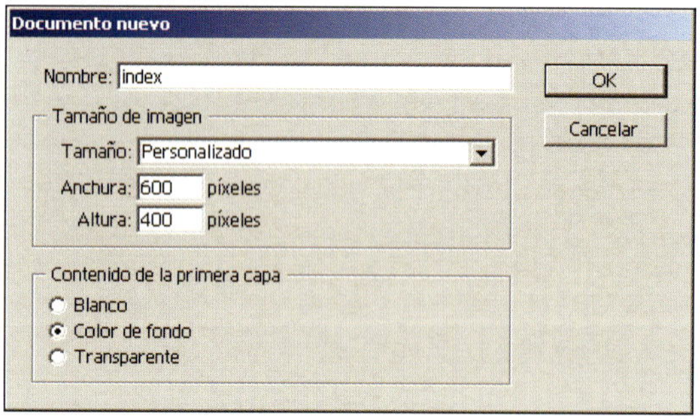

3. Haga clic en el cuadro del color de fondo en la paleta de herramientas para abrir el Selector de color. Seleccione la opción Sólo colores Web. Seleccione un valor de color para el color de fondo de su página Web haciendo clic en él. Pulse **OK**.

4. Cree un documento nuevo (Archivo>Nuevo). Póngale al archivo el nombre `index`. En las especificaciones de Tamaño de imagen seleccione 600 píxeles para el ancho y 400 píxeles para el alto. Seleccione Color de fondo como Contenido de la primera capa. Del menú Vista seleccione Reglas.

5. Haga clic en la regla vertical y arrástrela hasta el valor 40 píxeles, como indica la regla horizontal. Repita el proceso, añadiendo guías en las posiciones 100, 160 y 200 píxeles, como indica la regla horizontal.

6. Arrastre guías en la regla horizontal hasta las posiciones 75, 150, 170 y 200 píxeles, como indican las reglas verticales. A continuación, añada guías cada 20 y 30 píxeles hasta que llegue hasta la parte inferior del área del lienzo. Guarde el documento como archivo PSD (Imagen>Guardar como).

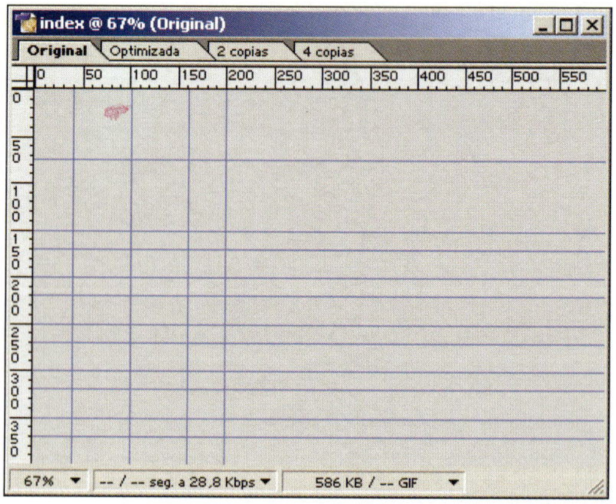

Imágenes para la Web

Crear los botones Web

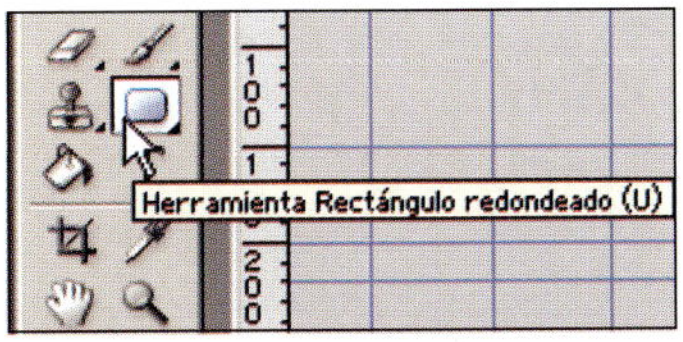

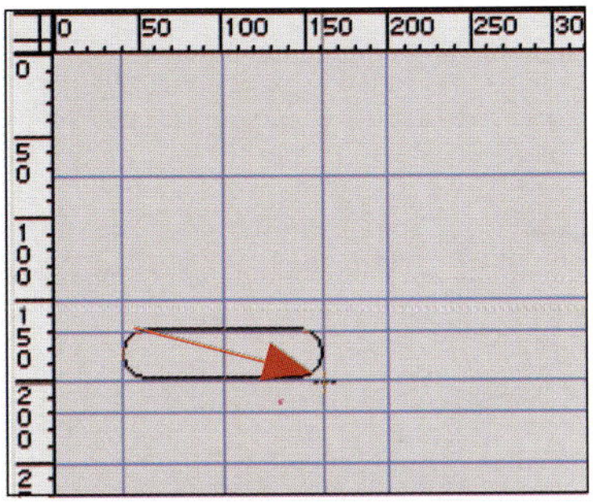

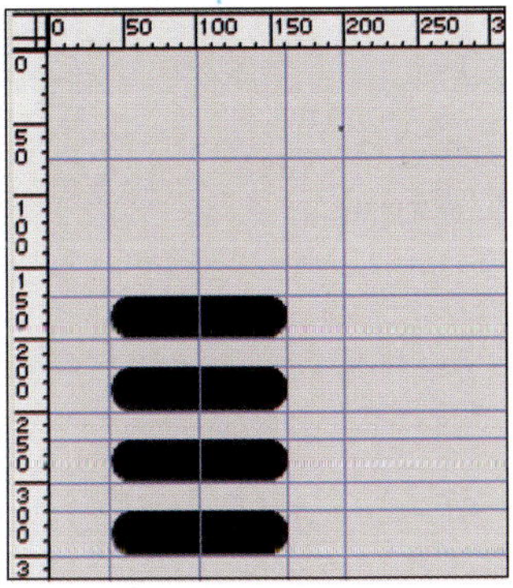

7. Seleccione la herramienta Rectángulo redondeado de la paleta de herramientas. De la barra de opciones, seleccione un radio de esquina de 20 píxeles. Haga clic y dibuje una forma vectorizada comenzando a partir de 170 píxeles desde la parte superior y 40 píxeles desde la izquierda, hasta una posición de 200 píxeles desde la parte superior y 160 desde la izquierda (el color no tiene relevancia en este punto). Cree tres formas vectorizadas más, debajo de la anterior, utilizando las guías para posicionarlas en una columna vertical.

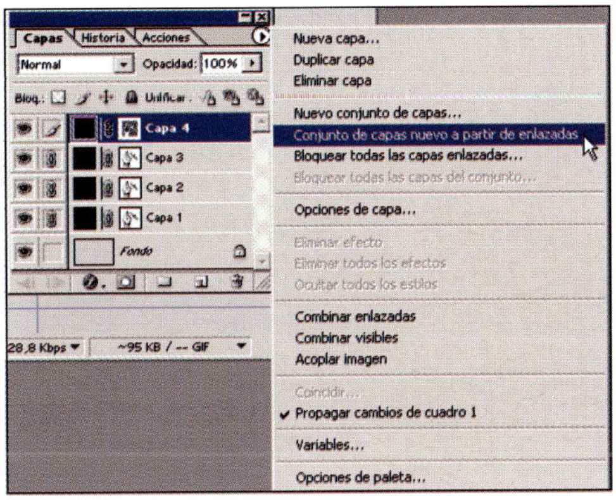

8. En la paleta de capas, enlace las cuatro capas de los vectores haciendo clic en el cuadro vacío situado al lado del ojo en cada capa. De las opciones de la paleta de capas seleccione **Nuevo conjunto a partir de enlazadas**.

9. Haga doble clic en el nombre **Conjunto 1** en la paleta de capas y cambie el nombre por `botones`.

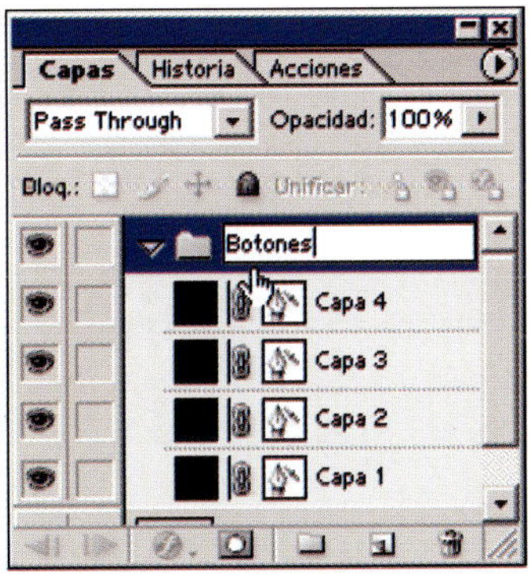

Preparar e importar los componentes de la página Web

Logo

10. Abra el archivo `Vector Logo PSD` creado en la Actividad 4. Enlace todas las capas, excepto la capa de fondo, y construya un conjunto de capas seleccionando la opción de la paleta de capas como anteriormente (**Nuevo conjunto a partir de enlazadas**). Nombre a este conjunto como logo.

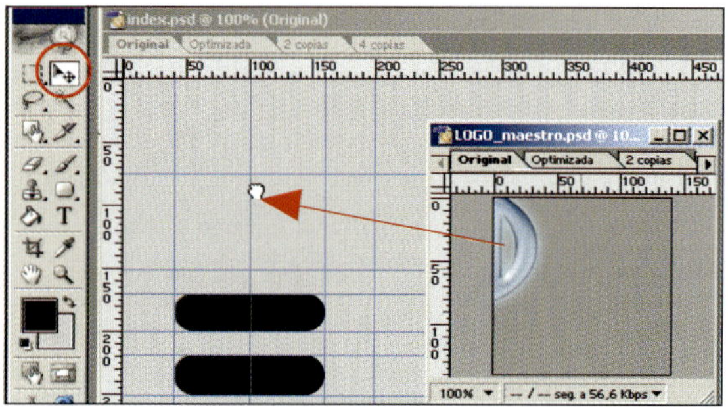

11. Seleccione la herramienta Mover en la paleta de herramientas y el conjunto de capas logo en la paleta de capas. Haga clic en el conjunto de capas o en el logo en la ventana de imagen y arrástrelo hasta la ventana del archivo `index.psd`. El logo aparecerá en el archivo `index` y el conjunto aparecerá en la paleta de capas. Con la herramienta Mover aún seleccionada, posicione el logo en la esquina superior izquierda del archivo `index`.

Titular

12. Abra o cree un archivo que actúe como titular Web para la página Web. El texto o imagen debería tener un tamaño de 380 píxeles de ancho por 110 píxeles de alto (excluyendo los efectos de capa como sombra interior, etc.). Utilice el comando **Transformación** para cambiar el tamaño del titular si fuera necesario. Coloque las capas del titular en un conjunto de capas y llame a este conjunto `titular`. Importe este conjunto al archivo `index` como antes.

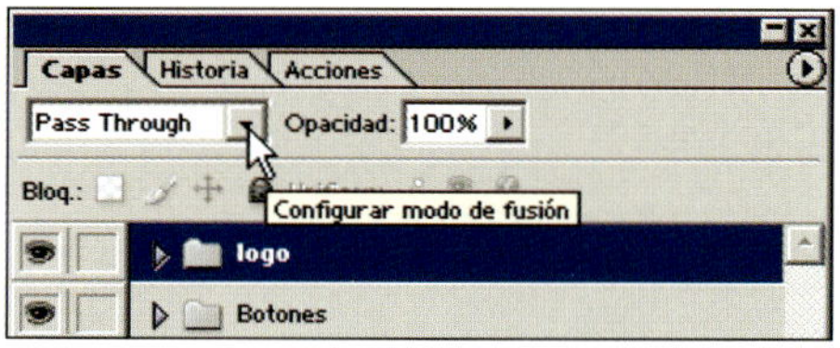

NOTA: SI UN CONJUNTO DE CAPAS QUE CONTENGA UNA CAPA DE AJUSTE SE IMPORTA AL ARCHIVO `INDEX`, EL MODO DE FUSIÓN DEL CONJUNTO DE CAPAS TENDRÁ QUE CAMBIARSE A NORMAL DEL PREDETERMINADO PASH TROUGH. ESTO EVITARÁ QUE CAPA DE AJUSTE AFECTE A LAS CAPAS SITUADAS DEBAJO.

Imágenes

13. Cree un archivo nuevo con las dimensiones 380 píxeles de ancho por 220 píxeles de alto. Importe y aumente tres imágenes diferentes en un conjunto de capas como antes. Cada imagen funcionará como un ejemplo del tipo de imágenes que pueden encontrarse en una galería de imágenes que tendrán un enlace desde esta página de inicio, como por ejemplo un retrato enlazado a una galería de retratos.

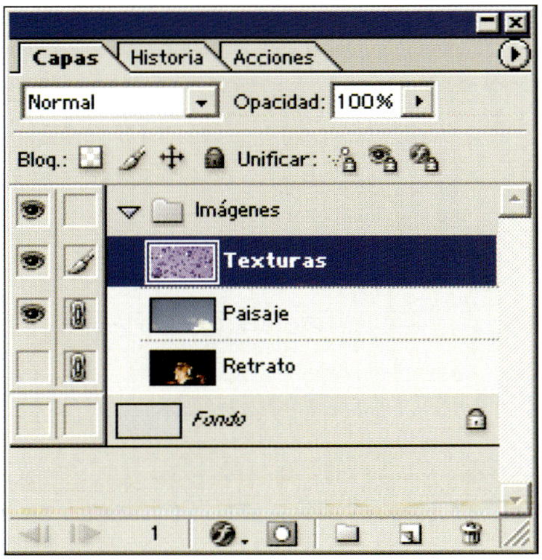

14. Seleccione la herramienta de Texto en la paleta de herramientas y seleccione Texto centrado de la barra de opciones. Haga clic en el centro de la ventana de imagen y escriba la forma de contacto, como por ejemplo su dirección de correo electrónico.

15. Póngale el nombre de imágenes al conjunto de imágenes e importe el conjunto al archivo `index`. Posicione el conjunto de imágenes utilizando las guías para alinear las imágenes.

16. Oculte la visibilidad de todas las capas en el conjunto de capas Imágenes y guarde este trabajo como archivo PSD (Archivo> Guardar como). Puede ocultar las guías de forma temporal ahora que todas las capas se han colocado en su sitio seleccionando Vista> Mostrar>Guías.

NOTA: ES CONVENIENTE ASEGURAR QUE CADA CAPA ESTÁ EN SU POSICIÓN CORRECTA ANTES DE REALIZAR LOS *ROLLOVERS* (IMÁGENES DE SUSTITUCIÓN) Y LAS ANIMACIONES. SI HUBIERA QUE MOVER LAS CAPAS UNA VEZ QUE SE HAYAN COLOCADO LAS ANIMACIONES Y LOS *ROLLOVERS*, CAUSARÍA GRANDES DOLORES DE CABEZA A AQUELLOS QUE NO TIENEN MUCHA PRÁCTICA CON IMAGEREADY.

Crear los botones de rollovers

17. En la paleta de Estilos, disponemos de una serie de *rollovers* que pueden aplicarse a las capas de formas vectorizadas del conjunto de capas `botones`. Estos estilos (identificados por un pequeño triángulo negro en la esquina superior izquierda de la miniatura) ahorran mucho tiempo en la creación de una página de inicio.

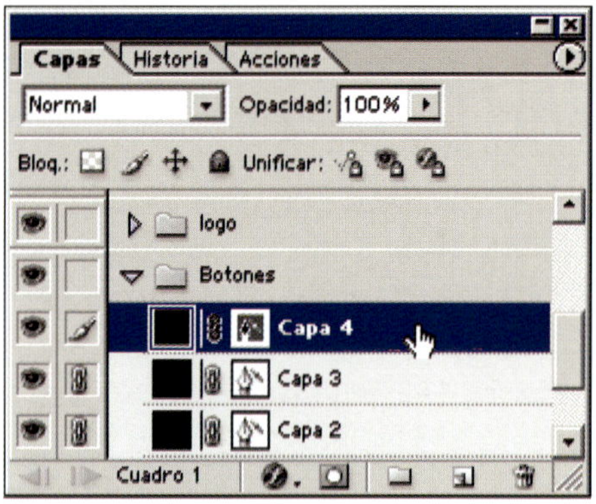

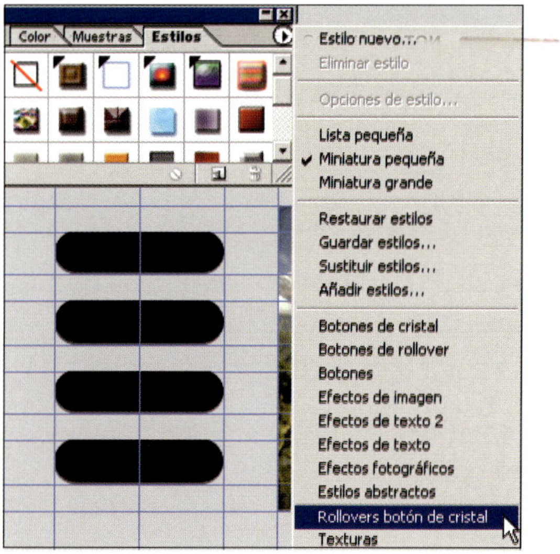

Para aplicar un *rollover*, simplemente seleccione una capa de forma vectorizada en la paleta de capa y haga clic en el estilo de *rollover* que desee en la paleta de estilos. Además de aplicar los estilos en cualquier estado adicional como Sobre o Abajo, *ImageReady* también crea sectores basados en capas para soportar estos *rollovers*. Puede cargar estilos de *rollover* adicionales del menú emergente de la paleta de estilos.

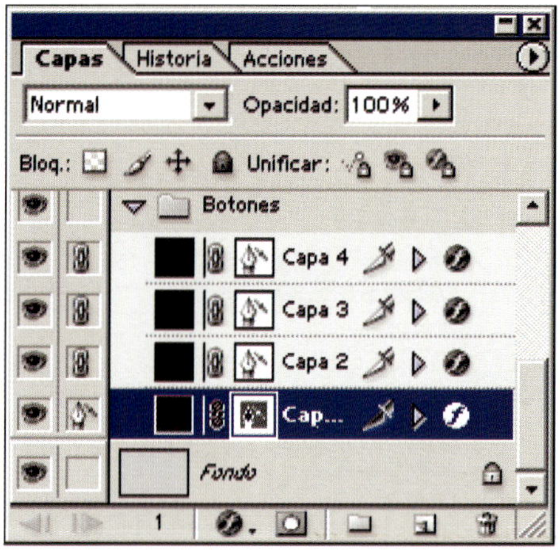

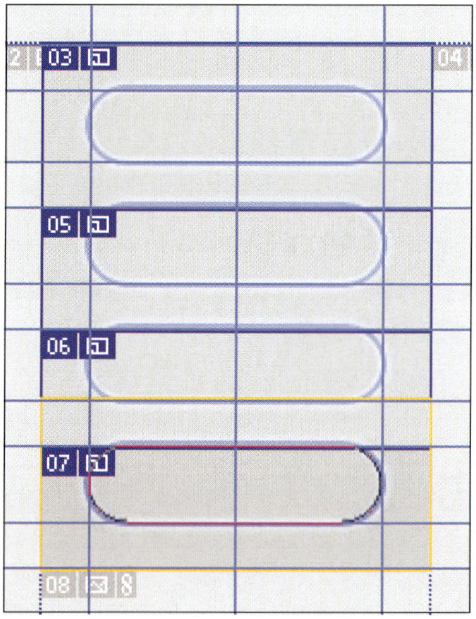

18. Continúe aplicando el estilo de *rollover* que desee a todas las formas vectorizadas en el conjunto de capas `botones`. Observará que en la ventana de imagen del archivo `index` se han creado sectores, además de la aplicación de los estilos de capa.

NOTA: LOS ESTILOS DE CAPA UTILIZADOS PARA LOS *ROLLOVERS* PUEDEN MODIFICARSE O SUSTITUIRSE CON OTROS ESTILOS DE LA PALETA DE ESTILOS Y, A CONTINUACIÓN, PUEDEN VOLVERSE A GUARDAR COMO `ESTILO NUEVO` CON LOS ESTADOS DEL *ROLLOVER*.

Sectores

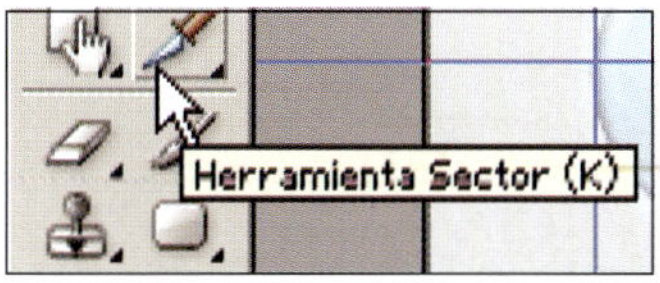

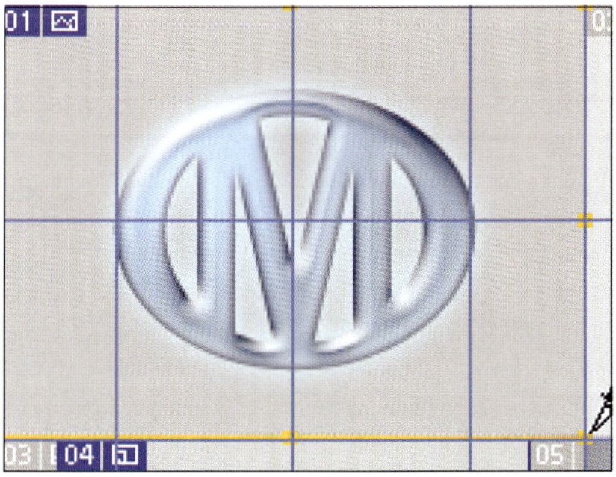

19. Seleccione la herramienta Sector en la paleta de herramientas. Desde la esquina superior izquierda del archivo `index`, haga clic y arrastre la herramienta para crear un sector personalizado alrededor del logo, hasta un punto que se alinee con la esquina superior derecha del sector del botón.

20. Cree otro sector alrededor del titular y un tercero alrededor del área que contiene el conjunto de capas de imágenes.

NOTA: CUANDO SE GUARDA UNA PÁGINA WEB COMO VERSIÓN OPTIMIZADA (COMO OPOSICIÓN AL ARCHIVO PSD MAESTRO) CADA SECTOR SE CONVERTIRÁ EN UN ARCHIVO DE IMAGEN INDEPENDIENTE. CADA SECTOR ESTÁ NUMERADO EN LA ESQUINA SUPERIOR IZQUIERDA. LOS SECTORES SE PUEDEN IDENTIFICAR TAMBIÉN POR PEQUEÑOS ICONOS, COMO SECTORES PERSONALIZADOS (AQUÉLLOS CREADOS CON LA HERRAMIENTA SECTOR), SECTORES AUTOMÁTICOS (AQUÉLLOS CREADOS POR IMAGEREADY) Y SECTORES BASADOS EN CAPAS, CREADOS AUTOMÁTICAMENTE COMO PARTE DE UN *ROLLOVER* O POR EL USUARIO DESDE EL MENÚ Capas. LOS SECTORES BASADOS EN CAPAS SON LO SUFICIENTEMENTE GRANDES PARA CONTENER LOS PÍXELES DE LA CAPA DESDE LA QUE SE CREARON.

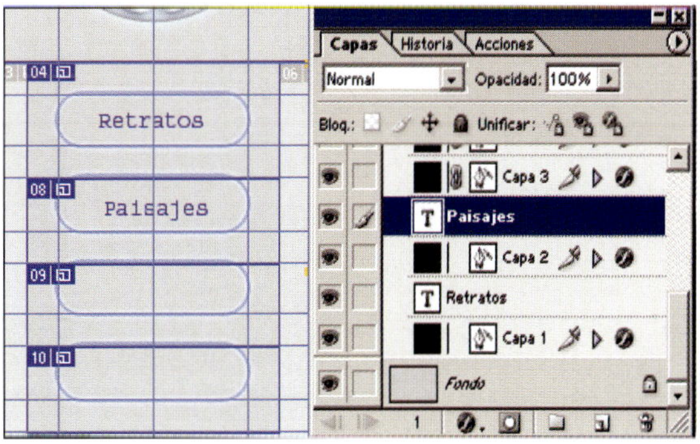

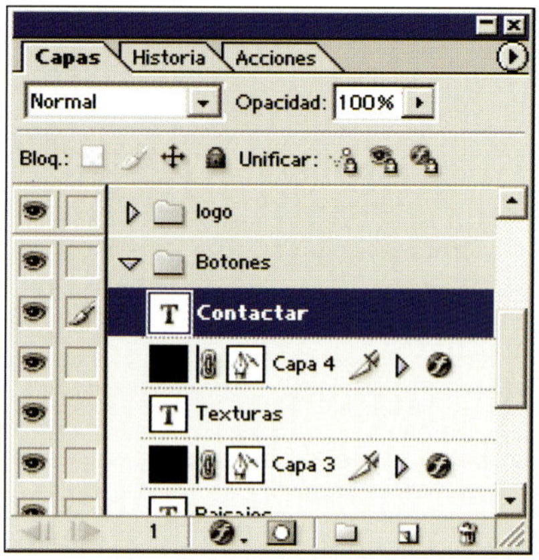

21. Abra el conjunto de capas `botones` y seleccione la capa vectorizada más alta. Seleccione la herramienta de Texto y, en la barra de opciones, configure el tamaño de fuente en 14 px y configure la alineación del texto en Texto centrado. Haga clic en el cuadro de color para seleccionar un color para el texto. Haga clic en el centro del botón superior para añadir una capa de texto para ponerle nombre al botón. Repita el proceso para nombrar los demás botones.

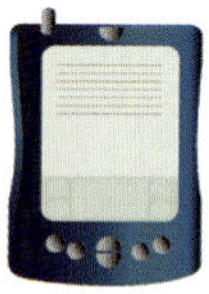

NOTA: SELECCIONE EL ICONO CONMUTAR VISIBILIDAD DE LOS SECTORES EN LA PALETA DE HERRAMIENTAS PARA OCULTAR TEMPORALMENTE LOS SECTORES.

Rollovers *secundarios*

22. En la paleta de Rollovers, habrá una lista que comprenda desde `Index_Capa 1` hasta `Index_Capa 4`. Éstos son los *rollovers* que se han creado cuando se aplicó el estilo de capa de *rollover* a cada capa vectorizada. Éstos son los estados normales. Haga clic en el triángulo situado a la izquierda de las miniaturas de *rollovers* para ver los otros estados. Algunos estilos tendrán dos estados, mientras que otros tendrán tres.

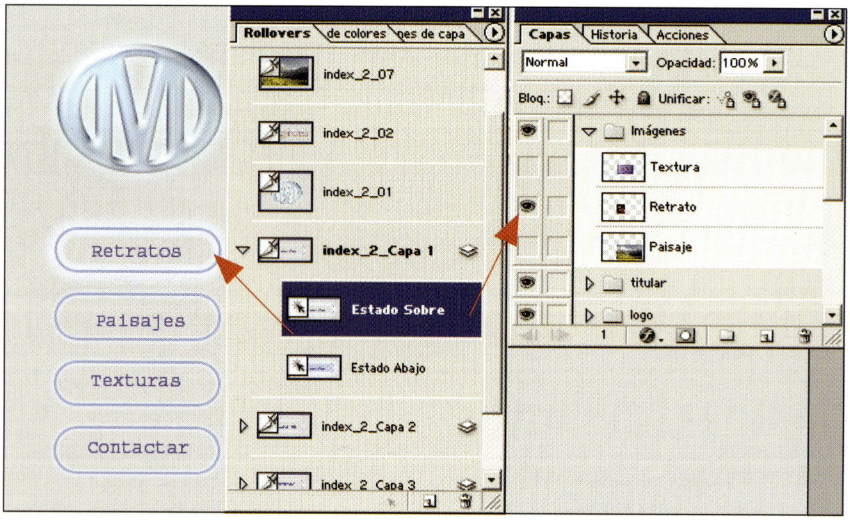

23. Haga clic en Estado sobre de uno de los *rollovers*. Observe los cambios en el aspecto del botón cuando se selecciona Estado sobre. Si el estilo seleccionado tiene un Estado abajo en lugar de un Estado sobre, éste puede cambiarse simplemente haciendo doble clic en el estado y cambiándolo en el cuadro de diálogo de Opciones de estado de rollover que aparece.

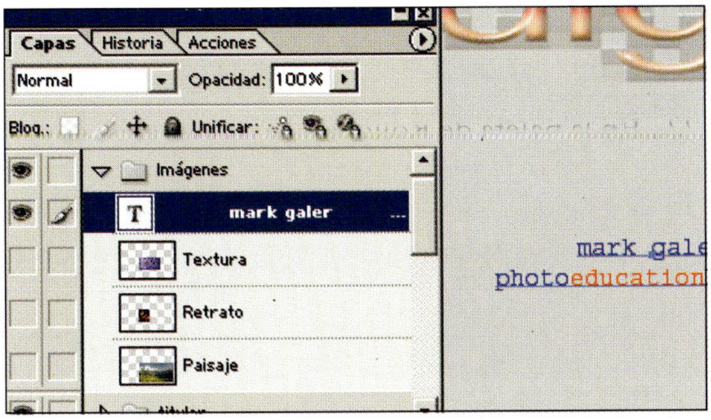

24. Con el Estado sobre seleccionado, active la visibilidad de una de las imágenes del conjunto `imágenes`. Seleccione entre Estado normal y Estado sobre y observe cómo las imágenes se encienden y se apagan. Cuando una imagen aparece en un sector como resultado de la sustitución de otro sector se denomina rollover secundario.

25. Repita el proceso con los otros *rollovers* activando una imagen distinta para cada Estado sobre que se seleccione. Con el Estado sobre del último botón, active la capa de texto `contacto`.

26. Guarde el trabajo realizado hasta el momento como archivo PSD (Archivo>Guardar como).

Enlaces

27. Seleccione la herramienta Seleccionar sector en la paleta de herramientas (en el grupo de la herramienta Sector). Haga clic en un sector de rollover para seleccionarlo. Seleccione la paleta Sector (agrupada con las paletas Animación y Mapa de imágenes).

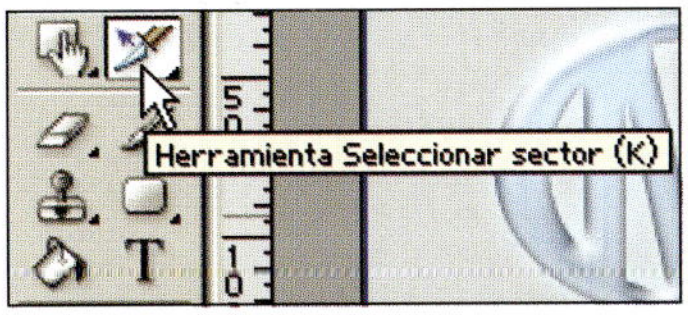

28. Seleccione el campo de texto URL: en la paleta Sector y escriba el nombre (URL) de la página Web a la que quiere enlazar. Si va a crear un enlace con una galería Web creada por Photoshop, escriba el nombre del directorio (el nombre de la carpeta de destino) seguido de una barra invertida seguida de `index.htm`, por ejemplo, portraits/index.htm. Escoja un nombre corto sin espacios ni signos de puntuación. Asegúrese de que la ortografía es la misma, ya que de lo contrario el enlace no funcionará.

29. Repita el proceso y cree enlaces para todos los botones o sectores de *rollovers* basados en capas. Con el sector Contacto seleccionado, escriba `mailto:` en el campo de URL seguido de la dirección de correo electrónico. Este enlace, cuando se haga clic sobre él, abrirá una ventana de correo electrónico con su dirección ya escrita en el campo Para:.

Animaciones

30. Si desea crear una animación, el procedimiento es el mismo que realizó para la actividad del logo animado. Si quiere, puede crear una animación en un Estado sobre, para que la animación se active sólo cuando el cursor del ratón esté sobre este sector.

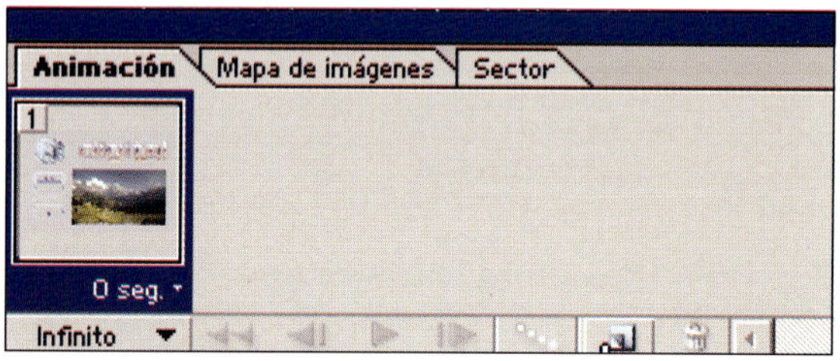

NOTA: NO PUEDE IMPORTAR UNA ANIMACIÓN QUE HA CREADO ANTERIORMENTE EN IMAGEREADY A UN ARCHIVO NUEVO Y CONSERVAR LOS CUADROS DE ANIMACIÓN. EN PRIMER LUGAR TIENE QUE IMPORTAR LAS CAPAS QUE LA COMPONEN Y COMENZAR DESDE CERO.

Optimización

31. Haga clic en la ficha Mostrar imagen optimizada situada en la esquina superior izquierda de la ventana de imagen.

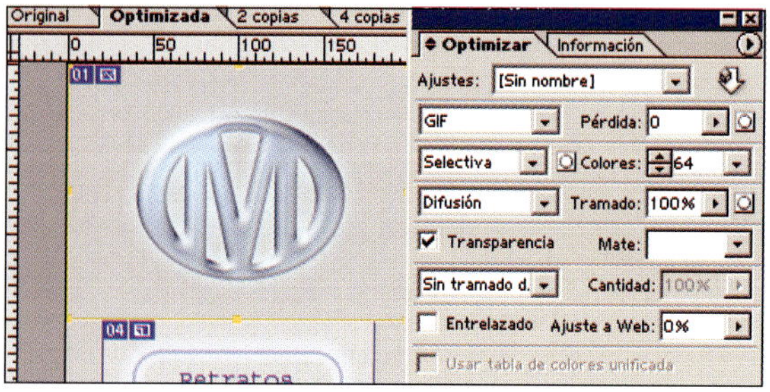

32. Con la herramienta Seleccionar sector pulsada, seleccione cada sector y, en la paleta Optimizar, seleccione las configuraciones apropiadas para la optimización. Para un gráfico con una paleta de color limitada, puede utilizarse el formato de archivo GIF, mientras que el sector `imágenes` y el sector `titular` requerirán el formato de archivo JPEG.

NOTA: PULSE **MAYÚS**-CLIC PARA SELECCIONAR VARIOS SECTORES CUANDO QUIERA APLICAR LAS MISMAS CONFIGURACIONES A VARIOS SECTORES A LA VEZ.

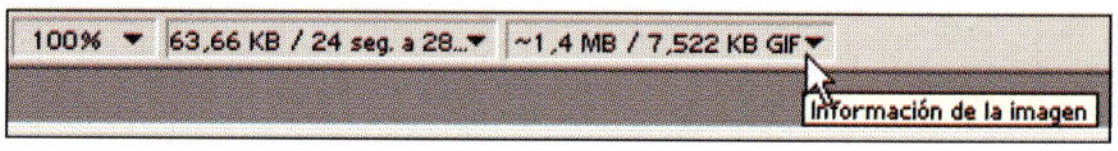

33. Como se han realizado cambios en las configuraciones de optimización, realice una vista previa para ver los cambios en la ventana de imagen. Observe también el cambio del tamaño de archivo y el tiempo de descarga en los datos de la información de datos situados en la parte inferior de la ventana principal. Estamos trabajando en un modo WYSIWYG ("lo que ve es lo que obtiene"), por lo que la elección final es muy subjetiva.

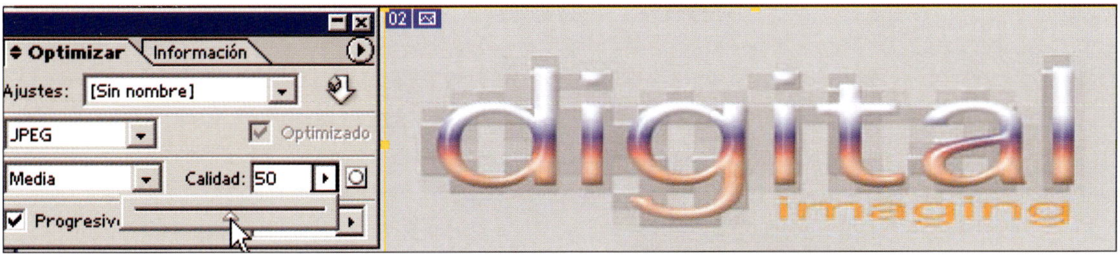

NOTA: PARA IMÁGENES FOTOGRÁFICAS Y GRÁFICOS CON SUAVES DEGRADADOS DE TONO Y COLOR, SELECCIONE EL FORMATO DE ARCHIVO JPEG. SELECCIONE Progresivo SI QUIERE QUE LAS IMÁGENES APAREZCAN DE FORMA PROGRESIVA CUANDO SE ESTÉN ABRIENDO EN UN NAVEGADOR WEB (LA IMAGEN SE VOLVERÁ CADA VEZ MÁS CLARA A MEDIDA QUE SE TENGAN MÁS DATOS). EL FORMATO DE ARCHIVO JPEG NO SOPORTA CUADROS DE ANIMACIÓN O TRANSPARENCIAS.

34. Guarde el trabajo realizado como archivo PSD (Archivo>Guardar como).

Vista previa y guardar

35. Vuelva al modo Mostrar imagen original. Haga clic en el icono Previsualizar documento de la paleta de herramientas. Mueva el cursor por encima de los botones para comprobar que funcionan los *rollovers*. A continuación, haga clic en el icono Previsualizar en el navegador por defecto para abrir el archivo en el navegador. Vuelva al archivo abierto en ImageReady y corrija o modifique cualquier configuración de los *rollovers*, las animaciones o la optimización si fuera necesario.

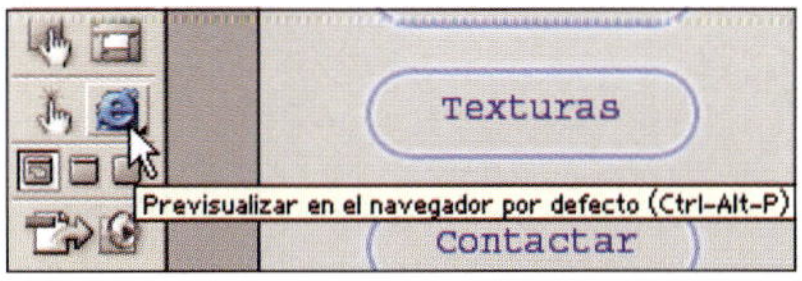

36. Seleccione el color de fondo utilizado en la página Web como color frontal o color de fondo (utilice la herramienta Cuentagotas o utilice el selector de color).

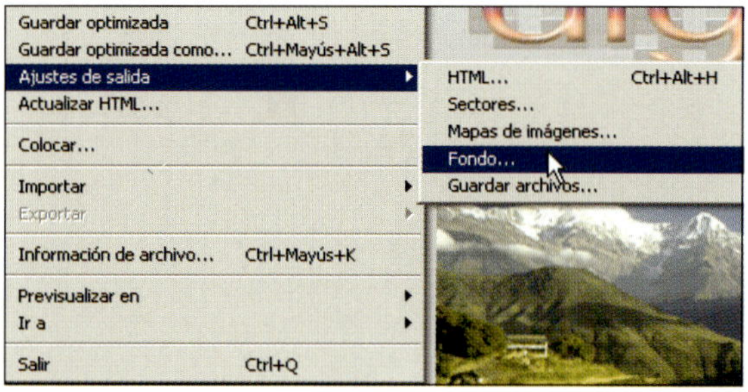

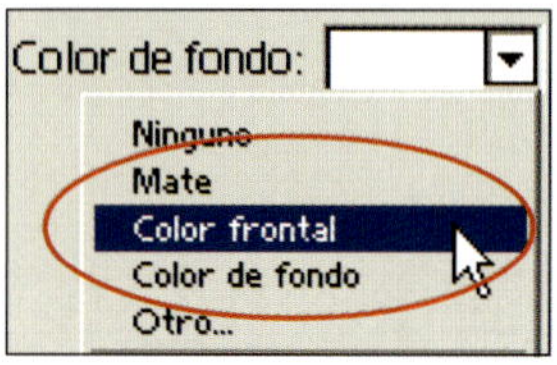

37. Seleccione **Archivo>Ajustes de salida> Fondo**. En el menú emergente de **Color de fondo** seleccione el color de fondo utilizado en el sitio Web. Esto asegurará que el color que rodea a los sectores sea el mismo.

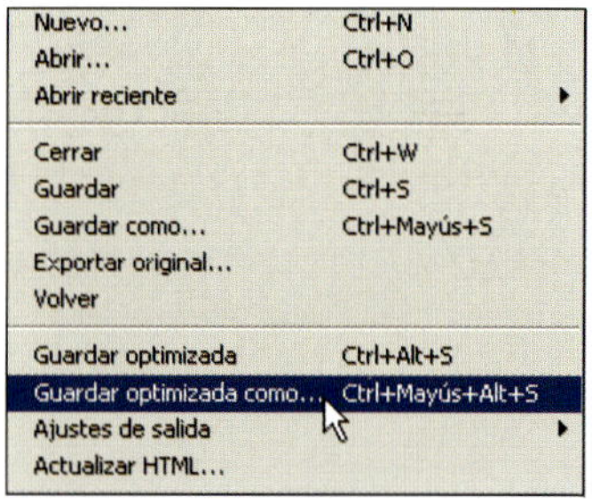

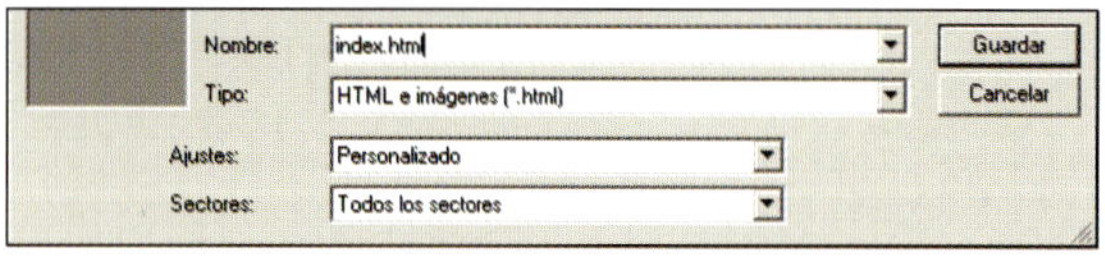

38. Del menú **Archivo** seleccione **Guardar optimizada como**. Cree una nueva carpeta llamada `misitioweb` y guarde el código HTML y las imágenes en esta carpeta. Guarde el archivo de ImageReady como archivo PSD en una carpeta distinta.

39. Arrastre las carpetas de las galerías Web que estén enlazadas con su página de inicio en la carpeta `misitioweb`. Abra el archivo `index.html` para comprobar el sitio y, a continuación, súbalo a Internet.

MISIÓN

Parte A

Cree un logo vectorizado para promocionar su trabajo individual de diseño gráfico digital utilizando Adobe Photoshop. Utilice una mezcla de forma tipográfica y formas dibujadas o modificadas para crear un vector basado en una capa. El logo se debería identificar fácilmente cuando se vea con un tamaño de 100 píxeles cuadrados en un monitor, o se imprima con un tamaño de una pulgada al cuadrado (2,54 cm). El logo debería guardarse como forma personalizada y exportado como archivo de Adobe CHS (forma personalizada).

Parte B

Cree y aplique un estilo de capa personal a una versión más grande del logo (tamaño pantalla completa). Aumente el estilo de capa para que sea el mismo cuando se aplique a una versión de miniatura más pequeña del logo. Guarde los estilos de capa como archivo de Adobe ASL.

Parte C

Construya una animación para promover su trabajo fotográfico personal. La animación se construirá utilizando Adobe ImageReady con un mínimo de 3 cuadros (máximo 15). La animación tiene que construirse a partir de una imagen, de imagen y texto o de texto.

Parte D

Construya como mínimo tres páginas Web enlazadas utilizando Adobe ImageReady.

El sitio tiene que verse en la *World Wide Web.*

El contenido debe promocionar su propio diseño digital.

La página de inicio debe incluir:

- Un titular Web y un logo.
- Enlaces a dos o más galerías de fotografías Web.
- Una dirección de correo electrónico de contacto que abra una ventana de correo electrónico.

El sitio Web tiene que verse en un monitor con una resolución de 800 x 600 sin tener que utilizar las barras de desplazamiento (aproximadamente 410 x 650 píxeles).

Raphael Ruz.

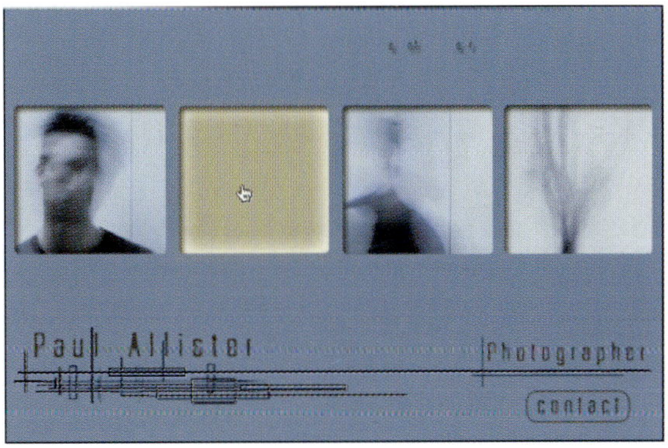

Paul Allister.

GALERÍA

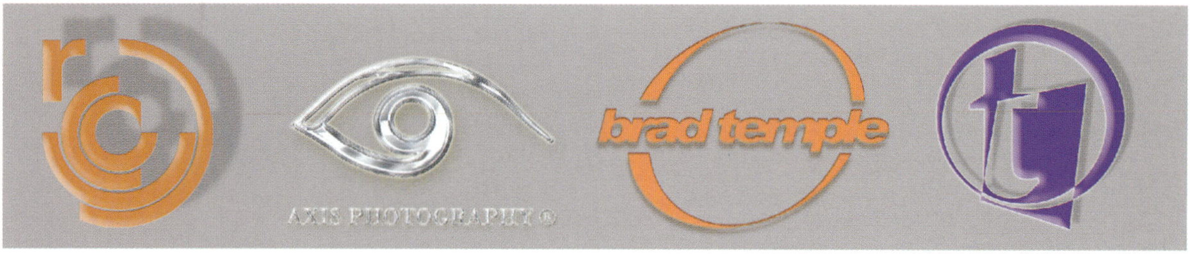

Logos de varios estudiantes.

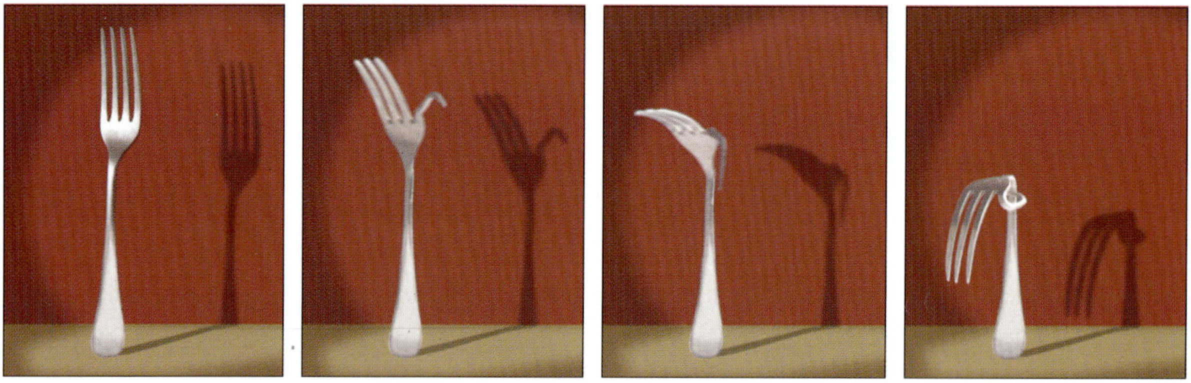

Ari Hatzis.

Amanda De Simone.

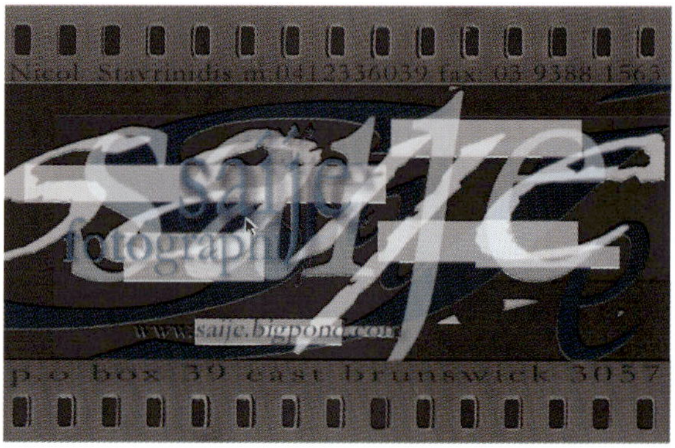

Nicole Stavrinidis.

Imágenes para la Web

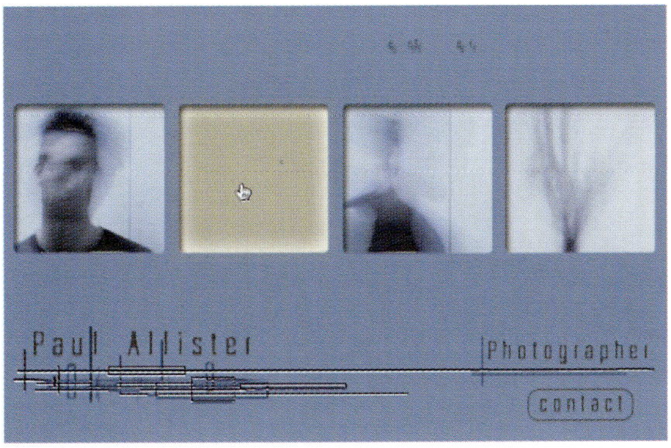

Paul Allister.

Raphael Ruz.

Apéndices

APÉNDICE A

COMBINACIONES DE TECLAS

Combinaciones de teclas

Acción	Métodos abreviados de teclado
Navegar y ver	
Encajar imagen en pantalla	Doble clic en la herramienta Mano en la paleta
Ver imagen al 100%	Doble clic en la herramienta Zoom en la paleta
Herramienta Zoom (aumentar)	**Comando/Control-Barra espaciadora**
Herramienta Zoom (reducir)	**Comando-Opción/Control-Alt**
Modo Pantalla completa	**F**
Mostrar/ocultar Reglas	**Comando/Control-R**
Mostrar/ocultar guías	**Comando/Control-;**
Ocultar paletas	Tecla **Tab**
Comandos de archivo	
Abrir	**Comando/Control-O**
Cerrar	**Comando/Control-W**
Guardar	**Comando/Control-S**
Guardar como	**Mayús-Comando/Control-S**
Deshacer/Rehacer	**Comando/Control-Z**
Paso atrás	**Comando-Opción-Z/Control-Alt-Z**
Selecciones	
Añadir a selección	Pulsar la tecla **Mayús** y seleccionar de nuevo
Eliminar de la selección	Pulsar la tecla **Opción/Alt** y seleccionar de nuevo
Copiar	**Comando/Control-C**
Cortar	**Comando/Control-C**
Pegar	**Comando/Control-V**
Pegar dentro	**Comando/Control-Mayús-V**
Transformación libre	**Comando/Control-T**
Distorsionar imagen en transformación libre	Pulsar la tecla **Comando/Control** y mover regulador
Calado	**Comando-Opción-D/Control-Alt-D**

Acción	Métodos abreviados de teclado
Seleccionar todo	**Comando/Control-A**
Deseleccionar	**Comando/Control-D**
Invertir selección	**Comando/Control-I**
Editar en modo máscara rápida	**Q**
Pintar	
Configurar color frontal y color de fondo por defecto	**D**
Cambiar entre color frontal y color de fondo	**X**
Aumentar tamaño de pincel (con la herramienta pintar seleccionada)	**]**
Disminuir tamaño de pincel (con la herramienta pintar seleccionada)	**[**
Cambiar la opacidad del pincel en aumentos de 10%	Pulse los números del **0** al **9**
Rellenar con color frontal	**Opción/Alt-Supr**
Rellenar con color de fondo	**Comando/Control-Borrar hacia la derecha**
Ajustes de color	
Niveles	**Comando/Control-L**
Curvas	**Comando/Control-M**
Grupo o máscara de enlace	**Comando/Control-G**
Habilitar/Deshabilitar máscara de capa	**Mayús** + clic en la miniatura de máscara de capa
Vista previa de la capa	**Opción/Alt** + clic en la miniatura de máscara de capa
Seleccionar siguiente punto de ajuste en curvas	**Comando/Control-Tab**
Capas y canales	
Crear una capa nueva	**Mayús-Comando/Control-N**
Cargar selección a partir de canal Alfa o máscara de capa	**Comando/Control** + clic en la miniatura
Cambiar opacidad de la capa activa en aumentos de 10%	Pulse los números del 0 al 9
Añadir máscara de capa-Ocultar todas	**Opción/Alt** + clic en icono Añadir máscara de capa
Mover capa hacia arriba/abajo	**Comando/Control-[o]**

Acción	Métodos abreviados de teclado
Recortar	
Introducir recortar	Tecla **Retorno/Intro**
Cancelar recortar	Tecla **Esc**
Restringir proporciones de selección de recorte	Pulse la tecla **Mayús**
Desactivar las guías magnéticas al recortar regulador	Pulse las teclas **Mayús-Opción/Alt** y arrastre el

APÉNDICE B

ENLACES WEB

ENLACES WEB

Recursos

Fotografía RMIT	http://www.rmit.edu.au/adc/photography
Diseño digital de Adobe	http://www.adobe.com/digitalimag/main.html
Marting Evening	http://www.genesiswebsitedesign.com
ePHOTOzine	http://www.ephotozine.com
Digital Dog	http://www.digitaldog.net
Epson	http://www.epson.com
Computer darkroom	http://www.computer_darkroom.com
Inkjet Mall	http://www.inkjetmall.com

Tutorías

Adobe	http://www.adobe.com/products/tips/photoshop.html
Phong	http://www.phong.com
Russell Brown	http://russellbrown.com
Think Dan	http://www.thinkdan.com/tutorials/photoshop.html
Planet Photoshop	http://www.planetphotoshop.com
Ultimate Photoshop	http://www.ultimate-photoshop.com
Scan tips	http://www.scantips.com

APÉNDICE C

CONTENIDO DEL CD-ROM

APÉNDICE C. CONTENIDO DEL CD-ROM

En el CD-ROM que acompaña al libro podrá encontrar material que le ayudará en su trabajo con éste, así como gran parte de los archivos de ejemplo utilizados a lo largo del libro.
El CD-ROM consta de la siguiente estructura de carpetas (en algunos casos distinta para cada una de las plataformas, Windows y Macintosh):

ARCHIVOS EJEMPLO

Esta carpeta contiene los ejemplos y materiales necesarios para seguir los diferentes ejemplos del libro, distribuidos en carpetas según la temática o herramienta con la que se ha trabajado.
Le será más cómodo, al trabajar con los distintos archivos, crear una carpeta, que puede llamar «Ejercicios» o «Archivos ejemplo» en su disco duro, donde podrá copiar los archivos desde el CD-ROM. Debe eliminar la protección contra escritura, con el fin de guardar los cambios que realice. Si deseara recuperarlos siempre podría copiarlos nuevamente desde el CD-ROM.
Recuerde que los diseños o imágenes que pueda querer incluir en alguno de sus proyectos, pueden estar bajo la protección de la ley de Copyright. Las imágenes pueden ser utilizadas libremente, en centros de formación, con finalidad educativa, pero no con propósito comercial o cualquier otro fin.

SOFTWARE_DEMO

Se incluyen programas de prueba de compañías líderes del sector.
Tenga en cuenta que cada programa puede contener también su propio léame. Preste atención, pues algunos de los productos incluidos en este CD pueden no ser compatibles con todos los sistemas operativos.

- **ACDSee 5.0:** Se incluye la versión *shareware* más reciente, por 30 días y en castellano, del visualizador/ organizador de imágenes más extendido en la actualidad. De fácil manejo y potentes prestaciones, este programa le permitirá ver sus imágenes de la forma más cómoda y rápida; soporta los formatos de imagen más populares (BMP, GIFF, JPEG, PCX, PIC, PCD, PNG, PSD, TGA, TIFF). Para la plataforma Macintosh se incluye la versión 1.65 en inglés.

- **Digital Photo Librarian Image Editor:** Editor gratuito con amplias funciones de retoque y ajuste de imagen; programa sencillo de usar, dispone de un buen número de funciones. *Freeware*, en inglés (se incluye sólo para la plataforma Windows).

SOFTWARE ADOBE

Esta carpeta contiene versiones de evaluación de distintos programas de ***Adobe***, mostradas en la siguiente estructura:

- **Adobe Photoshop 7:** Esta carpeta contiene la versión de evaluación por 30 días de Adobe Photoshop 7, en inglés.

- **Adobe Photoshop Elements 2:** Contiene la versión de demostración por 30 días, en inglés, del programa Adobe Photoshop Elements 2.0.

LINKS PHOTOSHOP

Esta carpeta reúne un conjunto de direcciones Web, muchas de ellas en inglés, acerca de Adobe Photoshop y Elements, que le serán de gran utilidad a la hora de llevar a cabo su trabajo con estos programas.

Todos los contenidos de este CD-ROM (programas, aplicaciones, utilidades, archivos, etc.) son *shareware*, *freeware* y *demos*, propiedad de las casas que junto a ellos se describen (en los archivos correspondientes), sujetos a sus condiciones de utilización, siendo necesario contactar con cada casa en cuestión si se produjera algún problema en su funcionamiento, licencia o temporalidad de utilización. En ningún caso ANAYA MULTIMEDIA se responsabiliza de su incorrecto funcionamiento.

Este CD-ROM es gratuito, y sólo se distribuye con el libro "Tratamiento digital de imágenes", de la colección Diseño y Creatividad. Anaya Multimedia no se hace responsable de los programas ni de los daños que estos pudieran ocasionar por un uso indebido. No obstante, para cualquier consulta puede dirigirse a nuestro servicio de soporte técnico, al teléfono (91) 320 90 36 o a nuestra dirección en Internet:

http://www.AnayaMultimedia.es

GLOSARIO

Adobe gamma: Una utilidad de calibración y perfiles proporcionada por Photoshop.

Algoritmos: Una secuencia de operaciones matemáticas.

Aliasing: Aparición de falsos escalones en una imagen digital debido a la interacción de los píxeles cuadrados.

Análisis subjetivo: Opiniones personales o puntos de vista relacionados con la comunicación y el valor estético de una imagen.

Analizar/Análisis: Examinar con detalle.

Apertura Máxima: La abertura más grande del objetivo.

Apertura mínima: La abertura más pequeña del objetivo.

Apertura: Abertura circular en el objetivo que controla la luz que llega a la película.

Aplicación FTP: La aplicación Protocolo de transferencia de archivos se utiliza para subir a o descargarse archivos de Internet.

Archivo simulado: Realizar movimientos como si se creara un archivo nuevo en Photoshop para determinar el tamaño de archivo que se necesita durante el proceso de escaneado.

Área de matriz: Diseño rectangular de sensores sensibles a la luz que reciben alternativamente la luz roja, verde o azul.

Artefactos: Píxeles incorrectos en el brillo o en sus valores de color.

Bit: Abreviatura de dígito binario, la unidad básica del lenguaje binario.

Brillo: Valor que se le asigna a un píxel en el modo HSB para definir la luz relativa de un píxel.

Byte: 8 bits. Unidad estándar del almacenamiento de datos binarios, que contiene un valor entre 0 y 255.

Calado: Acción de suavizar el borde de una selección digital.

Cámara réflex: Véase cámara SLR.

Cámara SLR: Cámara réflex. La imagen en el visor es prácticamente la misma imagen que verá la película. Esta imagen, anterior a la toma de la instantánea, se ve mediante un espejo que se mueve cuando se pulsa el disparador.

Canal Alfa: Canal adicional utilizado para almacenar máscaras y selecciones.

Canales: Divisiones de los datos de color de una imagen. Los datos se separan en colores primarios o secundarios.

Capas de ajuste: Ajuste de una imagen en una capa.

Capas: Una característica en las aplicaciones de edición de imágenes que permite una composición de imágenes digitales donde cada elemento se sitúa en una capa o nivel independiente.

Captura instantánea: Una exposición que es lo suficientemente rápida para convertirse en una imagen nítida relativamente libe de un desenfoque considerable.

Captura: Registro de una imagen.

CCD: Dispositivo de carga acoplada. Dispositivo para captar estados sólidos de imágenes utilizadas en la captura de imágenes digitales.

Cian claro: Composición más clara del color sustractivo cian.

Cinta de audio digital: Véase DAT.

CIS: Sensor de imagen de contacto. Una única fila de sensores utilizados en los mecanismos del escáner.

CMOS: Semiconductor de óxido de metal complementario. Chip muy utilizado en el mundo de los ordenadores, que recientemente se utiliza como sensor de imágenes en las cámaras digitales.

CMYK: Cian, magenta, amarillo y negro. Tintas utilizadas en la impresión con cuatro colores.

Colgado: Expresión que se utiliza cuando se produce un fallo repentino en el funcionamiento del ordenador.

Color aditivo: Un sistema de color donde los colores primarios rojo, verde y azul se mezclan para formar los otros colores.

Color substractivo: Sistema de color donde los colores amarillo, magenta y cian pueden formar los demás colores.

Colores primarios: Los tres colores de la luz (rojo, verde, azul) con los que se pueden crear los demás colores.

Colores secundarios: Los colores cian, magenta y amarillo, creados por la mezcla de dos colores primarios.

ColorSync: Aplicación de nivel de sistema desarrollado por Apple, diseñado para trabajar junto con los dispositivos, para facilitar los colores previsibles.

Compensación de exposición: Aumentar o disminuir la exposición de un exposímetro para obtener una exposición adecuada.

Composición: La disposición de la forma, el tono, las líneas y el color dentro de los límites del área de la imagen.

Compresión LWZ: Tipo de compresión de imagen sin pérdidas utilizada en el formato TIFF.

Compresión: Método para reducir el tamaño de archivo de una imagen digital.

Congelar: Aplicación que no interactúa con nueva información.

Consorcio internacional del color: Véase ICC.

Contexto: Circunstancias relevantes a algo que se está considerando.

Contraste: La diferencia en brillo entre las áreas más oscuras y las más claras de una imagen u objeto.

Copia dura: Una impresión.

Cortar: Reducir el tamaño de una imagen para mejorar su composición o limitar la información.

CPU: Unidad central de procesamiento, utilizada para calcular la exposición.

Cuadro: Acto de componer una imagen. Véase composición.

Curvas: Control que se utiliza para ajustar la tonalidad y el color de una imagen digital.

DAT: *Digital Audio Tape*. Cinta de audio digital. Formato utilizado para almacenar datos del ordenador.

Definido: Enfocado. No distorsionado.

Densidad: Medida de la opacidad del tono en un negativo.

Dependiente al aparato: Que depende de un elemento concreto del hardware. Por ejemplo, cuando nos referimos a un resultado de color único en una impresora concreta.

Descargar: Copiar archivos digitales (normalmente de Internet).

Desenfoque gaussiano: Filtro utilizado para desenfocar una imagen digital.

Destramado: Eliminación de las líneas o diseños de tono medio en el escaneado.

Disco de memoria virtual: Porción del disco duro situada para que aplicaciones como Photoshop puedan utilizarlo como espacio de trabajo.

Disco duro: Prestación capaz de guardar información una vez que se apague el ordenador.

Dispositivo de carga acoplada: Véase CCD.

Dispositivo: Elemento del hardware de un ordenador.

Dpi: Puntos por pulgada. Una medida de resolución.

Editar: Seleccionar imágenes de una colección para realizar una secuencia o tema.

Eliminación del color subyacente: Véase UCR.

Eliminar halos: Acción de eliminar los píxeles del borde de una selección.

Enfocar máscara, filtro: Filtro para aumentar la nitidez de una imagen digital.

Escala de grises: Imagen de 8 bits con un solo canal, utilizado para describir imágenes monocromáticas (blanco y negro)

Escala: Una proporción del tamaño.

Espacio de color: Conjunto de colores definidos con exactitud que se pueden interpretar para utilizarlos como perfil.

Etiquetado: Sistema mediante el cual se incluye un perfil dentro de los datos de imagen de un archivo para ayudar a la descripción de sus características de color.

Evaluar: Examinar el valor o la calidad de una obra de trabajo.

Exposición múltiple: Varias exposiciones realizadas en el mismo fotograma de la película o en el mismo trozo de papel.

Exposición: Efecto combinado de intensidad y duración de la luz sobre un material o artefacto sensible a la luz.

Filmadora/Procesadora: Dispositivo para imprimir separaciones de película CMYK utilizado en la imprenta.

Formato de archivo: Código utilizado para almacenar datos digitales, por ejemplo TIFF o JPEG.

Formato de documento portable: Véase PDF.

Formato: El tamaño de la cámara o la orientación/forma de la imagen.

Fuera de la gama: Fuera del campo de colores que puede crear un dispositivo concreto.

Galerías: Colección de imágenes que se muestran de forma convenientemente accesible.

Gama de color: Rango de color que puede proporcionar un dispositivo; conjunto de pigmentos.

Gestión del color de la imagen: Véase ICM.

GIF: *Graphics Interchange Format.* Formato de intercambio gráfico. Formato de 8 bits (256 colores) que soporta animación y transparencia parcial.

Gigabyte: Unidad de medida para archivos digitales. 1.204 megabytes.

Gráfico vectorizado: Imagen independiente de la resolución descrita por sus características geométricas, en lugar de por los píxeles.

Grano de película: Véase grano.

Grano: Partículas diminutas de haluro de plata o tintes que componen la imagen final. Las películas rápidas muestran granos más grandes que las películas lentas. Se suelen utilizar lentes rastreadoras para aumentar la imagen proyectada para que se pueda ver el grano y obtener un foco exacto.

Grupo de enlace: Dos o más capas que se han enlazado. La capa base actúa como máscara, limitando el efecto o visibilidad de aquellas capas enlazadas a ésta.

Grupo de trabajo: Series de pasos repetitivos necesario para conseguir un resultado concreto en un entorno de diseño digital.

Guardar como: Opción que permite al usuario crear un duplicado de un archivo digital, pero con nombres alternativos, protegiendo de este modo el documento original de cualquier cambio que se puediera realizar cuando estaba abierto.

Guardar una copia: Opción que permite al usuario crear una réplica de un archivo digital sin capas o canales adicionales.

Halos de color: Bandas de colores situadas en los bordes de las líneas de una imagen.

Haluro de plata: Componente de la plata utilizado como motas sensibles de luz sobre la película.

Hipervínculo: Enlace que permite al visitante de una página navegar o saltar a otro lugar de la misma página o de otra página distinta.

Histograma: Representación gráfica de una imagen digital que indica los píxeles situados en cada nivel.

Historias: La memoria de los estados previos de la imagen en Photoshop.

Hormigas en movimiento: Línea de puntos en movimiento que indica una selección digital de píxeles.

HTML: *Hypertext Markup Language*. Lenguaje de marcas de hipertexto. Código que se utiliza para describir los contenidos y el aspecto de una página Web.

ICC: *International Color Consortium*. Consorcio internacional del color. Grupo formado por los fabricantes de Adobe, Microsoft, AGFA, Kodak, SGI, Fogra, Sun y Taligent, creado para formar una plataforma para la gestión del color

ICM: *Image Color Management*. Gestión del color de la imagen. La aplicación basada en Windows lo diseñó para trabajar junto con los dispositivos, para facilitar la producción de colores predecibles.

Iluminación: Área del objeto que recibe el mayor valor de exposición.

Imagen de 8 bits: Imagen de un solo canal capaz de almacenar 256 colores o niveles diferentes.

Imagen digital: Fotografía generada por el ordenador compuesta de píxeles (elementos de película) en lugar de granos de película.

Imagen latente: Imagen creada por la exposición en iones de haluro de plata sensibles a la luz que hasta que no se amplía por desarrollo químico es invisible al ojo humano.

Imágenes temáticas: Un conjunto de imágenes con una misma idea o concepto.

Impresión por sublimación de tintes: Impresión de gran calidad creada utilizando tintes termales.

Independiente al aparato: Que no depende de un elemento concreto del hardware. Por ejemplo, un resultado de color que puede reproducirse en cualquier dispositivo.

Instantánea: Registro de un estado de historia que se mantiene hasta que se cierra el archivo.

Intercalar cuadros de animación: Proceso automático para la creación de cuadros adicionales entre dos cuadros existentes en una animación.

Interpolación: Aumento de las dimensiones en píxeles de una imagen insertando nuevos píxeles entre los píxeles existentes de la imagen.

ISO: Organización internacional de normalización. Sistema numérico para evaluar la velocidad o la sensibilidad de luz relativa de una película o dispositivo.

ISP: *Internet Service Provider*. Proporciona acceso individualizado a un servidor Web.

Jaz: Disco de almacenamiento capaz de guardar casi 2 GB; fabricado por Iomega.

JPEG (.jpg): *Joint Photographic Experts Group*. Formato de archivo muy utilizado que comprime las imágenes.

Kilobyte: 1.024 bytes.

Latitud: Capacidad de la película o dispositivo para registrar el rango de brillo del objeto.

Lazo, herramienta: Herramienta de selección utilizada en la edición digital.

LCD: Visor de cristal líquido.

LED: Diodo emisor de luz. Se utiliza en el visor para informar al fotógrafo de las configuraciones de la exposición.

LiOn: Litio-ion. Tipo de batería recargable.

Litio-ion: Véase LiOn.

Magenta claro: Composición más clara del color sustractivo magenta.

Magnesio-Litio: Véase MnLi.

Mapa de bits: Imagen de un bit, es decir, en blanco y negro (sin sombras de gris).

Marcado, herramienta: Herramienta de selección utilizada en la edición digital.

Máscara de capa: Máscara adjunta a una capa para definir la visibilidad de los píxeles de esa capa.

Máscara de enfoque: Véase USM.

Matriz redundante de discos independientes: Véase RAID.

Megabyte: Unidad de medida para archivos digitales; 1.024 kilobytes.

Megapíxel: Más de un millón de píxeles.

Memoria de vídeo: Memoria que necesita el monitor para poder interpretar una imagen.

Memoria virtual: Memoria del disco duro que funciona como la memoria RAM.

Metro TTL: Metro automático de luz. Método apropiado para medir el brillo de una escena, puesto que el metro se encuentra detrás del objetivo de la cámara.

MnLi: Magnesio-Litio. Tipo de batería recargable.

Modo (imagen digital): RGB, CMYK, etc. El modo describe el rango tonal y de color de la imagen capturada o escaneada.

Modo de fusión: La fórmula utilizada para definir la mezcla de una capa con las situadas debajo.

Modo de máscara rápida: Canal alfa temporal utilizado para refinar o realizar selecciones.

Modo Lab: Modelo de color independiente al aparato creado en 1931 como norma internacional para medir el color.

Moiré: Diseño repetitivo normalmente causado por la interferencia de puntos o líneas simétricas que se solapan.

Muestra: Seleccionar un valor de color para analizarlo o utilizarlo.

Negativo: Una imagen en una película o papel donde se invierten los tonos; por ejemplo, los tonos oscuros se registran como tonos claros y viceversa.

NiCd: Níquel-Cadmio. Tipo de batería recargable.

NiMH: Níquel metal hidruro. Tipo de batería recargable.

Níquel metal hidruro: Véase NiMH.

Níquel-Cadmio: Véase NiCd.

Niveles: Tonos de luz o brillo que se le asignan a los píxeles.

No perteneciente a la imagen: No asistir en la formación de una imagen. Cuando se refiere a la luz, se conoce como destello.

Números F-: Secuencia de números para el tamaño relativo de la apertura. Los número F- son estándar en todos los objetivos. Cuanto más grande sea el número, menor será la apertura y viceversa.

Objetivo: Análisis de la información de forma factual y no subjetivo.

Objetivo: Un dispositivo óptico normalmente de cristal que enfoca los rayos de luz para formar una imagen en una superficie.

ODR: Resolución de la unidad de salida. Número de puntos de tinta por pulgada de papel que produce la impresora.

Opacidad: El grado de no transparencia.

Opaco: Que no transmite luz.

Pantalla inmobiliaria: Área del monitor disponible para la visualización de las imágenes que no está ocupada por paletas o barras de herramientas.

PDF: *Portable Document Format*. Formato de documento portable. Formato de datos creado con la aplicación de Adobe.

Película infrarroja: Una película sensible a las longitudes de onda de luz mayores de 720 nm, invisibles al ojo humano.

Piezoeléctrico, cristal: Cristal que cambia con exactitud de dimensión cuando se cambia el voltaje. A menudo se utiliza en las impresoras a chorro de tinta para proporcionar los puntos de tinta microscópicos.

Pincel de historia: Herramienta de Photoshop con la que se puede pintar el estado o historia previa.

Píxel: El elemento de imagen cuadrado más pequeño de una imagen digital.

Pixelado: Una imagen en la que los píxeles son visibles al ojo humano y las líneas curvas aparecen con un aspecto escalonado.

Placa madre: Placa electrónica que contiene los principales elementos funcionales de un ordenador sobre la que se pueden conectar otros componentes.

Plata metálica: Metal creado durante el desarrollo de la película, aumentando el aspecto del grano. Véase Grano.

PMT: Tubo fotomultiplicador. Dispositivo sensible a la luz utilizado en los escáneres de tambor.

Por defecto/Predeterminado: Configuraciones de un aparato seleccionadas por el fabricante.

Portapapeles: Lugar donde se guarda de forma temporal algo que se ha cortado o copiado.

Pre-impresión: Fase en la que la información digital se traduce para el documento apropiado para el proceso de impresión.

Profundidad de campo: Zona de nitidez que varía según la apertura, la longitud focal o la distancia del objeto.

Profundidad del bit: Número de bits (memoria) asignado al registro de información tonal o sobre el color.

Prueba: Representación de una imagen digital en un monitor para comprobar la exactitud de la impresión.

RAID: *Redundant Array of Independent Disks.* Matriz redundante de discos independientes. Tipo de montaje de disco duro que permite guardar datos de forma simultánea.

RAM: Memoria a corto plazo o de trabajo del ordenador.

Reflector: Superficie utilizada para reflejar luz para rellenar las sombras.

Refracción: El cambio en la dirección de la luz cuando pasa a través de una superficie transparente con cierto ángulo.

Reguladores: Control de regulación en la aplicación de edición digital utilizado para ajustar el color, tono, opacidad, etc.

Relación de aspecto: La relación alto/ancho. Normalmente se refiere al área sensible a la luz o al formato de la cámara.

Remuestreo: Alterar el número total de píxeles que describen una imagen digital.

Resolución de la unidad de salida: Véase ODR.

Resolución interpolada: Resolución final de una imagen lograda mediante una interpolación.

Resolución real: La resolución de un archivo que crea el aparato, tanto la cámara como el escáner, sin ninguna interpolación.

Resolución: Medida del grado de definición, también llamada nitidez.

Restringir proporciones: Mantener las dimensiones proporcionales de una imagen cuando se cambia el tamaño del archivo.

RGB: Rojo, verde y azul. Los tres colores primarios que se utilizan para mostrar las imágenes en un monitor a color.

Rollover: Imagen de sustitución. Efecto Web en el que aparece un estado de imagen diferente cuando el visitante realiza una acción.

Ruido: Interferencia electrónica producido por motas diminutas en la imagen.

Ruta: Contorno de una forma vectorizada.

Saltar: Abrir un archivo en otra aplicación.

Saturación (color): Intensidad o riqueza del tono de color.

Sector: División de una imagen en áreas rectangulares para una optimización selectiva o para crear áreas funcionales para una página Web.

Selector de color: Cuadro de diálogo que se utiliza para seleccionar los colores.

Semiconductor de óxido de metal complementario: Véase CMOS.

Sensor de imagen de contacto: Véase CIS.

Sistema de aplicación: Programa de operación para el ordenador, por ejemplo Windows o Mac OS.

Software: Programa de ordenador.

Suavizado: Técnica de eliminación del aspecto escalonado de las líneas curvas en una imagen digital.

Tamaño de archivo: Memoria que se necesita para almacenar los datos digitales en un archivo.

Tamaño de imagen: Dimensiones en píxeles, dimensiones del objeto y resolución que definen una imagen digital.

Tampón de clonar, herramienta: Herramienta utilizada para reproducir píxeles en fotografías digitales.

Tampón de motivos: Herramienta utilizada para reproducir los píxeles en la edición de imágenes digitales.

Tarjeta de memoria: Un dispositivo de almacenamiento extraíble del tamaño de una tarjeta pequeña. Muchas tecnologías las crean de varios tamaños y formatos. A menudo se encuentran en las cámaras digitales.

Tarjeta de vídeo: Una placa que contiene el hardware necesario para que funcione el monitor de un ordenador.

Tarjeta gris: Tarjeta que refleja el 18 por 100 de la luz incidente. Los medidores de luz utilizan el tono resultante como medio tono.

Texto editable: Texto que no se ha rasterizado a píxeles.

TIFF: *Tagged Image File Format*. Formato de fichero de imagen con etiquetas. Formato de archivo para aplicaciones de publicación.

Tintes: Un tipo de pigmento.

Tono continuo: Imagen que contiene la ilusión de suaves degradados entre iluminaciones y sombras.

Tono medio: Sistema para reproducir el tono continuo de una impresión fotográfica mediante un diseño de puntos impresos por una litografía en *offset*.

Tono: El nombre de un color, por ejemplo, rojo, verde o azul.

Tono: Matiz de color o forma de gris.

Transparente: Que permite el paso de luz.

Trazabilidad: Acción de fijar valores tonales o de color para evitar que se alteren cuando se utiliza el ajuste de imagen Curvas.

Trazos de pantalla: Tiempo que se necesita para interpretar la información representada en el monitor mientras se realizan cambios mediante el software de la aplicación.

Tricolor: Filtro que recoge el tono de cada uno de los colores aditivos: rojo, verde o azul.

Tubo fotomultiplicador: Véase PMT.

UCR: *Under Color Removal*. Eliminación del color subyacente. Método para eliminar una porción de tinta amarilla, magenta y cian de áreas neutras y de sombras de la imagen con tinta negra.

URL: *Uniform Resource Locator*. Localizador uniforme de recursos. La dirección Web exclusiva para cada página Web.

USM: Máscara de enfoque: Proceso utilizado para enfocar imágenes.

Varita mágica, herramienta: Herramienta de selección utilizada en la edición digital.

Velocidad de la película: Número concreto o evaluación de ISO que se da a una película o dispositivo indicando su grado de sensibilidad a la luz.

Velocidad del procesador: Capacidad de la CPU del ordenador medida en megahertzios.

Visualizar: Imaginar el aspecto de algo una vez que se ha completado.

Yuxtaponer: Colocar objetos dentro de un cuadro para poder compararlos.

Zip: Disco de almacenamiento desarrollado por Iomega, disponibles en 100 MB ó 250 MB de capacidad.

Zoom, herramienta: Herramienta utilizada para aumentar una imagen digital en el monitor.

ÍNDICE ALFABÉTICO

A

B

C

D

E

F

G

H

I

N

O

P

R

S